SONHOS DO MEU PAI

BARACK OBAMA

Sonhos do meu pai
Uma história sobre raça e legado

Tradução
Denise Bottmann

COMPANHIA DAS LETRAS

Copyright © 1995, 2004 by Barack Obama

Grafia atualizada segundo o Acordo Ortográfico da Língua Portuguesa de 1990, que entrou em vigor no Brasil em 2009.

Título original
Dreams from My Father: A Story of Race and Inheritance

Capa
Steven Dana

Fotos de capa
Ao centro: David Katz

Preparação
Cláudia Cantarin

Revisão
Ana Maria Barbosa
Carmen T. S. Costa

Dados Internacionais de Catalogação na Publicação (CIP)
(Câmara Brasileira do Livro, SP, Brasil)

Obama, Barack
  Sonhos do meu pai : Uma história sobre raça e legado / Barack Obama ; tradução Denise Bottmann. — 1ª ed. — São Paulo : Companhia das Letras, 2021.

  Título original: Dreams from My Father : A Story of Race and Inheritance.
  ISBN 978-85-359-3432-8

  1. Afro-americanos – Autobiografia 2. Estados Unidos – Relações raciais 3. Obama, Barack, 1961- 4. Pessoas racialmente mestiças – Estados Unidos – Autobiobrafia 5. Presidentes – Estados Unidos – Autobiografia 6. Racismo – Estados Unidos I. II. Título.

20-48840   CDD-973.04960730092

Índice para catálogo sistemático:
1. Racismo : Estados Unidos : Afro-americanos :
  Autobiografia   973.04960730092
Maria Alice Ferreira– Bibliotecária – CRB-8/7964

[2021]
Todos os direitos desta edição reservados à
EDITORA SCHWARCZ S.A.
Rua Bandeira Paulista, 702, cj. 32
04532-002 — São Paulo — SP
Telefone: (11) 3707-3500
www.companhiadasletras.com.br
www.blogdacompanhia.com.br
facebook.com/companhiadasletras
instagram.com/companhiadasletras
twitter.com/cialetras

*Porque somos estrangeiros diante de ti,
e peregrinos como todos os nossos pais*
1 Crônicas 29:15

Sumário

Prefácio à edição de 2004 9

Introdução 17

PARTE I — Origens 23

PARTE II — Chicago 169

PARTE III — Quênia 357

Epílogo 503

Prefácio à edição de 2004

Quase uma década se passou desde a primeira publicação deste livro. Como menciono na introdução original, a oportunidade de escrevê-lo surgiu quando eu estava na faculdade de direito, por ter sido escolhido como o primeiro editor-chefe afro-americano da *Harvard Law Review*. Na onda de uma modesta publicidade, recebi um adiantamento de um editor e me pus a trabalhar, acreditando que a história da minha família e as minhas tentativas de compreendê-la poderiam despertar algum interesse quanto às fissuras raciais que marcam a experiência americana, e também quanto ao caráter fluido da identidade — os saltos temporais, os choques culturais — que marca nossa vida moderna.

Como a maioria dos autores estreantes, eu me sentia muito esperançoso, mas igualmente desesperado com a publicação do livro — esperançoso de que ele fosse além dos meus sonhos de juventude, desesperado em razão da possibilidade de ter deixado de dizer algo que merecesse menção. A realidade ficou num meio-termo. As resenhas foram razoavelmente favoráveis. De fato, algumas pessoas apareceram nos eventos organizados pelo editor.

As vendas foram decepcionantes. Depois de alguns meses, fui em frente, resignado com a brevidade da minha carreira de escritor, mas contente por ter sobrevivido mais ou menos incólume ao processo. Nos dez anos seguintes, não tive muito tempo para reflexões. Dirigi um projeto de cadastramento de eleitores no ciclo eleitoral de 1992, passei a advogar na área dos direitos civis e comecei a dar aulas de direito constitucional na Universidade de Chicago. Minha esposa e eu compramos uma casa, fomos abençoados com duas filhas lindas, saudáveis e espoletas, lutávamos para pagar as contas. Quando vagou um assento no senado estadual, em 1995, alguns amigos me persuadiram a concorrer, e venci. Antes de assumir o cargo, fui avisado de que a política estadual não tem toda aquela aura do Legislativo de Washington; trabalha-se basicamente na obscuridade, em geral sobre questões de grande importância para alguns, mas que o indivíduo comum pode muito bem ignorar sem maiores problemas (a regulamentação das casas pré-fabricadas, digamos, ou as consequências tributárias da desvalorização de máquinas agrícolas). Mesmo assim, julguei o trabalho satisfatório, principalmente porque a escala da política estadual permite a obtenção de resultados concretos — a ampliação do período de assistência médica para crianças pobres ou uma reforma das leis que mandam pessoas inocentes para o corredor da morte — dentro de um prazo razoável. E também porque, dentro do parlamento de um estado grande e industrial, mantêm-se diariamente conversas constantes com o rosto de uma nação: mães dos bairros de baixa renda, agricultores que plantam milho e feijão, diaristas imigrantes ao lado de investidores de áreas nobres — todos se acotovelando para serem ouvidos, todos dispostos a contar suas histórias.

Alguns meses atrás, fui indicado pelo Partido Democrata para concorrer à vaga de Illinois no Senado federal. Foi uma disputa difícil, com candidatos de destaque, bem qualificados e com apoio significativo no financiamento da campanha; eu, sem respaldo organizacional nem riqueza própria, um negro com um nome esquisito, era visto como uma possibilidade muito remota.

Assim, quando obtive a maioria dos votos na primária democrata, depois de vencer em áreas tanto de população negra como de branca, tanto nos bairros residenciais dos subúrbios como em Chicago, a reação subsequente me fez lembrar de como me senti na época da eleição para a *Law Review*. Os comentaristas da grande mídia manifestaram surpresa e uma esperança genuína de que a minha vitória assinalasse uma mudança maior na nossa política racial. Na comunidade negra, havia um sentimento de orgulho pela minha conquista, um orgulho que vinha mesclado à frustração resultante do fato de que, cinquenta anos depois de *Brown* v. *Board of Education* e quarenta anos depois da aprovação da Lei de Direito ao Voto, ainda tivéssemos de comemorar a possibilidade (e apenas a mera possibilidade, pois eu tinha pela frente uma eleição geral muito difícil) de que eu pudesse ser o único afro-americano — somente o terceiro desde a Reconstrução pós-Guerra Civil — a ter assento no Senado. A família, os amigos e eu ficamos levemente desconcertados com toda essa atenção, sempre cientes da distância entre o brilho reluzente das reportagens e as realidades prosaicas e confusas que fazem parte da vida.

Da mesma forma como aquela onda de publicidade de dez anos antes havia despertado o interesse do meu editor, essa nova leva de matérias o encorajou a reeditar o livro. Pela primeira vez em muitos anos, pego um exemplar e leio alguns capítulos, para verificar até que ponto minha voz mudara com o tempo. Confesso que, de vez em quando, me arrepio diante de uma palavra mal escolhida, de uma frase capenga, de uma expressão de emoção que parece indulgente ou forçada. Sinto vontade de cortar umas cinquenta páginas do livro, hoje imbuído de um gosto maior pela concisão. Mas, para ser franco, não posso dizer que a voz neste livro não é minha — que hoje eu contaria a história de um jeito muito diferente daquele de dez anos atrás, mesmo que algumas passagens tenham se demonstrado inconvenientes do ponto de vista político, munição para comentários de especialistas e vasculhadores da oposição.

O que mudou, claro, e foi uma mudança drástica e decisiva, foi o contexto em que atualmente se pode ler o livro. Quando comecei a escrevê-lo, tinha como pano de fundo o Vale do Silício e um mercado financeiro em grande prosperidade; a queda do Muro de Berlim; Mandela — em passos lentos e firmes — saindo da prisão para dirigir um país; a assinatura dos tratados de paz em Oslo. Dentro dos Estados Unidos, nossos debates culturais — armas, aborto, letras de rap — pareciam tão intensos justamente porque a Terceira Via de Bill Clinton, um modesto Estado de bem-estar social sem maiores ambições, mas sem grandes arestas, parecia corresponder a um amplo consenso sobre questões básicas, consenso com o qual até o próprio George W. Bush, em sua primeira campanha com seu "conservadorismo compassivo", teria de assentir. No exterior, escritores anunciavam o fim da história, o desenvolvimento do livre mercado e da democracia liberal, a substituição de antigos ódios e guerras entre nações por comunidades virtuais e disputas por uma fatia do mercado.

E, então, em 11 de setembro de 2001, o mundo se fraturou.

Ultrapassa a minha capacidade de escritor descrever aquele dia e os que estavam por vir — os aviões desaparecendo como espectros dentro do aço e do vidro; a queda, em câmera lenta, das torres desmoronando sobre si mesmas; os vultos cobertos de cinzas vagueando pelas ruas; a angústia e o medo. Tampouco sou capaz de entender o niilismo brutal que moveu os terroristas naquele dia e que ainda move seus companheiros. Meu poder de empatia, minha capacidade de chegar ao íntimo de outra pessoa, não consegue penetrar o olhar vazio dos que assassinam inocentes com uma satisfação serena e abstrata.

O que sei é que a história deles retornou naquele dia com uma vingança; que, de fato, como nos lembra Faulkner, o passado nunca está morto e enterrado — na verdade, nem sequer é passado. Essa história coletiva, esse passado, tocam diretamente minha própria história. Não só porque as bombas da Al-Qaeda marcaram, com precisão sinistra, algumas paisagens da minha vida — os prédios, as ruas, os rostos de Nairóbi, Bali, Manhattan; não só porque, em decorrência do Onze de Setembro, meu nome é um alvo irresistível de sites mesquinhos operados por republicanos fanáticos. Mas também porque a luta subjacente — entre mundos de abundância e mundos de escassez; entre o moderno e o antigo; entre os que abraçam nossa diversidade fervilhante, conflitante, exasperante, ao mesmo tempo insistindo num conjunto de valores que nos une, e aqueles que buscam, sob qualquer bandeira, qualquer slogan ou texto sagrado, uma certeza e uma simplificação que justifiquem a crueldade contra os que são diferentes — é a mesma luta que este livro apresenta numa escala menor.

Conheço, tenho visto a desesperança e a desordem dos que não têm poder: como elas desfiguram a vida das crianças nas ruas de Jacarta ou de Nairóbi, tanto quanto a vida das crianças no South Side de Chicago; como é pequena a distância, para elas, entre a humilhação e a fúria desenfreada; a facilidade com que passam para a violência e o desespero. Sei que é inadequada a resposta dos poderosos a essa desordem — ao alternarem entre uma complacência apática e, quando a desordem ultrapassa os limites, o uso constante e irrefletido da força, de sentenças de prisão mais longas e de equipamentos militares mais sofisticados.

Assim, aquilo que era um esforço mais interior, mais íntimo da minha parte, para entender essa luta e encontrar o meu lugar nela, convergiu para um debate público mais amplo, no qual estou profissionalmente engajado e que moldará a nossa vida e a vida dos nossos filhos ainda por muitos anos. As implicações políticas de tudo isso seriam tema para outro livro. Permita-me terminar com uma observação pessoal. Os personagens presentes no livro continuam, em sua maioria, a fazer parte da minha vida, embora em graus variados — em função do trabalho, dos filhos, da geografia e das voltas do destino. A exceção é minha mãe, que perdemos com brutal rapidez para o câncer poucos meses antes da publicação deste livro. Ela passou os dez anos anteriores fazendo o que mais amava. Viajava pelo mundo, trabalhando nas aldeias distantes da Ásia e da África, ajudando as mulheres a comprar uma máquina de costura ou uma vaca leiteira, ou a frequentar um curso que fosse capaz de lhes servir de esteio na economia mundial. Somava amigos de todas as classes, fazia longas caminhadas, contemplava a Lua, vasculhava os mercados locais de Délhi ou de Marrakesh atrás de alguma ninharia, um lenço ou uma estatueta de pedra que agradasse seus olhos ou nela despertasse uma risada. Escrevia artigos, lia romances, infernizava os filhos, sonhava com netos.

Víamo-nos com frequência, nossos laços eram inquebráveis. Enquanto eu escrevia este livro, ela lia os rascunhos, corrigia os episódios que considerava que eu não havia entendido direito, ciosa em não comentar a minha caracterização sobre ela, mas sempre rápida em explicar ou defender os aspectos menos lisonjeiros do caráter do meu pai. Ela enfrentou a doença com graça e bom humor e ajudou minha irmã e a mim a seguirmos com nossa vida, apesar do medo que sentíamos, do nosso escapismo, dos súbitos apertos no coração.

Penso às vezes que, se eu soubesse que ela não sobreviveria à doença, talvez tivesse escrito um livro diferente — menos uma reflexão sobre um genitor ausente, mais uma celebração da genitora que foi a única constante na minha vida. Vejo-a todos os dias nas minhas filhas; vejo sua alegria e sua capacidade de se encantar. Não tentarei descrever como ainda lamento profundamente a sua morte. Sei que ela foi o espírito mais bondoso, mais generoso que conheci na vida, devo a ela o que há de melhor em mim.

Introdução

De início, a intenção deste livro era outra. A primeira oportunidade de escrevê-lo surgiu quando eu ainda estava na faculdade de direito, depois de ter sido escolhido o primeiro editor-chefe negro da *Harvard Law Review*, um periódico jurídico pouco conhecido fora da área. Essa eleição foi muito divulgada, inclusive em vários artigos de jornal que comprovavam não tanto minhas modestas realizações, e sim o lugar especial que a Escola de Direito de Harvard ocupa na mitologia americana, bem como o afã dos Estados Unidos em encontrar algum sinal otimista no fronte racial — alguma pequena prova de que, afinal, havia ocorrido algum progresso. Alguns editores telefonaram, e eu, imaginando que tinha algo original a dizer sobre a situação das relações sociais em curso, concordei em reservar o ano subsequente à formatura para pôr minhas ideias no papel.

Naquele último ano do curso de direito, comecei a organizar mentalmente, com segurança assustadora, como seria o livro. Um ensaio sobre os limites da litigância em direitos civis para alcançar a igualdade racial, com reflexões sobre o senso de comunidade e a restauração da vida pública por meio de organizações de base, além de considerações sobre a ação afirmativa e o afrocentrismo — a lista de temas ocupava uma página inteira. Incluiria experiências pessoais, claro, a análise das fontes de certas emoções recorrentes. Em resumo, imaginei para mim mesmo uma jornada intelectual completa, com mapas, paradas e um itinerário rigoroso: terminaria a primeira parte em março, entregaria a segunda para ser revisada em agosto...

Mas, quando de fato sentei e comecei a escrever, percebi que meus pensamentos se voltavam para terrenos mais sólidos. Ressurgiram velhos sonhos. Vozes distantes apareciam, sumiam e então reapareciam. Lembrei-me das histórias que a minha mãe e os pais dela me contavam quando eu era criança, as histórias de uma família tentando entender a si mesma. Lembrei-me do meu primeiro ano como líder comunitário em Chicago e das inseguranças nessa passagem para a idade adulta. Ouvi minha avó, sentada sob uma mangueira enquanto trançava o cabelo da minha irmã, descrevendo o pai que nunca cheguei a conhecer de verdade.

Diante desse fluxo de lembranças, todas as minhas teorias tão bem organizadas pareceram vazias e prematuras. Mesmo assim, resisti firmemente à ideia de apresentar meu passado em um livro, um passado que me fazia sentir vulnerável e até um pouco envergonhado. Não porque tenha sido cruel ou doloroso, mas porque toca em aspectos pessoais que fogem a uma escolha consciente e — pelo menos na superfície — contradizem o mundo em que vivo atualmente. Afinal, estou com 33 anos; trabalho como advogado atuante na vida social e política de Chicago, cidade que está acostumada às chagas raciais e que se orgulha dessa certa insensibilidade. Se fui bem-sucedido em deixar de lado o ceticismo, mesmo assim julgo que tenho experiência e prudência suficientes para não alimentar expectativas demais.

Apesar disso tudo, o que mais me impressiona quando penso na história da minha família é o veio contínuo de inocência, uma inocência que parece inimaginável, mesmo avaliada sob os critérios da infância. O primo da minha esposa, que tem apenas seis anos de idade, já perdeu essa inocência. Semanas atrás, o menino contou aos pais que alguns colegas do primeiro ano do ensino fundamental não quiseram brincar com ele por causa da cor imaculadamente escura de sua pele. Claro que os pais, nascidos e criados em Chicago e em Gary, perderam a inocência muito tempo atrás e, embora não guardem ressentimento — são as pessoas mais fortes, orgulhosas e desembaraçadas que conheço —, nota-se na voz deles um tom dolorido quando começam a questionar se agiram bem ao se mudar do centro da cidade para um bairro majoritariamente branco, decisão que tomaram para proteger o filho da possibilidade de ser atingido num tiroteio entre gangues e da certeza de frequentar uma escola de poucos recursos.

Eles sabem demais, todos nós vimos coisas demais para aceitar a breve união dos meus pais — um negro e uma branca, um africano e uma americana — sem questionar. Em decorrência disso, algumas pessoas têm dificuldade em me aceitar sem questionar. Quando as pessoas que não me conhecem bem, brancas ou negras, descobrem minha origem (e costuma ser uma descoberta mesmo, porque parei de anunciar a raça da minha mãe aos doze ou treze anos de idade, quando comecei a desconfiar que, dessa maneira, parecia que eu queria conquistar a simpatia dos brancos), vejo os rapidíssimos ajustes que precisam fazer, buscando nos meus olhos algum sinal revelador. Não sabem mais quem sou. Em seu íntimo, suponho que ficam imaginando meus dramas internos — a mistura de sangue, a alma dividida, a imagem fantasmagórica do trágico mulato preso entre dois mundos. E, se eu fosse explicar que não, que a tragédia não é minha ou, pelo menos, não é só minha, é de vocês, filhos e filhas de Plymouth

Rock e Ellis Island, é de vocês, filhos e filhas da África, é a tragédia do primo da minha mulher, com seis anos de idade, e dos colegas brancos no primeiro ano de escola... Portanto, vocês não precisam tentar adivinhar o que me perturba, está no telejornal para todos verem, e, se ao menos conseguirmos admitir isso, o ciclo trágico começará a se romper... Bem, pode ser que eu pareça irremediavelmente ingênuo, abraçado a esperanças perdidas, como aqueles comunistas que distribuem seus jornais em volta das universidades. Ou, pior, pode parecer que quero me esconder de mim mesmo.

Não critico as pessoas por causa dessas desconfianças. Faz muito tempo que aprendi a duvidar da minha infância e das histórias que a formaram. Só muitos anos mais tarde, depois que me sentei junto ao túmulo do meu pai e conversei com ele no solo vermelho da África, consegui fechar o círculo e fazer minha própria avaliação sobre as primeiras histórias que ouvi. Ou, em termos mais precisos, foi só então que entendi que eu havia passado muito tempo na vida tentando reescrever essas histórias, buscando preencher lacunas na narrativa, encaixando detalhes incômodos, projetando escolhas individuais na amplidão cega da história, tudo isso na esperança de obter uma base sólida de verdade sobre a qual os filhos e as filhas que terei possam se firmar.

A certa altura, portanto, apesar do desejo obstinado de me proteger de escrutínios, apesar do impulso periódico de abandonar o projeto, o que acabou compondo estas páginas foi o registro de uma jornada pessoal, interior — um menino em busca do pai e, com ela, a busca de um sentido viável para a sua vida como afro-americano. O resultado é autobiográfico, embora eu costumasse evitar essa qualificação sempre que alguém me perguntava nesses últimos três anos qual era o tema do livro. Uma autobiografia promete realizações dignas de registro, conversas com pessoas famosas, um papel de destaque em acontecimentos importantes. Não há nada disso aqui. Uma autobiografia supõe, no mínimo, uma síntese, um tipo de fechamento, o que dificilmente cabe a alguém com a minha idade, ainda tentando mapear o próprio caminho no mundo. Nem sequer posso apresentar minha experiência como representativa da experiência americana negra ("Afinal, você não vem de uma origem subprivilegiada", como prestimosamente me apontou um editor de Manhattan); na verdade, uma parte deste livro é justamente sobre aprender a aceitar essa verdade específica — que posso abraçar meus irmãos e irmãs negras, nos Estados Unidos ou na África, e defender um destino em comum sem ter a pretensão de falar para ou por todas as nossas diversas lutas.

Por fim, existem os riscos inerentes a qualquer trabalho autobiográfico: a tentação de apresentar os fatos sob uma luz favorável ao escritor, a tendência de superestimar o interesse das experiências pessoais para os outros, lapsos de memória seletivos. Esses riscos aumentam ainda mais quando o escritor não tem a sabedoria da idade, a distância que pode sanar algumas vaidades. Não posso dizer que consegui evitar todos, nem mesmo algum desses riscos. Ainda que grande parte do livro se baseie em publicações de época ou nas histórias orais da minha família, os diálogos são apenas e inevitavelmente aproximados, e não literais como foram ditos ou transmitidos. Por uma questão de condensação, alguns personagens representam um misto de pessoas que conheci, e algumas ocorrências não seguem uma cronologia exata. À exceção da minha família e de algumas figuras públicas, os nomes da maioria dos personagens foram alterados para preservar sua privacidade.

Como quer que se qualifique o livro — autobiografia, memórias, história de família ou algo assim —, o que procurei fazer foi escrever um relato honesto de uma área específica da minha vida. Quando sentia ter perdido o rumo, recorria à minha agente,

Jane Dystel, com sua confiança e persistência; ao meu editor, Henry Ferris, com suas correções gentis, porém firmes; a Ruth Fecych e à equipe da Times Books, com seu entusiasmo e cuidado em acompanhar o manuscrito ao longo das várias etapas; aos meus amigos, em especial Robert Fisher, pelas leituras generosas; e à minha maravilhosa esposa, Michelle, com sua inteligência, elegância, franqueza e infalível capacidade de incentivar meus melhores impulsos.

É à minha família, porém — à minha mãe, aos meus avós, aos meus irmãos e irmãs, espalhados por oceanos e continentes —, que devo a mais profunda gratidão e a quem dedico este livro. Sem o apoio e o amor constante deles, sem a generosidade em me deixarem entoar sua música e sem a tolerância diante de alguma nota desafinada, jamais poderia tê-lo terminado. Espero, quando menos, que o amor e o respeito que sinto por eles resplandeçam em todas as páginas.

PARTE I

Origens

1.

Alguns meses depois que completei 21 anos de idade, uma desconhecida me ligou para dar a notícia. Na época, eu morava em Nova York, na rua 94 entre a Segunda e a Primeira Avenida, parte daquela divisa anônima e variável entre o leste do Harlem e o resto de Manhattan. Era um quarteirão pouco atraente, sem árvores, árido, com prédios cor de fuligem sem elevador que projetavam sombras densas durante a maior parte do dia. O apartamento era pequeno, de assoalho empenado e aquecimento irregular, com uma campainha no térreo que não funcionava, de modo que as visitas tinham de avisar antes, ligando para um telefone público que ficava no posto de gasolina na esquina, onde um doberman preto do tamanho de um lobo montava guarda durante a noite e andava de um lado para outro segurando uma garrafa vazia de cerveja entre as presas.

Nada disso me afetava muito, pois eu não recebia muitas visitas. Naqueles dias eu vivia impaciente, cheio de trabalho e de planos a realizar, e tinha a tendência de ver os outros como distrações desnecessárias. Não que eu não gostasse de companhia. Trocava amenidades em espanhol com meus vizinhos, na maioria porto-riquenhos, e, quando voltava das aulas, costumava parar para conversar com a turma que ficava sentada na frente dos prédios, o verão todo, falando sobre os Knicks ou os tiros que tinham ouvido na noite anterior. Quando o tempo estava bom, meu colega de apartamento e eu sentávamos na escada de incêndio, no lado de fora, fumando um cigarro e olhando o anoitecer que tingia a cidade de azul, ou observando os brancos dos bairros melhores da vizinhança, que vinham ao nosso quarteirão passear com seus cachorros para os bichos defecarem no meio-fio — meu colega gritava furioso "Recolham o cocô, seus filhos da mãe!", e ríamos na cara do dono e do cachorro, carrancudos e impenitentes, enquanto se agachavam para fazer o serviço.

Eu desfrutei dessas horas — mas não por muito tempo. Se a conversa ficava muito longa ou se entrava em terreno pessoal, logo arranjava um pretexto para ir embora. Estava acostumado demais com o conforto da minha solidão, o lugar mais seguro que eu conhecia.

Lembro que no apartamento ao lado morava um senhor de idade que parecia ter o mesmo gênio que eu. Esquelético, encurvado, vivia sozinho e usava um casacão preto pesado e um chapéu de feltro disforme nas raras vezes em que saía de casa. De vez em quando eu topava com ele voltando da loja e me oferecia para carregar suas compras pelos longos lances de escadas. Ele me olhava, dava de ombros e começávamos a subida, parando em cada patamar para que ele recuperasse o fôlego. Quando finalmente chegávamos ao apartamento dele, eu pousava com cuidado as sacolas no chão, ele abaixava de leve a cabeça num gesto de cortesia e então entrava arrastando os pés e trancando a porta. Não trocávamos nenhuma palavra e nunca ouvi um "obrigado".

O silêncio daquele senhor me impressionava; eu o via como um parente espiritual. Depois de um tempo, meu colega de apartamento o encontrou caído no patamar do terceiro andar, os olhos abertos, os membros rígidos e encurvados como os de um bebê. Juntou-se uma multidão; algumas mulheres se benzeram e as crianças menores cochichavam alvoroçadas. Por fim chegaram os paramédicos para levar o corpo, e a polícia entrou no apartamento dele. Era asseado, quase vazio — uma cadeira, uma mesa, o retrato desbotado de uma mulher de sobrancelhas espessas e sorriso meigo no console da lareira. Abriram a geladeira e lá, enroladas em jornal velho, cuidadosamente alinhadas atrás dos vidros de picles e de maionese, havia quase mil dólares em notas miúdas.

A solidão da cena me tocou e, por uma fração de segundo, fui tomado pelo desejo de ter conhecido melhor aquele homem. Mas imediatamente me arrependi de sentir essa vontade e o pesar que a acompanhava. Foi como se um acordo tivesse se rompido entre nós — como se aquele homem, naquele aposento desolado, sussurrasse uma história obscura, contando-me coisas que eu preferia não ouvir.

Deve ter sido cerca de um mês mais tarde, numa manhã fria e escura de novembro, o sol pálido escondido por trás do nevoeiro, que veio o outro telefonema. Eu estava preparando o café da manhã, a chaleira no fogão e dois ovos na frigideira, quando meu colega me estendeu o telefone. A ligação estava com muita interferência.

"Barry? É você, Barry?"

"Sim, sou eu… Quem fala?"

"Olá, Barry… é a sua tia Jane. De Nairóbi. Está me ouvindo?"

"Desculpe, quem você disse que é?"

"Tia Jane. Ouça, Barry, o seu pai morreu. Foi um acidente de carro. Alô? Está me ouvindo? O seu pai morreu. Me faça um favor, Barry: avise o seu tio em Boston. Não dá para conversar agora, Barry. Vou tentar ligar outra hora…"

E só. A ligação caiu, eu me sentei no sofá, sentindo o cheiro de ovos queimados na cozinha, olhando as rachaduras na parede, tentando avaliar minha perda.

Quando meu pai morreu, ele continuava a ser um mito para mim, mais e ao mesmo tempo menos do que um homem. Ele deixara o Havaí em 1963, quando eu estava com dois anos, de modo que, quando criança, só o conheci pelas histórias que minha mãe e meus avós contavam. Todos tinham suas favoritas, cada qual uma peça inteiriça, lisa e lustrosa de tanto ser repetida. Ainda vejo meu avô reclinado em sua velha poltrona depois do jantar, bebendo uísque e usando o celofane do maço de cigarros para limpar entre os dentes, contando de novo a história da vez em que meu pai quase atirou um sujeito do Mirante de Pali por causa de um cachimbo...

"Foi assim: a sua mãe e o seu pai resolveram pegar esse amigo que estava visitando os pontos turísticos da ilha. Foram até o Mirante e, ao longo de todo o caminho até lá, Barack foi pelo lado errado da estrada..."

"O seu pai era péssimo motorista", explica minha mãe. "Sempre acabava indo pelo lado esquerdo, como fazem os ingleses, e, se alguém dissesse alguma coisa, ele ficava bravo e reclamava da idiotice das normas americanas..."

"Bom, dessa vez eles chegaram inteiros, saíram do carro e foram se apoiar na grade para admirar a paisagem. Barack estava fumando o cachimbo que eu tinha dado de presente de aniversário para ele, apontando as paisagens com a piteira, como um capitão de navio..."

"O seu pai tinha um orgulho enorme daquele cachimbo", interrompe minha mãe outra vez. "Fumava a noite toda enquanto estudava e às vezes..."

"Olha, Ann, quer você contar a história ou vai me deixar terminar?"

"Desculpe, pai. Continue."

"Bom, o pobre sujeito... era outro estudante africano, não era? Tinha acabado de chegar. O coitado deve ter ficado impressionado com a pose de Barack segurando aquele cachimbo, porque perguntou se podia dar uma pitada. O seu pai pensou um instante e então concordou, e aí, na hora em que deu a primeira tragada, o sujeito se engasgou e teve uma crise de tosse. Tossia tanto que o cachimbo escorregou da mão dele, caiu pela grade e rolou uns trinta metros penhasco abaixo."

Meu avô para, toma mais um golinho de uísque do frasco de bolso e retoma a história.

"Bom, aí o seu pai teve a gentileza de esperar que o amigo parasse de tossir e então falou para ele descer pela grade e ir buscar o cachimbo. O cara deu uma espiada naquela descida em noventa graus e falou pro Barack que preferia comprar outro para repor..."

"Muito sensato", diz Toot lá da cozinha. (Nós chamamos minha avó de Tutu, e Toot para facilitar; quer dizer "avó" ou "avô" em havaiano, pois, no dia em que nasci, ela decidiu que ainda era nova demais para ser chamada de vovó.) Meu avô faz cara feia, mas resolve passar por cima da interrupção.

"... mas Barack foi inflexível e queria o cachimbo *dele* de volta, porque era um presente, e não dá para substituir presentes. Assim, o sujeito deu outra olhada, meneou de novo a cabeça e foi aí que o seu pai levantou ele do chão e começou a balançar o cara por cima do gradil!"

Meu avô solta uma gargalhada e dá um tapa jovial no joelho. Enquanto ri, me imagino olhando para cima, para o meu pai, escuro contra o sol brilhando, o transgressor abanando os braços pendurado no ar. Uma visão alarmante de justiça.

"Ele não balançou realmente o cara por cima do gradil, pai", diz minha mãe, me olhando preocupada, mas meu avô toma mais um gole de uísque e se inclina para a frente. "A essa altura, outras pessoas começaram a olhar, e a sua mãe implorava para que Barack parasse. Na minha opinião, o amigo dele prendeu a respiração e já estava orando para Deus. Bom, seja como for, depois de uns dois minutos, o seu pai pôs o sujeito de volta no chão, deu um tapinha nas costas dele e sugeriu, com a maior calma do mundo, que todos fossem tomar uma cerveja. E sabe de uma coisa? Foi assim que o seu pai se comportou pelo resto do passeio, como se nada tivesse acontecido. Claro que a sua mãe ainda estava louca da vida quando chegaram em casa. Na verdade, ela quase nem falava com ele. Mas Barack também não ajudava muito, porque, quando a sua mãe tentou nos contar o que tinha acontecido, ele só balançou a cabeça e começou a rir. 'Sossega, Anna', ele falou. O seu pai tinha uma voz grave de barítono, sabe, e um sotaque britânico."

Nesse ponto, meu avô afunda o queixo no pescoço, para dar todo o efeito da coisa.

"'Sossega, Anna', Barack falou. 'Eu só quis ensinar pro cara que ele precisa ter cuidado com as coisas dos outros!'"

Sempre que contava essa história, meu avô desandava a rir até começar a tossir, e Toot murmurava baixinho que ainda bem que meu pai entendeu que o cachimbo tinha caído por mero acidente, pois, do contrário, quem sabe o que podia ter acontecido, e minha mãe me olhava revirando os olhos e dizendo que era exagero deles.

"O seu pai pode ser um pouco impositivo", admitia minha mãe com o despontar de um sorriso. "Mas é só porque ele é basicamente uma pessoa muito honesta. E por isso às vezes acaba sendo intransigente."

Ela preferia um retrato mais ameno do meu pai. Contava a

história de quando ele foi receber a chave da Phi Beta Kappa com sua roupa predileta — calça jeans e um blusão velho com estampa de leopardo.

"Ninguém avisou que aquilo era uma grande honra, e aí ele entrou e viu todo mundo de pé, de smoking, naquele salão todo chique. Foi a única vez em que o vi ficar sem graça."

E meu avô, pensativo de repente, começava a concordar com a cabeça e dizia:

"É verdade, Bar. O seu pai sabia lidar praticamente com qualquer situação, e por causa disso todo mundo gostava dele. Lembra da vez em que ele teve de participar do Festival Internacional de Música? Ele topou cantar algumas músicas africanas, mas, quando chegou, viu que o negócio era sério, e a mulher que tinha se apresentado logo antes era cantora semiprofissional, uma havaiana com uma banda inteira a acompanhando. Qualquer um pararia ali na mesma hora, explicando que tinha sido um engano. Mas Barack não. Ele não vacilou e começou a cantar na frente daquela multidão enorme — o que não é pouco, lhe garanto — e não foi lá muito bem, mas mostrava tanta segurança que não demorou muito e todo mundo estava aplaudindo."

Meu avô balançava a cabeça e saía da poltrona para dar uma chacoalhada no aparelho de tv.

"Está aí uma coisa que você pode aprender com o seu pai", ele me dizia. "*Segurança.* O segredo do sucesso de um homem."

Era assim com todas as histórias — compactas, apócrifas, contadas rapidamente, uma atrás da outra, ao longo da noite, e depois guardadas por meses, às vezes anos, na memória da família. A mesma coisa acontecia com as poucas fotos do meu pai que continuavam em casa, reproduções velhas de estúdio em preto e branco que às vezes eu encontrava enquanto revirava os armários à procura de enfeites de Natal ou de algum equipamento velho de mergulho. Minhas primeiras lembranças pessoais são da época em que minha mãe já namorava com quem viria a ser seu segundo marido, e eu entendia sem necessidade de explicação por que as fotos tinham de ficar guardadas. Mas de vez em quando, sentado no chão com minha mãe, o cheiro de poeira e naftalina subindo do álbum já deteriorado, eu ficava olhando a fisionomia do meu pai — o rosto escuro sorridente, a testa saliente e os óculos grossos que o faziam parecer mais velho do que era — e ouvindo episódios da vida dele misturados numa única narrativa.

Eu sabia que ele era africano, um queniano da tribo luo, nascido às margens do lago Vitória, num lugar chamado Alego. A aldeia era pobre, mas o pai dele — o meu outro avô, Hussein Onyango Obama — tinha sido um agricultor importante, que participava do conselho de anciões da tribo e era o curandeiro da comunidade. Meu pai cresceu pastoreando as cabras do pai e frequentando a escola local, criada pela administração colonial britânica, onde se mostrou um aluno muito promissor. Acabou ganhando uma bolsa para estudar em Nairóbi; e então, às vésperas da independência queniana, foi selecionado pelo governo do país e pelos patrocinadores americanos para cursar uma universidade nos Estados Unidos. Ele fazia parte da primeira grande leva de africanos enviados à América para aprender a tecnologia ocidental e trazê-la de volta para criar uma nova África moderna.

Em 1959, aos 23 anos de idade, ele chegou à Universidade do Havaí como o primeiro estudante africano daquela instituição. Fez econometria, estudou com enorme dedicação e se formou em três anos, como o melhor da turma. Tinha inúmeros amigos e ajudou a organizar a Associação Internacional de Estudantes, da qual foi o primeiro presidente. Durante um curso de russo, conheceu uma americana tímida e retraída, de apenas dezoito anos, e os dois se apaixonaram. Os pais da moça, que no começo ficaram com o pé atrás, logo foram conquistados pela simpatia e pela inteligência do rapaz; os dois se casaram e ela teve um filho, que recebeu o nome dele. O rapaz ganhou outra bolsa de estudos — dessa vez para fazer o doutorado em Harvard —, mas não um auxílio para levar junto a nova família. Separaram-se, e ele voltou para a África para cumprir a promessa com seu continente. Mãe e filho ficaram para trás, porém o amor sobreviveu, apesar da distância...

Ali terminava o álbum e eu saía contente, embalado em um relato que me colocava no centro de um vasto universo ordenado. Mesmo na versão resumida contada por minha mãe e meus avós, havia muitas coisas que eu não entendia. Mas raramente perguntava os detalhes que esclareceriam o sentido de "doutorado" ou de "colonialismo", ou que poderiam situar Alego em um mapa. O caminho da vida do meu pai passava pelos mesmos territórios de um livro que a minha mãe me deu certa vez, chamado *Origens*, uma coletânea com histórias do mundo inteiro sobre a criação, com o Gênesis e a árvore onde nasceu o homem, Prometeu e a dádiva do fogo, a tartaruga da lenda hindu que flutuava no espaço, carregando o peso do mundo nas costas. Mais tarde, quando passei a ter maior contato com o caminho mais estreito para a felicidade que se encontrava na televisão e no cinema, algumas perguntas começaram a me incomodar. O que sustentava a tartaruga? Por que um Deus onipotente deixou uma cobra causar tanto problema? Por que meu pai não voltava? No entanto, aos cinco ou seis anos de idade, eu me dava por satisfeito deixando intactos esses mistérios remotos, cada história com começo, meio e fim, uma tão verídica quanto a outra, transformando-se em sonhos tranquilos.

Eu praticamente não notava que meu pai era muito diferente das pessoas que me cercavam — ele era negro feito piche e a minha mãe, branca feito neve.

Na verdade, só consigo me lembrar de uma história que lidava abertamente com o tema racial. Conforme fui crescendo, ela passou a ser repetida com mais frequência, como se resumisse a moral da história edificante em que a vida do meu pai se transformara: depois de passar muitas horas estudando, meu pai foi encontrar meu avô e vários outros amigos em um bar de Waikiki. Todo mundo estava em clima de festa, comendo e bebendo ao som de um violão indolente, quando um branco reclamou ao atendente, numa voz alta para que todos ouvissem, que não tinha cabimento tomar uma boa bebida "ao lado de um preto". O bar ficou silencioso e as pessoas se viraram para o meu pai, esperando uma briga. Em vez disso, ele se levantou, foi até o homem, sorriu e passou a discorrer sobre a insensatez da intolerância, a promessa do sonho americano e os direitos humanos universais. "Quando Barack terminou, o cara se sentiu tão mal", dizia meu avô, "que pôs a mão no bolso e deu cem dólares para ele na mesma hora. Deu para pagar toda a conta do bar — e o aluguel do seu pai pelo resto do mês."

Na adolescência, comecei a duvidar da veracidade dessa história, mais uma que deixei de lado entre tantas outras. Muitos anos depois, recebi um telefonema de um nipo-americano que falou ter sido colega de turma do meu pai no Havaí e estava dando aulas em uma universidade do Meio-Oeste. Foi muito afável, e parecia um pouco encabulado com aquele seu impulso; falou que tinha lido uma entrevista minha no jornal local e que, ao ver o nome do meu pai, foi tomado por uma nostalgia. Então, durante a nossa conversa, ele repetiu a história que o meu avô tinha contado sobre o homem branco que tentou comprar o perdão do meu pai. "Nunca vou me esquecer daquilo", disse o homem no telefone, e na voz dele detectei o mesmo tom presente na voz do meu avô tantos anos antes: um tom de incredulidade — e de esperança.

* * *

Miscigenação. É uma palavra disforme, feia, prenunciação de um resultado monstruoso: como *secessionismo* ou *octoruno*, carrega imagens de outros tempos, um mundo distante de chicotes e labaredas, magnólias mortas e pórticos decadentes. E foi só em 1967 — quando fiz seis anos de idade e Jimi Hendrix se apresentou em Monterey, três anos depois de o dr. King ter recebido o prêmio Nobel da paz, época em que os Estados Unidos já começavam a se cansar das reivindicações de igualdade dos negros, uma vez que o problema da discriminação supostamente estava resolvido — que o Supremo Tribunal do país resolveu informar ao estado da Virgínia que a proibição de casamentos inter-raciais ali praticada violava a Constituição. Em 1960, ano em que meus pais se casaram, a *miscigenação* ainda era crime em mais da metade dos estados da União. Em muitos lugares do Sul, meu pai poderia ser enforcado em uma árvore só por ter olhado minha mãe do jeito errado; nas cidades mais sofisticadas do Norte, os sussurros e os olhares hostis poderiam levar uma mulher na situação da minha mãe a um aborto clandestino — ou, no mínimo, a um convento distante que providenciaria a adoção. A própria imagem dos dois juntos seria considerada sinistra e depravada, uma boa resposta para esfregar na cara daquela meia dúzia de liberais desmiolados que apoiavam a pauta dos direitos civis.

O.k. — mas você deixaria a sua filha se casar com um negro?

Até hoje, é um mistério para mim que meus avós, mesmo relutantes, tenham dado uma resposta afirmativa a essa pergunta. Não havia nada no histórico deles que permitisse prever essa reação, nenhum transcendentalista da Nova Inglaterra, nenhum socialista radical na árvore genealógica. É verdade que, na Guerra Civil, o Kansas havia lutado ao lado da União; meu avô gostava de me lembrar de que vários ramos da família contavam com abolicionistas ardorosos. Se alguém lhe perguntasse, Toot virava a cabeça de perfil para mostrar o nariz adunco que, com seus olhos muito escuros, dava provas do seu sangue cherokee.

Mas uma fotografia antiga em sépia na estante era muito eloquente quanto às raízes deles. A foto mostrava os avós de Toot, de origem escocesa e inglesa, de pé na frente de uma casinha rural precária, com cara fechada, usando roupa de lã áspera, os olhos semicerrados fitando a vida árida e esturricada de sol que se estendia diante deles. Suas feições eram as dos góticos americanos, os primos mais pobres da linhagem dos brancos anglo-saxões protestantes, e nos olhos deles liam-se verdades, das quais tomei conhecimento mais tarde, que realmente haviam ocorrido: que o Kansas ingressara na União somente depois de uma batalha violenta, precursora da Guerra Civil, quando a espada de John Brown foi a primeira a provar sangue; que, embora um dos meus trisavôs, Christopher Columbus Clark, fosse soldado condecorado da União, corriam boatos de que a sogra dele era prima em segundo grau de Jefferson Davis, presidente da Confederação; que, apesar de outro antepassado distante ter sido mesmo um cherokee legítimo, essa linhagem era motivo de grande vergonha para a mãe de Toot, que empalidecia sempre que alguém tocava no assunto e queria levar esse segredo para o túmulo.

Foi nesse mundo que meus avós foram criados, um interiorzão isolado no centro do país, um lugar onde a honestidade, a capacidade de resistência e o espírito pioneiro estavam indissociavelmente ligados ao conformismo, à desconfiança e ao potencial de uma crueldade desprovida de qualquer piedade. Eles cresceram a pouco mais de trinta quilômetros de distância um do outro — a minha avó em Augusta, o meu avô em El Dorado, vilarejos muito pequenos para aparecerem em destaque em um mapa rodoviário —, e, para minha sorte, a infância que os dois gostavam de relembrar mostrava os Estados Unidos das pequenas cidades e da era da Depressão em toda a sua glória inocente: os desfiles de Quatro de Julho e os filmes projetados no lado de um celeiro; vaga-lumes dentro de um frasco de vidro e o sabor dos tomates colhidos bem maduros, tão adocicados como maçãs; tempestades de areia, chuvas de pedra, salas de aula cheias de meninos da roça enfiados em roupas de baixo de lã no começo do inverno, as quais, com o passar dos meses, ficavam fedendo feito porcos.

Até o trauma das falências bancárias e das execuções hipotecárias dos sítios parecia romântico quando fiado na roca das memórias dos meus avós, num tempo em que a miséria, a grande niveladora que acabara por aproximar mais as pessoas, era uma sina partilhada por todos. Assim, era preciso prestar muita atenção para identificar as hierarquias sutis e os códigos tácitos que regiam os primeiros tempos da vida deles, as distinções entre pessoas sem muitas posses e que viviam no meio do nada. Tudo isso tinha a ver com uma coisa chamada respeitabilidade — havia gente respeitável e gente não respeitável —, e, embora não precisasse ser rico para ser respeitável, um pobre certamente teria de se esforçar muito mais.

A família de Toot era respeitável. O pai dela se manteve empregado durante toda a Depressão, como administrador de uma concessão de petróleo para a Standard Oil. A mãe fora professora na escola normal antes do nascimento dos filhos. A família mantinha a casa impecável e encomendava os Grandes Livros pelo correio; liam a Bíblia, mas evitavam o circuito das tendas revivalistas, preferindo uma forma comedida de metodismo que valorizava a razão acima da paixão e a temperança acima de ambas.

A situação do meu avô era mais problemática. Ninguém sabia por quê — os avós que o criaram, assim como ao seu irmão mais velho, não eram muito abastados, mas eram respeitáveis batistas tementes a Deus, cujo sustento era tirado da perfuração de poços de petróleo nos arredores de Wichita. Por alguma razão, porém, meu avô saiu meio rebelde. Alguns vizinhos diziam que era por causa do suicídio da mãe: afinal havia sido Stanley, na época com apenas oito anos de idade, quem encontrara o corpo dela. Outras almas menos caridosas simplesmente balançavam a cabeça: o menino havia puxado ao pai, que era um mulherengo, diziam, e que foi o motivo inquestionável da desventurada morte da mãe.

Qualquer que tenha sido a razão, tudo indicava que a fama de meu avô era merecida. Aos quinze anos ele foi expulso da escola por socar o nariz do diretor. Nos três anos seguintes, fez bicos aqui e ali; viajou clandestinamente em vagões de trem até Chicago, depois até a Califórnia e então voltou, vadiando em noitadas, jogos de cartas e mulheres. Gostava de dizer que conhecia Wichita como a palma da mão, para onde a família dele e a de Toot haviam se mudado naquela época, e Toot não nega; decerto os pais dela acreditavam nas histórias que se contavam sobre o rapaz e eram contra o namoro que começava. Na primeira vez em que Toot levou meu avô para conhecer a família, o pai dela deu uma olhada no cabelo preto repuxado para trás e no sorriso constante e presunçoso dele, e não vacilou na avaliação:

"Parece um carcamano."

Toot não deu a mínima. Para ela, que acabava de sair do colegial, formada em economia doméstica e cansada da respeitabilidade, meu avô devia ser uma figura e tanto. Às vezes imagino um casal em qualquer cidadezinha americana naqueles anos anteriores à guerra, ele de calças largas e camisa engomada, chapéu de banda recuado para trás, oferecendo um cigarro para aquela mocinha esperta e falante com a boca muito pintada de batom vermelho e cabelo tingido de loiro, com pernas tão bonitas que podia servir de modelo para meias femininas na loja de departamentos local. Ele fala com ela sobre as cidades grandes, a estrada a perder de vista, a ideia de ir embora logo e fugir das planícies vazias e empoeiradas, onde o máximo de ambição é trabalhar como gerente de banco e o máximo da diversão é tomar um sorvete com refrigerante e ir à matinê de domingo, onde o medo e a falta de imaginação asfixiam os sonhos e a pessoa já sabe desde que nasce onde é que vai morrer e quem vai comparecer ao enterro. Ele não vai terminar assim, insiste meu avô; tem sonhos, tem planos; vai contagiar minha avó com a grande coceira peripatética que, tantos anos antes, fez os antepassados dos dois atravessarem o Atlântico e metade de um continente.

Os dois fugiram logo quando o bombardeio de Pearl Harbor havia se iniciado, e meu avô se alistou. Nessa altura da história, ela se acelera na minha cabeça, como um daqueles filmes antigos que mostram as folhas de um calendário de parede virando cada vez mais depressa, por obra de alguma mão invisível, as manchetes de Hitler, Churchill, Roosevelt, Normandia, passando frenéticas ao som dos bombardeios, da voz do correspondente Edward R. Murrow e da bbc. Enquanto assisto, minha mãe nasce na base militar onde meu avô está lotado; minha avó é Rosie, a Rebitadora, trabalhadora em uma linha de montagem de aviões de bombardeio; meu avô chafurda nos pântanos da França, integrando o exército de Patton.

Meu avô voltou da guerra sem chegar a ver combate, e a família foi para a Califórnia, onde ele se matriculou em Berkeley pelo programa de reintegração social dos veteranos de guerra. Mas suas ambições e seu desassossego não cabiam na sala de aula e, assim, a família se mudou outra vez, primeiro de volta para o Kansas, depois rumo a uma série de cidadezinhas texanas e por fim para Seattle, onde se instalaram por tempo suficiente para a minha mãe terminar o segundo grau. Meu avô trabalhava como vendedor de móveis; compraram uma casa e viraram parceiros de bridge. Sentiam-se contentes com o fato de minha mãe se sair muito bem na escola, mas, quando lhe ofereceram uma vaga antecipada na Universidade de Chicago, meu avô não deixou a filha ir, pois achava que ela era nova demais para viver sozinha.

E a história podia ter parado nisto: uma casa, uma família, uma vida respeitável. Só que ainda devia ter alguma coisa se agitando no espírito do meu avô. Consigo imaginá-lo de pé na frente do Pacífico, prematuramente grisalho, alto, antes magro e agora encorpado, olhando o horizonte até onde a vista alcançava e ainda sentindo o cheiro forte dos poços de petróleo, das cascas de milho, da vida puxada que achava que ficara para trás. Assim, quando o gerente da empresa de móveis em que ele trabalhava comentou por cima que iam abrir uma loja nova em Honolulu, que era um lugar onde as perspectivas comerciais pareciam excelentes, ainda mais estando prestes a ingressar na União, ele foi correndo para casa naquele mesmo dia e convenceu minha avó a vender a casa, fazer de novo as malas e partir para o trecho final da jornada, para o oeste, para o poente...

Meu avô sempre foi assim, sempre à procura de um novo começo, sempre fugindo do rotineiro. Quando a família chegou ao Havaí, imagino que ele já devia estar com o caráter totalmente formado — a generosidade e a vontade de agradar, a estranha mistura de sofisticação e provincianismo, as emoções em estado bruto que o faziam ser muito suscetível e, ao mesmo tempo, inconveniente. Era um caráter americano, típico dos homens de sua geração, homens que abraçavam a noção de liberdade, de individualismo, de um caminho aberto nem sempre consciente do preço disso, cujos entusiasmos podiam levar com a mesma facilidade à covardia do macarthismo e ao heroísmo da Segunda Guerra Mundial. Homens perigosos e promissores justamente por causa de uma inocência profunda; homens propensos, enfim, à decepção.

Em 1960, no entanto, meu avô ainda não havia enfrentado esse teste; as decepções viriam mais tarde e, mesmo então, aos poucos, sem a violência que poderia ter mudado seu caráter, para melhor ou para pior. No fundo, ele se considerava uma espécie de livre-pensador — um boêmio, digamos. Escrevia poemas de vez em quando, ouvia jazz, entre seus melhores amigos se incluíam vários judeus que havia conhecido no ramo dos móveis. Em seu único contato mais próximo com a religião institucional, pretendia inscrever a família na congregação unitarista universalista local; agradava-lhe que os unitaristas se baseassem nas escrituras de todas as grandes religiões ("É como se você tivesse cinco religiões numa só", ele diria). Toot acabou dissuadindo-o das suas ideias sobre a Igreja ("Pelo amor de Deus, Stanley, religião não é a mesma coisa que comprar sucrilho!"), mas a minha avó, se era de natureza mais cética e discordava de algumas extravagâncias do meu avô, tinha um espírito independente tão obstinado, insistia tanto em pensar por si própria, que os dois até que conseguiam se dar bem.

Com tudo isso, os dois eram vagamente liberais, mas suas ideias nunca se cristalizaram numa ideologia sólida; nisso também eram americanos. Assim, quando minha mãe chegou certo dia em casa e mencionou um amigo que tinha conhecido na Universidade do Havaí, um estudante africano chamado Barack, o primeiro impulso dos meus avós foi convidá-lo para jantar. Meu avô deve ter pensado: "O coitado decerto se sente sozinho, tão longe de casa". Quando meu pai chegou, meu avô talvez tenha se impressionado na hora com a semelhança do africano com Nat King Cole, um de seus cantores favoritos; posso imaginá-lo perguntando ao meu pai se ele sabia cantar, sem perceber o ar mortificado da minha mãe. Meu avô provavelmente está muito ocupado contando uma de suas piadas ou discutindo com Toot sobre o ponto da carne para perceber que minha mãe pega e aperta a mão forte e macia ao lado dela. Minha avó nota, mas tem educação suficiente para ficar quieta e servir a sobremesa; sabe instintivamente que é melhor não armar nenhuma cena. Terminada a visita, os dois comentam que o rapaz parece muito inteligente, com ar muito digno, os gestos comedidos, a elegância com que cruza as pernas — e aquela pronúncia!

Mas deixariam a filha *se casar* com alguém assim?

Ainda não sabemos; até aqui, a história não explica grande coisa. A verdade é que eles, como a maioria dos americanos brancos na época, não pensavam muito sobre os negros. A segregação foi implantada no Kansas muito antes do nascimento dos meus avós, mas pelo menos em Wichita e redondezas ela se manifestava de modo mais informal e brando, sem a violência que havia no Deep South. Os mesmos códigos tácitos que regiam a vida entre os brancos mantinham o contato inter-racial reduzido a um mínimo; quando nas lembranças dos meus avós surge algum negro no Kansas, são imagens muito rápidas e passageiras — negros que aparecem de vez em quando nos campos de petróleo, procurando serviço; negras pegando a roupa dos brancos para lavar ou ajudando na limpeza de lares brancos. Os negros estão ali, mas não estão, como Sam ao piano, Beulah na cozinha ou *Amos'n'Andy* no rádio — presenças apagadas, silenciosas, que não despertam paixão nem medo.

Foi só quando a minha família se mudou para o Texas, depois da guerra, que as questões raciais passaram a ser uma questão. Durante a primeira semana no emprego, os colegas vendedores aconselharam amigavelmente meu avô sobre o atendimento que devia dispensar a clientes negros e mexicanos: "Se gente de cor quiser olhar a mercadoria, tem de vir depois do expediente e precisa providenciar a entrega por conta própria". Mais tarde, no banco em que trabalhava, Toot conheceu o zelador, um negro alto e aprumado, veterano da Segunda Guerra, que ela lembra apenas como sr. Reed. Uma vez, quando os dois estavam conversando no corredor, uma secretária veio em disparada esbravejando que Toot nunca, jamais, devia "chamar preto nenhum de 'senhor'". Algum tempo depois, minha avó encontrou o sr. Reed num canto do prédio, chorando em silêncio. Quando ela perguntou qual era o problema, ele endireitou as costas, enxugou as lágrimas e respondeu com uma pergunta: "O que fizemos para nos tratarem tão mal?".

Minha avó, naquele dia, não soube o que responder, mas continuou com a pergunta na cabeça, conversando algumas vezes com meu avô sobre a questão, depois que minha mãe ia dormir. Decidiram que Toot continuaria a chamar o sr. Reed de "senhor", mesmo percebendo, com uma mistura de alívio e tristeza, a distância cuidadosa que o zelador mantinha em relação a ela sempre que se cruzavam nos corredores. Meu avô começou a recusar os convites dos colegas de trabalho para uma cerveja depois do serviço, com a desculpa de que precisava ir para casa para deixar a esposa contente. Foram se fechando, um pouco assustados, sentindo uma vaga apreensão, como se fossem eternos estrangeiros na cidade.

Esse novo clima negativo atingiu principalmente a minha mãe, então com onze ou doze anos, filha única que acabava de vencer uma grave crise de asma. Por causa da doença e das várias mudanças de casa, ela se tornara uma espécie de solitária — alegre, de bom gênio, mas com a tendência de se enterrar nos livros ou de passear sozinha —, e Toot começou a ficar preocupada, pensando se a última mudança não havia aumentado ainda mais as excentricidades da filha. Minha mãe havia feito algumas amizades na escola nova. As crianças eram impiedosas e tiravam sarro dela por causa do nome, Stanley Ann (uma das ideias mais malucas do meu avô — ele queria um filho). Chamavam-na do carro Stanley Steamer, ou do jogador Stan the Man. Quando Toot voltava do trabalho, geralmente encontrava a minha mãe sozinha no jardim da frente da casa, sentada na beira da varanda balançando as pernas ou deitada na grama, absorta em seu mundo particular.

Exceto uma vez. Era um dia muito quente, de ar parado. Toot chegou e viu um bando de crianças aglomeradas na cerca de madeira que rodeava a casa. Ao se aproximar, ouviu as risadas cruéis e notou a cara de nojo e raiva das crianças. Entoavam em voz estridente, alternando o ritmo:

"Ela gosta de preto!"

"Sua ianque porca!"

"Ela gosta de preto!"

Ao verem Toot, as crianças se dispersaram, mas não antes que um dos meninos atirasse por cima da cerca a pedra que tinha na mão. Os olhos dela seguiram a trajetória da pedra, que caiu ao pé de uma árvore. E ali ela viu a causa de todo aquele alarido: minha mãe e uma menina negra mais ou menos da mesma idade, deitadas de bruços na grama, uma ao lado da outra, as saias recolhidas um pouco acima dos joelhos, os dedos dos pés afundados na terra, com o rosto apoiado nas mãos diante de um dos livros da minha mãe. À distância, as duas pareciam estar na maior paz sob a sombra da árvore. Só quando Toot abriu o portão é que percebeu que a menina negra tremia e brilhavam lágrimas nos olhos da minha mãe. Continuaram imóveis, paralisadas de medo, até que Toot se inclinou e pôs as mãos na cabeça de cada uma delas.

"Se vocês vão brincar", disse ela, "então entrem, pelo amor de Deus. Venham. Vocês duas."

Toot levantou minha mãe e se estendeu para pegar a mão da amiguinha dela, mas, antes que pudesse dizer qualquer coisa, a menina saiu em disparada, com as pernas compridas como as de um galgo enquanto sumia na rua.

44

Meu avô ficou fora de si quando soube do acontecido. Interrogou minha mãe, anotou nomes. No dia seguinte, tirou a manhã de folga e foi falar com o diretor da escola. Conversou também com os pais de alguns dos agressores, dizendo o que pensava. E de todos os adultos com que falou, recebeu a mesma resposta: "Melhor conversar com a sua filha, sr. Dunham. Meninas brancas não brincam com meninas de cor nesta cidade."

É difícil saber que peso dar a esses episódios, que vínculos se criaram ou se romperam, ou se eles só ganham destaque à luz dos acontecimentos posteriores. Sempre que me falava a respeito disso, meu avô insistia em que a família havia deixado o Texas em parte por causa desse racismo, que os incomodava. Toot era mais circunspecta; uma vez, quando estávamos só nós dois, ela me disse que o Texas ficara para trás porque meu avô não estava indo muito bem no trabalho e um amigo em Seattle lhe prometera algo melhor. Segundo ela, a palavra *racismo* nem fazia parte do vocabulário deles naquela época. "O seu avô e eu achávamos que devíamos tratar as pessoas de maneira decente, Bar. Só isso."

Ela é muito sábia, a minha avó; desconfia de sentimentos elaborados demais ou de declarações grandiloquentes e se satisfaz com o bom senso. E é por isso que tendo a confiar mais na versão dos fatos de Toot, pois corresponde ao que conheço do meu avô e sua tendência de reescrever a história para condizer com a imagem que queria para si mesmo.

Mesmo assim, não descarto totalmente a lembrança de meu avô sobre os fatos e não creio que seja apenas um floreado conveniente, um simples gesto de revisionismo branco. Nem poderia ser, pois sei que ele acreditava com convicção em suas ficções, queria muito que fossem verídicas, mesmo que nem sempre soubesse como transformá-las em realidade. Depois do Texas, desconfio que os negros começaram a fazer parte das histórias que criava, foi uma narrativa que abriu caminho entre os sonhos dele.

A condição da raça negra, com seus sofrimentos e suas chagas, fundiu-se mentalmente com a dele: o pai ausente e as insinuações escandalosas, a mãe que desistiu de tudo, a crueldade das outras crianças, a percepção de que não era loiro — que parecia um "carcamano". Ele sentia instintivamente que o racismo fazia parte daquele passado, parte da convenção, da respeitabilidade, da posição social, com os sorrisos maliciosos, os cochichos, os comentários que o deixavam de fora, olhando à distância.

Esse instinto tem algum valor, penso, e para muitos brancos com a mesma origem e da mesma geração dos meus avós, tal instinto corria na direção contrária, da turba enfurecida. E, embora a relação do meu avô com a minha mãe já fosse tensa na época em que chegaram ao Havaí — ela nunca perdoou a instabilidade e o gênio violento dele e se envergonhava de seus modos rústicos e grosseiros —, foi essa vontade dele de apagar o passado, essa confiança na possibilidade de recriar o mundo a partir do zero, que se demonstrou o seu patrimônio mais duradouro. Quer ele percebesse ou não, o fato de ver a filha com um negro permitia, em algum nível profundo e inexplorado, enxergar dentro de si mesmo.

Não que essa chance de se conhecer melhor, mesmo estando ali ao seu alcance, o ajudasse a engolir mais facilmente o casamento da minha mãe. Na verdade, não sei bem como e quando foi o casamento; há uma série de detalhes que nunca tive muita coragem de explorar. Não há nenhuma notícia de um casamento de verdade, com bolo, aliança, o pai conduzindo a noiva. Nenhum parente compareceu, e nem sei se o pessoal do Kansas chegou a ser informado. Só uma pequena cerimônia no civil, com o juiz de paz. Pensando em retrospecto, a situação toda parece tão frágil, tão fortuita... E talvez fosse essa a intenção dos meus avós, uma provação que logo passaria, apenas uma questão de tempo, bastava que mantivessem a compostura e não fizessem nada de drástico.

Se foi esse o caso, eles avaliaram mal não só a serena determinação da minha mãe, como também a mudança das próprias emoções. Primeiro chegou o bebê, com 3,7 quilos, dez dedos nas mãos e dez dedos nos pés, esfomeado. Caramba, o que se esperava que fizessem?

Então o tempo e o espaço começaram a conspirar, transformando a possível desgraça em algo aceitável e até em motivo de orgulho. Tomando umas cervejas com meu pai, meu avô podia ouvir o genro discorrer sobre política e economia, sobre lugares distantes como Whitehall ou o Kremlin, e se imaginava enxergando o futuro. Começou a ler os jornais com mais atenção, descobriu as primeiras matérias sobre o novo credo integracionista dos Estados Unidos e concluiu que o mundo estava encolhendo e as simpatias estavam mudando; que a família de Wichita realmente passara para a linha de frente da Nova Fronteira de Kennedy e do grandioso sonho do dr. King. Como os Estados Unidos podiam enviar homens ao espaço e ainda manter seus cidadãos negros na servidão? Uma das minhas primeiras lembranças é estar sentado nos ombros do meu avô, durante a chegada dos astronautas de uma das missões Apollo à Base Aérea de Hickam, depois de uma amerissagem bem-sucedida. Lembro que os astronautas, com óculos de aviador, estavam muito distantes, mal dava para enxergá-los pela porta de uma câmara de isolamento. Mas meu avô jurava que um dos astronautas acenou especialmente para mim e que eu acenei de volta. Fazia parte da história que ele contava para si mesmo. Com o genro negro e o neto pardo, meu avô tinha ingressado na era espacial.

E, para partir nessa nova aventura, haveria porto melhor do que o Havaí, o mais novo estado integrante da União? Mesmo hoje, com o quádruplo da população, com Waikiki lotada de uma ponta à outra com lanchonetes, lojas de vídeos pornográficos e o avanço incessante de loteamentos em todos os palmos de terreno, ainda consigo refazer os primeiros passos que dei quando criança e ficar pasmo de admiração com a beleza das ilhas. A superfície azul cintilante do Pacífico. Os penhascos cobertos de musgo e a torrente fresca das Quedas de Manoa, com os seus bastões-do--imperador e os dosséis altos cheios de pássaros invisíveis cantando. As ondas trovejantes da Costa Norte, quebrando como num filme em câmera lenta. As sombras projetadas pelos picos de Pali; o ar mormacento e perfumado.

Havaí! Para a minha família, que ali chegara em 1959, devia parecer que a própria terra, cansada dos exércitos em marcha e da civilização implacável, tinha soerguido essa cadeia de rochedos cor de esmeralda, onde pioneiros do mundo inteiro podiam povoar a área com crianças bronzeadas de sol. A horrenda conquista dos havaianos nativos com o rompimento dos tratados e as doenças trazidas pelos missionários; a devastação do rico solo vulcânico por empresas americanas para o plantio de abacaxi e cana-de--açúcar; o sistema de servidão por contrato, que mantinha imigrantes japoneses, chineses e filipinos curvados sobre esses mesmos campos desde o nascer até o pôr do sol; os campos de concentração de nipo-americanos durante a guerra — tudo isso fazia parte da história recente. E, apesar disso, quando minha família chegou, ela já havia desaparecido da memória coletiva, como a névoa da manhã dissipada ao sol. Havia muitas raças, o poder estava disperso demais entre elas, para que fosse possível impor o rígido sistema de castas do continente. E era tão pequeno o número de negros que o mais ardoroso segregacionista podia gozar suas férias na certeza de que a mistura racial no Havaí pouco tinha a ver com a ordem vigente em seu país.

Assim se criou a lenda do Havaí como autêntico cadinho, verdadeiro experimento de harmonia racial. Meus avós — principalmente meu avô, que, por conta de seu trabalho como vendedor, entrava em contato com muita gente — se lançaram à causa do mútuo entendimento. Até hoje ele tem na estante um velho exemplar de *Como fazer amigos e influenciar pessoas*, de Dale Carnegie. Cresci ouvindo o seu estilo loquaz e jovial, que devia achar útil no trato com a clientela. Sacava fotos da família e contava sua história ao primeiro desconhecido que se aproximasse; sacudia energicamente a mão do carteiro e fazia brincadeiras um pouco impróprias com as garçonetes que nos atendiam nos restaurantes.

Embora essas palhaçadas me dessem arrepios, outros mais clementes do que um neto gostavam do jeito bizarro dele, e assim, mesmo sem nunca ter ganhado muita influência, formou um grande círculo de amigos. Um nipo-americano que chamava a si mesmo de Freddy e tinha um mercadinho perto da nossa casa guardava para nós os melhores pedaços de atum para sashimi e me dava barrinhas de arroz caramelizado envoltas num invólucro comestível. De vez em quando, os havaianos que trabalhavam como entregadores na loja do meu avô nos convidavam para um leitão assado com creme de inhame, que ele devorava com gosto (Toot ficava fumando até chegar em casa e preparar para si uns ovos mexidos). Às vezes eu ia com meu avô até o Ali'i Park, onde ele gostava de jogar damas com os velhos filipinos que fumavam charuto barato e cuspiam sumo de noz-de-areca que parecia sangue. Ainda lembro que, numa madrugada, horas antes de amanhecer, um português a quem o meu avô dera um bom desconto num jogo de sofás nos levou para pescar com arpão na baía de Kailua. Havia um lampião a gás na cabine do barquinho pesqueiro, e fiquei olhando os dois mergulharem nas águas totalmente negras da baía, a luz das lanternas brilhando debaixo d'água até eles voltarem à superfície com um peixe grande, iridescente, pendendo da ponta de uma vara. Meu avô me falou o nome havaiano do peixe, *humu-humu-nuku-nuku-apuaa*, que repetimos um para o outro durante todo o caminho de volta para casa.

Nesse ambiente, a minha linhagem racial não causava maiores problemas para os meus avós, e eles logo adotaram o ar desdenhoso que os moradores locais assumiam com visitantes que manifestavam tais dificuldades. Às vezes, quando meu avô via algum turista me observando brincar na areia, ele chegava ao lado do sujeito e sussurrava, com a devida reverência, que eu era o bisneto do rei Kamehameha, o primeiro monarca do Havaí. "Bar, tenho certeza de que você aparece nuns mil álbuns de fotos", me dizia ele com um sorriso largo, "do Idaho ao Maine." Essa história em particular é ambígua, eu acho; vejo aí uma estratégia para evitar questões complicadas. No entanto, ele podia contar outra história com a mesma desenvoltura, sobre a turista que me viu nadando um dia e, sem saber com quem falava, comentou que "nadar deve ser uma coisa que vem naturalmente para esses havaianos". A isso ele respondeu que era difícil saber, pois "aquele menino vem a ser o meu neto, a mãe dele é do Kansas, o pai dele é do interior do Quênia, e nenhum dos dois lugares tem mar por perto". Para o meu avô, raça era o tipo de coisa que não devia mais despertar preocupação em ninguém; se a ignorância ainda persistia em alguns locais, podia-se supor com segurança que o resto do mundo logo chegaria lá.

No final das contas, creio que é disso que tratavam todas as histórias sobre o meu pai. Não eram tanto sobre ele, e sim sobre as alterações que ocorreram nas pessoas em volta dele, o lento processo que levou à mudança das atitudes raciais dos meus avós. As histórias davam voz a um espírito que tomou conta da nação naquele período passageiro entre a eleição de Kennedy e a aprovação da Lei de Direito ao Voto: a aparente vitória do universalismo sobre o provincianismo e a estreiteza mental, um novo mundo luminoso em que as diferenças de raça ou de cultura eram instrutivas, divertidas e talvez até enobrecedoras. Uma ficção útil, que me persegue tanto quanto perseguiu a minha família, evocando um paraíso perdido que se estende além da mera infância.

Havia um único problema: faltava o meu pai. Ele deixara o paraíso, e nada que a minha mãe ou os meus avós dissessem anularia esse fato único e irrefutável. As histórias que me contavam não indicavam por que ele tinha ido embora. Não sabiam dizer como as coisas teriam sido se ele tivesse ficado. Como o zelador, o sr. Reed, ou a menina negra que levantou uma nuvem de poeira correndo numa rua do Texas, meu pai tornou-se um figurante na narrativa de outra pessoa. Um figurante atraente — o personagem distante com um coração de ouro, o estrangeiro misterioso que salva a cidade e conquista a mocinha —, mas, mesmo assim, um figurante.

Realmente não culpo minha mãe nem meus avós. Talvez meu pai tenha preferido a imagem que criaram para ele — na verdade, ele até pode ter sido cúmplice na criação dessa imagem. Em um artigo publicado no *Honolulu Star-Bulletin* depois da formatura, ele aparece com um ar sério e responsável, o estudante exemplar, embaixador de seu continente. Faz uma leve crítica à universidade por juntar os alunos de fora em repúblicas estudantis e por obrigá-los a frequentar programas destinados a promover o entendimento cultural — um desvio, afirma, da formação prática que veio receber. Embora não tenha tido pessoalmente nenhum problema, ele nota uma autossegregação e uma discriminação explícita entre os vários grupos étnicos e comenta, com ironia, que, às vezes, os alvos de preconceito no Havaí são os próprios "caucasianos". Mas, se há certa lucidez nessa avaliação, ele tem o cuidado de concluir com um comentário positivo: uma coisa que outras nações podem aprender com o Havaí é a disposição das raças em trabalharem juntas para o desenvolvimento comum, o que, em outros lugares, raramente se viu entre os brancos.

Encontrei esse artigo, dobrado e guardado entre a minha certidão de nascimento e carteirinhas antigas de vacinação, quando estava no ensino médio. É uma matéria pequena, com uma foto dele. Não há nenhuma menção à minha mãe nem a mim, e fico pensando se foi uma omissão proposital, como se ele já previsse que ia embora. Talvez o repórter não tenha feito perguntas pessoais, intimidado com o ar imperioso do meu pai; ou talvez tenha sido uma decisão editorial, por destoar da história simples que queriam publicar. Pergunto-me também se houve alguma briga entre meus pais por causa dessa omissão.

Eu não tinha como saber na época, porque era novo demais para entender que devia ter um pai ao meu lado, assim como era novo demais para saber que precisava ter uma raça. Por curto tempo, meu pai parecia estar sob o mesmo feitiço que minha mãe e os pais dela; e, nos seis primeiros anos da minha vida, mesmo depois de rompido o sortilégio e tendo cada qual retornado ao mundo que pensavam ter deixado para trás, ocupei o lugar dos sonhos de todos eles.

2.

O caminho até a embaixada estava congestionadíssimo: carros, motos, ciclorriquixás, ônibus e lotações entupidas com o dobro de gente, uma procissão ininterrupta de rodas e pernas disputando espaço no calor da tarde. Avançávamos um pouco, parávamos, encontrávamos uma brecha, parávamos de novo. O motorista do táxi em que estávamos enxotou um bando de moleques que vendiam chicletes e cigarros avulsos, então passou raspando por uma lambreta que levava uma família inteira na garupa — pai, mãe, filho e filha, todos se inclinando juntos numa curva, todos com lenço tampando a boca para se protegerem da fumaça dos escapamentos, uma família de mascarados. Ao longo da calçada, mulheres mirradas, de pele morena e com sarongues marrons desbotados, amontoavam cestos de palha cheios de frutas maduras, e dois ou três mecânicos agachados na frente da oficina a céu aberto desmontavam um motor, enquanto espantavam preguiçosamente as moscas em volta. Atrás deles, a terra marrom se afundava, recoberta por um monte de entulho fermentando, onde duas criancinhas de cabeça bem redonda perseguiam freneticamente uma galinha preta esquelética. As crianças foram escorregando pela lama, entre palha de milho e folhas de bananeira, gritando de alegria, até sumirem na rua de terra do outro lado.

As coisas ficaram mais fáceis quando chegamos à rodovia e o táxi nos deixou em frente à embaixada, onde uma dupla de fuzileiros navais elegantemente vestidos nos saudou com um gesto de cabeça. Dentro do pátio, a barulheira da rua foi substituída pelo ritmo constante das tesouras de poda. O chefe da minha mãe era um negro imponente, com cabelo cortado à escovinha e as têmporas grisalhas. Uma bandeira americana pendia em dobras volumosas no mastro ao lado de sua escrivaninha. Ele estendeu o braço e me deu um enérgico aperto de mão: "Como vai, meu rapaz?". Cheirava a loção pós-barba, e o colarinho engomado fazia um sulco no pescoço. Fiquei em posição de sentido enquanto respondia a perguntas sobre meu progresso nos estudos. O ar dentro do escritório era fresco e seco, como o ar do alto das montanhas: a brisa pura e vigorosa do privilégio.

Concluída nossa entrevista, minha mãe me fez sentar na biblioteca e foi cumprir alguma tarefa. Terminei os gibis e o dever de casa que ela me fizera trazer, e então desci da cadeira para espiar as estantes. Os livros, na maioria, não despertavam grande interesse em um menino de nove anos de idade — relatórios do Banco Mundial, levantamentos geológicos, planos quinquenais de desenvolvimento. Mas, num canto, encontrei uma coleção da revista *Life*, os exemplares dispostos em ordem, encapados em plástico transparente. Folheei as páginas de anúncios — pneus Goodyear e Dodge Fever, tv Zenith ("Por que não a melhor?") e sopas Campbell ("Hum-Hum, deliciosas!"), homens com malha branca de gola olímpica servindo Seagram's em copos com gelo enquanto mulheres de minissaia vermelha olhavam com admiração — e me senti vagamente reconfortado. Quando chegava à foto de alguma notícia, tentava adivinhar o assunto da matéria antes de ler a legenda. A foto de crianças francesas correndo em ruas de paralelepípedo: era uma cena feliz, um jogo de esconde-esconde depois dos livros e das tarefas escolares; as risadas mostravam liberdade. A foto de uma japonesa segurando uma menina nua numa banheira rasa: aquela era triste; a menina era doente, as pernas retorcidas, a cabeça caída para trás, sobre o peito da mãe, o rosto da mãe cheio de dor, talvez ela se sentisse culpada…

Por fim, cheguei à foto de um homem de mais idade, de óculos escuros e capa de chuva, andando numa rua vazia. Não consegui adivinhar qual era o tema da imagem; parecia não ter nada de especial. Na página seguinte havia outra foto, um close das mãos do mesmo homem. Eram de uma palidez estranha, antinatural, como se o sangue tivesse sido drenado da carne. Voltando para a primeira foto, percebi que o cabelo crespo, os lábios grossos e pesados, o nariz carnudo do homem, tudo tinha esse mesmo tom estranho, fantasmagórico.

Deve ser uma doença grave, pensei. Uma vítima de radiação, talvez, ou um albino — tinha visto um deles na rua poucos dias antes, e minha mãe me explicara a respeito. Porém, quando li o texto que acompanhava a imagem, vi que não era nada disso. O artigo explicava que o homem havia recebido um tratamento químico para branquear a pele. Tinha pagado do próprio bolso. Ele manifestava certo arrependimento por tentar se passar por branco, lamentava que não tivesse dado certo. Mas os resultados eram irreversíveis. Havia milhares de pessoas como ele, negros e negras nos Estados Unidos que haviam se submetido ao mesmo tratamento, atendendo aos anúncios que prometiam a felicidade devida a uma pessoa branca.

Senti um calorão subir pelo pescoço e pelo rosto. Meu estômago se retorceu; as letras ficaram borradas na página. Minha mãe sabia disso? E o chefe dela — por que ele parecia tão calmo, enquanto lia seus relatórios a poucos metros dali? Senti uma vontade louca de sair correndo, de mostrar a eles o que tinha visto, de pedir alguma explicação ou justificativa. Mas algo me deteve. Como num sonho, eu não tinha voz para esse medo que acabava de descobrir. Quando minha mãe veio me buscar, eu sorria, e as revistas estavam de volta nos devidos lugares. A sala e a atmosfera continuavam calmas como antes.

Naquela altura, fazia três anos que morávamos na Indonésia, por causa do casamento da minha mãe com um indonésio chamado Lolo, outro estudante que ela tinha conhecido na Universidade do Havaí. "Lolo" em havaiano quer dizer "louco", o que meu avô achava muito engraçado, ainda que esse apelido não combinasse com ele, pois Lolo tinha as boas maneiras e a desenvoltura elegante próprias dos locais. Era baixo e moreno, bonito, com cabelo preto denso e traços que podiam também passar por mexicanos ou samoanos; jogava bem tênis, estava sempre sorrindo e tinha um temperamento imperturbável. Durante dois anos, dos meus quatro aos meus seis anos, ele aguentou horas intermináveis de xadrez com o sogro e longas sessões de luta romana comigo. Um dia, quando minha mãe me pôs numa cadeira para me dizer que Lolo queria se casar com ela e que fôssemos com ele para um local distante, não estranhei e não levantei nenhuma objeção. O que perguntei foi se ela amava Lolo — àquela altura eu já sabia que essas coisas eram importantes. O queixo da minha mãe começou a tremer, como ainda treme quando ela tenta conter as lágrimas, e me deu um longo abraço apertado que me fez sentir muito valoroso, mesmo sem entender bem o porquê.

Logo depois, Lolo deixou o Havaí de repente, e minha mãe e eu passamos meses fazendo os preparativos — passaportes, vistos, passagens aéreas, reservas de hotel, uma série interminável de fotos. Enquanto fazíamos as malas, meu avô pegava um atlas e ia marcando os nomes das ilhas da Indonésia: Java, Bornéu, Sumatra, Bali. Falou que se lembrava de alguns nomes, por ter lido Joseph Conrad quando menino. As Ilhas das Especiarias, assim se chamavam na época, nomes encantados, envoltos em mistério. "Aqui diz que ainda tem tigres por lá", disse ele. "E orangotangos." Ergueu a cabeça do livro e arregalou os olhos. "Aqui diz que tem até *caçadores de cabeças!*" Nesse meio-tempo, Toot ligou para o Departamento de Estado para saber se o país era estável. Quem a atendeu informou que a situação estava sob controle. Mesmo assim, ela insistiu que levássemos várias maletas cheias de provisões: suco e leite em pó, sardinhas em lata. "A gente nunca sabe o que comem por lá", afirmou, categórica. Minha mãe soltou um suspiro, mas Toot enfiou na bagagem vários pacotes de doces para que eu ficasse do lado dela.

Finalmente, tomamos um avião da Pan Am para nossa viagem ao redor do mundo. Eu estava com uma camisa branca de manga comprida e uma gravata de encaixe cinzenta, e as comissárias de bordo me papariciaram com vários quebra-cabeças, porções adicionais de amendoim e um broche de aviador, que prendi no bolso da camisa. Numa parada de três dias no Japão, fomos debaixo de uma chuva gelada até o grande Buda de bronze em Kamakura e tomamos sorvete de chá verde numa balsa que percorria os lagos no alto das montanhas. À noite, minha mãe lia suas fichas de estudos. Saindo do avião em Jacarta, a pista alcatroada ondulando de calor, o sol quente como uma fornalha, agarrei a mão dela, decidido a protegê-la de qualquer coisa que viesse pela frente.

Lolo estava lá para nos receber, com alguns quilos a mais e com um grosso bigode pairando por cima do sorriso. Abraçou minha mãe, me ergueu no ar e nos disse para seguir um homem franzino, carregando nossa bagagem, que passou direto pela fila comprida da alfândega e entrou num carro que estava à espera. O homem sorria alegremente enquanto guardava as malas no bagageiro, e minha mãe tentou lhe dizer alguma coisa, mas ele só riu e balançou a cabeça. As pessoas passavam num turbilhão em volta de nós, falando depressa numa língua que era estranha para mim, com um cheiro que eu desconhecia. Ficamos um bom tempo olhando Lolo, que falava com um grupo de soldados de uniforme marrom. Os soldados portavam armas, no entanto pareciam estar de bom humor, rindo de alguma coisa que ele dizia. Quando Lolo finalmente se juntou a nós, minha mãe perguntou se os soldados iriam revistar nossas malas.

"Não se preocupe... já está tudo acertado", disse Lolo, sentando ao volante. "São amigos meus."

Ele falou que o carro era emprestado, mas que já havia comprado uma moto zerinho — feita no Japão, porém que daria para o gasto por enquanto. A casa nova estava pronta; só faltavam uns retoques finais. Ele já havia me matriculado numa escola próxima, e os parentes estavam impacientes para nos conhecer. Enquanto minha mãe e ele conversavam, eu, que estava no banco de trás, pus a cabeça para fora da janela e fiquei olhando a paisagem, um verde e um marrom ininterruptos, os povoados recuando na mata, o cheiro de óleo diesel e de lenha queimada. Homens e mulheres andavam como grous pelos arrozais, o rosto oculto sob os largos chapéus de palha. Um menino, molhado e lustroso feito uma lontra, montava um búfalo de ar pacato, batendo na anca do animal com uma vara de bambu. As ruas ficaram mais cheias, com lojinhas, mercearias, homens puxando carroças carregadas de lenha e cascalho, e os edifícios ficaram mais altos, como os do Havaí — o Hotel Indonésia, muito moderno, disse Lolo, e o novo shopping center, branco e luminoso —, mas poucos eram mais altos do que as árvores que refrescavam a rua. Quando passamos por uma sucessão de casarões com sebes altas e guaritas, minha mãe disse algo que não entendi muito bem, algo sobre o governo e um homem chamado Sukarno.

"Quem é Sukarno?", gritei do banco de trás, mas Lolo não deu sinal de ouvir. Tocou no meu braço e fez um gesto mostrando algo em frente.

"Veja", disse ele.

Lá, atravessado na rua, erguia-se um gigante cuja altura devia corresponder a uns dez andares, com corpo de homem e cara de macaco.

"É Hanuman", disse Lolo enquanto contornávamos a estátua, "o deus-macaco."

Eu me virei no assento, hipnotizado pela figura solitária, tão escura contra o sol, prestes a saltar para o céu com aquele trânsito insignificante girando em volta de seus pés.

"É um grande guerreiro", disse Lolo em tom decidido. "Tem a força de cem homens. Quando luta com os demônios, sempre vence."

A casa ficava numa área ainda em construção nos arredores da cidade. A estrada seguia por uma ponte estreita sobre um rio largo de águas pardacentas; enquanto atravessávamos, aldeões tomavam banho e lavavam roupa ribanceira abaixo. De asfalto, a estrada passou para cascalho e depois para terra, seguindo sinuosamente por lojinhas e bangalôs caiados de branco, até se reduzir no final às trilhas estreitas do *kampong* [um tipo de aldeia]. A casa em si era de argamassa simples e telha de barro, mas era ampla e arejada, com uma mangueira grande no jardinzinho da frente. Quando atravessamos o portão, Lolo anunciou que tinha uma surpresa para mim; mas, antes de dizer o que era, ouvimos um guincho ensurdecedor vindo do alto da árvore. Minha mãe e eu saltamos assustados para trás e vimos um bicho grande e peludo, de cabeça achatada, braços compridos e ameaçadores, pulando para um galho mais baixo.

"Um macaco!", gritei.

Ela me corrigiu:

"Um chimpanzé."

Lolo tirou um amendoim do bolso e estendeu para os dedos ávidos do animal.

"Ele se chama Tata. Trouxe pra você lá da Nova Guiné."

Comecei a avançar para ver melhor, mas Tata ameaçou dar um bote, e em seus olhos, rodeados por um círculo preto, a expressão era feroz e desconfiada. Achei melhor ficar onde estava.

"Não se preocupe", disse Lolo, estendendo outro amendoim para Tata. "Ele está com coleira. Venham, tem mais."

Olhei para minha mãe e ela tentou sorrir. O quintal parecia um pequeno zoológico: galinhas e patos correndo por todo lado, um cachorrão amarelo com um latido medonho, duas aves-do-paraíso, uma cacatua branca e, por fim, dois filhotes de crocodilo, meio submersos num tanque cercado no fundo do terreno. Lolo olhou os répteis.

"Eram três", disse ele, "mas o maior saiu rastejando por um buraco na cerca. Entrou no arrozal de um sujeito e comeu um dos patos dele. Tivemos de caçar o bicho com lanterna."

Havia pouca luz, mas, mesmo assim, tomamos a trilha enlameada e demos um pulinho até o povoado. As crianças da vizinhança riam e acenavam de suas casas para nós, e alguns velhos descalços vieram nos cumprimentar. Paramos na área comunal, onde um dos empregados de Lolo pastoreava algumas cabras, e um menininho chegou perto de mim com uma libélula pairando na ponta de um barbante. Quando voltamos para a casa, o homem que tinha carregado nossa bagagem estava no quintal com uma galinha cor de ferrugem debaixo do braço e uma faca comprida na mão direita. Falou alguma coisa para Lolo, que assentiu e nos chamou, minha mãe e eu. Ela me disse para eu ficar onde estava e olhou Lolo com ar interrogativo.

"Você não acha que ele é um pouco novo para isso?"

Lolo ergueu os ombros e baixou os olhos para mim.

"É bom que ele saiba de onde vem o jantar. O que você acha, Barry?"

Olhei para a minha mãe, então me virei para ver o homem segurando a galinha. Lolo assentiu outra vez, e fiquei assistindo enquanto o homem punha a galinha no chão, segurando de leve com o joelho e esticando o pescoço dela por cima de uma calha estreita. A galinha se debateu por uns instantes, batendo as asas com força no chão, enquanto algumas penas subiam e dançavam com o vento. E aí ficou totalmente imóvel. O homem passou a lâmina pelo pescoço dela num único movimento uniforme. O sangue espirrou num longo jorro vermelho vivo. O homem se levantou, segurando a ave bem longe de si, e de repente atirou a galinha para cima, alto no ar. Ela caiu num baque, ergueu-se com dificuldade, a cabeça pendendo grotesca para o lado, as pernas cambaleando frenéticas num círculo largo e vacilante. Fiquei assistindo enquanto o círculo diminuía de tamanho, o sangue gotejando até um gorgolejo final, e então a ave caiu sem vida no chão.

Lolo afagou minha cabeça e disse a mim e à minha mãe para irmos nos lavar antes do jantar. Nós três comemos em silêncio, sob a luz fraca de uma lâmpada amarela — galinha ensopada e arroz, e de sobremesa uma fruta vermelha de casca peluda com o centro tão doce que só uma dor de barriga me faria parar. Mais tarde, deitado sozinho debaixo de um mosquiteiro, fiquei ouvindo os grilos cricrilarem ao luar e lembrei os últimos estertores de vida que tinha visto poucas horas antes. Mal conseguia acreditar na minha boa sorte.

"A primeira coisa que se deve lembrar é como se proteger."

Lolo e eu nos enfrentamos no quintal. Um dia antes, eu tinha aparecido em casa com um galo na cabeça do tamanho de um ovo. Lolo, que estava lavando a moto, olhou para cima e me perguntou o que tinha acontecido; contei da briga que tive com um menino mais velho que morava logo adiante na rua. Falei que o menino tinha saído correndo com a bola de futebol do meu amigo, no meio do jogo. Fui atrás dele, e o menino pegou uma pedra. Não era justo, disse eu, com a voz cheia de mágoa. Ele tinha trapaceado.

Lolo repartiu o meu cabelo com os dedos e examinou o galo em silêncio.

"Não está sangrando", disse por fim e voltou para os cromados da moto.

Achei que o assunto tinha se encerrado por aí. Mas no dia seguinte, ao voltar do trabalho para casa, Lolo trazia dois pares de luvas de boxe. Cheiravam a couro novo; o par maior, preto; o par menor, vermelho, com os cadarços amarrados juntos e jogados por cima do ombro.

Depois de amarrar os cadarços das minhas luvas, ele recuou para examinar o trabalho. Minhas mãos, pendendo nos lados do corpo, pareciam bulbos na ponta de hastes finas. Ele balançou a cabeça e levantou as luvas encobrindo meu rosto.

"Assim. Fique com as mãos erguidas."

Ajeitou meus cotovelos, então se agachou em posição e começou a socar.

"Você precisa ficar se movendo, mas se mantenha sempre um pouco abaixado; não ofereça um alvo. O que acha?"

Assenti, imitando como podia os movimentos dele. Depois de uns minutos, ele parou e pôs a palma da mão na frente do meu nariz.

"Tá bom", disse ele. "Vamos ver o seu suingue."

Isso eu sabia fazer. Recuei um passo, girei e dei o melhor soco que consegui. A mão dele mal se mexeu.

"Nada mau", disse Lolo, balançando a cabeça e concordando consigo mesmo, sem mudar de expressão. "Realmente nada mau.

Ah, mas veja onde estão as suas mãos agora. O que eu falei? Fique com elas erguidas…"

Levantei os braços, socando de leve a palma de Lolo, de vez em quando olhando de relance para ele e me dando conta de como aquele rosto me era familiar depois dos dois anos em que estávamos juntos, familiar como o chão em que pisávamos. Eu não levei nem seis meses para aprender a língua, os costumes e as lendas da Indonésia. Sobrevivi à catapora, ao sarampo e às varadas de bambu que levava dos professores. Meus melhores amigos eram os filhos dos camponeses, dos criados e dos funcionários de baixo escalão; juntos, corríamos as ruas de manhã e de noite, fazendo serviços casuais, apanhando grilos, travando guerras de pipas com linhas afiadas feito navalha — o perdedor olhava sua pipa indo embora no vento e sabia que, em algum lugar, outras crianças estavam numa longa fila oscilante, olhando o céu, à espera de que o prêmio delas aterrissasse. Com Lolo, aprendi a comer pimenta-verde crua no jantar (com muito arroz) e, fora da mesa de jantar, fui apresentado à carne de cachorro (rija), carne de cobra (ainda mais rija) e gafanhoto torrado (crocante). Como muitos indonésios, Lolo seguia uma vertente do islamismo que cedia espaço aos resquícios de religiões hinduístas e animistas mais antigas. Depois de explicar que um homem incorporava os poderes daquilo que comia, prometeu que logo traria um pedaço de carne de tigre para comermos juntos.

Assim eram as coisas, uma grande aventura, a generosa vida de um menino. Nas cartas aos meus avós, eu narrava fielmente muitas dessas coisas, na certeza de que logo viriam remessas mais civilizatórias de chocolate e manteiga de amendoim. Mas não dizia tudo nelas; algumas coisas eu tinha dificuldade em expor. Não contei a Toot e ao meu avô sobre o homem que um dia veio à nossa casa, em cujo rosto havia um enorme buraco onde devia ficar o nariz: o silvo que saiu quando ele pediu comida à minha mãe. Também não mencionei a vez em que um dos meus amigos me contou no meio do recreio que o irmãozinho dele, um bebê, tinha morrido na noite anterior, por causa de um espírito maligno que o vento trouxera — o terror que surgiu nos olhos do meu amigo por um brevíssimo instante, antes de ele soltar uma risada estranha, socar o meu braço e sair numa corrida desabalada. Houve a expressão vazia no rosto dos agricultores no ano em que não choveu uma única vez, os ombros caídos enquanto vagueavam descalços pelos campos ressequidos e rachados, de vez em quando se curvando para pegar a terra entre os dedos e esfarelá-la; e o desespero deles no ano seguinte, quando choveu mais de um mês sem parar, o rio transbordando, os campos inundados, as ruas alagadas com uma enxurrada de água que batia na minha cintura e as famílias se arrastando para salvar suas cabras e galinhas enquanto os casebres se desfaziam e eram levados pela água.

Eu estava aprendendo que o mundo era violento, imprevisível e muitas vezes cruel. Concluí que meus avós nada sabiam desse mundo, e não havia por que incomodá-los com perguntas a que não saberiam responder. Às vezes, quando minha mãe voltava do trabalho, eu contava coisas que tinha visto ou ouvido, e ela me fazia um carinho na testa, ouvindo atenta, tentando explicar o que podia. Eu sempre apreciei muito a atenção dela — cujo toque da mão e voz eram a própria definição de segurança. Mas seu conhecimento das inundações, dos exorcismos e das rinhas de galo deixava muito a desejar. Tudo era novidade para ela assim como era para mim, e depois dessas conversas eu ficava com a sensação de que minhas perguntas tinham apenas despertado nela uma preocupação desnecessária.

Assim, para instrução e orientação eu recorria a Lolo, que não era de falar muito, mas com quem eu me sentia à vontade. Apesar de me apresentar à família e aos amigos como filho, nunca forçou a situação além dos conselhos práticos, nem fingia que nossa relação era mais do que era. Eu prezava essa distância; supunha uma confiança masculina. E ele tinha um conhecimento de mundo que parecia inesgotável. Não se tratava só de trocar um pneu murcho ou de fazer uma abertura no xadrez. Sabia coisas mais indefiníveis, formas de lidar com as emoções que eu sentia, maneiras de explicar os mistérios constantes do destino.

Por exemplo, como lidar com mendigos. Pareciam estar por toda parte, um desfile de doenças — homens, mulheres, crianças, em farrapos encardidos, alguns sem braços, outros sem pés, vítimas de escorbuto, de pólio ou de lepra, andando com as mãos ou em carrinhos de rolimã improvisados por entre as calçadas apinhadas, arrastando as pernas retorcidas como contorcionistas. No começo, minha mãe dava dinheiro a todos os que batiam à nossa porta ou que estendiam a mão quando passávamos na rua. Mais tarde, depois de ter ficado claro que a onda de sofrimento era interminável, ela passou a ser mais seletiva, aprendeu a avaliar os graus de miséria. Lolo achava seus cálculos morais graciosos, mas tolos, e, sempre que me pegava seguindo o exemplo dela, com as poucas moedas que eu tinha, ele erguia as sobrancelhas e me puxava de lado.

"Quanto você tem?", Lolo perguntava.

Eu esvaziava o bolso e contava:

"Trinta rúpias."

"Quantos mendigos tem na rua?"

Eu tentava somar o número dos que tinham aparecido em casa na última semana. Quando ficava evidente que eu tinha perdido a conta, ele dizia:

"Está vendo? Mais vale poupar e garantir que você mesmo não vá terminar na rua também."

Lolo se portava da mesma maneira com os empregados. Eram, na maioria, jovens recém-chegados das aldeias, que muitas vezes trabalhavam para famílias em condição não muito melhor do que a deles, mandando o dinheiro para os parentes no campo ou economizando para abrirem um negócio próprio. Se mostrassem ambição, Lolo se dispunha a ajudá-los a progredir, e geralmente tolerava suas idiossincrasias pessoais: por mais de um ano, ele empregou um rapaz amável que gostava de se vestir de mulher nos finais de semana — Lolo adorava a comida que ele fazia. Mas não hesitava em despedir os desajeitados, os distraídos ou aqueles que lhe dessem algum outro prejuízo; ficava surpreso quando a minha mãe ou eu tentávamos interceder em favor deles.

"A sua mãe tem coração mole", um dia me disse Lolo, depois que ela tentou chamar para si a culpa por um rádio que caíra de cima da cômoda. "É uma boa coisa numa mulher. Mas um dia você vai virar homem, e um homem precisa ter mais discernimento."

Não tinha nada a ver com bondade ou maldade, gosto ou desgosto, explicou ele. Era uma questão de lidar com a vida em seus próprios termos.

Senti um golpe forte no queixo e levantei os olhos para a cara suada de Lolo.

"Preste atenção. Fique com as mãos erguidas."

Ficamos treinando por mais meia hora, até Lolo decidir que era hora de descansar. Os meus braços ardiam; a cabeça latejava com uma palpitação monótona e constante. Tomamos um jarro inteiro de água e sentamos perto do tanque de crocodilos.

"Cansado?", ele perguntou.

Me encurvei derrotado, mal conseguindo concordar com a cabeça. Ele sorriu e enrolou uma das pernas da calça para coçar a panturrilha. Notei uma série de cicatrizes denteadas que iam do tornozelo até metade da canela dele.

"O que é isso?"

"Marcas de sanguessuga", ele respondeu. "De quando eu estava na Nova Guiné. Elas entram na bota do uniforme quando a gente atravessa os pântanos. De noite, quando a gente tira as meias, elas ficam grudadas ali, gordas de sangue. As sanguessugas morrem quando se espalha sal por cima delas, mas aí é preciso escavar e arrancá-las com um canivete bem quente."

Passei o dedo por um daqueles sulcos ovais. Ali onde a pele tinha sido chamuscada, era liso, sem pelos. Perguntei a Lolo se tinha doído.

"Claro que doeu", disse ele, tomando um gole da jarra. "Às vezes você não pode se preocupar se dói ou não. Às vezes você só se preocupa em fazer o que é necessário."

Ficamos em silêncio enquanto eu o observava de soslaio. Então me dei conta de que nunca tinha ouvido Lolo falar sobre o que sentia. Nunca o tinha visto realmente bravo ou triste. Ele parecia viver num mundo de superfícies duras e pensamentos claramente definidos. De repente me veio uma ideia estranha na cabeça.

"Você já viu alguém morto?", perguntei.

Ele abaixou os olhos para mim, surpreso com a pergunta.

"Já viu?", perguntei de novo.

"Já", ele respondeu.

"Estava ensanguentado?"

"Estava."

Pensei um pouco.

"Por que mataram o homem? Esse que você viu?"

"Porque era fraco."

"Só isso?"

Lolo deu de ombros e desenrolou a perna da calça.

"Geralmente é o que basta. Os homens se aproveitam da fraqueza dos outros homens. Nisso são iguaizinhos aos países. O forte toma a terra do fraco. Faz o fraco trabalhar nos seus campos. Se a mulher do fraco é bonita, o forte fica com ela."

Parou para tomar mais um gole de água e então perguntou:

"O que você prefere ser?"

Não respondi, e Lolo fitou o céu com os olhos semicerrados. "Melhor ser forte", disse por fim e se levantou. "Se você não puder ser forte, seja esperto e fique bem com alguém que seja forte. Mas é sempre melhor você mesmo ser forte. Sempre."

Minha mãe nos observava de dentro da casa, apoiada à mesa organizando papéis. Do que estão falando?, ela se perguntava. Sangue e tripas, provavelmente; de engolir pregos. Coisas animadas, viris.

Riu alto e então se conteve. Não era justo. Ela se sentia realmente grata pela solicitude que Lolo demonstrava para comigo. O tratamento não seria muito diferente se eu fosse filho dele. Sabia que era uma sorte poder contar com seu coração bondoso. Ela afastou os papéis e ficou me olhando fazer flexões. Estava crescendo tão rápido, pensou. Tentou se imaginar no dia em que chegamos, uma mãe de 24 anos com um filho a tiracolo, casada com um homem cuja história e cujo país ela mal conhecia. Agora minha mãe percebia como sabia pouco quando trouxera a sua inocência junto com o passaporte americano. As coisas podiam ter sido piores. Muito piores.

Ela previra que essa nova vida ia ser difícil. Antes de sair do Havaí, tentou se instruir ao máximo sobre a Indonésia: a população, a quinta maior do mundo, com centenas de tribos e dialetos; a história do colonialismo, primeiro os holandeses por mais de três séculos, mais tarde os japoneses durante a guerra, em busca do controle sobre os vastos recursos de petróleo, metais e madeira; a luta pela independência depois da guerra e o surgimento de um combatente pela liberdade chamado Sukarno como o primeiro presidente do país. Sukarno havia sido deposto recentemente, mas, segundo todas as matérias, fora um golpe sem derramamento de sangue, e o povo apoiava a mudança. Sukarno tinha se corrompido, diziam; era demagogo, totalitário, simpático demais em relação aos comunistas.

Um país pobre, subdesenvolvido, totalmente estranho — isso ela sabia. Estava preparada para a disenteria e as febres, os banhos frios e o costume de se acocorar sobre um buraco no chão para urinar, a queda de energia a cada quinze ou vinte dias, o calor e a infinidade de mosquitos. Meras inconveniências, na verdade, e ela era mais forte do que aparentava, mais até do que ela mesma pensava. Em todo caso, isso fazia parte da atração que sentira por Lolo depois que Barack foi embora, a promessa de algo novo e importante, ajudando o marido a reconstruir um país num lugar tenso e problemático, fora do alcance dos pais.

Mas ela não estava preparada para a solidão. A solidão era constante, como uma falta de ar. Não havia nada definido a que pudesse recorrer. Lolo a recebeu amorosamente, fez o máximo para que se sentisse em casa, atendia-a em tudo o que estivesse ao seu alcance. A família dele a tratava com gentileza e generosidade e tratava seu filho como se fosse deles.

Contudo, no ano em que estiveram separados, algo acontecera entre Lolo e ela. No Havaí, ele era cheio de vida, sempre ansioso para concretizar seus planos. À noite, quando estavam sozinhos, ele falava sobre sua infância durante a guerra: o pai e o irmão mais velho ingressaram no Exército Revolucionário; os dois tinham sido mortos e a família perdeu tudo. O Exército holandês incendiou a casa deles, e foi preciso fugir para o campo. A mãe vendeu as joias de ouro, uma por vez, para poder comprar comida. Lolo lhe dizia que as coisas iam mudar depois da expulsão holandesa; ele ia voltar e dar aulas na universidade, queria participar daquela mudança.

Lolo não falava mais assim. Na verdade, era como se quase não falasse mais com ela, apenas quando necessário ou quando indagado, e mesmo assim só a respeito da tarefa do momento, ao consertar um vazamento ou planejar uma viagem para visitar um primo distante. Era como se ele tivesse sido arrastado para um esconderijo escuro, fora de alcance, e levado consigo sua parte mais vivaz e brilhante. Algumas noites, depois que todos tinham se deitado, ela o ouvia de pé vagueando pela casa, com uma garrafa de uísque importado, embalando seus segredos. Outras noites, ele punha uma pistola debaixo do travesseiro antes de cair no sono. Sempre que ela perguntava qual era o problema, ele se esquivava com brandura, dizendo que estava cansado, e só. Era como se, de certa forma, não confiasse mais nas palavras. Nas palavras e nos sentimentos que as palavras transmitiam.

Ela desconfiava que esses problemas tinham algo a ver com o trabalho dele. Quando ela chegou, Lolo estava trabalhando para o Exército como geólogo, inspecionando estradas e túneis. Era um trabalho monótono e que não pagava muito; só a geladeira havia custado dois meses de salário. E agora com mulher e filho para sustentar... não admira que andasse abatido. Não tinha vindo até aqui para ser um fardo, ela concluiu. Seu peso, ela mesma ia carregar.

Minha mãe logo encontrou trabalho: começou a dar aulas de inglês para empresários indonésios na embaixada americana, o que integrava o pacote de assistência internacional dos Estados Unidos aos países em desenvolvimento. O dinheiro ajudava, mas não diminuía a solidão. Os empresários indonésios não estavam muito interessados nas sutilezas do inglês, e ela recebeu várias cantadas. Os americanos eram, na maioria, de mais idade, funcionários de carreira no Departamento de Estado, com algum economista ou jornalista ocasional que sumia misteriosamente por meses a fio, cuja ligação ou função na embaixada nunca eram muito claras. Alguns eram caricaturas do americano desagradável, sempre dispostos a fazer piada sobre os indonésios até que descobriam que ela era casada com um indonésio e aí tentavam amenizar a situação — Não leve o Jim muito a sério, é o calor que deixa ele assim, e o seu filho, aliás, como vai ele, bom menino, ótimo menino.

Esses homens, porém, conheciam o país, ou, pelo menos, partes do país, e sabiam onde os esqueletos estavam enterrados. No almoço ou numa conversa informal, falavam sobre coisas que ela não ficaria sabendo pelas notícias que saíam na imprensa. Contavam que Sukarno, com sua retórica nacionalista e sua política de não alinhamento, havia gerado grande nervosismo em um governo americano já obcecado com o avanço do comunismo na Indochina — Sukarno era tão ruim quanto Lumumba e Nasser, na verdade ainda pior, por causa da importância estratégica da Indonésia. Corria o boato de que a CIA tinha participado do golpe, mas ninguém tinha muita certeza. O que sabiam sem sombra de dúvida era que, depois do golpe, as Forças Armadas varreram todo o campo atrás de supostos simpatizantes comunistas. O número de mortos era incerto: algumas centenas de milhares, talvez; meio milhão. Mesmo os sabichões da CIA tinham perdido a conta.

Foi por meio de insinuações e comentários indiretos que minha mãe ficou sabendo que, quando chegamos a Jacarta, não fazia nem um ano que ocorrera uma das campanhas de repressão mais rápidas e brutais dos tempos modernos. Ela ficou assustada com a ideia, com a noção de que era possível engolir tão completamente a história, assim como o solo fértil e argiloso era capaz de absorver os rios de sangue que tinham corrido pelas ruas; que as pessoas podiam continuar com seus afazeres sob os cartazes gigantescos do novo presidente, como se nada houvesse acontecido, uma nação ocupada em se desenvolver. Quando o seu círculo de amigos indonésios aumentou, alguns se dispunham a lhe contar outras histórias — sobre a corrupção que tomava conta das instituições do governo, as extorsões da polícia e das Forças Armadas, indústrias inteiras montadas para os parentes e amigos do presidente. A cada nova história, ela questionava Lolo:

"É verdade?"

Lolo nunca respondia. Quanto mais ela perguntava, mais ele se fechava em seu silêncio afável.

"Por que você se preocupa com essas conversas?", perguntava ele. "Por que não vai comprar um vestido novo para a festa?"

Finalmente ela se queixou a um dos primos de Lolo, um pediatra que ajudara a cuidar dele durante a guerra. O primo respondeu com voz mansa:

"Você não entende."

"Não entendo o quê?"

"As circunstâncias em que Lolo voltou. Ele não pretendia voltar tão cedo do Havaí, sabe? Durante o expurgo, todos os estudantes que estavam no exterior foram chamados de volta, sem explicações, e os passaportes foram cancelados. Quando Lolo desceu do avião, não fazia a menor ideia do que podia acontecer em seguida. Não pudemos vê-lo; os militares o levaram para interrogatório. Disseram que ele acabava de ser recrutado e teria de passar um ano nas florestas da Nova Guiné. E ele foi dos que tiveram sorte. Foi muito pior para os que estudavam nos países do Bloco Oriental. Muitos ainda estão presos. Ou desapareceram."

E o primo repetiu:

"Não seja muito dura com Lolo. Melhor esquecer aqueles tempos."

Minha mãe saiu perplexa da casa do primo. Na rua, o sol estava alto, o ar empoeirado, mas, em vez de pegar um táxi e voltar para casa, ela começou a vaguear sem rumo. Viu-se num bairro rico, onde os diplomatas e os generais moravam em mansões com portões altos de ferro forjado. Viu uma mulher descalça com um xale esfarrapado passando por um portão aberto e subindo pela entrada de carros, onde um grupo de homens lavava uma frota de Mercedes-Benz e Land Rovers. Um deles, gritando, mandou a mulher sair, porém ela parou onde estava, estendendo um braço que era só pele e osso, o rosto envolto em sombras. Outro homem, por fim, pôs a mão no bolso e atirou um punhado de moedas. A mulher correu atrás delas numa velocidade espantosa, inspecionando a rua com ar desconfiado enquanto as segurava junto ao peito.

Poder. A palavra grudou na cabeça da minha mãe como uma maldição. Nos Estados Unidos, o poder geralmente ficava fora das vistas, até que se começasse a cavar sob a superfície das coisas, até que se visitasse uma reserva indígena ou se conquistasse a confiança de um negro e conversasse com ele. Aqui, entretanto, o poder era indisfarçado, indiscriminado, explícito, sempre fresco na memória. O poder pegara Lolo justo na hora em que ele achava que havia escapado e o obrigara a entrar novamente na linha, impondo seu peso, mostrando-lhe que ele não era dono da própria vida. Assim eram as coisas; não havia como mudar; bastava viver de acordo com as regras, que eram muito simples uma vez aprendidas. Assim Lolo se reconciliara com o poder, por meio da sabedoria de esquecer, como havia feito o cunhado dele, que ganhou milhões como alto funcionário na empresa estatal de petróleo, tal como outro irmão tentou fazer, só que calculou mal e se viu reduzido a roubar peças de prataria sempre que aparecia numa visita e depois vendê-las para comprar cigarro avulso.

Ela lembrou o que Lolo lhe dissera certa vez, quando as constantes perguntas da minha mae finalmente tocaram num ponto sensível. "A culpa é um luxo que só os estrangeiros podem ter", falou ele. "Como falar qualquer coisa que passa pela cabeça." Minha mãe não sabia o que era perder tudo, acordar e sentir a barriga se retorcendo de fome. Ela não sabia quanto o caminho para a segurança podia ser traiçoeiro e congestionado. Sem concentração total e absoluta, era muito fácil escorregar, tropeçar e ficar para trás.

Lolo tinha razão, claro. Ela era estrangeira, branca, de classe média, protegida pela herança que lhe fora legada, quer quisesse essa proteção, quer não. Sempre podia ir embora se as coisas se complicassem demais. Essa possibilidade anulava qualquer coisa que pudesse dizer a Lolo; era essa a barreira intransponível entre os dois. Ela olhou pela janela e viu que Lolo e eu tínhamos saído dali, ficando apenas a grama amarfanhada no local onde estivéramos. Diante da cena, estremeceu de leve e se ergueu, tomada de um pânico repentino.

O poder estava pegando seu filho.

Olhando em retrospecto, não tenho muita certeza se Lolo algum dia entendeu plenamente o que a minha mãe passou naqueles anos, por que as coisas que ele tanto se esforçava em prover a ela pareciam apenas aumentar a distância entre os dois. Lolo não era de se fazer tais perguntas. Em vez disso, mantinha a concentração e, no período em que moramos na Indonésia, continuou a subir na vida. Com a ajuda do cunhado, conseguiu um novo emprego no Departamento de Relações Governamentais de uma empresa petrolífera americana. Mudamos para uma casa em um bairro melhor; a moto foi substituída por um carro; os crocodilos e Tata, o chimpanzé, foram substituídos por uma televisão e um aparelho de som; ele podia marcar na conta nossos jantares num clube da empresa. Às vezes eu ouvia os dois, Lolo e a minha mãe, discutindo no quarto, geralmente quando ela se recusava a ir aos jantares da firma dele, em que empresários americanos do Texas e da Louisiana davam tapinhas nas costas de Lolo e alardeavam as propinas que tinham pagado para conseguir as novas concessões para exploração de petróleo offshore, enquanto nas conversas com a minha mãe as esposas reclamavam das empregadas domésticas indonésias. Lolo perguntava a ela com que cara compareceria sozinho a esses eventos e a lembrava de que eram americanos, eram o povo dela, e minha mãe respondia quase gritando.

Não é o meu povo.

Mas essas discussões eram raras; minha mãe e Lolo mantiveram a cordialidade durante o nascimento da minha irmã, Maya, durante a separação e o posterior divórcio, até a última vez em que o vi, dez anos depois, quando a minha mãe o ajudou a ir para Los Angeles a fim de tratar uma doença no fígado à qual acabou sucumbindo, aos 51 anos de idade. A única tensão que percebi tinha a ver sobretudo com a atitude da minha mãe em relação a mim, que foi mudando de maneira gradual. Ela sempre incentivara minha rápida aclimatação na Indonésia: com isso, eu havia ganhado relativa autonomia, não reclamava do orçamento apertado e era extremamente educado em comparação a outras crianças americanas. Ela me ensinara a desprezar a mistura de ignorância e arrogância que tantas vezes caracterizava os americanos no estrangeiro. No entanto ela tinha aprendido, tal como Lolo, que havia um abismo entre as oportunidades de vida oferecidas a um americano e a um indonésio. Ela sabia de que lado queria que o filho ficasse. Eu era americano, concluiu, e minha vida de verdade ficava em outro lugar.

Inicialmente, ela concentrou esforços na minha educação. Sem recursos para me mandar para a escola internacional, frequentada pela maioria das crianças estrangeiras de Jacarta, providenciou, desde o momento em que chegamos, um curso americano por correspondência para complementar minha instrução indonésia.

Os esforços redobraram. Cinco dias por semana, ela entrava no meu quarto às quatro da manhã, me obrigava a tomar o café matinal e passava a me dar aulas de inglês durante três horas, quando então eu ia para a escola e ela ia trabalhar. Minha resistência a esse regime era firme, mas, em resposta a cada estratégia que eu inventava, por menos convincente ("Estou com dor de barriga") ou mais verdadeira (eu mal conseguia manter os olhos abertos por mais de cinco minutos) que fosse, ela repetia com toda a paciência sua mais sólida defesa: "Para mim também não é nenhuma diversão, seu espertinho".

Havia também as preocupações periódicas com a minha segurança, a voz da minha avó falando mais alto. Lembro-me de que um dia cheguei em casa já de noite, e vários vizinhos estavam reunidos no jardim, numa grande equipe de busca. Minha mãe estava com uma cara não muito contente, no entanto ficou tão aliviada ao me ver que levou vários minutos até notar que eu estava com uma meia úmida e enlameada em volta do antebraço.

"O que é isso?"

"Isso o quê?"

"Isso aí. Por que você está com uma meia enrolada no braço?"

"Me cortei."

"Deixa eu ver."

"Não foi nada."

"*Barry*. Deixa eu ver."

Desenrolei a meia, onde havia um talho comprido que ia do pulso até o cotovelo. Por dois centímetros não pegou a veia, mas pegou fundo no músculo, a carne rosada latejando sob a pele. Na esperança de acalmá-la, contei o que tinha acontecido: um amigo e eu pegamos uma carona até o sítio da família dele, e então começou a chover, e no sítio tinha um lugar incrível para escorregar na lama, mas aí tinha aquele arame farpado marcando a divisa do sítio, e daí...

"Lolo!"

Minha mãe dá risada quando conta essa história, a risada de uma mãe perdoando o filho por todos os pecados inocentes do passado. Mas o tom de voz sofre uma leve mudança quando ela relembra que Lolo sugeriu esperarmos até a manhã seguinte para me darem os pontos, e que ela teve de fazer um ar ameaçador para que nosso único vizinho com carro nos levasse ao hospital. Relembra também que, quando chegamos, o hospital estava com quase todas as luzes apagadas, sem ninguém na recepção; relembra o som dos passos frenéticos ecoando por todo o corredor, até encontrar finalmente dois rapazes de calção jogando dominó numa saleta dos fundos. Ela perguntou onde estavam os médicos; eles responderam animadamente "Nós somos os médicos", continuaram a jogar até terminar a partida e só então vestiram a calça e me deram vinte pontos que deixaram uma cicatriz feia. E em tudo isso ela tinha a sensação difusa de que a vida do filho podia se esvair quando ela não estivesse de guarda, de que todas as pessoas ao seu redor estariam ocupadas demais tentando sobreviver para perceber — de que, quando fosse preciso, ela receberia muito apoio, porém não teria ninguém ao seu lado que acreditasse em lutar contra a ameaça do destino.

Hoje entendo que foram essas questões, menos palpáveis do que as lições de casa ou o atendimento médico, que se tornaram o foco das aulas que ela me dava. "Se você quiser se tornar um ser humano", dizia, "vai precisar de alguns valores."

Honestidade — Lolo não devia ter escondido a geladeira no depósito quando vieram os fiscais da Receita, mesmo que todos os outros, inclusive os próprios fiscais, soubessem desse tipo de coisa. Integridade — os pais dos alunos mais ricos não deviam dar aparelhos de televisão para os professores durante o Ramadã, e os filhos não deviam se orgulhar das notas mais altas que podiam receber. Franqueza — se você não gostou da camisa que lhe dei de aniversário, devia ter dito, em vez de deixar a camisa enfiada no fundo do armário. Discernimento próprio — se as outras crianças tiram sarro do corte de cabelo de um pobre colega, isso não quer dizer que você tenha de fazer o mesmo.

Era como se, depois de ter atravessado metade do mundo, longe da afetação e da hipocrisia que tinham se revelado na convivência, minha mãe pudesse expressar e oferecer em forma destilada as virtudes do seu passado no Meio-Oeste. O problema era que ela não tinha muito reforço; sempre que me puxava de lado para esse tipo de comentário, eu assentia obediente, mas ela devia saber que muitas das suas ideias pareciam impraticáveis. Lolo não criara, apenas explicara a pobreza, a corrupção, a luta perene para ter segurança. Tudo isso me rodeava e alimentava um ceticismo constante. A confiança da minha mãe em virtudes muito detalhistas dependia de uma fé que eu não tinha, uma fé que ela negava ser de origem religiosa. Segundo sua experiência, na verdade, era sacrílega: a fé de que as pessoas racionais e conscientes podiam moldar o próprio destino. Numa terra onde o fatalismo continuava a ser um instrumento necessário para suportar as dificuldades, onde as verdades supremas se mantinham distanciadas da realidade cotidiana, ela era uma defensora solitária do humanismo laico, uma combatente em prol do *New Deal*, do Corpo de Paz, do liberalismo com carta de posicionamento.

A minha mãe só tinha um aliado nisso tudo, e era a autoridade distante do meu pai. Cada vez mais ela relembrava a história dele: como nascera e se criara pobre, num país pobre, num continente pobre; como a sua vida tinha sido dura, tão dura quanto qualquer coisa que Lolo pudesse ter conhecido. Mas ele jamais pegou atalhos nem tirou vantagem de ninguém. Era dedicado e honesto, custasse o que custasse. Conduzia a vida segundo princípios que exigiam outro tipo de firmeza, princípios que prometiam uma forma superior de poder. E minha mãe decidiu que eu seguiria o exemplo dele. Eu não tinha escolha. Estava nos genes.

"Agradeça a mim pelas sobrancelhas... o seu pai tem só uns fiapinhos que não são grande coisa. Mas a inteligência, o caráter que você tem, isso veio dele."

O posicionamento dela acabou por abranger o povo negro em geral. Minha mãe chegava em casa com livros sobre o movimento dos direitos civis, os discos de Mahalia Jackson, os discursos do dr. King. Quando ela me contava as histórias dos alunos no Sul que eram obrigados a ler livros repassados pelas escolas brancas mais ricas, mas que se tornaram médicos, advogados e cientistas, eu sentia vergonha da minha má vontade em acordar e estudar no raiar do dia. Se eu lhe falasse sobre as demonstrações em passo de ganso que o meu grupo de escoteiros indonésios fazia na frente do presidente, ela citaria outro tipo de marcha, uma marcha de crianças da minha idade, uma marcha pela liberdade. Todo negro era Thurgood Marshall ou Sidney Poitier; toda negra era Fannie Lou Hamer ou Lena Horne. Ser negro era ser o beneficiário de uma grande herança, de um destino especial, de fardos gloriosos que apenas nós tínhamos força suficiente para carregar.

Fardos devem ser carregados com estilo. Mais de uma vez a minha mãe disse: "Harry Belafonte é o homem mais charmoso do mundo".

Foi nesse contexto que me deparei com a foto do negro na revista *Life* que tentara remover a cor da sua pele. Imagino outras crianças negras, tanto naquela época como agora, diante desses momentos de revelação. Talvez venha mais cedo para a maioria — o aviso em casa para não cruzar as fronteiras de determinado bairro; a frustração de não ter um cabelo como o da Barbie, por mais que você o escove e penteie; a humilhação do pai ou do avô por um patrão ou um policial, que se entreouve do quarto. Para a criança, talvez seja mais fácil receber a má notícia em doses pequenas, de modo que ela monte seu sistema de defesas — embora eu desconfie que fui um dos mais afortunados, pois passei um tempo razoável da minha infância livre desses questionamentos pessoais.

Sei que ver aquele artigo foi uma coisa violenta para mim, uma emboscada. Minha mãe tinha me alertado sobre os intolerantes — gente ignorante e grosseira que se devia evitar. Se eu ainda não era capaz de avaliar minha mortalidade, Lolo havia me ajudado a entender que as doenças podiam incapacitar, os acidentes podiam mutilar, a sorte podia declinar. Eu conseguia identificar corretamente a ganância ou a crueldade nas pessoas e, às vezes, até em mim mesmo. Mas aquela fotografia me revelou algo diferente: que havia um inimigo oculto lá fora, que podia me alcançar sem que ninguém, nem mesmo eu, soubesse. Naquela noite, assim que chegamos em casa depois de voltar da biblioteca, entrei no banheiro, parei diante do espelho com todos os meus membros e sentidos aparentemente intactos, com a mesma aparência que sempre tive, e me perguntei se havia algo de errado comigo. A alternativa era igualmente assustadora — que os adultos ao meu redor viviam imersos na loucura.

O surto inicial de ansiedade se foi, e passei o meu último ano na Indonésia basicamente como antes. Conservei uma segurança nem sempre justificada e um gosto irrefreável por praticar travessuras. Mas minha visão tinha mudado para sempre. Nos programas de TV importados que passavam à noite, comecei a notar que Cosby nunca ficava com a mocinha em *Os destemidos*, que o negro em *Missão impossível* permanecia na clandestinidade. Notei que não havia ninguém como eu nos panfletos de Natal da Sears que meus avós nos mandavam, e que o Papai Noel era branco.

Guardei essas observações para mim mesmo, depois de concluir que minha mãe ou não via isso ou estava tentando me proteger, e que eu não devia mostrar que havia falhado. Ainda confiava no amor dela — mas passei a enfrentar a perspectiva de que sua versão sobre o mundo e o lugar do meu pai dentro dele era, de certa forma, incompleta.

3.

Levou um tempo para reconhecê-los na multidão. Quando as portas de correr se abriram, a única coisa que consegui vislumbrar foi a imagem borrada dos rostos ansiosos e sorridentes por cima da grade de segurança. Por fim distingui um homem alto e grisalho no fundo da multidão, com uma mulher baixinha, de ar solene, que quase nem se via ao lado dele. O casal acenava na minha direção, mas, antes que eu conseguisse acenar de volta, eles sumiram por trás do vidro embaçado.

Olhei para o começo da fila, onde uma família de chineses parecia estar com alguns problemas com os funcionários da alfândega. Durante o voo de Hong Kong, eles estavam muito animados; o pai tirou os sapatos e ficou andando de um lado para o outro do avião, enquanto as crianças subiam nas poltronas, e a mãe e a avó, amontoando travesseiros e cobertores, conversavam sem parar. Agora estavam todos absolutamente imóveis e quietos, tentando se fazer invisíveis, os olhos seguindo em silêncio as mãos que folheavam os passaportes e revistavam a bagagem com uma calma assustadora. O pai, de certa forma, me lembrava Lolo, e olhei para a máscara de madeira que eu trazia na mão. Era um presente do copiloto indonésio, amigo da minha mãe, que me acompanhou enquanto ela, Lolo e minha irmãzinha Maya ficavam no portão. Fechei os olhos e pus a máscara no rosto. A madeira tinha cheiro de nozes e canela, e me senti cruzando mares e nuvens, na direção do horizonte arroxeado, voltando ao local de onde viera...

Alguém gritou meu nome. A máscara caiu ao meu lado e com ela se foi aquele devaneio, e vi meus avós de novo, acenando quase freneticamente. Dessa vez respondi o cumprimento; então, sem pensar, pus outra vez a máscara no rosto, movimentando a cabeça numa estranha espécie de dança. Os meus avós riram, apontaram para mim e acenaram mais um pouco, até que o funcionário da alfândega finalmente deu um tapinha no meu ombro e perguntou se eu era americano. Assenti com a cabeça e estendi o meu passaporte.

"Pode passar", disse ele e mandou a família chinesa se afastar para o lado.

As portas de correr se fecharam atrás de mim. Toot me envolveu num abraço e pôs no meu pescoço uma guirlanda havaiana de chicletes e doces. Meu avô me envolveu pelo ombro e disse que a máscara era uma melhoria e tanto. Levaram-me para o carro novo que tinham comprado, e meu avô me mostrou como o ar-condicionado funcionava. Seguimos pela rodovia, passando por restaurantes de estrada, hotéis baratos e revendas de carros usados enfeitadas de bandeirolas. Falei da viagem e de todo mundo lá em Jacarta. Meu avô me disse o que tinham programado para o jantar de boas-vindas, e Toot comentou que eu precisaria de roupas novas para a escola.

Então, de repente, a conversa cessou. Percebi que ia morar com estranhos.

Quando minha mãe me expôs inicialmente o novo esquema, não parecia ruim. Era hora de eu ir para uma escola americana; eu ia repassar todas as aulas do meu curso por correspondência. Minha mãe também me falou que ela e Maya logo viriam para ficar comigo no Havaí — dali a um ano, no máximo — e que tentaria estar conosco no Natal. Além disso, relembrou como eu tinha me divertido com meus avós no verão anterior — os sorvetes, os desenhos animados, os dias na praia. "E você não vai precisar levantar às quatro da manhã", argumento que me pareceu extremamente convincente.

Foi só quando comecei a me adaptar a uma estada por tempo indeterminado e me dei conta do ritmo de vida dos meus avós, que percebi como os dois tinham mudado. Depois que minha mãe e eu fomos embora, eles venderam a casa grande e espraiada perto da universidade e alugaram um apartamento pequeno, de dois quartos, num prédio alto da Beretania Street. Meu avô tinha deixado o setor de móveis e estava vendendo seguros de vida, mas, como não conseguia se convencer de que as pessoas precisavam daquilo e era sensível à rejeição, não estava se saindo muito bem na nova empreitada. Todo domingo à noite, eu via como a irritação dele aumentava ao pegar a pasta e armar uma mesinha dobrável na frente da poltrona, demorando-se em todos os detalhes imagináveis, até que finalmente nos punha para fora da sala e ligava para possíveis clientes para marcar hora. Às vezes eu ia até a cozinha na ponta dos pés, para pegar um refrigerante, e ouvia o tom de desânimo na voz dele, o silêncio que se seguia quando a pessoa do outro lado da linha dizia que na terça não daria e que na quinta também não, e então o suspiro pesado que meu avô soltava ao desligar o telefone, as mãos percorrendo as fichas no colo, como um jogador no fundo do poço durante uma partida de baralho.

Alguns acabavam cedendo, o sofrimento cessava, e meu avô entrava no meu quarto para contar casos da sua juventude ou a nova piada que tinha lido na *Reader's Digest*. Nas noites em que se saía especialmente bem nos telefonemas, ele comentava comigo algum plano que ainda alimentava — o livro de poemas que tinha começado a escrever, o desenho que logo se transformaria numa pintura, os projetos da casa dos seus sonhos, com equipamentos modernos e paisagismo no jardim. Eu via que os planos ficavam cada vez mais arrojados quanto mais se afastavam das possibilidades, mas reconhecia neles uma parte de seu antigo entusiasmo e tentava pensar em algumas perguntas estimulantes que reforçassem sua boa disposição. Então, em algum ponto da apresentação, notávamos Toot no corredor, diante do meu quarto, a cabeça inclinada com ar acusador.

"O que você quer, Madelyn?"

"Acabou as suas ligações, meu bem?"

"*Acabei, Madelyn*. Acabei as minhas ligações. São dez da noite!"

"Não precisa gritar, Stanley. Só queria saber se eu podia ir até a cozinha."

"Não estou gritando! Meu Deus do céu, não entendo por que…"

Mas, antes que ele terminasse, Toot já tinha se retirado para o quarto deles, e meu avô saía do meu quarto com ar abatido e irritado.

Esses bate-bocas se tornaram habituais para mim, pois as discussões dos meus avós seguiam o velho ritmo de sempre, decorrente do fato quase nunca mencionado de que Toot ganhava mais do que meu avô. Ela tinha se revelado uma espécie de pioneira, a primeira mulher a atuar como vice-presidente de um banco local; e, embora meu avô gostasse de dizer que sempre incentivou a carreira da esposa, o emprego dela se transformara em um ponto sensível e melindroso entre os dois, à medida que as comissões de vendas dele se faziam cada vez mais insuficientes para pagar as contas da casa.

Toot não havia previsto aquele sucesso todo. Sem formação universitária, ela começou como secretária para ajudar nas despesas do meu nascimento inesperado. Mas ela era inteligente e tinha bom discernimento, com grande capacidade de trabalho. Foi subindo aos poucos, seguindo as regras, até chegar àquele limiar em que só a competência não bastava. E ali ficou durante vinte anos, mal tirando férias, enquanto os colegas homens continuavam a subir na empresa, por meio de informações que trocavam no campo de golfe e no passeio até a sede do clube, e a enriquecer.

Minha mãe disse várias vezes a Toot que esse machismo descarado do banco não devia passar incólume. Mas ela dava de ombros e dizia que todo mundo sempre pode encontrar alguma razão para reclamar das coisas. Toot não reclamava. Levantava todo dia às cinco da manhã e trocava as batas folgadas que costumava usar em casa por um terninho feito sob medida e sapatos de salto alto. Com pó de arroz, cinta, o cabelo ralo armado, ela pegava o ônibus das seis e meia e era a primeira a chegar ao escritório no centro da cidade. De tempos em tempos, reconhecia com relutância que se orgulhava do trabalho e gostava de nos contar os bastidores por trás do noticiário financeiro local. Mas, quando eu já estava um pouco mais velho, ela me contou que nunca deixou de sonhar com uma casa com cerca de madeira pintada de branco, onde pudesse passar os dias ao sol, jogando bridge ou trabalhando como voluntária na biblioteca local. Até fiquei um pouco surpreso com essa confidência, pois ela raramente mencionava esperanças ou arrependimentos. Talvez de fato ela preferisse essa outra história que imaginava para si, porém, como quer que fosse, vim a entender que sua carreira deslanchou numa época em que trabalhar fora, para uma mulher casada, não era motivo de orgulho, nem para ela, nem para meu avô — representava apenas anos perdidos, promessas não cumpridas. Ela acreditava que, se não desistia, era por causa das necessidades dos netos e do estoicismo dos antepassados.

"Então, desde que vocês, crianças, estejam bem", dizia ela às vezes, "é o que importa, Bar."

Era assim que eles viviam. Ainda preparavam sashimi para as raras visitas que recebiam em casa. Meu avô mantinha seu hábito de usar camisas havaianas no escritório e Toot continuava a insistir em ser chamada dessa forma. No entanto, tirando isso, os sonhos que os fizeram ir para o Havaí se desfizeram aos poucos, até que a rotina regular — dos compromissos, dos passatempos e do clima — se consolidou como o principal consolo deles. De vez em quando reclamavam que os japoneses haviam tomado as ilhas, que os chineses controlavam as finanças locais. Durante o julgamento de Watergate, minha mãe arrancou dos meus avós a confissão de que em 1968 tinham votado em Nixon, o candidato da lei e da ordem. Não íamos mais juntos à praia nem saíamos em caminhadas; à noite, meu avô via televisão enquanto Toot ficava no quarto lendo romances policiais. O grande motivo de entusiasmo agora eram as cortinas novas ou o congelador. Era como se tivessem renunciado às satisfações que deviam vir com a meia-idade, à convergência entre maturidade e tempo que lhes restava, entre energia e recursos, ao senso de realização que liberta o espírito. Em algum momento, durante a minha ausência, eles decidiram poupar esforços inúteis e se conformar com a situação. Não viam outros destinos que pudessem almejar.

Com a chegada do fim do verão, fiquei cada vez mais ansioso em ir para a escola. Meu principal interesse era encontrar companhia da minha idade; mas, para meus avós, meu ingresso na Academia Punahou anunciava o começo de algo grandioso, uma ascensão social da família que faziam questão de alardear. Fundada por missionários em 1841, a Punahou se tornara uma escola de prestígio, uma incubadora para as elites da ilha. Seu renome contribuíra para a decisão da minha mãe de me mandar de volta para os Estados Unidos: não era fácil conseguir uma vaga, disseram-lhe meus avós; havia uma longa lista de espera, e só consideraram o meu nome por causa da intervenção do chefe do meu avô, que era ex-aluno (pelo visto, minha primeira experiência com ações afirmativas teve pouco a ver com a raça).

No verão, eu tinha passado por várias entrevistas com a responsável pelas matrículas de Punahou. Uma mulher de ar dinâmico e eficiente, ela não deu nenhum sinal de se incomodar com o fato de que, estando eu sentado, os meus pés mal tocassem o chão enquanto ela escrutinava minhas metas de carreira. Depois da entrevista, a mulher disse ao meu avô e a mim para irmos ver o campus, um conjunto que se espalhava por vários acres de campos verdes exuberantes e árvores frondosas, com construções antigas de alvenaria e estruturas modernas de aço e vidro. Havia quadras de tênis, piscinas e estúdios fotográficos. Em certo ponto, ficamos atrás do guia e meu avô me agarrou pelo braço, cochichando:

"Puxa vida, Bar, isso não é uma escola. Isso é o paraíso. Numa dessas, bem que eu voltaria para a escola, junto com você."

Com a notícia de que fui aceito, veio um pacote grosso de informações que Toot separou para ler atentamente num sábado à tarde. "Bem-vindo à família Punahou", anunciava a carta. Designaram-me um armário; estava inscrito num programa de refeições, a menos que marcasse um xis num quadradinho; havia uma lista de coisas a comprar — um uniforme para educação física, tesoura, régua, lápis número 2, calculadora (opcional). Meu avô passou a noite lendo todo o catálogo da escola, um calhamaço que arrolava o progresso que se esperava de mim nos próximos sete anos — os cursos de preparação para a faculdade, as atividades extracurriculares, as tradições de plena excelência. A cada novo item, meu avô ia ficando mais animado; marcando a página com o dedo, ele se levantava e se dirigia para o quarto onde Toot estava lendo, com a voz transbordando de admiração: "Madelyn, veja isso!".

Assim, foi com enorme empolgação que meu avô me acompanhou no primeiro dia de aula. Ele tinha insistido para que chegássemos cedo, e Castle Hall, o prédio para a quinta e a sexta séries, ainda estava fechado. Alguns alunos já estavam lá e contavam como tinham passado o verão. Sentamos ao lado de um menino chinês esguio, que usava um grande aparelho dental que contornava todo o pescoço.

"Olá", disse meu avô para o menino. "Esse aqui é o Barry. Sou o avô do Barry. Pode me chamar de vovô."

Trocou um aperto de mão com o menino, que se chamava Frederick, e retomou:

"Barry é novo aqui."

"Eu também", disse Frederick, e os dois se puseram a conversar animados.

Fiquei sentado, encabulado, até que finalmente as portas se abriram e subimos a escada que nos levaria à sala de aula. Na porta, meu avô deu um tapinha nas costas de nós dois.

"Não façam nada do que eu faria", disse, abrindo um sorriso.

"O seu avô é engraçado", disse Frederick enquanto olhávamos meu avô se apresentar à srta. Hefty, a professora daquela sala.

"É... ele é, sim."

Dividimos uma mesa com outros quatro alunos, e a srta. Hefty, uma mulher de meia-idade cheia de energia e cabelo curto grisalho, fez a chamada. Quando leu meu nome completo, ouvi os risinhos na sala. Frederick se inclinou para mim.

"Achei que você se chamava Barry."

"Prefere ser chamado de Barry?", perguntou a srta. Hefty. "Barack é um nome muito bonito. O seu avô me disse que o seu pai é queniano. Morei no Quênia, sabia? Dei aulas a meninos da sua idade. É um país maravilhoso. Sabe de que tribo é o seu pai?"

A pergunta despertou mais risadinhas e fiquei sem fala durante alguns instantes. Finalmente disse "Luo", e um menino com cabelo cor de areia atrás de mim repetiu a palavra uivando alto, como o guincho de um macaco. As crianças não se contiveram, e a srta. Hefty teve de dar uma grande bronca para que a turma se acalmasse e pudéssemos prosseguir misericordiosamente para o próximo da lista.

Passei o resto do dia aturdido. Uma menina ruiva pediu para tocar no meu cabelo e fez ar magoado quando eu disse que não. Um menino de bochechas coradas perguntou se o meu pai comia gente. Quando cheguei em casa, meu avô estava preparando o jantar.

"Então, como foi? Não é fantástico que a srta. Hefty tenha morado no Quênia? Aposto que facilitou um pouco o primeiro dia."

Fui para o meu quarto e fechei a porta.

Minha presença na turma logo perdeu o ar de novidade para os colegas, mas eu me sentia cada vez menos à vontade. As roupas que meu avô e eu escolhemos para mim eram antiquadas demais. As sandálias indonésias que me serviam tão bem em Jacarta agora eram desleixadas. Meus colegas, na maioria, estavam juntos desde o jardim de infância; moravam nos mesmos bairros, em casas de vários andares com piscina; os pais eram treinadores das mesmas equipes da Liga Infantil; as mães promoviam a arrecadação de fundos com a venda de biscoitos e doces. Ninguém jogava futebol, badminton ou xadrez, e eu não fazia a menor ideia de como arremessar uma bola de futebol americano em espiral ou me equilibrar num skate.

Um pesadelo para um menino de dez anos. Mesmo assim, no meu desconforto naquele primeiro mês, não estava em pior situação do que as outras crianças relegadas à categoria de esquisitos: as meninas altas demais ou tímidas demais, o menino levemente hiperativo, as crianças com asma dispensadas das aulas de educação física.

Havia, porém, outra criança na turma que me fazia lembrar um tipo diferente de dor. Chamava-se Coretta e, antes de eu chegar, era a única pessoa negra na nossa série. Rechonchuda e escura, ela parecia não ter muitos amigos. Desde o primeiro dia nos evitávamos, mas nos observávamos à distância, como se o contato direto fosse apenas relembrar nosso isolamento de maneira ainda mais aguda.

Por fim, num recreio de um dia quente e sem nuvens, ficamos no mesmo canto do parquinho. Não lembro o que dissemos, porém lembro que, de repente, ela estava correndo atrás de mim entre o trepa-trepa e os balanços. Coretta ria radiante e eu a provocava, correndo em zigue-zague, até que ela finalmente me alcançou e caímos no chão sem fôlego. Quando olhei, vi um bando de crianças, os rostos ofuscados pelo sol, apontando para nós.

"Coretta tem namorado! Coretta tem namorado!"

Mais alguns se juntaram ao círculo à nossa volta e o refrão aumentou de volume.

"Ela não é mi-minha na-namorada", gaguejei.

Olhei Coretta em busca de ajuda, mas ela ficou ali parada, só olhando o chão.

"Coretta tem namorado! Por que você não beija ela, sr. Namorado?"

"Não sou namorado dela!", gritei.

Corri até Coretta e dei um empurrãozinho de leve nela; Coretta cambaleou e me olhou, mas continuou sem dizer nada.

"Me deixem em paz", gritei de novo.

De repente Coretta se pôs a correr, cada vez mais depressa, até sumir de vista. Eu ouvia risadas de satisfação em volta de mim. Então tocou o sinal, e os professores apareceram para nos levar para a sala.

Passei o resto da tarde assombrado com a expressão no rosto de Coretta logo antes de sair correndo: o ar decepcionado e acusador. Queria lhe explicar de alguma maneira que não tinha sido nada pessoal; simplesmente nunca tinha tido uma namorada antes e não via nenhuma necessidade especial de ter uma agora. Mas nem sabia se isso era verdade. Só sabia que era tarde demais para me explicar, que eu havia passado por um teste e fora reprovado; e, sempre que dava uma olhada para a carteira de Coretta, ela estava curvada sobre a tarefa, como se nada tivesse acontecido, fechada em si mesma, sem pedir favor nenhum.

Esse meu gesto de traição me valeu certo afastamento das outras crianças e, como Coretta, fiquei basicamente sozinho. Fiz um ou outro amigo, aprendi a falar menos em classe e consegui me virar um pouco com uma bola de futebol americano. Mas, desde aquele dia, uma parte de mim se sentia pisoteada, esmagada, e me refugiei na vida que meus avós levavam. Depois da saída da escola, eu percorria os cinco quarteirões até nosso apartamento; se tinha algum trocado no bolso, às vezes parava na banca de jornais de um cego que me avisava dos gibis novos que haviam chegado. Meu avô estava em casa para abrir a porta para mim, e, enquanto ele tirava a soneca da tarde, eu assistia a desenhos animados e à reprise de seriados de comédia. Às quatro e meia, eu acordava meu avô e íamos de carro até o centro, para buscar Toot. Fazia a lição de casa antes do jantar, que comíamos em frente à televisão. Ficava lá à noite, negociando com meu avô os programas que íamos ver, dividindo o novo salgadinho que ele tinha encontrado no supermercado. Às dez da noite, eu ia para o quarto (era a hora em que passava o programa do Johnny Carson, e quanto a isso não havia negociação possível) e adormecia ao som do *Top 40*, programa de música na rádio.

Aninhado no colo macio e acolhedor da cultura de consumo dos Estados Unidos, eu me sentia a salvo; era como se estivesse numa longa hibernação. Às vezes me pergunto por quanto tempo eu continuaria ali, se não fosse o telegrama que um dia Toot encontrou na caixa de correio.

"O seu pai vem ver você", ela disse. "No mês que vem. Duas semanas depois da sua mãe. Os dois vão passar o Ano-Novo aqui conosco."

Toot dobrou o papel com cuidado e pôs numa gaveta na cozinha. Ela e meu avô ficaram em silêncio, como imagino que as pessoas fiquem quando o médico diz que estão com uma doença séria, mas tratável. Até o ar desapareceu da sala por um instante, e ficamos em suspenso, cada qual com os seus pensamentos.

"Bem", por fim ela disse, "acho que é melhor começarmos a procurar um lugar para ele ficar."

Meu avô tirou os óculos e esfregou os olhos.

"Vai ser um Natal dos infernos."

Na hora do almoço, comentei com um grupo de meninos que meu pai era um príncipe.

"O meu avô, sabem, ele é um chefe. Tipo o rei da tribo, sabem como?... tipo os índios. E por causa disso o meu pai é um príncipe. Vai assumir quando o meu avô morrer."

"E depois, como fica?", um dos amigos perguntou enquanto esvaziávamos a bandeja no cesto de lixo. "Quer dizer, você vai voltar para lá e ser príncipe?"

"Bom... até posso, se eu quiser. É meio complicado, entende, porque a tribo é cheia de guerreiros. Como Obama... que quer dizer 'lança flamejante'. Todos os homens da nossa tribo querem ser chefe, e o meu pai vai ter de resolver essas disputas antes de eu poder ir."

Enquanto eu soltava aquelas palavras meio atropeladas e sentia os meninos digerindo a informação, mais curiosos e mais próximos enquanto nos empurrávamos na fila de volta para a sala, uma parte de mim realmente começou a acreditar nessa história. Mas outra parte sabia que eu estava mentindo, era uma narrativa que inventei com as informações fragmentadas que tinha ouvido da minha mãe. Depois de uma semana com meu pai em carne e osso, cheguei à conclusão de que preferia aquela sua imagem mais distante, que eu podia alterar conforme bem entendesse — ou ignorar quando julgasse conveniente. Se meu pai não havia propriamente me desapontado, continuava como algo desconhecido, volátil e vagamente ameaçador.

Minha mãe percebeu como eu estava apreensivo nos dias que precederam a chegada dele — imagino que era como ela se sentia — e assim, enquanto se empenhava em preparar o apartamento que tínhamos sublocado para ele, procurava me tranquilizar dizendo que tudo correria bem no reencontro. Ela explicou que os dois trocaram cartas durante todo o período que passamos na Indonésia, e que ele sabia tudo ao meu respeito. Como ela, meu pai tinha se casado outra vez, e eu tinha cinco irmãos e uma irmã morando no Quênia. Ele havia sofrido um grave acidente de carro, e essa viagem fazia parte de sua recuperação depois de uma longa estada no hospital.

"Vocês vão ser grandes amigos", arrematou ela.

Além das notícias sobre o meu pai, ela começou a me encher de informações sobre o Quênia e a história do país — foi de um livro sobre Jomo Kenyatta, o primeiro presidente do Quênia, que surrupiei o nome de "lança flamejante". Mas nada do que minha mãe me contava conseguia sanar as minhas dúvidas e retive pouco daquelas informações. Só uma vez ela despertou o meu interesse de verdade, e foi quando me contou que a tribo do meu pai, os luos, era um povo nilótico que migrou da terra natal para o Quênia, ao longo das margens do maior rio do mundo. Isso parecia promissor; meu avô ainda guardava um quadro que tinha pintado certa vez, uma réplica de egípcios esguios de cor bronzeada, numa carruagem dourada puxada por corcéis cor de alabastro. Eu havia extraído das minhas leituras visões grandiosas sobre o Egito antigo, os reinos poderosos, as pirâmides e os faraós, Nefertiti e Cleópatra.

Num sábado, fui até a biblioteca pública perto do nosso apartamento e, com a ajuda de uma bibliotecária, uma senhora de voz estridente que gostou da minha seriedade, encontrei um livro sobre a África Oriental. Só que não havia nenhuma menção a pirâmides. Na verdade, os luos mereceram apenas um curto parágrafo. Descobri que o termo "nilota" designava uma série de tribos nômades originárias do Sudão, nas margens do Nilo Branco, muito ao sul dos impérios egípcios. Os luos criavam gado, viviam em casebres de barro e se alimentavam de milho, inhame e uma coisa chamada painço. A vestimenta tradicional era uma tira de couro em volta da virilha. Larguei o livro aberto em cima da mesa e saí sem agradecer à bibliotecária.

Finalmente o grande dia chegou, e a srta. Hefty me dispensou mais cedo, desejando-me boa sorte. Saí da escola me sentindo um condenado. As pernas estavam pesadas e, a cada passo na direção de casa, o coração batia mais forte. Entrei no elevador e fiquei ali parado, sem apertar o botão. A porta fechou, então reabriu e entrou o senhor filipino que morava no quarto andar.

"O seu avô disse que o seu pai vem visitá-lo hoje", disse o homem animadamente. "Você deve estar muito feliz."

Fiquei parado na frente da porta do apartamento, olhando além dos prédios de Honolulu para um navio à distância; depois, fitei os pardais que voavam em espiral pelo céu e então, quando não consegui pensar em nenhuma rota de fuga possível, toquei a campainha. Toot abriu a porta.

"É ele! Venha, Bar... venha conhecer o seu pai."

E ali, no corredor sem luz, vi meu pai, uma figura alta e escura que mancava de leve. Ele se agachou e me abraçou, enquanto meus braços pendiam inertes. Atrás dele estava minha mãe, com o queixo tremendo como de hábito.

"Bom, Barry", disse meu pai. "Que bom ver você depois de tanto tempo. Muito bom."

Ele pegou a minha mão e me levou até a sala de estar, e todos nos sentamos.

"Então, Barry, a sua vó me falou que você está indo muito bem na escola."

Dei de ombros.

"Acho que ele está um pouco tímido", disse Toot, sorrindo e afagando minha cabeça.

"Bom", disse meu pai, "se está indo bem, não tem por que ficar tímido. Já lhe contei que os seus irmãos e a sua irmã também são excelentes na escola? Imagino que isso está no sangue", e soltou uma risada.

Eu o observei atentamente enquanto os adultos começavam a conversar. Ele era muito mais magro do que eu esperava, os joelhos se destacando em ângulo agudo nas pernas da calça; não consegui imaginá-lo suspendendo alguém no ar. Ao lado dele, havia uma bengala com castão de marfim rombudo apoiada na parede. Estava com um paletó azul, uma camisa branca e uma echarpe escarlate. Os óculos com aro de chifre refletiam a luz da lâmpada, por isso não pude ver muito bem os olhos dele, mas, quando meu pai tirou os óculos para esfregar a reentrância do nariz, vi que eram levemente amarelados, olhos de quem teve malária algumas vezes. Havia uma fragilidade nele, pensei, um cuidado na hora em que acendia o cigarro ou estendia o braço

95

para pegar a cerveja. Depois de uma hora, mais ou menos, minha mãe comentou que ele estava com ar cansado e devia tirar um cochilo, e meu pai concordou. Pegou a maleta de viagem, então se deteve e começou a remexer dentro dela, até finalmente retirar três estatuetas entalhadas em madeira — um leão, um elefante e um homem cor de ébano com traje tribal tocando tambor —, as quais me entregou.

"Diga obrigado, Bar", instruiu minha mãe.

"Obrigado", murmurei.

Meu pai e eu olhamos as estatuetas, inertes nas minhas mãos. Ele tocou no meu ombro.

"São só umas lembrancinhas", disse em voz suave.

Então fez um gesto de cabeça para meu avô e, juntos, pegaram as malas dele e desceram a escada rumo ao outro apartamento.

Um mês. Era o tempo que teríamos juntos, nós cinco na sala de estar dos meus avós na maioria das noites, aproveitando o dia para passear de carro pela ilha ou em caminhadas curtas pelos pontos de referência próprios de uma família: o terreno onde antes ficava o apartamento do meu pai; o hospital onde eu tinha nascido, agora reformado; a primeira casa dos meus avós no Havaí, antes da que ficava na University Avenue, e que eu não havia conhecido. Havia inúmeras coisas a dizer naquele único mês, inúmeras explicações a dar; no entanto, quando procuro na memória as palavras do meu pai, as pequenas interações ou conversas que podem ter ocorrido, não encontro nada e elas parecem irremediavelmente perdidas. Talvez tenham se gravado fundo demais, talvez a voz dele tenha sido o germe de todas as questões emaranhadas que carrego dentro de mim, tão impenetráveis como meu código genético, de modo que a única coisa que consigo relembrar é sua aparência combalida. Minha esposa tem uma explicação mais simples — nem sempre pais e filhos têm muito a dizer, a menos e até que venham a confiar um no outro —, e isso pode ser de fato acertado, pois muitas vezes eu me sentia mudo na frente dele, e ele nunca me forçava a falar. O que me resta são, essencialmente, imagens que vêm e desaparecem como sons distantes: ele jogando a cabeça para trás ao rir de uma das piadas do meu avô enquanto minha mãe e eu penduramos os enfeites de Natal; ele apertando firme o meu ombro enquanto me apresenta um dos velhos amigos de faculdade; ele estreitando os olhos e passando a mão no cavanhaque ralo enquanto lê um dos seus importantes livros.

Imagens, e o efeito que ele exercia sobre os outros. Pois, sempre que falava — uma perna dobrada sobre a outra, as mãos estendidas para dirigir ou desviar a atenção, a voz grave e cheia de segurança, rindo e adulando —, eu via uma mudança súbita na família. Meu avô ficava mais disposto e atencioso, minha mãe mais acanhada; mesmo Toot, se desentocando do quarto, começava a discutir com ele sobre economia ou política, cortando o ar com as mãos de veias azuis para enfatizar algum argumento. Era como se sua presença trouxesse de volta o espírito de outros tempos e permitisse que cada um retomasse seu papel de outrora; como se o dr. King nunca tivesse sido baleado, como se os Kennedy continuassem a acenar para a nação, como se a guerra, as revoltas, a fome não passassem de contratempos transitórios e não houvesse nada a temer a não ser o temor em si.

Esse estranho poder que dele emanava me deixava fascinado, e pela primeira vez comecei a pensar no meu pai como algo real e imediato, talvez até permanente. Mas, depois de umas semanas, pude notar que começava a surgir uma tensão. Meu avô reclamava que meu pai estava sentando na poltrona dele. Toot, lavando os pratos, resmungava que não era empregada de ninguém. Durante o jantar, minha mãe comprimia os lábios e evitava olhar para os pais. Uma noite, liguei a tevê para assistir a um especial de desenho animado — *Como o Grinch roubou o Natal* —, e os murmúrios se transformaram em gritaria.

"Barry, você já viu bastante televisão esta noite", disse meu pai. "Vá para o quarto estudar e deixe os adultos conversarem."

Toot se levantou e desligou a TV.

"Que tal você ir assistir no seu quarto, Bar?"

"Não, Madelyn", meu pai retomou, "não é isso que estou dizendo. Ele ficou diante desse negócio o tempo todo, agora é hora de estudar."

A minha mãe tentou explicar que já estávamos quase nos feriados de Natal, que o desenho animado era um especial de fim de ano pelo qual eu tinha esperado a semana inteira.

"Não é muito longo."

"Anna, isso é absurdo. Se o menino já fez a tarefa de amanhã, pode começar os deveres do dia seguinte. Ou os deveres que terá quando terminarem os feriados."

E se virou para mim:

"Vou lhe dizer uma coisa, Barry: você não se esforça como deveria. Agora vá, antes que eu fique bravo."

Fui para o meu quarto e bati a porta, ouvindo as vozes que aumentavam de volume, meu avô insistindo que ali era a casa dele, Toot dizendo que meu pai não tinha o direito de chegar e ficar amolando todo mundo, inclusive eu, depois de ter passado todo esse tempo fora. Escutei meu pai dizer que eles estavam me estragando, que eu precisava de uma mão firme, e ouvi minha mãe falar aos pais que eles nunca mudavam e era sempre a mesma coisa. Ninguém escapou das acusações e, mesmo depois que meu pai saiu e Toot entrou no quarto para me dizer que eu podia assistir aos cinco minutos finais do programa, senti como se tivesse se cavado uma enorme fenda entre todos nós, com diabretes escapando de algum velho covil. Ao ver o Grinch verde na tela da

TV, decidido a estragar o Natal, por fim se transformando graças à fé das criaturas de olhar inocente que moravam em Quemlândia, vi o que de fato aquilo era: uma mentira. Comecei a contar os dias que faltavam para meu pai ir embora para que as coisas voltassem ao normal.

No dia seguinte, Toot me mandou ao apartamento onde meu pai estava hospedado, para ver se tinha alguma roupa para lavar. Bati, e ele abriu a porta, sem camisa. Lá dentro, vi minha mãe passando algumas roupas dele. Estava com o cabelo preso num rabo de cavalo e os olhos suaves e escuros, como se tivesse chorado. Meu pai falou para eu me sentar ao lado dele na cama, mas respondi que Toot precisava da minha ajuda e saí depois de transmitir o recado. De volta ao nosso apartamento, eu estava arrumando o meu quarto quando minha mãe entrou.

"Não fique bravo com o seu pai, Bar. Ele te ama muito. É que às vezes ele é um pouco teimoso."

"Certo", respondi sem olhar para ela.

Senti que minha mãe me seguia com os olhos pelo quarto, até que ela suspirou e foi para a porta.

"Sei que tudo isso é confuso para você", disse ela. "Para mim também. Só tente se lembrar do que eu falei, combinado?"

Ela segurou a maçaneta e perguntou:

"Quer que eu feche a porta?"

Assenti com a cabeça, mas, menos de um minuto depois, ela entreabriu a porta e pôs a cabeça pela fresta, dizendo.

"Aliás, me esqueci de dizer que a srta. Hefty convidou o seu pai para ir à escola na quinta-feira. Ela quer que ele converse com a sua turma."

Eu não podia imaginar notícia pior. Passei aquela noite e o dia seguinte inteiro tentando afastar as imagens do inevitável: a cara dos meus colegas quando soubessem dos casebres de barro, todas as minhas mentiras desmascaradas, as gozações implacáveis que viriam depois. Cada vez que pensava nisso, eu estremecia como se tivesse levado um choque.

No dia seguinte, eu ainda tentava imaginar como iria me explicar quando meu pai entrou na classe. A srta. Hefty o recebeu com entusiasmo e, enquanto me sentava, ouvi vários colegas perguntarem o que estava acontecendo. Fiquei ainda mais desesperado quando nosso professor de matemática, um havaiano corpulento e muito direto, chamado sr. Eldredge, entrou na sala acompanhado por trinta crianças perplexas da sala ao lado.

— Hoje temos uma surpresa especial para vocês — começou a srta. Hefty. — O pai de Barry Obama está aqui, e ele veio lá do Quênia, na África, para nos falar do seu país.

Os outros meninos me olharam enquanto meu pai se levantava, e fiquei de pescoço duro e cabeça erguida, olhando um ponto vazio no quadro-negro atrás dele. Ele já falava fazia algum tempo quando finalmente consegui voltar ao presente. Estava inclinado, apoiando-se na mesa de carvalho maciço da srta. Hefty, e descrevia a profunda fenda na terra por onde a humanidade surgira. Falou dos animais selvagens que ainda percorriam as planícies, as tribos que ainda exigiam que os meninos matassem um leão para provar que eram homens. Falou dos costumes dos luos, como os anciãos eram objeto do mais profundo respeito e, sob árvores de troncos grossos, faziam as leis que todos seguiam. Também nos contou sobre a luta do Quênia para se libertar; os britânicos que tinham decidido ficar e governar injustamente o povo, tal como haviam feito nos Estados Unidos; quantos tinham sido escravizados só por causa da cor da pele, tal como ocorrera nos Estados Unidos; mas que os quenianos, como todos nós ali na sala, desejavam ser livres e se desenvolver por meio do trabalho e do sacrifício.

Quando ele terminou, a srta. Hefty estava absolutamente radiante de orgulho. Todos os meus colegas aplaudiram entusiasmados e alguns até tiveram coragem de fazer perguntas, as quais o meu pai dava a impressão de avaliar cuidadosamente, antes de responder. O sinal do almoço tocou, e o sr. Eldredge veio até mim.

— O seu pai é bem impressionante.

O menino de bochechas coradas que tinha me perguntado sobre o canibalismo disse:

— Você tem um pai bem legal.

E, um tanto afastada, vi Coretta olhando meu pai, que se despedia de algumas crianças. Parecia concentrada demais para sorrir; o rosto mostrava apenas um ar de singela satisfação.

Duas semanas depois, ele foi embora. Antes, diante da árvore de Natal, posamos para alguns retratos, os únicos que tenho em que aparecemos juntos, eu segurando uma bola de basquete alaranjada, o presente dele para mim, ele exibindo a gravata que comprei ("Ah, usando uma gravata assim, as pessoas vão saber que sou muito importante"). Num concerto de Dave Brubeck, esforço-me em ficar quieto na poltrona ao lado dele no auditório escuro, incapaz de seguir as esparsas equações sonoras dos executantes, atento em aplaudir sempre que ele aplaude. De dia passo alguns momentos deitado ao seu lado, nós dois sozinhos no apartamento sublocado de uma senhora aposentada cujo nome nunca consigo lembrar, o local cheio de colchas decoradas, toalhinhas bordadas e capas de tricô nas cadeiras, eu lendo o meu livro e ele o dele. Continua opaco para mim, uma massa aqui presente; quando imito seus gestos ou o jeito de falar, não sei de onde vêm nem para onde vão, não sei como se desenrolam no tempo. Mas me acostumo à companhia dele.

No dia da partida, enquanto minha mãe e eu ajudávamos a fazer as malas, ele desencavou dois discos de 45 rotações, com capas foscas de cor castanho-claro.

— Barry, veja só! Esqueci que tinha trazido para você. Os sons do seu continente.

Demorou um pouco até ele se entender com o velho aparelho de som dos meus avós, mas finalmente o disco começou a girar e então, devagar e com cuidado, meu pai pôs a agulha na ranhura. Começava com um *lick* metálico de violão, então os metais agudos, a percussão, o violão outra vez, e as vozes, límpidas e alegres enquanto seguiam a batida de fundo, chamando-nos.

— Venha, Barry — disse ele. — Você vai aprender com o mestre.

De repente seu corpo esguio balançava para a frente e para trás, o som exuberante aumentava, os braços ondulavam como se lançassem uma rede invisível, os pés se trançavam no chão seguindo o ritmo, a perna manca rígida, mas as nádegas firmes, a cabeça para trás, os quadris se movendo em pequenos círculos. O ritmo se acelerou, os metais soaram, e ele fechou os olhos para se entregar ao prazer, e então abriu um deles para me espiar e o rosto solene se abriu num enorme sorriso, e minha mãe sorriu, e meus avós entraram para ver que fuzuê era aquele. Fiz minhas primeiras tentativas com os olhos fechados, subindo, descendo, balançando os braços, as vozes aumentando. E ainda ouço meu pai: enquanto o sigo na música, ele solta um grito rápido, alto, vibrante, um grito de quem deixa muito para trás e que busca muito adiante, um grito que conclama o riso.

4.

"Cara, não vou mais a nenhuma dessas festas idiotas da Punahou."

"Tá, foi isso que você falou da última vez."

Sentei com Ray a uma mesa e desembrulhamos nossos hambúrgueres. Ele estava para se formar, era dois anos mais velho do que eu e, por causa da transferência militar do pai, viera de Los Angeles no ano anterior. Apesar da diferença de idade, foi fácil fazermos amizade, sobretudo porque, juntos, correspondíamos a quase metade do total de estudantes negros do ensino médio da Punahou. Eu gostava da companhia dele; Ray era um sujeito entusiasmado e impetuoso, o que compensava suas referências constantes à vida anterior em LA — o séquito de mulheres que supostamente ainda ligavam por interurbano para ele todas as noites, as proezas futebolísticas, as celebridades que conhecia. Em geral, eu dava um desconto na maioria das coisas que ele me contava, mas não em todas; era verdade, por exemplo, que Ray era um dos velocistas mais rápidos das ilhas, de nível olímpico, diziam alguns, e isso apesar do barrigão que se sacudia debaixo da camiseta encharcada de suor sempre que corria, deixando treinadores e adversários balançando a cabeça de incredulidade. Por meio de Ray, fiquei sabendo das festas negras que havia na universidade ou nas bases militares, contando com ele para facilitar meu ingresso em terreno desconhecido. Em troca, eu era todo ouvidos para suas frustrações.

"Estou falando dessa vez", ele continuou. "Essas minas são umas patricinhas diplomadas em racismo. Todas elas. Brancas. Asiáticas. Pô, as asiáticas são piores do que as brancas. Acham que a gente tem alguma doença ou coisa assim."

"Vai ver que é porque elas olham essa sua bunda enorme. Cara, achei que você andava treinando."

"Sai de perto das minhas fritas. Você não é minha mina, negão... Compre as suas. Do que eu estava falando?"

"Só porque uma menina não sai com você não quer dizer que ela é racista."

"Não seja idiota, tá bom? Não foi uma vez só. Olha esta: chamo a Monica para sair, ela diz que não. Eu digo, tudo bem... você nem é tão gostosa mesmo."

Ray parou para ver a minha reação e aí sorriu.

"Tá bom, pode ser que eu não fale tudo isso. Só digo tudo bem, Monica, a gente continua numa boa. E aí descubro que ela está com o Steve Yamaguchi, o 'sem pescoço', os dois de mãos dadas e tal, feito dois pombinhos. Até aí, tudo bem; sei que tem mais gente por aí. Chamo a Pamela pra sair. Ela diz que não vai no baile. Digo 'Sem problema'. Vou no baile, adivinha quem está lá, dançando com Rick Cook. '*Oi, Ray*', ela diz, como se não soubesse o que estava acontecendo. Rick Cook! Você sabe que o cara é um bosta. Um filho da mãe que não vale nada e ainda por cima dou de dez nele. De dez."

E enfiou um punhado de batatas fritas na boca.

"E não sou só eu. Não vejo você levando vantagem nessa área também."

Porque sou tímido, pensei comigo mesmo, mas nunca admitiria isso para ele. Ray aproveitou a deixa.

"E o que acontece quando a gente vai numa festa acompanhado, hein? O que acontece? Te digo o que acontece. Dão em cima da gente como se o mundo fosse acabar. Mina do ensino médio, mina da universidade, tanto faz. É um mel só, sorrindo o tempo todo. 'Claro que te dou o meu telefone.' Pode apostar."

"Bom…"

"Bom, o quê? Escuta, cara, por que você não consegue jogar mais vezes no time de basquete, hein? Pelo menos dois dos caras que estão lá não valem nada, e você sabe e eles sabem. Já vi você acabar com eles numa boa. Por que não entrei no time de futebol nesta temporada, mesmo com o outro cara perdendo um monte de passes? Me diz se não ia ser diferente se a gente fosse branco. Ou japonês. Ou havaiano. Ou, sei lá, uns esquimós."

"Não é isso que eu tô falando."

"Então o que você tá falando?"

"Tudo bem, eu tô falando o seguinte. Tô falando que, tá bom, é mais difícil sair com uma mina, mas é porque não tem mina negra por aqui. Mas isso não quer dizer que todas elas são racistas. Sei lá, às vezes só querem alguém parecido com o pai ou com o irmão, e a gente é diferente. Tô falando que, tá bom, posso não ter a mesma chance de entrar no time que os outros caras, mas eles jogam como brancos, e essa é a pegada que o técnico gosta, e estão ganhando assim. Eu não jogo desse jeito."

Pegando as últimas fritas dele, acrescentei:

"E quanto a você, seu desbocado, eu tô falando que os técnicos podem não gostar de você porque é um negro esperto e inteligente, mas ajudaria se você parasse de comer todas essas fritas, parecendo uma grávida de seis meses. É isso que eu tô falando."

"Cara, não sei por que você fica arranjando desculpa pra esse povo."

Ray levantou e amassou os restos descartáveis numa bola apertada, dizendo:

"Vamos nessa. Essa sua falação tá ficando complicada para mim."

Ray tinha razão, as coisas tinham ficado complicadas. Fazia cinco anos que meu pai nos visitara e, pelo menos aparentemente, tinha sido um período tranquilo, marcado pelos ritos e tradições que os Estados Unidos esperam de seus filhos — boletins medíocres na escola, convocatórias para a sala do diretor, emprego de meio período na rede de lanchonetes, espinhas no rosto, prova de direção, desejos turbulentos. Fiz minha cota de amigos na escola, tive um ou outro encontro meio desajeitado; se às vezes ficava perplexo com as mudanças misteriosas de status que ocorriam entre meus colegas, enquanto alguns subiam e outros desciam, dependendo dos caprichos do desenvolvimento físico ou da marca do carro com que andavam, eu me consolava sabendo que minha posição havia melhorado continuamente. De vez em quando eu encontrava algum garoto cuja família tinha menos recursos que a minha, o que me fazia lembrar da minha boa sorte.

Minha mãe fazia questão de que eu não me esquecesse disso. Separada de Lolo, ela voltou para o Havaí pouco tempo depois da minha chegada, para fazer um mestrado em antropologia. Durante três anos, morei com ela e Maya num apartamentinho a uma quadra de distância da Punahou, e minha mãe sustentava nós três com sua bolsa de estudos. Às vezes, quando eu levava alguns amigos da escola para casa, ela entreouvia os comentários sobre a geladeira vazia ou a arrumação da casa que deixava a desejar, e então me puxava de lado e dizia que era uma mãe sozinha voltando a estudar e criando dois filhos e, por isso, fazer biscoitos em casa não estava na sua lista de prioridades, e que, embora gostasse da qualidade do ensino que eu estava recebendo na Punahou, não era parte dos seus planos aguentar arrogância nenhuma, nem minha nem de ninguém, entendido?

Entendido. Apesar das minhas frequentes — e às vezes rabugentas — pretensões de independência, nós dois continuávamos próximos e eu me esforçava em ajudá-la no que pudesse, fazendo as compras na mercearia, lavando a roupa, cuidando da menina esperta e de olhos escuros que era a minha irmã. Mas, quando minha mãe estava prestes a voltar para a Indonésia a fim de fazer seu trabalho de campo, e sugeriu que eu fosse com ela e Maya para frequentar a escola internacional de lá, respondi imediatamente que não. Não tinha muita certeza do que a Indonésia tinha agora a me oferecer e estava cansado de recomeçar. Mais que isso, havia chegado a um acordo tácito com meus avós: podia morar com eles e eles me deixariam em paz, desde que eu não os incomodasse com meus problemas. Esse acordo atendia ao meu objetivo, o qual eu nem sequer conseguia formular para mim mesmo, muito menos para eles. Sem que minha mãe ou meus avós soubessem, eu travava uma luta interior intermitente. Pretendia me tornar um negro nos Estados Unidos e, tirando o dado físico da minha aparência, ninguém ao meu redor parecia saber o que isso significava.

As cartas do meu pai davam algumas pistas. Chegavam esporadicamente, numa folha azul com as laterais coladas que impediam ler qualquer coisa escrita nas margens. Ele contava que tudo ia bem, me elogiava pelo progresso na escola e frisava que a minha mãe, Maya e eu seríamos bem-vindos a qualquer hora em que quiséssemos ocupar nosso lugar de direito ao lado dele. De tempos em tempos, acrescentava algum conselho, em geral na forma de aforismos que eu não entendia muito bem ("Como a água encontrando o seu nível, você chegará a uma carreira que lhe convenha"). Eu respondia prontamente, em folhas de pauta larga, e as cartas que eu recebia iam para o armário, ao lado das fotos dele que pertenciam à minha mãe.

Meu avô tinha vários amigos negros, na maioria parceiros de pôquer e bridge, e, como eu ainda não estava naquela idade de não me incomodar em chateá-lo, deixava que ele me arrastasse para algumas partidas. Eram homens de idade, bem-vestidos, com vozes roucas e roupas cheirando a charuto, aquele tipo de homem que acha que tudo tem seu devido lugar e imagina que já viu o suficiente na vida para não perder tempo falando a respeito. Sempre que me viam, davam-me um tapinha jovial nas costas e perguntavam como estava a minha mãe; mas, na hora de jogar, não diziam uma palavra, a não ser para reclamar de um lance do parceiro.

Havia só uma exceção, um poeta chamado Frank que morava numa casa caindo aos pedaços numa área decadente de Waikiki. Ele havia ganhado uma notoriedade modesta no passado, contemporâneo de Richard Wright e Langston Hughes durante os anos em que morou em Chicago — uma vez, meu avô me mostrou alguns trabalhos dele incluídos numa antologia de poesia negra. Mas, quando o conheci, Frank devia estar na casa dos oitenta anos, rosto grande, com papada e um cabelo afro grisalho desgrenhado, parecendo um leão velho e peludo. Sempre que íamos à casa dele, Frank lia seus poemas para nós, dividindo com meu avô o uísque que tomavam de um copo de geleia vazio. Com o avançar da hora, os dois me pediam ajuda para compor uns versos obscenos. Por fim, passavam a se queixar das mulheres.

"Elas te levam ao álcool, garoto", dizia Frank, sério. "E, se você deixar, te levam ao túmulo."

O velho Frank me intrigava, com seus livros, o bafo de uísque e os olhos turvos que sugeriam um conhecimento adquirido a duras penas. As visitas que fazíamos a ele, porém, sempre me causavam um leve incômodo, como se eu presenciasse uma transação tácita e complicada entre os dois homens, que eu não entendia muito bem. Sentia a mesma coisa sempre que meu avô me levava ao centro, num de seus bares favoritos, na zona de prostituição de Honolulu.

"Não conte para a sua avó", ele me dizia com uma piscadela, e passávamos pelas prostitutas de rosto duro e corpo macio até um bar escuro com um jukebox e duas ou três mesas de bilhar. Ninguém parecia se importar com o fato de que ele era o único branco ali ou que eu era o único com onze ou doze anos de idade. Alguns dos homens apoiados no balcão acenavam para nós, e a atendente, uma mulher corpulenta, de pele clara, os braços carnudos descobertos, trazia um uísque para meu avô e uma coca-cola para mim. Se não houvesse mais ninguém jogando nas mesas, meu avô dispunha algumas bolas e me ensinava o jogo, mas geralmente eu ficava sentado ao balcão, balançando as pernas na banqueta alta, soprando bolhas no refrigerante e olhando a arte pornográfica nas paredes — as mulheres fosforescentes com peles de animal, os personagens de Disney em posições comprometedoras. Se estivesse por ali, um homem chamado Rodney, com chapéu de aba larga, parava para me cumprimentar.

"E aí, capitão, como vai a escola?"

"Tudo bem."

"Anda tirando a nota máxima, não anda?"

"Algumas."

"Muito bom. Sally, traga outra coca aqui para o meu amigo", dizia Rodney, tirando uma nota de vinte de um maço grosso que sacava do bolso antes de sumir na penumbra.

Ainda consigo me lembrar da empolgação que eu sentia naqueles passeios noturnos, o fascínio da escuridão, o estalido da bola branca, o jukebox piscando suas luzes verdes e vermelhas, o riso cansado que percorria o local. Mas mesmo naquele tempo, menino como era, eu já começava a perceber que a maioria das pessoas no bar não estava lá por escolha própria, que o que meu avô procurava ali era a companhia de gente que podia ajudá-lo a esquecer seus problemas, gente que ele achava que não ia julgá-lo. Talvez o bar realmente o ajudasse a esquecer, contudo eu sabia, com o instinto infalível das crianças, que ele se enganava ao pensar que não o julgavam. Nossa presença ali parecia um tanto forçada e, na época em que entrei no ensino médio, já tinha aprendido a me esquivar daqueles convites, sabendo que, fosse lá o que eu buscasse, fosse lá do que eu precisasse, teria de vir de outro lugar.

Televisão, cinema, rádio: era por aí que eu devia começar. A cultura pop, afinal, tinha uma codificação por cor, uma galeria de imagens onde era possível pegar um jeito de falar, um jeito de andar, um passo, um estilo. Não sabia cantar como Marvin Gaye, mas aprendi todos os passos de *Soul Train*. Não sabia sacar uma arma como Shaft ou Super Fly, mas certamente sabia xingar como Richard Pryor.

E eu sabia jogar basquete, com uma paixão ardorosa que sempre ultrapassou meus talentos limitados. O presente de Natal do meu pai tinha vindo numa época em que o time de basquete da Universidade do Havaí entrara nos rankings nacionais, graças à qualidade da equipe, toda negra, que a escola trouxera do continente. Naquela mesma primavera, meu avô me levou para assistir a um dos jogos deles, e fiquei observando o aquecimento dos jogadores, ainda bem jovens, mas para mim guerreiros autênticos e confiantes, que soltavam risadinhas de alguma piada interna, olhavam por cima da multidão de fãs para darem uma piscadela para as garotas na lateral da quadra, entretinham-se em levantar ou arremessar a bola, até que soava o apito, e os pivôs saltavam e os jogadores entravam num combate furioso.

Resolvi que faria parte desse mundo e comecei a frequentar uma quadra depois do horário da escola, perto do apartamento dos meus avós. Pela janela do quarto, a dez andares de altura, Toot me observava na quadra até depois de escurecer, enquanto eu arremessava a bola com as duas mãos, no começo, e depois passei a arremessar num salto meio desajeitado, num drible por cima, absorvido nos mesmos movimentos solitários, hora após hora. Quando entrei no ensino médio, jogava nos times de Punahou e podia mostrar minhas habilidades nas quadras universitárias, onde alguns negros, que passavam os dias jogando ou já tinham sido jogadores famosos, me ensinavam uma postura que não se relacionava somente com o esporte. Esse respeito vinha do que você fazia, e não de quem era o seu pai. Que você podia dizer coisas para irritar um adversário, mas que, se não aguentasse o tranco, era melhor calar a boca. Que você não deixava ninguém se esgueirar para ver emoções — como mágoa ou medo — que você não queria que vissem.

E havia outra coisa também, uma que ninguém comentava: a união do time quando o jogo estava apertado, o suor escorria, os melhores jogadores paravam de se preocupar com a pontuação, os piores eram arrebatados no calor do momento e o placar só tinha importância porque era assim que se sustentava aquele arroubo. No meio dele, o jogador podia fazer um passe ou um lance tão bom que ele mesmo se surpreendia, e até o oponente que fazia a marcação tinha de sorrir, como se dissesse "Caramba...".

Minha esposa vai revirar os olhos agora mesmo. Ela cresceu com um irmão que era astro do basquete; e, quando quer implicar com um de nós dois, insiste que prefere ver o filho tocando violoncelo. E ela está certa, claro; eu estava vivendo uma caricatura da adolescência masculina negra, por sua vez uma caricatura da masculinidade americana arrogante. Entretanto, numa fase da vida em que não se espera que os garotos queiram seguir os passos cansados dos pais, em que não se espera que os imperativos da colheita ou do trabalho na fábrica determinem a identidade de uma pessoa, em que a maneira de viver é comprada na prateleira das lojas ou encontrada nas revistas, a grande diferença entre mim e a maioria dos garotos-homens ao meu redor — os surfistas, os jogadores de futebol, os aspirantes a guitarristas de rock — consistia na pequena quantidade de opções ao meu dispor. Cada qual escolhia uma fantasia, uma armadura contra a incerteza. Pelo menos na quadra de basquete eu encontrava uma espécie de comunidade, com uma vida interior própria. Foi lá que fiz meus melhores amigos brancos, em um campo em que ser negro não era desvantagem. E foi lá que conheci Ray e os outros negros mais ou menos da minha idade que estavam começando a ir para as ilhas, adolescentes com uma perplexidade e uma raiva que ajudaram a moldar o que eu sentia.

"É assim que os brancos vão nos tratar", dizia um deles quando estávamos apenas nós. Todo mundo balançava a cabeça e dava uma risadinha, e pela minha mente passava uma lista de desfeitas: o primeiro menino, na sétima série, que me chamou de macaco; as lágrimas de surpresa — "Por que você fez isso?" — quando dei um soco nele que fez o nariz sangrar. O instrutor de tênis que durante um torneio me falou para não encostar na tabela de jogos afixada no mural porque podia manchá-la com a minha cor; a cara vermelha e o sorriso sem graça — "Não sabe aceitar uma brincadeira?" — quando ameacei denunciá-lo. A senhora de idade no prédio do apartamento dos meus avós que ficou nervosa quando entrei no elevador atrás dela e foi correndo dizer ao administrador que eu a estava seguindo; a recusa em se desculpar quando lhe disseram que eu morava no prédio. O nosso técnico assistente de basquete, um rapaz magro e rijo de Nova York com um belo moletom, que, depois de uma partida informal com alguns negros muito falantes, tinha murmurado de maneira que ouvíssemos, eu e três colegas de time, que não devíamos ter perdido para um bando de pretos; e que, quando eu lhe disse — com uma fúria que surpreendeu até a mim mesmo — que calasse a boca, explicou com toda a calma o fato aparentemente óbvio de que "existem negros e existem pretos. Aqueles lá eram pretos".

É assim que os brancos vão nos tratar. Não era apenas a crueldade daquilo; eu estava aprendendo que os negros podiam ser maldosos, e até mais. O que despertava nosso riso tristonho era um tipo específico de arrogância, uma insensibilidade em pessoas que, afora isso, eram normais. Era como se os brancos nem percebessem, em primeiro lugar, que estavam sendo cruéis. Ou, pelo menos, pensavam que você merecia o desprezo deles.

O pessoal branco. A expressão em si, no começo, me incomodava; eu me sentia como um estrangeiro tropeçando numa expressão difícil. Às vezes eu me pegava falando com Ray sobre *o pessoal branco* isso ou *o pessoal branco* aquilo, e de súbito me lembrava do sorriso da minha mãe, e essas minhas palavras pareciam falsas e descabidas. Ou eu estava ajudando meu avô a secar a louça depois do jantar, Toot vinha avisar que ia se deitar, e aquelas mesmas palavras — *o pessoal branco* — se acendiam na minha cabeça como um luminoso em néon, e eu ficava quieto de repente, como se escondesse algum segredo.

Mais tarde, sozinho, eu tentava desemaranhar esses pensamentos complicados. Era evidente que certos brancos podiam ser eliminados da categoria geral da nossa desconfiança: Ray vivia me dizendo como meus avós eram legais. Concluí que o termo *branco* era apenas uma espécie de abreviatura para ele, um rótulo para o que a minha mãe chamava de intolerante. E, embora eu reconhecesse os riscos na terminologia dele — como era fácil cair no mesmo raciocínio babaca que o meu treinador de basquete tinha mostrado (naquele dia, antes de deixar a quadra, acabei dizendo ao treinador: "Existem brancos e existem filhos da mãe ignorantes feito você") —, Ray me garantiu que nunca falaríamos dos brancos como brancos na frente de brancos sem saber muito bem o que estávamos fazendo. Sem saber que havia um preço a pagar.

113

Mas isso era certo? Ainda havia um preço a pagar? Essa era a parte complicada, o ponto em que parecia que Ray e eu nunca iríamos concordar. Tinha vezes em que eu o ouvia conversando com alguma loira que acabava de conhecer e falando sobre a vida nas ruas pobres de LA ou explicando as chagas do racismo a algum jovem professor interessado, e eu era capaz de jurar que, por trás do ar de seriedade, Ray me dava uma piscadela, como que me deixando entrar na jogada. Parecia me dizer que nossa raiva com o mundo dos brancos não precisava de nenhum objeto, de nenhuma comprovação independente; podíamos ligá-la e desligá-la quando bem quiséssemos. Havia ocasiões em que, depois de uma das suas encenações, eu questionava seu discernimento, quando não sua sinceridade. Lembrava-o de que não vivíamos no Sul segregacionista. Não dependíamos de um programa habitacional sem aquecimento no Harlem ou no Bronx. Porra, estávamos no Havaí. A gente falava o que queria, comia o que queria, sentava na frente do famoso ônibus. Nenhum dos nossos amigos brancos, como Jeff ou Scott do time de basquete, nos tratava de maneira diferente do que se tratavam entre si. Gostavam da gente e a gente gostava deles. Caramba, parecia que metade deles queria ser negro — ou pelo menos ser um jogador como Dr. J.

Bem, isso é verdade, admitia Ray.

Talvez fosse melhor dar um tempo na pose de negão revoltado. Deixar para quando fosse realmente necessário.

E Ray balançava a cabeça. Pose, é? Isso é você que diz.

Eu sabia que Ray tinha jogado seu trunfo, o qual, diga-se de passagem, ele raramente usava. Afinal, eu era diferente, um suspeito em potencial; não fazia ideia de quem realmente era. Não querendo me arriscar a ser exposto, me retirava rapidinho para um terreno mais seguro.

Se morássemos em Nova York ou em LA, talvez eu percebesse mais depressa as regras do jogo arriscado que estávamos jogando. Mas, no caso, aprendi a trafegar entre meu mundo negro e meu mundo branco, entendendo que cada qual tinha uma linguagem particular, assim como costumes e estruturas de significado próprios, acreditando que, com alguma tradução da minha parte, os dois mundos podiam se juntar. Mesmo assim, persistia a sensação de que havia algo que não estava totalmente certo, um alarme que soava sempre que uma garota branca dizia no meio da conversa o quanto gostava de Stevie Wonder, quando uma mulher no supermercado perguntava se eu jogava basquete ou quando o diretor da escola me dizia que eu era legal. Eu gostava de Stevie Wonder, adorava basquete e me esforçava em ser sempre legal. Então por que esses comentários sempre me irritavam? Havia aí algum ardil, mas qual era o ardil, quem era o ardiloso, quem caía nele, nada disso eu não conseguia entender.

Um dia, no começo da primavera, me encontrei com Ray depois da aula e fomos andando até o banco de pedra que rodeava uma grande figueira-de-bengala no campus de Punahou. Chamavam de Banco do Último Ano, mas servia principalmente como ponto de encontro dos alunos mais populares, os esportistas, as animadoras de torcida, a turma das festas, com seus puxa-sacos, as damas de companhia, todo o séquito disputando um lugar nos degraus em círculo. Um dos estudantes do último ano, um jogador robusto de defesa chamado Kurt, estava lá e gritou alto logo que nos viu:

"Ei, Ray! Meu amigão! O que tá rolando?"

Ray subiu e bateu na palma estendida de Kurt. Mas, quando Kurt repetiu o gesto para mim, eu o dispensei

"Qual o problema dele?", ouvi Kurt dizer a Ray enquanto me afastava.

Uns minutos depois, Ray me alcançou e perguntou o que estava acontecendo.

"Cara, esse pessoal só está tirando onda com a nossa cara", respondi.

"Do que você tá falando?"

"Toda aquela bobagem de 'Ei, cara, toca aqui'."

"Ué, quem de repente virou o senhor-não-me-toques? Kurt não tem nenhuma segunda intenção."

"Bom, se é isso o que você acha, então tá…"

O rosto de Ray brilhava de raiva, e ele disse:

"Olha, eu estou me virando, tá certo? Assim como vejo você se virando, fazendo o seu joguinho com os professores quando precisa de algum favor. Toda aquela coisa, 'Sim, d. Cadela Esnobe, acho esse romance muito envolvente, se eu puder ter só mais um dia para escrever aquele trabalho, dou um beijo nessa bunda branquela'. É o mundo deles, o.k.? Eles são os donos, e nós estamos nele. Então suma da minha frente, caralho."

No dia seguinte, o calor da nossa briga já tinha se dissipado, e Ray sugeriu que eu convidasse nossos amigos Jeff e Scott para uma festa que ele ia dar em casa naquele final de semana. Hesitei um pouco — nunca tínhamos chamado amigos brancos para uma festa de negros —, mas Ray insistiu e não encontrei nenhuma boa razão para objetar. Jeff e Scott também não; os dois toparam, desde que eu fosse dirigindo. E assim, naquele sábado à noite, depois de uma das nossas partidas, nós três nos amontoamos no Ford Granada velho do meu avô e fomos chacoalhando até o Distrito Militar de Schofield, a uns cinquenta quilômetros da cidade.

Chegamos com a festa já adiantada e fomos pegar umas bebidas. A presença de Jeff e Scott parecia não ter despertado nenhuma reação especial; Ray percorreu a sala apresentando os dois, trocaram algumas amenidades, tiraram duas meninas para dançar. Mas deu para ver na hora que meus amigos brancos tinham sido pegos de surpresa. Continuaram distribuindo sorrisos. Encostaram-se no canto de uma parede. Com um ar meio sem graça, acompanhavam o ritmo da música com a cabeça e diziam "Desculpe" a cada dois minutos. Depois de uma hora, mais ou menos, perguntaram se eu podia levá-los para casa.

"Mas o que foi?", gritou Ray acima do volume da música quando fui avisar que a gente estava indo embora. "Agora que está começando a esquentar."

"Acho que não se entrosaram."

Trocamos um olhar e ficamos um bom tempo parados ali, o barulho e as risadas vibrando à nossa volta. Nos olhos de Ray não havia sinal de satisfação nem de decepção; só um olhar fixo e parado, sem piscar, como uma cobra. Por fim, ele me estendeu a mão, que segurei, um ainda fitando o outro. "Então até depois", disse soltando a mão, e fiquei olhando enquanto ele se afastava em meio à multidão, perguntando sobre a garota com quem estivera conversando um pouco antes.

Lá fora tinha esfriado. A rua estava totalmente vazia, silenciosa, exceto pela vibração distante do som estéreo de Ray, as luzes azuis tremeluzindo nas janelas dos bangalôs ao longo do gramado bem aparado, as sombras das árvores se projetando num campo de beisebol. No carro, Jeff pôs um braço no meu ombro, com um ar ao mesmo tempo contrito e aliviado.

"Sabe, cara", ele disse, "hoje eu aprendi uma coisa. Tipo, agora entendo como às vezes deve ser difícil para você e para o Ray, nas festas da escola… serem os únicos negros e tudo mais."

Bufei de raiva.

"É. Certo."

Uma parte de mim queria esmurrá-lo ali mesmo. Seguimos a estrada para a cidade e, no silêncio, comecei a reelaborar mentalmente as palavras que Ray trocou com Kurt naquele dia, todas as discussões que tivemos antes disso, os acontecimentos da noite. E, na hora em que deixei meus amigos, já tinha começado a enxergar um novo mapa do mundo, assustador na sua simplicidade, asfixiante nas suas implicações. Ray havia dito: estávamos sempre jogando na quadra dos brancos, pelas regras dos brancos. Se o diretor, o técnico, um professor ou Kurt quisessem cuspir na nossa cara, eles podiam, porque tinham poder e nós não. Se resolvessem não cuspir, se nos tratassem como gente ou saíssem em nossa defesa, era porque sabiam que as palavras que dizíamos, as roupas que vestíamos, os livros que líamos, nossas ambições e desejos já eram deles. Qualquer coisa que decidissem, a escolha caberia a eles, e não a nós, e por causa desse poder fundamental que tinham sobre nós, porque este precedia e sobreviveria às razões e inclinações pessoais deles, qualquer distinção entre brancos bons e brancos maus era pífia. Na verdade, nem podíamos ter certeza a respeito de que tudo o que havíamos tomado como expressão do nosso ser negro e livre — o humor, a música, o passe por trás — fora por nossa livre escolha. No melhor dos casos, essas coisas eram um refúgio; no pior, uma armadilha. Seguindo essa lógica enlouquecedora, a única escolha que podíamos fazer por nós mesmos era a retirada para uma espiral de raiva cada vez mais compacta, até que ser negro significasse apenas conhecer nossa impotência, nossa derrota. E a ironia final: se recusássemos essa derrota e reagíssemos contra os carcereiros, havia um nome para isso também, um nome que nos enjaularia da mesma maneira. Paranoico. Militante. Violento. Preto.

Nos meses seguintes, procurei corroborar essa visão de pesadelo. Peguei inúmeros livros na biblioteca — Baldwin, Ellison, Hughes, Wright, DuBois. À noite, eu me fechava no quarto, dizendo aos meus avós que tinha de fazer lição de casa, e lá ficava sentado, lutando com as palavras, preso numa discussão subitamente desesperada, tentando reconciliar o mundo como eu o descobrira com os termos do meu nascimento. Mas não havia saída. Em todas as páginas de todos os livros, em Bigger Thomas e nos homens invisíveis, eu continuava encontrando a mesma angústia, a mesma dúvida; um autodesprezo que nem a ironia nem o intelecto pareciam capazes de afastar. Mesmo a erudição de Du-Bois, o amor de Baldwin e o humor de Langston acabaram sucumbindo à força corrosiva desse autodesprezo, cada qual finalmente forçado a duvidar do poder redentor da arte, cada qual finalmente forçado a se retirar, um para a África, outro para a Europa, outro mais e mais a fundo nas entranhas do Harlem, mas todos eles na mesma fuga extenuante, todos esgotados, amargurados, perseguidos pelo demônio.

Apenas a autobiografia de Malcolm X parecia apresentar algo diferente. Os constantes gestos de autocriação dele ressoavam em mim; a poesia direta das suas palavras e a clara ênfase que atribuía ao respeito prometiam uma ordem nova e inflexível, de disciplina marcial, forjada pela pura força de vontade. Todas as outras coisas, a conversa dos demônios de olhos azuis e do apocalipse, eram secundárias, concluí, uma bagagem religiosa que o próprio Malcolm parecia ter cautelosamente abandonado em seus últimos anos. No entanto, mesmo quando me imaginava seguindo o chamado de Malcolm, uma passagem no livro me deteve. Ele mencionava um desejo que sentira antes, o desejo de que o sangue branco que corria nas suas veias, resultado de um ato de violência, pudesse ser eliminado de alguma maneira. Eu sabia que, para Malcolm, esse desejo nunca seria secundário. Sabia também que, seguindo o caminho do respeito próprio, meu sangue branco jamais se reduziria a uma simples abstração. Fiquei imaginando o que mais eu eliminaria se e quando largasse minha mãe e meus avós em alguma fronteira inexplorada.

E também: se a descoberta de Malcolm, nos anos finais de sua vida, de que alguns brancos podiam viver ao seu lado como irmãos no Islã parecia oferecer uma esperança de reconciliação final, essa esperança surgia num futuro remoto, numa terra distante. Enquanto isso, eu tentava vislumbrar de onde viriam as pessoas dispostas a trabalhar por esse futuro e a povoar esse mundo novo. Um dia, depois de um jogo de basquete no ginásio da universidade, Ray e eu começamos por acaso a conversar com um homem alto e magro chamado Malik, que de vez em quando jogava conosco. Malik comentou que era seguidor da Nação do Islã, mas que, desde a morte de Malcolm e sua mudança para o Havaí, não ia mais à mesquita nem a reuniões políticas, embora ainda buscasse conforto na oração solitária. Um dos caras sentados por perto deve ter ouvido nossa conversa, pois se inclinou para nós com ar de quem entendia o que se passava ali.

"Vocês estão falando sobre Malcolm, certo? Malcolm diz as coisas como são, quanto a isso não tem dúvida."

"É", disse outro cara. "Mas vou falar uma coisa: vocês jamais me verão indo para uma selva africana. Ou para algum deserto desgraçado, sentado num tapete com um bando de árabes. Não, obrigado. Nem vão me ver parando de comer costeleta."

"Sem costeleta eu não passo."

"E buceta também. Malcolm não fala que buceta não pode? Por aí dá pra ver que não vai funcionar."

Vi que Ray estava rindo e olhei sério para ele.

"Do que você tá rindo? Você nunca leu Malcolm. Nem sabe o que ele diz."

Ray tirou a bola da minha mão e foi para o outro aro.

"Não preciso de livro nenhum para me dizer como ser negro", gritou para o alto.

Comecei a responder e então me virei para Malik, à espera de alguma palavra de apoio. Mas o muçulmano não disse nada, o rosto ossudo imóvel num sorriso distante.

Depois disso, resolvi seguir minhas próprias ideias, aprendendo a disfarçar meu estado de espírito febril. Mas, poucas semanas mais tarde, acordei com o barulho de uma briga na cozinha — a voz da minha avó mal se ouvindo, o rugido estrondoso do meu avô. Abri a porta e vi Toot entrando no quarto deles para se vestir para o trabalho. Perguntei qual era o problema.

"Nenhum. Hoje o seu avô não quer me levar de carro para o trabalho, só isso."

Quando entrei na cozinha, meu avô resmungava baixinho. Serviu-se de uma xícara de café enquanto eu dizia que podia levar Toot para o serviço, se ele estivesse cansado. Era uma proposta ousada, pois eu não gostava de levantar cedo. Ele fechou a cara diante da minha sugestão.

"A questão não é essa. Ela só quer que eu me sinta mal."

"Tenho certeza de que não é isso, vô."

"Claro que é", disse, tomando um golinho de café. "Ela pega ônibus desde que começou a trabalhar no banco. Disse que era mais prático. E agora, só porque se sente um pouco incomodada, quer mudar tudo."

A figurinha miúda de Toot apareceu no corredor, observando-nos por trás dos óculos bifocais.

"Não é verdade, Stanley."

Levei minha avó para o outro quarto e perguntei o que tinha acontecido.

"Ontem um homem me pediu dinheiro. Quando eu esperava o ônibus."

"Só isso?"

Ela franziu os lábios, irritada.

"Ele foi agressivo, Barry. Muito agressivo. Dei um dólar e ele continuou insistindo. Se o ônibus não tivesse chegado, acho que ele teria me acertado na cabeça."

Voltei para a cozinha. Meu avô estava lavando a xícara, de costas para mim. Falei:

"Por que você não me deixa levar Toot? Ela parece bastante nervosa."

"Por causa de um mendigo?"

"É, eu sei… mas deve ser um pouco assustador para ela, vendo um grandalhão bloqueando a passagem. Não é um grande problema."

Ele se virou e então vi que tremia.

"*É*, sim, um grande problema. É um grande problema para mim. Ela já foi incomodada por outros homens. Você sabe por que ela está tão assustada dessa vez? Vou lhe dizer. Antes que você entrasse, ela me disse que o sujeito era *negro*", ele sussurrou a palavra. "É por isso que ela está incomodada. E eu não acho isso certo."

Aquilo foi como um soco no meu estômago, e me sacudi um pouco para me recompor. Com toda a calma, falei que essa atitude também me incomodava, mas que tinha certeza de que os medos de Toot iam passar e que, enquanto isso, a gente devia dar uma carona para ela. Meu avô se afundou numa poltrona na sala e me pediu desculpas por ter contado. Vi então como estava franzino, velho e muito triste. Pus a mão em seu ombro e falei que não havia problema nenhum, eu entendia.

Ficamos assim por vários minutos, num silêncio penoso. Por fim, ele disse que levaria Toot, levantou-se com dificuldade e foi trocar de roupa. Depois que os dois saíram, sentei na beirada da cama e fiquei pensando sobre meus avós. Eles fizeram uma série de sacrifícios por mim. Depositaram todas as esperanças restantes no meu sucesso. Nunca me deram motivo algum para duvidar do amor deles e duvidava que algum dia dariam. No entanto, eu sabia que homens que poderiam ser irmãos meus ainda podiam despertar em meus avós o mais profundo medo.

Naquela noite, peguei o carro e fui a Waikiki, passando pelos hotéis de luzes acesas e seguindo na direção do canal Ala-Wai. Levei algum tempo até reconhecer a casa, com a varanda bamba e o telhado baixo. A luz estava acesa e deu para ver Frank sentado na volumosa poltrona almofadada, um livro de poesia no colo, os óculos de leitura escorregando pelo nariz. Fiquei sentado no carro, observando-o por algum tempo, até que desci e bati à porta. O velho mal ergueu os olhos enquanto se levantava para destrancar o ferrolho. Fazia três anos que eu não o via.

"Quer um trago?", ele perguntou.

Assenti e fiquei olhando enquanto ele tirava uma garrafa de uísque e dois copos de plástico do armário da cozinha. Parecia o mesmo de sempre, o bigode um pouco mais branco, pendendo como hera morta sobre o lábio superior carnudo, os jeans gastos com mais alguns buracos e amarrado com uma corda na cintura.

"Como vai o seu avô?"

"Vai bem."

"E você, está aqui por quê?"

Eu não sabia muito bem. Resumi um pouco a história para Frank. Ele acenou com a cabeça e nos serviu uma dose.

"O seu avô é um cara engraçado. Sabia que a gente cresceu a uns oitenta quilômetros um do outro?"

Balancei a cabeça.

"Foi. Nós dois morávamos perto de Wichita. Claro que a gente não se conhecia. Quando ele chegou na idade de conseguir se lembrar de alguma coisa, eu já tinha ido embora fazia muito tempo. Mas talvez eu tenha visto alguém da família. Talvez tenha passado por eles na rua. Se passei, tive de sair da calçada para ceder espaço para eles. O seu avô lhe conta essas coisas?"

Emborquei o uísque e balancei outra vez a cabeça.

"É, imagino mesmo que não. Stan não gosta de falar muito sobre aquela parte do Kansas. Fica incomodado. Uma vez ele me falou de uma mocinha negra que contrataram para cuidar da sua mãe. Filha de um pastor, acho. Me falou que ela tinha se tornado parte da família. É assim que ele lembra, entende? A mocinha que cuida dos filhos dos outros, a mãe dela que lava a roupa dos outros. Começam a fazer parte da família."

Alcancei a garrafa, dessa vez me servindo sozinho. Frank não estava me olhando; tinha os olhos fechados, a cabeça apoiada no encosto da poltrona, o rosto grande e sulcado como uma estátua de pedra. Então ele disse calmamente:

"Não dá para criticar o Stan por ser do jeito que é. No fundo, ele é bom. Mas não me *conhece*. Assim como não conhecia a mocinha que cuidava da sua mãe. *Não tem como* me conhecer, não como eu conheço ele. Talvez alguns desses havaianos ou os índios na reserva possam me conhecer. Viram os pais humilhados. As mães violentadas. Mas o seu avô nunca vai saber o que é isso. É por isso que ele pode vir aqui em casa, beber o meu uísque e dormir aí nessa poltrona em que você está sentado. Dormir feito um bebê. E é uma coisa que eu jamais poderia fazer na casa dele. *Jamais*. Por mais cansado que eu esteja, tenho de prestar atenção em mim. Tenho de ficar alerta, até por questão de sobrevivência."

Frank abriu os olhos.

"O que quero dizer é que a sua avó tem razão em sentir medo. Tem tanta razão quanto Stanley. Ela entende que os negros têm razões para odiar. É assim que é. Gostaria que fosse diferente, para o seu bem. Mas não é. Então é melhor ir se acostumando."

Frank voltou a fechar os olhos. Sua respiração foi ficando mais lenta até parecer que dormia. Pensei em acordá-lo, mas mudei de ideia e voltei para o carro. A terra trepidava sob os meus pés, pronta para se romper a qualquer instante. Parei, procurando me controlar, e percebi pela primeira vez que estava totalmente sozinho.

5.

Três da manhã. As ruas enluaradas vazias, o ronco de um carro acelerando numa estrada distante. A essa altura, os boêmios já estavam recolhidos, em pares ou sozinhos, num sono profundo e pesado de cerveja, Hasan na casa da nova namorada — não me espere acordado, ele tinha dito com uma piscadela. E agora só nós dois para esperar o nascer do sol, eu e Billie Holiday, a voz trinando pelo quarto nas sombras, chegando a mim como uma amante.

I'm a fool… to want you.
*Such a fool… to want you.**

Me servi de uma bebida e deixei os olhos vaguearem pela sala: pratinhos com farelos de pretzel, cinzeiros cheios até a boca, o contorno das garrafas vazias se projetando na parede. Uma festa e tanto. Era o que todo mundo tinha dito: conte com Barry e

---

* Sou uma tola… por te querer./ Que tola… por te querer. [Esta e as demais notas são da tradutora.]

Hasan para animar a turma. Todo mundo, menos Regina. Regina não se divertiu. O que foi mesmo que ela disse quando saiu? *Você sempre pensa que tudo se refere a você.* E aí aquele lance sobre a avó dela. Como se eu fosse de alguma maneira responsável pelo destino de toda a raça negra. Como se fosse eu que tivesse mantido a avó dela de joelhos a vida inteira. Dane-se a Regina. Dane-se aquele olhar superior dela, aquele olhar de "sou melhor do que você", "você me decepcionou". Ela não me conhecia. Não entendia de onde eu vinha.

Eu me estendi no sofá e acendi um cigarro, olhando o fósforo queimar até o final, então apaguei a chama entre os dedos e senti o ardido na carne. *Qual é o truque?*, pergunta o homem. *O truque é não ligar que doa.* Tentei lembrar onde tinha ouvido isso, mas não consegui, como uma fisionomia que a gente esqueceu. Não faz mal. Billie conhecia esse truque; estava na sua voz trêmula e torturada. Eu também tinha aprendido o truque; foi o que ocupou os meus dois últimos anos no ensino médio, depois que Ray foi para alguma faculdade em algum lugar e deixei os livros de lado; depois que parei de escrever para o meu pai e ele parou de escrever de volta. Eu tinha cansado de tentar pôr ordem em uma bagunça que não era responsabilidade minha.

Tinha aprendido a não me importar.

Soprei alguns anéis de fumaça, relembrando aqueles anos. Os baseados tinham ajudado e o álcool também; talvez uma pequena cheirada quando a grana dava. Mas picada não — Micky, meu potencial iniciador na coisa, parecia um pouco ansioso demais e desisti. Falou que podia injetar de olhos vendados, mas tremia feito um motor engripado quando disse isso. Talvez só estivesse com frio; estávamos na câmara frigorífica no fundo da delicatessen onde ele trabalhava, e lá dentro fazia pelo menos seis graus negativos. Mas aquela tremedeira não parecia de frio. Parecia mais uma suadeira, o rosto repuxado e brilhando. Ele tinha tirado a agulha e o tubo; fiquei olhando Micky ali de pé, rodeado pelas peças grandes de salame e rosbife, e bem naquele momento me veio na cabeça a imagem de uma bolha de ar, cintilante e redonda como uma pérola, passando lentamente por uma veia e fazendo o meu coração parar...

Drogado. Maconheiro. Era para lá que eu estava indo: o papel final e fatal do jovem negro aspirante a adulto. Só que os baratos não eram para isso, não eram para provar que eu conhecia as manhas. Não na época, pelo menos. Meus baratos eram justamente para provocar o efeito contrário, algo que me tirasse da cabeça as perguntas sobre mim mesmo, algo que aplainasse a paisagem do meu coração, eliminasse as arestas da minha memória. Tinha descoberto que não fazia a menor diferença se eu fumava os baseados no carrão novo do colega branco, no quarto da república de um cara que tinha conhecido no ginásio de esportes, ou na praia com dois garotos havaianos que tinham largado a escola e passavam a maior parte do tempo procurando pretexto para uma briga. Ninguém perguntava se seu pai era um executivo cheio da grana que traía a esposa ou um zé-ninguém desempregado que lhe dava uns bofetões sempre que se dignava a aparecer em casa. Podia ser só por tédio ou solidão. Todo mundo era bem recebido no clube do desamor. E se o barato não resolvia a causa da depressão, pelo menos ajudava a rir da insensatez maluca do mundo e a enxergar, entre toda a hipocrisia, as mentiras e o moralismo barato.

Em todo caso, era assim que me parecia naquela época. Levei uns dois anos até me dar conta de como os destinos começavam a se cumprir, a diferença que a cor e o dinheiro faziam entre os que sobreviviam, a que ponto era duro ou macio o terreno em que por fim a gente caía. Claro que, em todo caso, era preciso um pouco de sorte. Foi basicamente o que faltou a Pablo, naquele dia sem a carteira de motorista, um policial sem nada melhor para fazer revistando o porta-malas do carro. Ou a Bruce, com um monte de viagens ruins de LSD de que não conseguia voltar e indo parar num hospital psiquiátrico. Ou a Duke, que não escapou do acidente de carro…

Uma vez tentei explicar um pouco essas coisas para minha mãe, o papel da sorte no mundo, a roda girando. Foi no começo do meu último ano no ensino médio; ela tinha voltado para o Havaí depois de concluir o trabalho de campo, e certo dia entrou muito séria no meu quarto, querendo saber detalhes da prisão de Pablo. Dei um sorriso tranquilizador e um tapinha na mão dela e disse que não precisava se preocupar, eu não ia fazer nenhuma bobagem. A tática geralmente funcionava, mais um dos truques que eu havia aprendido: as pessoas se sentiam satisfeitas quando você era gentil, sorria e não fazia nenhum gesto brusco. Elas se sentiam mais do que satisfeitas; se sentiam aliviadas — que surpresa mais agradável encontrar um rapaz negro bem-educado que não babava de raiva o tempo todo.

Só que minha mãe não parecia muito satisfeita. Ela ficou sentada ali, estudando meus olhos, a cara séria como num enterro. E perguntou:

"Você não acha que está sendo um pouco displicente com o seu futuro?"

"Como assim?"

"Você sabe muito bem. Um dos seus amigos acaba de ser preso por posse de droga. As suas notas na escola estão baixando. Você nem sequer começou a enviar os formulários de inscrição para as faculdades. Sempre que tento falar sobre isso, você se comporta como se fosse a coisa mais chata do universo."

Eu não tinha por que ouvir tudo isso. Não ia levar pau nos exames. Comecei a contar que andava pensando em não ir para a faculdade, em ficar no Havaí, fazer alguns cursos e trabalhar meio período. Ela me interrompeu antes que eu pudesse terminar. Falou que eu podia entrar em qualquer escola do país, só precisava fazer um mínimo de esforço.

"Lembra o que é isso? Esforço? Caramba, Bar, você não pode ficar por aí como um folgazão, esperando ser escolhido pela sorte."

"Como um o quê?"

"Um folgado. Um vadio."

Olhei para minha mãe sentada ali, tão séria, tão convicta do destino do filho. A ideia de que a minha sobrevivência dependia da sorte continuava a ser para ela uma heresia; ela insistia em atribuir responsabilidades a torto e a direito — a si mesma, ao meu avô e à Toot, a mim. De repente senti vontade de esvaziar aquela convicção, de mostrar que sua experiência comigo tinha falhado. Em vez de gritar, dei risada.

"Folgado, hein? Bom, por que não? Talvez seja isso o que quero da vida. Quer dizer, veja o vovô. Ele nem faculdade fez."

A comparação pegou minha mãe de surpresa. O rosto descaiu, os olhos vaguearam. De repente percebi seu maior medo.

"É isso o que preocupa você?", perguntei. "Que eu termine feito o vovô?"

Ela balançou a cabeça com vivacidade e disse:

"Você já tem uma educação muito melhor do que a do seu avô."

Mas a voz dela finalmente perdera aquele tom de convicção. Em vez de repisar o assunto, levantei e saí do quarto.

Billie tinha parado de cantar. O silêncio era opressor e de repente me senti muito lúcido. Deixei o sofá, virei o disco, tomei o resto da bebida no copo, me servi de outra dose. Ouvi no andar de cima alguém puxando a descarga e atravessando o quarto. Outro insone, provavelmente, ouvindo o tique-taque da vida escoando. Era esse o problema do álcool e das drogas, não era? Em certo momento, não conseguem deter esse tique-taque, esse som do vazio inevitável. E foi isto, imagino, que tentei dizer à minha mãe naquele dia: que sua crença na justiça e na racionalidade era descabida, que não conseguiríamos prevalecer no final, que toda a educação e todas as boas intenções no mundo não ajudariam a tampar os buracos do universo nem nos dariam o poder de mudar seu curso cego e indiferente.

Mesmo assim, eu tinha me sentido mal após aquele episódio; era o único truque que a minha mãe sempre guardava na manga, aquele seu jeito de me fazer sentir culpa. E ela não fazia rodeios a esse respeito.

"Você não tem como evitar", ela me disse um dia.

E acrescentou:

"Pus escondido na sua papinha quando era bebê. Mas não se preocupe." E sorriu como o gato de Cheshire. "Uma dose saudável de culpa nunca fez mal a ninguém. Foi sobre ela que a civilização se ergueu, sobre a culpa. Um sentimento muito subestimado."

Àquela altura já podíamos brincar sobre isso, pois os piores receios dela não se concretizaram. Concluí o ensino médio sem contratempos, fui aceito em diversas escolas respeitáveis e me decidi pelo Occidental College em Los Angeles, principalmente por causa de uma garota de Brentwood que conheci quando ela e a família estavam de férias no Havaí. Mas ainda era algo só no automático, e eu continuava indiferente à faculdade como a quase todo o resto. Mesmo Frank achava que essa minha atitude não era boa, mas não parecia ter muita clareza sobre como mudá-la.

Como Frank havia definido a faculdade? *Um título de nível superior em concessões.* Relembrei a última vez em que vi o velho poeta, poucos dias antes de deixar o Havaí. Conversamos um pouco sobre uma coisa e outra; ele reclamou dos pés, dos calos e esporões que, dizia, eram um resultado direto de forçar os pés africanos a usarem sapatos europeus. Por fim me perguntou o que eu esperava conseguir na faculdade. Falei que não sabia. Ele balançou a cabeça grisalha.

"Bem, é esse o problema, não é?", disse Frank. "Você *não sabe*. É igualzinho a toda essa molecada que anda por aí. A única coisa que vocês sabem é que a faculdade é o próximo passo. E os que têm idade suficiente para saber que não é bem assim, que lutaram todos aqueles anos para vocês terem direito de estudar... bem, eles ficam tão felizes em ver vocês lá que não vão contar a verdade. O verdadeiro preço da admissão."

"E qual é?"

"Deixar a raça do lado de fora", ele respondeu. "Deixar o seu povo para trás."

Ele me estudou por cima dos óculos de leitura.

"Entenda uma coisa, rapaz. Você não vai para a faculdade para receber educação. Você vai para receber *treinamento*. Eles vão treinar você para querer coisas de que não precisa. Vão treinar você para manipular palavras que então perdem qualquer sentido. Vão treinar você a esquecer o que já sabe. E vão fazer um trabalho tão bem-feito que você vai começar a acreditar no que eles falam sobre a igualdade de oportunidades, o modo de vida americano e essa baboseira toda. Vão lhe dar um belo escritório, convidar você para jantares bacanas e dizer que você enobrece a raça. Até a hora em que você vai querer começar realmente a dirigir as coisas, e aí eles vão puxar a trela e mostrar que você pode ser um preto bem treinado, bem remunerado, mas continua a ser um preto."

"O que você está me dizendo? Que não devo ir para a faculdade?"

Os ombros de Frank baixaram e ele se encostou na poltrona suspirando.

"Não. Não falei isso. Você tem de ir. Só estou dizendo pra ficar de olho aberto. Fique atento."

Sorri ao lembrar de Frank, com sua velha postura Black Power e as túnicas africanas. Em certos aspectos, ele era incurável como minha mãe, muito convicto em suas crenças, vivendo no mesmo clima dos anos 1960 que o Havaí criara. Preste atenção, foi a advertência dele. Não era tão fácil quanto parecia. Não sob o sol de Los Angeles. Não quando a gente passeava pelo campus da Occidental, a poucos quilômetros de Pasadena, com as alamedas arborizadas e as telhas em estilo mediterrâneo. Os estudantes eram simpáticos, os professores, estimulantes. No outono de 1979, Jimmy Carter, as filas nos postos de gasolina, os mea-culpa estavam todos de saída. Reagan fazia sua entrada, com o discurso do Amanhecer da América. A gente saía do campus, pegava a autoestrada até Venice Beach ou Westwood, passando pelo East LA ou South Central sem nem perceber, apenas a sucessão de palmeiras apontando como dentes-de-leão por sobre os muros altos de concreto. Los Angeles não era muito diferente do Havaí, não a parte que a gente via. Só maior e mais fácil de encontrar um barbeiro que soubesse cortar o nosso cabelo.

De todo modo, a maioria dos outros estudantes negros na Oxy não parecia se preocupar muito com concessões. Éramos em número suficiente no campus para formar uma tribo, e no convívio muitos de nós preferíamos agir como tal, ficando juntos, viajando em grupo. No meu ano de calouro, quando ainda morava no alojamento do campus, havia o mesmo tipo de debate que eu tinha no Havaí com Ray e outros negros, as mesmas reclamações, a mesma lista de queixas. Tirando isso, nossas preocupações pareciam as mesmas dos alunos brancos. Sobreviver às aulas. Encontrar um bom emprego depois de formados. Transar de vez em quando. Eu havia descoberto um dos segredos mais bem guardados sobre os negros: a maioria não estava interessada em revoltas, a maioria estava cansada de pensar em raça o tempo todo; se preferíamos guardar as coisas só pra gente mesmo, era principalmente por ser a maneira mais fácil de parar de pensar nisso, mais fácil do que ficar passando raiva o tempo inteiro ou tentando adivinhar o que o pessoal branco pensava sobre nós.

Então por que eu continuava a me preocupar?

Não sei. Não tinha o luxo, imagino, a convicção da tribo. Crescer em Compton e sobreviver se transforma em um ato revolucionário. O sujeito entra na faculdade e a família ainda está lá, torcendo por ele. Ficam contentes porque o filho escapou; não se trata de traição. Mas eu não tinha crescido em Compton nem em Watts. Não precisava escapar de nada, a não ser das minhas dúvidas interiores. Eu me parecia mais com os estudantes negros que tinham crescido nos bairros suburbanos, cujos pais já haviam pagado o preço de escapar. Dava para identificá-los na hora, pelo jeito como falavam, pelas pessoas com quem se sentavam nos cafés. Pressionados, desandavam a falar que não aceitavam rótulos. Que não eram definidos pela cor da pele. Eram indivíduos.

Era assim que Joyce gostava de falar. Era bonita, bonita mesmo, com olhos verdes, pele cor de mel e fazia biquinho com os lábios. No meu ano de calouro morávamos no mesmo alojamento, e todos os caras estavam a fim dela. Um dia, perguntei se ela ia à reunião da Associação dos Estudantes Negros. Joyce me olhou de um modo estranho, e então começou a balançar a cabeça como um bebê que não quer aquilo que está vendo na colher.

"Não sou negra", respondeu. "Sou *multirracial*."

Então começou a me falar do pai, que *calhava* ser italiano e era o homem mais doce do mundo, e da mãe, que *calhava* ser em parte africana, em parte francesa, em parte americana indígena e em parte alguma outra coisa mais. E me perguntou:

"Por que eu teria de escolher entre eles?"

A voz dela falhou, e achei que ia chorar.

"Não são os brancos que estão me fazendo escolher. Talvez antes fosse assim, mas agora estão dispostos a me tratar como gente. Não... são os *negros* que sempre têm de racializar tudo. *São eles* que me fazem escolher. *São eles* que ficam me dizendo que não posso ser quem eu sou..."

Eles, eles, eles. Esse era o problema com pessoas como Joyce. Falavam sobre a riqueza da sua herança multicultural, e parecia uma coisa muito boa, até que a gente notava que evitavam os negros. Não era necessariamente uma escolha consciente, apenas uma questão de atração gravitacional, a forma como a integração sempre funcionou, uma via de mão única. A minoria era assimilada pela cultura dominante, não o contrário. Só a cultura branca podia ser neutra e objetiva. Só a cultura branca podia ser não racial, disposta a aceitar entre suas fileiras os ocasionais exóticos. Só a cultura branca tinha indivíduos. E nós, os mestiços e os portadores de diplomas universitários, avaliamos a situação e pensamos: por que vamos nos misturar num bolo só com os fracassados, se não precisamos fazer isso? Ficamos é muito agradecidos por sumirmos em meio à multidão, no espaço público feliz e anônimo dos Estados Unidos; e nada nos ofende mais do que o taxista que não para quando damos sinal ou do que a mulher no elevador que segura a bolsa com força, não tanto por nos incomodarmos que essas indignidades sejam o que os não brancos menos afortunados têm de enfrentar todo santo dia durante a vida toda — embora seja isso que dizemos a nós mesmos —, mas porque estamos com um terno da Brooks Brothers e falamos um inglês impecável, e mesmo assim somos confundidos com um preto qualquer.

Você não sabe quem eu sou? Sou um *indivíduo*!

Sentei, acendi outro cigarro, esvaziei o restante da garrafa no copo. Sabia que estava sendo duro demais com a pobre moça. O fato era que eu entendia Joyce, bem como todos os outros jovens negros que sentiam o mesmo que ela. Nos maneirismos, na linguagem, na mistura de sentimentos, eu continuava reconhecendo partes de mim mesmo. E era exatamente isso o que me assustava. A confusão deles me fazia questionar novamente minhas próprias credenciais raciais, o trunfo de Ray ainda à espreita, lá no fundo dos meus pensamentos. Eu precisava colocar uma distância entre mim e eles, me convencer de que não tinha feito concessões — de que ainda estava realmente atento.

Para não ser tomado por um vendido, escolhia as amizades com muito cuidado. Os estudantes negros mais ativos politicamente. Os estudantes estrangeiros. Os latinos. Docentes marxistas, feministas estruturais, poetas performáticos punk-rock. Fumávamos, usávamos jaqueta de couro. À noite, no alojamento, discutíamos o neocolonialismo, Frantz Fanon, o eurocentrismo e o patriarcado. Quando apagávamos o cigarro com o pé no tapete do corredor ou púnhamos o som tão alto que as paredes começavam a vibrar, estávamos resistindo às opressões sufocantes da sociedade burguesa. Não éramos indiferentes, nem displicentes, nem inseguros. Éramos dissidentes.

Mas essa estratégia, por si só, não era capaz de oferecer a distância que eu queria em relação a Joyce ou ao meu passado. Afinal, havia milhares dos chamados radicais universitários, na maioria brancos, estáveis e alegremente tolerados. Não; ainda era necessário provar de que lado se estava, mostrar lealdade às massas negras, ir à luta, dar nome aos bois.

Relembrei a época em que ainda morava no alojamento do campus, nós três no quarto de Reggie — ele, Marcus e eu —, a chuva batendo na vidraça. Tínhamos tomado umas cervejas e Marcus nos contava sobre o atrito com a polícia de Los Angeles.

"Não tinham nenhum motivo para me parar", dizia ele. "Nenhum motivo a não ser que eu estava andando num bairro de brancos. Me puseram de pernas e braços abertos contra o carro. Um deles sacou a arma. Mas não mostrei medo. É isso que atiça esses nazistas, ver medo num negro..."

Eu olhava Marcus falar, magro, escuro, costas retas, as pernas compridas abertas, à vontade numa camiseta branca e um macacão de brim azul. Ele era meu colega mais consciente. Contava sobre o avô seguidor de Marcus Garvey, a mãe em St. Louis que criou sozinha os filhos trabalhando como enfermeira, a irmã mais velha que foi membro fundadora da seção local dos Panteras, os amigos de bar. Era de linhagem pura, de lealdades nítidas, e por isso sempre me fazia sentir um pouco deslocado, como um irmão mais novo que, por mais que faça, sempre está um passo atrás. E era bem assim que eu me sentia naquele momento, ouvindo Marcus discorrer sobre sua experiência negra autêntica, quando Tim entrou no quarto.

"Ei, pessoal", disse acenando, todo animado. E se virou para mim. "Barry, você tem aquela tarefa de economia?"

Tim não fazia o tipo consciente. Usava suéter xadrez, jeans passados a ferro e falava como Beaver Cleaver. Queria se formar em administração. A namorada branca decerto estava esperando no quarto dele, ouvindo música country. Era todo animadão, e eu só queria que ele fosse embora. Levantei, fui com ele até meu quarto e entreguei a tarefa que tinha pedido. De volta ao quarto de Reggie, me senti na obrigação de dar alguma satisfação.

"Tim é um mala, hein?", falei balançando a cabeça. "Devia mudar o nome de Tim para Tom."

Reggie riu, mas Marcus não. Marcus disse:

"Por que você diz isso, cara?"

A pergunta me pegou de surpresa.

"Não sei. O cara é bobão, só isso."

Marcus deu um gole na cerveja e me olhou direto nos olhos.

"Pra mim ele parece legal", disse. "Cuida da vida dele. Não atrapalha ninguém. Acho que a gente devia se preocupar com as nossas coisas em vez de ficar julgando como os outros deviam agir."

Um ano depois, o comentário ainda permanecia vivo na minha lembrança, a raiva e a indignação que senti naquele momento, Marcus me dando lição daquele jeito na frente de Reggie. Mas ele tinha razão, não? Me pegou mentindo. Duas vezes, aliás — mentindo sobre Tim e mentindo sobre mim mesmo. Na verdade, todo aquele primeiro ano parecia uma longa mentira, eu gastando todas as minhas energias correndo em círculos, tentando encobrir meus rastros.

Menos com Regina. Provavelmente foi isso o que me atraiu nela, com quem eu não sentia necessidade de mentir. Mesmo na primeira vez em que a gente se viu, no dia em que ela entrou no café e Marcus estava numa ladainha sobre os livros que eu escolhia ler. Marcus acenou chamando-a para a nossa mesa, erguendo-se um pouco para puxar uma cadeira.

"Mana Regina", disse Marcus. "Você conhece o Barack, né? Estou explicando aqui para o mano Barack sobre essas coisas racistas que ele anda lendo."

Levantou um exemplar de *Coração das trevas*, prova perante o tribunal. Eu me estendi para arrancar o livro da mão dele.

"Cara, pare de balançar essa coisa."

"Taí", disse Marcus. "Você fica sem graça, né… de ser visto com um livro como esse. Estou te dizendo, cara, essa coisa vai te envenenar."

Olhou o relógio.

"Pô, tô atrasado pra aula."

Marcus se inclinou e deu um beijinho no rosto de Regina.

"Conversa com esse mano, viu? Acho que ele ainda tem salvação."

Regina sorriu e balançou a cabeça enquanto olhávamos Marcus saindo do café.

"Marcus está num dos seus acessos de pregador, pelo visto."

Enfiei o livro na mochila.

"Na verdade, ele tem razão", falei. "É um livro racista. Para Conrad, a África é a cloaca do mundo, os negros são selvagens, e qualquer contato com eles gera infecção."

Regina assoprou o café.

"Então por que você está lendo?"

"Porque é tarefa."

Parei, sem saber se continuava.

"E porque..."

"Porque..."

"E porque aprendo coisas no livro", disse eu. "Sobre os brancos, quero dizer. Porque, na verdade, o livro não é sobre a África. Nem sobre os negros. É sobre o autor que escreveu. O europeu. O americano. Um jeito próprio de olhar o mundo. Se a gente mantiver distância, está tudo ali, no dito e no não dito. Então estou lendo o livro para me ajudar a entender o que dá tanto medo nos brancos. Os demônios deles. Como as ideias se distorcem. Me ajuda a entender como as pessoas aprendem a odiar."

"E isso é importante pra você."

Minha vida depende disso, pensei comigo mesmo. Mas não falei para Regina. Só sorri e comentei:

"É a única forma de curar uma doença, não é? Fazer o diagnóstico."

Ela devolveu o sorriso e tomou um golinho de café. Eu já a tinha visto antes, geralmente sentada na biblioteca com um livro na mão, moça grandona, escura, que usava meias e vestidos que pareciam feitos em casa, com uns óculos enormes de armação colorida e sempre com um lenço na cabeça. Eu sabia que ela estava no terceiro ano, ajudava a organizar eventos estudantis negros, não era muito de sair. Mexeu devagar o café e perguntou:

"Como Marcus te chamou agora há pouco? Um nome africano, não foi?"

"Barack."

"Pensei que você se chamava Barry."

"O meu nome mesmo é Barack. Nome do meu pai. Era queniano."

"Significa alguma coisa?"

"É 'abençoado' em árabe. O meu avô era muçulmano."

Regina repetiu o nome para si mesma, testando a sonoridade.

"Barack. É bonito."

Inclinou-se por cima da mesa.

"Por que então todo mundo te chama de Barry?"

"Por hábito, imagino. Era o que o meu pai usava quando chegou aos Estados Unidos. Não sei se foi ideia dele ou de outra pessoa. Ele provavelmente usava Barry porque era mais fácil de pronunciar. Entende… ajudava a se entrosar. Então passou pra mim. Pra eu poder me entrosar."

"Você se incomoda se eu te chamar de Barack?"

Sorri:

"Desde que você pronuncie certo."

Regina virou a cabeça de lado impaciente, num muxoxo, fingindo-se ofendida, os olhos prontos para se render à risada. Acabamos passando a tarde juntos, conversando e tomando café. Regina me falou da infância em Chicago, o pai ausente e a mãe batalhadora, o predinho de seis apartamentos no South Side que nunca aquecia direito no inverno e era tão quente no verão que o pessoal preferia ir dormir na beira do lago. Me falou dos vizinhos de bairro, as tavernas e botecos por onde passava indo aos domingos à igreja. Me falou das noites na cozinha, com tios, primos e avós, todos falando e gargalhando ao mesmo tempo. A voz de Regina evocava uma imagem de vida negra com todas as suas possibilidades, uma imagem que me encheu de anseios — anseio por um lugar, anseio por uma história definida e estabelecida. Na hora de ir embora, falei que sentia inveja dela.

"Pelo quê?"

"Não sei. Pelas suas lembranças, imagino."

Regina me olhou e começou a rir, um riso cheio e profundo que vinha lá de dentro.

"Qual é a graça?"

"Ora, Barack", disse ela retomando o fôlego, "a vida não é engraçada? E eu aqui esse tempo todo com vontade de ter crescido no Havaí."

Estranho como uma única conversa pode mudar a gente. Ou talvez pareça assim só olhando em retrospecto. Passa-se um ano e a gente percebe que se sente diferente, mas não sabe bem o quê, como ou por quê, e a cabeça vai procurar alguma coisa que possa encarnar essa diferença: uma palavra, um olhar, um toque. O que sei é que, depois de uma ausência que parecia muito longa, senti que naquela tarde com Regina comecei a recuperar minha própria voz. Continuava incerta, sujeita a distorções. Mas, quando fui para o segundo ano, a sensação era de que ela ficava mais firme, mais forte, aquela parte constante e honesta de mim mesmo, uma ponte entre meu futuro e meu passado.

Foi nessa época que me envolvi na campanha de desinvestimento contra o apartheid na África do Sul. Tinha começado, imagino, como uma espécie de brincadeira, parte da pose de radical que procurávamos manter, meus amigos e eu, uma maneira inconsciente de contornar questões mais próximas de nós. Contudo, com o passar dos meses, eu me envolvi em um papel maior — entrando em contato com representantes do Congresso Nacional Africano para falarem no campus, redigindo cartas para o corpo docente, imprimindo folhetos, discutindo estratégias — e percebi que as pessoas tinham começado a ouvir minhas opiniões. Foi uma descoberta que me deu vontade de falar. Falar não para me esconder, e sim para transmitir uma mensagem, defender uma ideia. Quando começamos a planejar o comício para a reunião do conselho de administração e alguém sugeriu que eu abrisse o encontro, concordei na hora. Imaginei que estava pronto e podia me fazer ouvir onde importava. Achei que minha voz não me deixaria na mão.

Pois bem, vejamos. No que andei pensando naqueles dias anteriores ao comício? A programação tinha sido cuidadosamente organizada — eu faria apenas alguns comentários de abertura, e dois estudantes brancos entrariam no palco, usando uniformes paramilitares, para me arrastar dali. Uma espécie de teatro de rua, uma forma de dramatizar a situação dos ativistas na África do Sul. Eu conhecia a cena, tinha ajudado a montar o roteiro. Só que, na hora em que fui redigir algumas anotações para o que ia dizer, aconteceu uma coisa. Na minha cabeça, não era mais apenas uma fala de dois minutos, uma forma de provar minha ortodoxia política. Eu me lembrei da visita do meu pai à classe da srta. Hefty, a expressão no rosto de Coretta naquele dia, o poder transformador das palavras dele. Pensei comigo mesmo: se ao menos eu conseguir encontrar as palavras certas… Com as palavras certas, tudo podia mudar — a África do Sul, a vida das crianças do gueto a poucos quilômetros de distância, meu próprio lugarzinho no mundo.

Quando subi no palco, eu ainda estava como que em um estado de transe. Só fiquei parado ali, nem sei por quanto tempo, o sol nos olhos, umas centenas de pessoas irrequietas depois do almoço. Uns dois ou três estudantes jogavam frisbee no gramado; outros estavam de lado, prontos para correr para a biblioteca a qualquer momento. Sem esperar a deixa, fui até o microfone.

"Há uma luta em curso", falei.

A minha voz mal passava das primeiras fileiras. Alguns olharam, e fiquei esperando a multidão se aquietar.

"Repito, há uma luta em curso!"

Os jogadores de frisbee pararam.

"Está no outro lado do oceano. Mas é uma luta que afeta todos e cada um de nós. Quer a gente saiba disso ou não. Quer a gente queira isso ou não. Uma luta que exige escolhermos um lado. Não entre negros e brancos. Não entre ricos e pobres. Não. É uma escolha mais difícil. É uma escolha entre dignidade e servidão. Entre justiça e injustiça. Entre engajamento e indiferença. Uma escolha entre certo e errado..."

Parei. A multidão agora estava quieta, ouvindo. Alguém começou a aplaudir.

"Continue, Barack", alguém gritou. "Conte como é."

Então os outros seguiram a deixa, aplaudindo, aclamando, e vi que tinha a atenção deles, que se criara uma ligação. Peguei o microfone, pronto para prosseguir, quando senti mãos me agarrando por trás. Era como tínhamos planejado, Andy e Jonathan carrancudos, de óculos escuros. Começaram a me arrastar do palco, e eu devia atuar como se tentasse me libertar; só que uma parte de mim não estava atuando, eu queria mesmo continuar ali, ouvir minha voz alcançando a multidão e voltando em forma de aplauso. Eu ainda tinha muito a dizer.

Mas a minha parte tinha acabado. Fiquei de lado enquanto Marcus subia até o microfone com a sua camiseta branca e macacão de brim, magro, escuro, costas retas, virtuoso. Explicou ao público o que acabavam de presenciar, por que a enrolação do conselho universitário sobre a questão da África do Sul era inaceitável. Então Regina veio e deu seu testemunho sobre o orgulho da família ao vê-la na faculdade e a vergonha que ela sentia por fazer parte de uma instituição que sustentava seus privilégios com os lucros da opressão. Eu devia me orgulhar dos dois; eram eloquentes, e a multidão estava visivelmente comovida. Porém, na verdade, eu nem estava mais ouvindo. Estava do lado de fora outra vez, observando, julgando, cético. De repente enxerguei como realmente éramos, amadores bem cuidados e bem nutridos, com nossas braçadeiras de chiffon preto, cartazes pintados à mão e o ar sério de jovens muito sinceros. Os jogadores de frisbee tinham retomado o jogo. Quando os curadores começaram a chegar para a reunião do conselho, alguns pararam atrás das paredes de vidro do edifício da administração para nos observar, e notei que aqueles senhores brancos trocavam risadinhas, um velho esquisito até acenou na nossa direção. A coisa toda era uma farsa, pensei comigo mesmo — o comício, as faixas, tudo. Uma diversão agradável à tarde, uma peça de escola sem a presença dos pais. E eu e meu discurso de um minuto — a maior farsa de todas.

Na festa daquela noite, Regina veio me dar os parabéns. Perguntei pelo quê.

"Pelo discurso maravilhoso que você fez."

Abri uma cerveja.

"Pelo menos foi curto."

Regina ignorou meu sarcasmo.

"Foi por isso que foi tão eficaz", ela disse. "Você falou de coração, Barack. Por isso as pessoas queriam ouvir mais. Quando te tiraram dali, foi como se…"

"Ouça, Regina", interrompi, "você é uma moça muito bacana. E fico contente que tenha gostado da apresentação de hoje. Mas foi a última vez que você ouviu um discurso meu. Vou deixar a doutrinação para você. E para o Marcus. Quanto a mim, concluí que não tem nada a ver eu ficar falando para os negros."

"Ué, e por que não?"

Dei um gole na cerveja, os olhos passeando pelo povo que dançava na nossa frente.

"Porque eu não tenho nada a dizer, Regina. Duvido que a gente tenha feito alguma diferença hoje. Duvido que o que acontece com um garoto no Soweto faça muita diferença para o pessoal que estava ali. Falar bonito não adianta. Então por que finjo que adianta? Vou te dizer. Porque *eu* me sinto importante. Porque *eu* gosto de aplauso. Me dá uma sensação gostosa. Só isso."

"Não me diga que você acredita mesmo nisso."

"É nisso que eu acredito."

Ela me encarou, confusa, tentando ver se eu estava de brincadeira.

"Bom, então você enganou direitinho", disse ela, adotando o meu tom. "Achei que estava ouvindo um homem que acreditava em alguma coisa. Um negro que se importava. É, sou uma tonta mesmo."

Tomei outro gole grande de cerveja e acenei para alguém que entrava.

"Tonta não, Regina. Ingênua."

Ela recuou um passo, com as mãos na cintura.

"Ingênua? *Você* está dizendo que *eu* sou ingênua? Sei... Não acho. Se tem algum ingênuo aqui, é você. É você que parece achar que pode fugir de si mesmo. É você que acha que pode evitar os seus sentimentos."

Ela fincou o dedo no meu peito.

"Quer saber qual é o seu verdadeiro problema? Você sempre pensa que tudo se refere a você. Você é igual ao Reggie, ao Marcus, ao Steve e a todos os outros. O comício se refere a você. O discurso se refere a você. É sempre a sua dor. Bom, vou lhe dizer uma coisa, sr. Obama. Não diz respeito só a você. Nunca diz respeito só a você. Diz respeito a pessoas que precisam da sua ajuda. Crianças que dependem de você. Não estão interessadas na sua ironia, na sua sofisticação, no seu ego ferido. E nem eu."

Quando ela terminou de falar, Reggie saiu da cozinha, mais bêbado do que eu. Ele se aproximou e me abraçou pelo ombro.

"Obama! Que demais essa festa, cara!"

Deu um sorriso meloso para a Regina.

"Deixa eu te dizer, Regina: a gente, Obama e eu, já se conhece faz um tempo. Você precisava ver as nossas festas no ano passado, lá no alojamento. Cara, lembra daquela vez em que passamos o fim de semana todo acordados? Quarenta horas direto. Desde sábado de manhã até a segunda."

Tentei mudar de assunto, mas Reggie estava embalado.

"Foi uma doideira, Regina. Quando as arrumadeiras chegaram na segunda de manhã, a gente ainda estava completamente largado no corredor, parecendo uns zumbis. Garrafa por todo lado. Bituca espalhada. Jornal. Aquela mancha onde o Jimmy vomitou…"

Reggie virou para mim e começou a rir, derramando mais cerveja no tapete.

"Lembra, né, cara? Era tanta bagunça que aquelas velhotas mexicanas desandaram a gritar. Uma exclamou 'Dios mio', a outra deu um tapinha nas costas dela. Porra, meu, a gente não tinha jeito…"

Sorri amarelo, sentindo o olhar de desprezo da Regina pelo vagabundo que eu era. Quando ela enfim falou, era como se Reggie não estivesse ali.

"Você acha isso engraçado?"

A voz dela tremia, quase um murmúrio.

"É isso que é real para você, Barack? Deixar tudo uma zona e outra pessoa vir limpar? Podia ter sido a minha avó, sabe? Ela passou boa parte da vida limpando a bagunça dos outros. Aposto que o pessoal para quem ela trabalhava também achava aquilo engraçado."

Ela pegou a bolsa da mesa e foi para a porta. Pensei em ir atrás, mas vi umas pessoas me encarando e não quis chamar atenção. Reggie me puxou pelo braço, parecendo confuso e magoado, como um menino perdido.

"Qual o problema dela?", perguntou.

"Não é nada, não", respondi. Tirei a cerveja da mão de Reggie e pus no alto da estante. "É que ela acredita em coisas que não existem."

Levantei do sofá e abri a porta da frente, como se a fumaça acumulada me empurrasse feito um espírito para fora da sala. No céu, não se enxergava mais a Lua, só se via o seu clarão no contorno das nuvens lá no alto. O céu começava a clarear; havia orvalho no ar.

Olhe para si mesmo antes de sair julgando. Não faça os outros limparem sua bagunça. Não é de você que se trata. Eram pontos muito simples, sermões que eu já tinha ouvido milhares de vezes, em todas as suas variantes, nos seriados de TV e nos livros de filosofia, nas palavras dos meus avós e nas da minha mãe. Percebi que, a certa altura, eu tinha parado de ouvir, entregue demais à sensação de ser um injustiçado, ansioso demais em escapar às armadilhas que as instituições dos brancos, imaginava eu, haviam montado para mim. Estava disposto a transferir os valores da minha infância para esse mundo branco, como se tais valores estivessem irremediavelmente conspurcados pelas intermináveis falsidades que os brancos diziam sobre os negros.

Só que agora eu estava ouvindo as mesmas coisas, ditas por negros que eu respeitava, pessoas que tinham mais motivos de amargura do que eu jamais poderia invocar para mim mesmo. Quem lhe disse que ser honesto era coisa de branco?, perguntavam-me. Quem lhe vendeu essa ideia de que a sua situação o dispensa de ser atencioso, esforçado, bondoso, ou que a moral tem cor? Você perdeu o rumo, cara. As suas ideias sobre si mesmo — quem você é e quem você pode vir a ser — ficaram mirradas, estreitas, acanhadas.

Sentei nos degraus da escada lá fora, esfreguei o osso da nuca. Como foi que isso aconteceu?, comecei a me perguntar, mas, antes mesmo de formular a pergunta mentalmente, eu já sabia a resposta. Medo. O mesmo medo que me fez afastar Coretta no ensino fundamental. O mesmo medo que me fez ridicularizar Tim na frente de Marcus e Reggie. O medo constante, paralisante de não ser dali, de estar, a menos que driblasse, disfarçasse, fingisse ser o que não era, sempre de fora, constantemente julgado pelo resto do mundo, negros e brancos.

Regina tinha razão: tratava-se só de mim. Do meu medo. Das minhas carências. E agora? Imaginei a avó de Regina em algum lugar, as costas curvadas, a carne dos braços balançando enquanto esfregava um piso interminável. Aquela senhora levantou devagar a cabeça para me olhar e no rosto caído vi que o que nos unia ia além da raiva, do desespero e da piedade.

Então o que ela queria de mim? Determinação, basicamente. A determinação de reagir ao poder que a mantinha curvada, em vez de se pôr reta. A determinação de resistir ao fácil ou ao conveniente. Os olhos dela diziam: você pode estar encerrado num mundo que não foi você que fez, mas ainda assim tem parte nele. Ainda assim tem responsabilidades.

O rosto da senhora se desfez na minha mente, apenas para ser substituído por muitos outros. O rosto acobreado da empregada mexicana, contorcendo-se enquanto levava o lixo para fora. O rosto da mãe de Lolo marcado de dor enquanto via os holandeses queimarem sua casa. O rosto cor de giz, com os lábios apertados, de Toot, enquanto subia no ônibus das seis e meia para ir trabalhar. Foi só por falta de imaginação, por fraqueza, que pensei que precisava escolher entre eles. Todas me pediam a mesma coisa, essas minhas avós.

Minha identidade até podia começar pela raça, mas não terminava, não podia terminar nela.

Pelo menos foi nisso que decidi acreditar.

Continuei mais uns minutos sentado na frente de casa, olhando o sol subindo aos poucos, pensando no telefonema que daria mais tarde para Regina. Atrás de mim, Billie estava na última canção. Acompanhei o refrão, murmurando algumas notas. A voz dela soava diferente aos meus ouvidos. Sob as camadas de dor, sob o riso rouco, ouvi a disposição de resistir. Resistir — e criar uma música que não existia antes.

6.

Passei minha primeira noite em Manhattan enrodilhado num beco. Não foi de propósito; ainda em Los Angeles, soube que a amiga de uma amiga ia vagar o apartamento que ocupava no Harlem hispânico, perto de Columbia, e que, em vista do mercado imobiliário de Nova York, eu devia aproveitar aquela chance. Fizemos um acordo; telegrafei com a data da minha chegada em agosto; depois de arrastar a bagagem pelo aeroporto, pelos metrôs, pela Times Square e toda a 109 da Broadway até a Amsterdam, finalmente parei na frente da porta, alguns minutos depois das dez da noite.

Apertei a campainha várias vezes, mas ninguém respondeu. A rua estava vazia, os prédios nos dois lados com tapumes, uma massa de sombras retangulares. Por fim, uma moça porto-riquenha saiu do prédio, lançando um olhar nervoso para o meu lado antes de descer a rua. Corri para segurar a porta antes que se fechasse e, puxando a mala atrás de mim, subi as escadas para bater e depois esmurrar a porta do apartamento. Mais uma vez, ninguém atendeu, só um barulho no corredor, alguém fechando um cadeado.

Nova York. Bem como eu imaginava. Conferi a carteira — o dinheiro não dava para um hotel. Só conhecia uma pessoa em Nova York, um cara chamado Sadik que encontrei em LA, mas ele tinha dito que trabalhava a noite toda em algum bar. Só me restava esperar; desci com a bagagem e sentei nos degraus da entrada. Um pouco depois, tirei do bolso de trás a carta que trazia desde a saída de LA.

Querido filho:

Que surpresa agradável ter notícias suas depois de tanto tempo! Estou bem, fazendo tudo aquilo que, como você sabe, esperam de mim neste país. Acabo de voltar de Londres, onde estive cuidando de negócios do governo, negociando finanças etc. De fato, é por causa do excesso de viagens que raramente escrevo a você. Em todo caso, creio que, de agora em diante, vai melhorar.

Você vai gostar de saber que todos os seus irmãos e irmãs aqui vão bem e mandam lembranças. Como eu, eles aprovam a sua decisão de vir para casa depois de se formar. Quando vier, decidiremos juntos quanto tempo você vai querer ficar. Barry, mesmo que seja por poucos dias, o importante é que você conheça o seu povo e também conheça o lugar de onde você é.

Cuide-se, por favor, e mande os meus cumprimentos à sua mãe, a Toot e a Stanley. Espero notícias suas em breve.

Com amor,

Papai

Dobrei a carta seguindo as dobras de antes e pus de volta no bolso. Não tinha sido fácil escrever para ele; nossa correspondência havia quase cessado nos últimos quatro anos. Na verdade, fiz vários rascunhos, riscava algumas linhas, me debatia para encontrar o tom adequado, resistia ao impulso de me explicar demais. "Caro pai." "Querido papai." "Prezado dr. Obama." E agora ele tinha respondido, alegre e tranquilo. Conheça o lugar de onde você é, foi o conselho dele. Ele apresentava aquilo como se fosse simples, como ligar para o auxílio à lista.

"Serviço de informações. Qual a cidade?"

"Humm, não sei bem. Esperava que você pudesse me dizer. O sobrenome é Obama. De onde eu sou?"

Talvez para ele fosse mesmo simples assim. Imaginei meu pai sentado à sua mesa em Nairóbi, figurão no governo, com assistentes e secretárias levando papéis para ele assinar, um ministro ligando para pedir conselhos, esposa e filhos amorosos esperando em casa, a aldeia paterna a apenas um dia de viagem. A imagem me deu uma leve raiva e tentei deixá-la de lado, concentrando-me no som da salsa tocando em algum lugar do quarteirão que entrava por uma janela aberta. Mas os pensamentos retornavam, persistentes como as batidas do meu coração.

De onde eu era? A que lugar eu pertencia? A conversa com Regina naquela noite depois do comício podia ter desencadeado uma mudança em mim, me deixou com o calorzinho das boas intenções. Porém, eu mais parecia um bêbado saindo de uma noitada longa e penosa, e logo senti aquela minha nova resolução se desfazendo, sem rumo nem objetivo. Faltavam dois anos para me formar, e eu não tinha ideia do que faria depois, nem mesmo onde iria viver. O Havaí estava para trás, como um sonho de infância; não conseguia mais me imaginar morando ali. Meu pai podia dizer o que quisesse, mas eu sabia que era tarde demais para reivindicar a África como meu lar. E, se eu passara a me entender e a ser entendido como um americano negro, esse entendimento continuava a não ter onde se ancorar. Percebi que eu precisava de uma comunidade, uma comunidade que fosse além do desespero usual que compartilhava com os amigos negros ao ler as últimas estatísticas criminais, ou além dos cumprimentos que trocávamos em uma quadra de basquete. Um lugar onde eu pudesse me firmar e testar o meu engajamento.

Assim, quando soube de um programa de intercâmbio que a Occidental havia montado com a Universidade Columbia, logo me inscrevi. Imaginei que, mesmo que o número de estudantes negros em Columbia não fosse maior do que o da Oxy, pelo menos estaria no centro de uma cidade de verdade, com bairros negros nas proximidades. Naquele momento, não havia muita coisa que me prendesse em LA. A maioria dos meus amigos se formava naquele ano: Hasan estava de partida para trabalhar com a família em Londres, Regina ia para a Andaluzia estudar os *gitanos*.

E Marcus? Eu sabia muito bem o que tinha acontecido com ele. Devia faltar mais um ano para se formar, mas, no meio do terceiro ano, algo aconteceu, algo que fui capaz de reconhecer, mesmo não sabendo o nome exato. Lembrei-me de uma noite, sentado com Marcus na biblioteca, antes que ele decidisse largar os estudos. Um estudante iraniano, mais velho, com início de calvície e um olho de vidro, estava sentado do outro lado da mesa e viu que Marcus lia um livro sobre a economia escravista. Aquele olho errante dava um ar ameaçador ao iraniano, mas era um sujeito simpático e curioso, e por fim se inclinou sobre a mesa e lhe fez uma pergunta sobre o livro.

"Diga-me, por favor. Na sua opinião, como se permitiu que uma coisa como a escravidão durasse tanto tempo?"

"Os brancos não nos veem como seres humanos", respondeu Marcus. "Simples assim. Muitos ainda não veem."

"É, eu sei. Mas o que eu quis perguntar é: por que os negros não lutaram?"

"Mas lutaram! Nat Turner, Denmark Vescey…"

"Revoltas escravas", o iraniano interrompeu. "É, li alguma coisa sobre eles. Foram homens muito corajosos. Mas eram tão poucos… Se eu fosse escravo, vendo essas pessoas fazerem o que fizeram com a minha mulher, com os meus filhos… Bom, eu preferiria a morte. É isto o que não entendo: por que tantos homens nem sequer lutaram. Até a morte, entende?"

Olhei para Marcus, aguardando a resposta. Mas ele ficou calado, com um ar mais retraído do que zangado, os olhos fixos num ponto da mesa. A ausência de resposta me deixou confuso, porém, depois de uma pausa, assumi o ataque e perguntei ao iraniano se ele sabia os nomes dos milhares que tinham se jogado nas águas infestadas de tubarões antes que os navios negreiros chegassem a algum porto americano; perguntei se, atracados os navios, ele ainda preferiria a morte se soubesse que a revolta só traria mais sofrimento às mulheres e crianças. Havia alguma diferença entre a colaboração de alguns escravizados e o silêncio de alguns iranianos que ficaram parados, sem fazer nada, enquanto os assassinos da Savak torturavam e matavam os oponentes do xá? Como podíamos julgar os outros sem estar no lugar deles?

Essa última observação pareceu pegar o sujeito desprevenido, e por fim Marcus voltou a participar da conversa, repetindo uma das velhas máximas de Malcolm X sobre a diferença entre os negros domésticos e os negros das plantações. Entretanto, ele falou como se não estivesse convencido do que dizia e, depois de uns minutos, se levantou bruscamente e se dirigiu à saída.

Nunca falamos, Marcus e eu, sobre essa conversa. Talvez não explicasse nada; havia motivos mais do que suficientes para que alguém como Marcus se sentisse irrequieto num lugar como a Occidental. O que sei é que, nos meses seguintes, percebi algumas mudanças nele, como se estivesse sendo perseguido por espectros que haviam se infiltrado pelas frestas do nosso mundo seguro e ensolarado. De início, ele começou a demonstrar mais seu orgulho racial; passou a usar estampas africanas nas aulas e a pressionar a administração para que criassem um alojamento só de negros. Depois foi se tornando menos comunicativo. Não ia mais às aulas e se dedicava mais aos baseados. Deixou a barba crescer, deixou o cabelo se entrançar sozinho em dreadlocks.

Por fim me falou que ia passar um período longe da faculdade. "Preciso dar um tempo nessa merda", disse ele. Passeávamos por um parque em Compton, que estava com um festival durante o dia inteiro. Era uma tarde bonita, todo mundo de shorts, crianças gritando e correndo pela grama, mas Marcus parecia distraído e quase nem falava. Só quando passamos por um grupo que tocava bongô é que ele pareceu reviver. Sentamos ao lado deles sob uma árvore, fascinados pelo som, observando as mãos escuras, batucando levemente arqueadas sobre o couro dos instrumentos. Depois de um tempo, comecei a ficar entediado e fui falar com uma moça bonita que vendia tortas de carne. Quando voltei, Marcus continuava lá, só que agora estava tocando, as pernas longas cruzadas, com bongôs emprestados aninhados no colo. Por entre a nuvem de fumaça que o cercava, não tinha nenhuma expressão no rosto; estava com os olhos semicerrados, como que tentando evitar o sol. Fiquei quase uma hora vendo Marcus tocar sem tom nem ritmo, só batucando loucamente aqueles tambores, reavivando memórias nunca ditas. E foi aí que entendi que ele precisava da minha ajuda, tanto quanto eu precisava da dele, que eu não era o único à procura de respostas.

Fitei a rua abandonada de Nova York. Marcus sabia de onde era? Algum de nós sabia? Onde estavam os pais, os tios e os avós que podiam ajudar a explicar esse talho profundo no nosso coração? Onde estavam os curandeiros que podiam nos ajudar a encontrar um sentido na derrota? Foram-se, desapareceram, tragados pelo tempo. Deles restavam apenas imagens vagas e as cartas que enviavam uma vez por ano, cheias de conselhos baratos…

Bem depois da meia-noite, esgueirei-me por uma cerca que levava a um beco. Encontrei um lugar seco, amontoei a bagagem do meu lado e adormeci, o som dos tambores moldando suavemente meus sonhos. Acordei de manhã, e perto dos meus pés havia uma galinha branca ciscando o lixo. No outro lado da rua, um sem-teto se lavava num hidrante aberto e não protestou quando me juntei a ele. No apartamento ainda não havia ninguém, mas liguei para Sadik, que atendeu o telefone e me disse para pegar um táxi e ir até o apartamento dele, no Upper East Side.

Sadik veio me receber na rua; era um paquistanês baixo e robusto, que tinha vindo de Londres para Nova York dois anos antes e se deu conta de que seu humor cáustico e a vontade explícita de ganhar dinheiro estavam em plena sintonia com a atmosfera da cidade. O prazo do visto de permanência havia vencido e ele fazia parte então da força de trabalho imigrante ilegal, de alta rotatividade, como garçom. Entramos no apartamento e vi uma mulher só com as roupas íntimas sentada à mesa da cozinha, um espelho e uma lâmina de barbear ao lado.

Sadik começou as apresentações:

"Sophie, este é Barry…"

"Barack", corrigi, soltando as malas no chão.

A mulher acenou de leve e disse a Sadik que, na hora em que ele voltasse, ela já teria ido embora. Sadik e eu descemos outra vez e entramos num café grego do outro lado da rua. Pedi desculpas novamente por ter ligado tão cedo.

"Não se preocupe", ele respondeu. "Ela parecia muito mais bonita ontem à noite."

Estudou o cardápio e o pôs de lado.

"Me diga, Bar… desculpe, *Barack*. Me diga, Barack. O que te traz aqui na nossa bela cidade?"

Tentei explicar. Tinha passado o verão refletindo sobre a juventude desperdiçada — a situação do mundo e a situação da minha alma.

"Quero me corrigir", falei. "Quero fazer algo de útil."

Sadik abriu a gema do ovo com o garfo.

"Bom, *amigo*... você pode dizer o que quiser sobre salvar o mundo, mas esta cidade tende a acabar com esses sentimentos nobres. Veja só."

Fez um gesto para a multidão passando pela Primeira Avenida.

"Todo mundo querendo vencer. A sobrevivência do mais forte. Unhas e dentes. Tirando o outro cara do caminho. Meu amigo, isso é Nova York. Mas..."

Levantou os ombros e pegou um pouco do ovo com a torrada.

"Quem sabe? Talvez você seja uma exceção. Nesse caso, tiro o chapéu pra você."

Sadik ergueu a xícara de café na minha direção, imitando um brinde, os olhos à procura de algum sinal imediato de mudança. E nos meses seguintes ele continuou a me observar enquanto eu percorria as ruas de Manhattan feito um rato de laboratório. Disfarçou o sorriso quando ofereci o assento a uma senhora de idade no metrô e um homem forte e corpulento se aproveitou e roubou o lugar. Levou-me à Bloomingdale, passando entre manequins humanos que borrifavam perfume no ar, e ficou observando minha reação ao ver a etiqueta nos casacos de frio, com preços de cair o queixo. Quando desisti do apartamento na 109 por falta de aquecimento, ele se ofereceu para me hospedar mais uma vez e me acompanhou à Vara de Imóveis quando os sublocatários do meu segundo apartamento não pagaram o aluguel e sumiram com meu depósito.

"Unhas e dentes, Barack. Pare de se preocupar com esses vagabundos e descubra um jeito de ganhar algum dinheiro com esse diploma todo chique que você está tirando."

Quando o próprio Sadik foi despejado, fomos morar juntos. Depois de uns meses de observação mais próxima, ele começou a perceber que a cidade de fato teve efeito sobre mim, mas não o que ele esperava. Parei de ficar chapado. Corria cinco quilômetros por dia e jejuava aos domingos. Pela primeira vez depois de vários anos, voltei a me dedicar aos estudos e comecei um diário com reflexões pessoais e uns poemas terríveis. Sempre que Sadik queria me convencer a ir a algum bar, eu dava alguma desculpa, muito trabalho ou pouco dinheiro. Um dia, ao sair do apartamento para encontrar uma companhia melhor, ele se virou para mim e fez sua acusação mais severa.

"Você está virando um chato de galochas."

Eu sabia que ele tinha razão, mas não sabia bem o que havia acontecido. De certa forma, estava confirmando a avaliação de Sadik sobre a atração da cidade, imagino eu; seu poder de corromper. Com a explosão de Wall Street, Manhattan estava em plena efervescência, com incorporações imobiliárias surgindo por toda parte; gente que mal chegara aos trinta anos com fortunas absurdas, e a indústria da moda e da elegância logo atrás. A beleza, a imundície, a barulheira, os excessos, tudo me atordoava; a originalidade dos estilos de vida e a fabricação de desejos — um restaurante mais caro, roupas mais finas, um programa noturno mais exclusivo, uma mulher mais bonita, um estimulante mais forte — pareciam não ter limites. Inseguro quanto à minha capacidade de seguir a via da moderação, temendo recair nos velhos hábitos, assumi o temperamento, se não as convicções, de um pregador de rua, preparado para enxergar tentações por todo lugar, prontas para vencerem uma vontade frágil.

Minha reação, porém, não era só uma tentativa de conter um apetite exagerado ou uma reação à sobrecarga sensorial. Por trás dos sons, do movimento, eu via o mundo se fraturando sem cessar. Tinha visto miséria maior na Indonésia e notara a disposição violenta dos adolescentes das áreas pobres de LA; estava acostumado à desconfiança entre as raças por toda parte. Mas, fosse por causa da densidade ou da escola de Nova York, eu estava começando a entender a precisão quase matemática com que os problemas de raça e classe se somavam nos Estados Unidos; a profundidade e a ferocidade das guerras tribais resultantes; a fúria que corria livremente não só nas ruas, mas também nos banheiros da universidade, cujas paredes, por mais que a administração tentasse pintá-las, viviam rabiscadas com comparações brutais entre os pretos e a judeuzada.

Era como se qualquer terreno intermediário tivesse desmoronado completamente. E o lugar onde esse desmoronamento parecia mais evidente era na comunidade negra, que eu tinha imaginado com tanto afeto e na qual esperara encontrar refúgio. Eu ia encontrar um amigo negro no seu escritório de advocacia em Midtown e, antes de ir almoçar no MoMA, da sua janela lá no alto do prédio enxergava a cidade até East River, imaginando uma vida satisfatória para mim — uma profissão, uma família, um lar. Mas aí percebi que os únicos outros negros no escritório eram mensageiros ou escreventes, os únicos outros negros no museu eram os seguranças de paletó azul que ficavam contando as horas antes de poderem voltar para casa no Brooklyn ou no Queens.

Eu podia andar pelo Harlem — para jogar nas quadras sobre as quais tinha lido ou para ouvir Jesse Jackson discursar na 125; ou, num raro domingo de manhã, sentar num banco dos fundos da Igreja Batista Abissínia, enlevado pela música triste e suave do coro gospel — e ter um rápido relance do que eu procurava. No entanto, não havia quem me guiasse e me mostrasse como me unir a esse mundo conturbado. Quando estive procurando um apartamento por lá, descobri que os elegantes predinhos geminados de Sugar Hill estavam todos ocupados e com preços fora do meu orçamento; os poucos com aluguéis razoáveis estavam com listas de dez anos de espera, e assim só restavam filas e mais filas de moradias coletivas inabitáveis, diante das quais uns homens contavam os maços de dinheiro em notas graúdas e bebuns cambaleavam, tropeçavam e choravam baixinho.

Tomei tudo isso como uma afronta pessoal, um escárnio às minhas afáveis ambições — se bem que, quando levantei o assunto com pessoas que haviam morado algum tempo em Nova York, o que ouvi como resposta foi que minhas observações nada tinham de original. A cidade estava fora de controle, diziam, a polarização era um fenômeno natural, como as monções ou a deriva dos continentes. As discussões políticas daquele tipo, que, na Occidental, pareciam tão intensas e dotadas de sentido, assumiram a forma de conferências socialistas, a que eu assistia de vez em quando na faculdade Cooper Union ou nas feiras culturais africanas que se realizavam no Harlem e no Brooklyn durante o verão — apenas algumas das muitas diversões que Nova York oferecia, como ir assistir a um filme estrangeiro ou patinar no gelo no Rockefeller Center. Com um pouco de dinheiro, eu podia viver como muitos negros de classe média em Manhattan, livre para escolher um motivo que conferisse ordem à minha vida, livre para montar uma colagem de estilos, amigos, fontes de inspiração, filiações políticas. Mas eu sentia que, em algum momento — talvez ao ter filhos e me dar conta de que só daria para continuar na cidade abrindo mão de uma escola particular, ou ao começar a pegar táxis à noite para evitar andar no metrô, ou ao decidir que era preciso ter um porteiro no prédio —, a escolha seria irreversível, a fronteira, intransponível, e eu então me via no lado em que nunca quis estar.

Não querendo fazer essa escolha, passei um ano indo de uma ponta a outra de Manhattan. Como turista, observava o leque de possibilidades humanas ali expostas, tentando rastrear meu futuro na vida das pessoas que via, procurando alguma abertura por onde eu pudesse reentrar.

Foi nesse estado melancólico que minha mãe e minha irmã me encontraram quando vieram me visitar no primeiro verão que eu passava em Nova York.

"Ele está tão magro", disse Maya à minha mãe.

"Só tem duas toalhas!", exclamou a minha mãe ao inspecionar o banheiro. "E três pratos!"

As duas começaram a rir.

Elas ficaram com Sadik e comigo por alguns dias, depois foram para um condomínio na Park Avenue que uma amiga da minha mãe ofereceu enquanto estava fora. Naquele verão, eu tinha conseguido um trabalho limpando um canteiro de obras no Upper West Side, e por isso minha mãe e Maya passavam a maior parte do dia explorando a cidade por conta própria. Quando nos encontrávamos ao jantar, elas me faziam um relatório completo de suas aventuras: morango com creme no Plaza, a balsa até a Estátua da Liberdade, a visita ao Met para ver os Cézanne. Eu comia em silêncio enquanto as duas falavam, e então começava um longo discurso sobre os problemas da cidade e a política para os despossuídos. Repreendi Maya por ter passado a noite vendo TV em vez de ler os romances que eu comprara para ela. Expliquei à minha mãe como os doadores estrangeiros e as organizações de desenvolvimento internacional, como aquela em que ela trabalhava, aprofundavam a dependência no Terceiro Mundo. Quando as duas iam para a cozinha, eu ouvia Maya se lamentando com a minha mãe.

"Barry está bem, não está? Quer dizer, tomara que não perca a compostura e vire um desses malucos que a gente vê aqui nas ruas."

Uma noite, folheando *The Village Voice*, minha mãe se animou ao ver o anúncio de um filme, *Orfeu negro*, que estava passando no centro. Insistiu para que fôssemos naquela noite mesmo; segundo ela, havia sido o primeiro filme estrangeiro que viu na vida.

"Eu tinha só dezesseis anos", ela falou enquanto entrávamos no elevador. "Tinha acabado de ser aceita na Universidade de Chicago; o seu avô ainda não tinha me proibido de ir, e estive lá no verão, trabalhando como *au pair*. Era a primeira vez que eu realmente ficava por conta própria. Nossa, me senti tão adulta! E, quando assisti a esse filme, achei a coisa mais linda que tinha visto na vida."

Pegamos um táxi para o cinema de reprises onde estava passando o filme. Tinha sido feito nos anos 1950 e era meio que pioneiro por causa do elenco brasileiro quase todo negro. O enredo era simples: o mito do desventurado casal de amantes Orfeu e Eurídice, ambientado nas favelas do Rio de Janeiro durante o Carnaval. Com todo o esplendor Technicolor, os morros verdes cinematográficos, os brasileiros negros e mulatos cantavam, dançavam, tocavam violão como alegres aves de plumagem colorida. Lá pela metade do filme, achei que já tinha visto o suficiente e perguntei para minha mãe se podíamos ir embora. Mas o rosto dela, sob o brilho azulado da tela, tinha uma expressão saudosa. Naquele momento, foi como se eu pudesse enxergar seu coração, o coração espontâneo da sua juventude. Percebi então que era essa imagem dos negros como que infantis que agora se via na tela, o inverso dos selvagens sombrios de Conrad, que a minha mãe levara para o Havaí todos aqueles anos antes, um reflexo das fantasias simples que tinham sido negadas a uma jovem branca de classe média do Kansas, a promessa de outra vida: calorosa, sensual, exótica, diferente.

Desviei o rosto, constrangido por ela, irritado com as pessoas em volta. Sentado ali no escuro, lembrei uma conversa que tive alguns anos antes com um amigo da minha mãe, um inglês que havia trabalhado para uma organização internacional de assistência em toda a África e Ásia. Ele me falou que, entre todos os diversos povos que conheceu em suas viagens, os mais estranhos eram os dinkas do Sudão.

"Geralmente, depois de um ou dois meses, está feito o contato", disse ele. "Mesmo que você não fale a língua, aparece um sorriso ou uma brincadeira, algum tipo de reconhecimento. Mas, depois de um ano com os dinkas, eles continuavam totalmente estranhos para mim. Riam de coisas que me levavam ao desespero. O que eu achava engraçado parecia deixá-los totalmente indiferentes."

Eu lhe poupara a informação de que os dinkas eram nilotas, primos distantes meus. Tentei imaginar aquele inglês pálido em meio a um deserto ressequido, de costas para o círculo de homens nus da tribo, perscrutando um céu vazio, numa solidão amargurada. E o pensamento que me ocorreu naquela época foi o mesmo que me tomou ali, ao sair do cinema com minha mãe e minha irmã: as emoções entre as raças nunca podem ser puras; até o amor vinha maculado pela vontade de encontrar no outro algum elemento que nos faltava. Podíamos procurar nossos demônios ou a salvação, mas a outra raça seria sempre a mesma coisa: ameaçadora, estranha, separada.

"Meio picante, hein?", comentou Maya, quando nossa mãe foi para o banheiro.

"O quê?"

"O filme. Meio picante. Bem ao estilo da mamãe."

Nos vários dias subsequentes, tentei evitar situações em que minha mãe e eu fôssemos obrigados a falar. Alguns dias antes de as duas irem embora, dei um pulo no apartamento em que estavam hospedadas, enquanto Maya tirava uma soneca. Minha mãe viu na minha mão uma carta endereçada ao meu pai. Perguntei se ela tinha um selo de postagem internacional.

"Estão combinando uma visita?", ela perguntou.

Comentei rapidamente meus planos enquanto ela tirava um selo do fundo da bolsa. Na verdade, tirou dois; tinham grudado no calor do verão. Sorriu sem jeito e pôs água para ferver, para conseguirmos separá-los com o vapor.

"Acho que vai ser uma maravilha vocês dois finalmente se conhecerem melhor", ela falou lá da cozinha. "Acho que ele era um pouco rígido demais para um menino de dez anos, mas agora que você tem mais idade…"

Dei de ombros.

"É, quem sabe…"

Ela esticou a cabeça lá da cozinha.

"Tomara que você não esteja ressentido com ele."

"E por que estaria?"

"Não sei."

Minha mãe voltou para a sala e ficamos sentados algum tempo, ouvindo o barulho do trânsito lá embaixo. A chaleira apitou e selei o envelope. E aí, de repente, ela começou a contar de novo uma velha história, numa voz distante, como se contasse para si mesma.

"O seu pai foi embora não por culpa dele, sabe? Eu é que me divorciei. Quando nós dois casamos, os seus avós não gostaram muito da ideia. Mas aceitaram. Provavelmente não conseguiriam nos deter e no final concluíram que era o certo a se fazer. Então o pai de Barack, o seu avô Hussein, escreveu uma carta comprida, horrível, dizendo que não aprovava o casamento. Não queria que o sangue Obama fosse maculado por uma branca, disse ele. Bem, você imagina como o seu avô reagiu. E havia também um problema com a primeira mulher do seu pai… Ele tinha me dito que os dois estavam separados, mas era um casamento de aldeia e, portanto, não havia nenhum documento legal comprovando o divórcio…"

O queixo dela começou a tremer e ela mordeu o lábio, tentando se controlar. E continuou:

"O seu pai respondeu, dizendo que não ia desistir. Então você nasceu, e combinamos que nós três iríamos para o Quênia quando ele terminasse os estudos. Mas o seu avô Hussein continuou a escrever, ameaçando cancelar o visto de estudante do filho. A essa altura, Toot andava histérica; ela tinha lido alguns anos antes sobre a Revolta dos Mau-maus no Quênia, que realmente foi bastante explorada na imprensa ocidental, e achava que decepariam a minha cabeça e sequestrariam você."

Ela prosseguiu:

"Mesmo então, podia ter dado certo. Quando o seu pai se formou na Universidade do Havaí, recebeu duas propostas de bolsa de estudos. Uma era para a New School, aqui em Nova York, a outra era para Harvard. A New School pagaria tudo: casa, alimentação, emprego no campus, o suficiente para sustentar nós três. Harvard pagaria apenas o curso. Mas Barack era teimoso feito uma mula, tinha porque tinha de ir para Harvard. 'Como posso recusar o melhor ensino?', ele falou. Era só nisso que ele pensava, provar que era o melhor..."

Minha mãe suspirou, passando as mãos entre os cabelos.

"Éramos muito novos, sabe? Eu era mais nova do que você agora. Ele tinha poucos anos a mais. Depois, quando foi nos visitar no Havaí naquela vez, queria que fôssemos morar com ele. Mas na época eu ainda estava casada com Lolo, a terceira mulher tinha acabado de largar dele, e achei que não..."

Parou e riu consigo mesma.

"Já te contei que ele chegou atrasado no nosso primeiro encontro? Ele me falou para a gente se encontrar à uma da tarde na frente da biblioteca da universidade. Quando cheguei, ele ainda não estava lá, mas resolvi dar uns minutos. Estava um dia bonito, me estendi num dos bancos e, sem perceber, caí no sono. Bom, uma hora depois, uma hora!, ele apareceu com dois amigos. Acordei e os três estavam ali de pé acima de mim, e ouvi o seu pai falando, com a maior seriedade do mundo: 'Pois, então, meus senhores. Eu falei que era uma moça legal e que ia me esperar.'"

Minha mãe voltou a rir, e eu vi a menina que ela tinha sido. Só que dessa vez vi mais uma coisa: no rosto sorridente e levemente desconcertado, vi o que todos os filhos precisam ver em algum momento, se quiserem virar adultos — a revelação de que a vida dos pais é algo separado, à parte, que vai além da união entre eles ou do nascimento de um filho, uma vida que recua a avós, bisavós, uma quantidade infinita de encontros fortuitos, mal-entendidos, projeções de expectativas, limites impostos pelas circunstâncias. Minha mãe era aquela mocinha com o filme daquela bela gente negra na cabeça, lisonjeada com a atenção do meu pai, confusa, sozinha, tentando escapar ao controle dos pais. A inocência que ela trazia naquele dia, enquanto esperava meu pai chegar, era tingida de concepções equivocadas, de necessidades suas. Mas era uma necessidade sincera, sem malícia, sem deliberação, e talvez seja assim que todo amor começa, com impulsos e vagas imagens que nos permitem romper a solidão, e então, se tivermos sorte, finalmente se transformam em algo mais sólido. O que ouvi da minha mãe naquele dia, falando sobre meu pai, foi algo que imagino que a maioria dos americanos jamais ouvirá de pessoas de outra raça, e por isso não é de esperar que acreditem que exista entre negros e brancos: o amor de alguém que conhece sua vida em todos os aspectos, um amor que sobrevive às decepções. Ela viu meu pai como todos nós esperamos que pelo menos uma outra pessoa nos veja; procurou ajudar o filho que nunca o conheceu a vê-lo da mesma maneira. E foi aquele ar no seu rosto naquele dia que me veio à lembrança quando, poucos meses depois, liguei para avisá-la de que meu pai tinha morrido e ouvi os soluços dela, chorando à distância.

Depois que falei com ela, telefonei para o irmão do meu pai em Boston e tivemos uma rápida conversa bastante estranha. Não fui ao enterro e escrevi uma carta de pêsames à família do meu pai em Nairóbi. Pedi que escrevessem de volta e fiquei imaginando como estariam. Mas não senti dor, apenas a vaga sensação de uma chance perdida, e não vi nenhum motivo para fingir. Meus planos de ir até o Quênia ficaram suspensos por tempo indeterminado.

Passou-se mais um ano antes que eu os reencontrasse numa noite, numa cela fria, numa câmara dos meus sonhos. Sonhei que viajava de ônibus com amigos cujos nomes esqueci, homens e mulheres com destinos diversos. Seguíamos por pastos e morros extensos que se amontoavam contra um céu alaranjado.

Um branco idoso, de físico pesado, estava sentado ao meu lado. Em suas mãos havia um livro, no qual li que o tratamento que dávamos aos idosos era um teste da nossa alma. Ele me disse que era sindicalista e estava aproveitando a folga para encontrar a filha.

Paramos em um hotel velho, grandioso, com candelabros. Havia no saguão um piano e um sofá cheio de almofadas de cetim macio; peguei uma das almofadas e coloquei na banqueta do piano, e o branco idoso, agora debilitado ou senil, se sentou. Quando olhei de novo, ele tinha se transformado numa menina negra, com pés que mal alcançavam os pedais. Ela sorriu e começou a tocar. Então veio uma garçonete, uma jovem hispânica, que franziu o cenho ao nos ver, mas sob a expressão séria havia um ar risonho, e ela pôs um dedo nos lábios como se partilhássemos um segredo.

Cochilei o resto da viagem e, quando acordei, todos tinham sumido. O ônibus fez uma parada, desci e me sentei no meio-fio. Dentro de um edifício de pedra bruta, um advogado falava com um juiz. O juiz dizia que meu pai talvez já tivesse passado tempo suficiente na cadeia, talvez fosse hora de soltá-lo. Mas o advogado protestava energicamente, citando precedentes e vários dispositivos, bem como a necessidade de preservar a ordem. O juiz deu de ombros e se levantou do assento.

Parei na frente da cela, abri o cadeado, que pus com cuidado no parapeito de uma janela. Meu pai estava à minha frente, apenas com um pano enrolado na cintura; estava muito magro, com a cabeça volumosa e o físico esguio, o peito e os braços sem pelos. Tinha aparência pálida, os olhos negros brilhando num rosto acinzentado, mas sorriu e gesticulou ao guarda alto e mudo para fazer a gentileza de se pôr de lado.

"Olhe só para você!", disse ele. "Tão alto e tão magro. Até cabelo grisalho!"

E vi que era verdade; fui até ele e nos abraçamos. Comecei a chorar e fiquei com vergonha, porém não consegui me conter.

"Barack. Sempre quis te dizer o quanto eu te amo", ele falou. Meu pai parecia pequeno entre meus braços, do tamanho de um menino.

Sentado no canto do catre, apoiou o queixo sobre as mãos cruzadas e ficou fitando a parede. Uma tristeza implacável tomou conta de seu rosto. Tentei brincar; falei que, se era magro, era porque tinha puxado a ele. Contudo, ele não se moveu, e quando sussurrei que podíamos sair juntos, meu pai meneou a cabeça e me disse que era melhor eu ir embora.

Acordei ainda chorando, as minhas primeiras lágrimas de verdade por ele — e por mim, carcereiro, juiz, filho dele. Acendi a luz e remexi nas suas cartas antigas. Relembrei sua única visita — a bola de basquete que me deu e como me ensinou a dançar. E percebi, talvez pela primeira vez, que, mesmo ausente, sua imagem forte me dera certo apoio para crescer, uma imagem cujas expectativas eu podia cumprir ou decepcionar.

Fui até a janela e olhei para fora, ouvindo os primeiros sons da manhã — o ronco dos caminhões de lixo, passos no apartamento vizinho. Precisava procurá-lo, pensei comigo mesmo, e falar com ele outra vez.

PARTE II

Chicago

7.

Em 1983, resolvi virar líder comunitário.

A ideia não estava muito definida; não conhecia ninguém que vivesse disso. Quando os colegas na faculdade me perguntavam o que fazia um líder comunitário, eu não sabia responder de modo direto. Discorria sobre a necessidade de mudança. Mudança na Casa Branca, onde Reagan e seus subordinados praticavam suas sujeiras. Mudança no Congresso, obediente e corrupto. Mudança no clima do país, obsessivo e absorvido em si mesmo. A mudança não virá de cima, dizia eu. A mudança virá da mobilização das bases.

E isso o que vou fazer, vou trabalhar com o pessoal negro. Nas bases. Para a mudança.

E meus amigos, negros e brancos, me elogiavam sinceramente por esses meus ideais, antes de irem ao correio postar os pedidos de matrícula na pós-graduação.

Não podia criticá-los por serem céticos. Hoje, com a vantagem de poder olhar para trás, consigo ver certa lógica na minha decisão, mostrar que me tornar líder comunitário fazia parte daquela narrativa maior, começando com meu pai e, antes, com o pai dele, minha mãe e os pais dela, minhas lembranças da Indonésia com seus mendigos e camponeses e Lolo rendido ao poder, prosseguindo para Ray e Frank, Marcus e Regina; minha mudança para Nova York; a morte do meu pai. Consigo ver que minhas escolhas nunca foram realmente minhas, apenas minhas — e que é assim que devia ser, e dizer o contrário é perseguir uma triste espécie de liberdade.

Mas esse reconhecimento só veio mais tarde. Na época, prestes a me formar na faculdade, eu estava agindo quase que por impulso, como um salmão que sobe cegamente correnteza acima para o local onde foi concebido. Nas aulas e seminários, eu inseria esses impulsos nos slogans e teorias que encontrava nos livros, pensando — de maneira equivocada — que os slogans queriam dizer algo, que de alguma forma podiam ser uma demonstração racional do que eu sentia. À noite, contudo, deitado na cama, eu deixava os slogans seguirem à deriva, substituídos por uma sucessão de imagens, imagens românticas, de um passado que nunca conheci.

Eram, em sua maioria, imagens do movimento de direitos civis, aquela filmagem granulosa em preto e branco que aparece em todo fevereiro, durante o Mês da História Negra, as mesmas imagens que a minha mãe me mostrava quando eu era criança. Dois universitários, de cabelo curto, costas retas, esperando ser servidos no balcão de uma lanchonete quase à beira de um motim. Membros do Comitê Estudantil de Coordenação não Violenta (SNCC, na sigla em inglês) numa varanda em algum grotão do Mississippi, tentando convencer uma família de meeiros a se registrar para votar. Uma prisão regional lotada de crianças, com as mãos cruzadas, cantando músicas de liberdade.

Essas imagens se tornaram uma espécie de prece para mim, erguendo meu ânimo e canalizando minhas emoções de uma maneira que as palavras jamais conseguiriam. Elas me diziam (embora essa compreensão possa ter vindo mais tarde, também é uma construção, suas falsidades próprias) que eu não estava sozinho nessas lutas pessoais, e que as comunidades nunca caíram do céu neste país, pelo menos não para os negros. As comunidades tinham de ser criadas, defendidas, cultivadas como jardins. Expandiam-se ou se contraíam com os sonhos das pessoas — e no movimento dos direitos civis esses sonhos tinham sido grandes. Nos protestos passivos, nas passeatas, nas músicas de boteco, eu via a comunidade afro-americana se tornando mais do que o local de nascimento ou o lar de infância. Era pela organização, pelo sacrifício conjunto, que se conquistava o pertencimento a ela. E como esse pertencimento era conquistado — pois a comunidade que eu imaginava ainda estava em formação, construindo-se sobre a promessa de que a comunidade americana, negra, branca e parda, de algum modo podia se redefinir —, eu acreditava que, com o tempo, ele poderia acolher minha vida em sua singularidade.

Essa era minha ideia de liderança comunitária. Era uma promessa de redenção.

E assim, nos últimos meses da faculdade, escrevi a todas as organizações pelos direitos civis de que fui capaz de me lembrar, a todos os negros eleitos para cargos públicos no país com uma pauta progressista, a associações de bairro e a grupos de direitos dos locatários. Ninguém respondeu, mas não desanimei. Decidi encontrar um trabalho mais convencional durante um ano, para pagar o financiamento estudantil e talvez até economizar um pouco. Precisaria do dinheiro mais tarde, disse a mim mesmo. Os líderes comunitários não recebiam nada; a pobreza deles era prova de sua integridade.

Por fim, um escritório de consultoria de empresas multinacionais concordou em me contratar como assistente de pesquisa. Como um espião nas linhas inimigas, eu chegava todos os dias ao meu escritório no centro de Manhattan, sentava em frente ao computador e conferia a Reuters, que piscava mensagens verde--esmeralda de todo o planeta. Acredito que eu era o único homem negro na empresa, o que para mim era motivo de vergonha, mas, para o grupo de secretárias de lá, era motivo de grande orgulho. Aquelas senhoras negras me tratavam como filho; diziam que esperavam algum dia me ver no comando da empresa. Às vezes, no almoço, eu comentava com elas todos os meus maravilhosos planos de liderança comunitária, e elas sorriam e diziam "Muito bom, Barack", no entanto a expressão nos olhos me revelava que, por dentro, elas se sentiam desapontadas. Só Ike, o ríspido segurança negro que ficava no saguão, se dispunha a comentar e me dizia que eu estava cometendo um erro.

"Liderança? É um tipo de política, não é? Para que fazer uma coisa dessas?"

Eu procurava expor minhas ideias políticas, a importância de mobilizar os pobres e de retribuir à comunidade. Mas Ike só abanava a cabeça.

"Seu Barack", dizia então, "não se ofenda se eu lhe der um pequeno conselho. Não precisa aceitar, claro, mas vou dar de qualquer maneira. Esqueça esse lance de liderança comunitária e faça alguma coisa que dê dinheiro. Não por ganância, entende? Mas o suficiente. Digo isso porque vejo que você tem capacidade. Rapazes assim, com voz bonita… caramba, podia ser um daqueles anunciantes de televisão. Ou vendas… tenho um sobrinho mais ou menos da sua idade que está ganhando uma boa grana nisso. É disso que a gente precisa, entende? Não esse povo correndo por aí, com um blá-blá-blá que ninguém compreende. Não tem como ajudar um pessoal que não tem jeito e eles nem vão gostar que alguém tente. O pessoal que quer se dar bem vai encontrar jeito de se virar. Qual é a sua idade?"

"Vinte e dois anos."

"Então. Não desperdice sua juventude, seu Barack. Senão, um dia você vai acordar, velho que nem eu, só se sentindo cansado, sem nada em troca."

Na época, não prestei muita atenção em Ike; eu achava que ele soava parecido demais com os meus avós. Mesmo assim, com o passar dos meses, a ideia de me tornar líder comunitário foi se enfraquecendo. A empresa me promoveu a analista e redator financeiro. Tinha sala própria, secretária própria, dinheiro no banco. Às vezes, saindo de uma entrevista com financistas japoneses ou corretores de ações alemães, via meu reflexo na porta do elevador — me via de terno e gravata, pasta na mão — e, por uma fração de segundo, me imaginava um grande empresário ou um alto executivo, dando ordens, firmando contratos, até lembrar quem eu dissera a mim mesmo que queria ser e sentia fisgadas de remorso por essas vaciladas.

Até que um dia, quando me sentei ao computador para redigir um artigo sobre as permutas nas taxas de juros, aconteceu uma coisa inesperada. Auma ligou.

Eu ainda não conhecia pessoalmente essa minha meia-irmã; só trocávamos algumas cartas esporádicas. Sabia que ela havia saído do Quênia para estudar na Alemanha, e nas cartas falávamos da possibilidade de eu ir até lá visitá-la ou de ela vir aos Estados Unidos. Mas os planos sempre ficavam vagos — cada qual dizia que não tinha dinheiro; quem sabe no ano que vem. Nossa correspondência guardava uma distância cordial.

De repente, ouvi a voz dela pela primeira vez. Era suave e profunda, com um leve sotaque colonial. Por uns instantes não consegui entender as palavras, só o som, um som que parecia ter estado sempre presente, fora de lugar, mas não esquecido. Auma falou que estava vindo para os Estados Unidos, numa viagem com vários amigos. Ela poderia vir me ver em Nova York?

"Claro", respondi. "Pode se hospedar em casa; fico na maior expectativa."

E ela riu, eu ri, a linha ficou quieta, só o som de interferência e da nossa respiração.

"Bom", ela retomou. "Não posso ficar tempo demais no telefone, sai muito caro. Logo passo as informações do voo."

Depois disso desligamos depressa, como se nosso contato fosse uma iguaria a ser degustada aos pouquinhos.

Passei as semanas seguintes correndo com os preparativos: lençóis novos para o sofá-cama, mais pratos e mais toalhas, uma escova para a banheira. Mas, dois dias antes da data marcada para sua chegada, Auma ligou outra vez, a voz agora mais grave, mal chegando a um murmúrio.

"No fim não vou poder ir", disse. "Um de nossos irmãos, David... ele morreu. Num acidente de moto. Só sei isso."

Ela começou a chorar.

"Oh, Barack... Por que essas coisas acontecem com a gente?"

Procurei consolá-la como podia. Perguntei se podia fazer alguma coisa por ela. Falei que teríamos outras ocasiões para nos encontrar. Por fim a voz dela se acalmou e disse que precisava marcar um voo de volta para casa.

"Então tá, Barack. A gente se vê. Tchau."

Depois que ela desligou, saí do escritório, dizendo à minha secretária que não voltaria mais naquele dia. Passei horas vagueando pelas ruas de Manhattan, ouvindo mentalmente, sem cessar, a voz de Auma. Em outro continente uma mulher chora. Numa estrada escura e empoeirada, um garoto perde o controle da moto, cai no solo duro, as rodas giram até silenciar. E eu me perguntava: quem eram essas pessoas, quem eram esses desconhecidos que também tinham o meu sangue? O que podia aliviar a dor daquela mulher? Quais eram os sonhos secretos daquele garoto?

Quem era eu, que não vertia nenhuma lágrima pela perda de um parente?

Às vezes ainda me pergunto como aquele primeiro contato com Auma mudou minha vida. Não tanto o contato em si (que significava tudo, ia significar tudo) nem a notícia que ela me deu sobre a morte de David (que também era um completo estranho; nunca o conheceria, e isso já diz o suficiente), mas o momento do telefonema dela, a sequência específica dos fatos, as expectativas que surgiram e então as esperanças destruídas, numa época em que a ideia de me tornar líder comunitário ainda não passava disso, uma ideia na cabeça, um vago desejo no coração.

Talvez não tenha feito nenhuma diferença. Talvez, naquele momento, eu já estivesse decidido e a voz de Auma tenha servido apenas para me lembrar de que ainda havia feridas a curar e eu não podia fazer isso sozinho. Ou talvez, se David não tivesse morrido quando morreu e Auma tivesse vindo a Nova York conforme o plano inicial, se eu tivesse me inteirado por ela de coisas das quais só vim a saber depois, sobre o Quênia, sobre nosso pai… Bem, pode ser que algumas pressões acumuladas dentro de mim houvessem diminuído, mostrando-me outra ideia de comunidade, levando minhas ambições a seguirem um curso mais estreito e mais pessoal, de modo que, no final, eu poderia ter aceitado o conselho do meu amigo Ike e me dedicado a títulos e ações, cedendo ao fascínio da respeitabilidade.

Não sei. O que sei é que, poucos meses depois do telefonema de Auma, pedi demissão da empresa de consultoria e comecei a procurar a sério um trabalho de liderança comunitária. Mais uma vez, a maioria das minhas cartas ficou sem resposta, mas, cerca de um mês mais tarde, o diretor de uma importante entidade de direitos civis da cidade me chamou para uma entrevista. Era um negro alto e bem-apessoado, com uma camisa branca bem engomada, uma gravata estampada e suspensórios vermelhos. O escritório dele tinha poltronas italianas e esculturas africanas, além de um serviço de bar embutido na parede de tijolinho aparente. O sol, passando por uma janela de grande altura, banhava um busto do dr. King.

"Gostei", disse o diretor após examinar o meu currículo. "Principalmente a experiência empresarial. Hoje em dia, é esse o verdadeiro lance de uma entidade de direitos civis. Protestos e greves não adiantam mais. Para ter resultados, precisamos criar vínculos entre as empresas, o governo e as áreas pobres do município."

Ele cruzou as mãos largas e então me mostrou um relatório anual impresso em papel sofisticado, aberto numa página que trazia a relação dos diretores do conselho da entidade. Havia um ministro negro e dez executivos brancos.

"Está vendo?", perguntou o diretor. "Parcerias entre o setor público e o setor privado. A chave do futuro. E é aí que entram os jovens como você. Educados. Seguros. À vontade em salas de diretoria. Ora, na semana passada mesmo eu falava desse problema com o ministro da Habitação e Desenvolvimento Urbano num jantar na Casa Branca. Jack, um cara fantástico. Ele se interessaria em conhecer um rapaz como você. Claro que sou filiado aos democratas, mas temos de aprender a trabalhar com quem está no poder…"

Ele me ofereceu o emprego, que consistia em organizar conferências sobre drogas, desemprego, habitação. Em facilitar o diálogo, disse ele. Declinei a generosa oferta, decidindo que precisava de um trabalho mais próximo das ruas. Passei três meses trabalhando para uma seção de Ralph Nader no Harlem, tentando convencer os estudantes minoritários no City College sobre a importância da reciclagem. Depois fiquei uma semana distribuindo panfletos numa campanha para vereadores no Brooklyn — o candidato perdeu e nunca me pagaram.

Em seis meses fiquei no vermelho, desempregado, tomando sopa em lata. Buscando alguma inspiração, fui ouvir Kwame Touré, que antes se chamava Stokely Carmichael, famoso no SNCC e expoente do Black Power, discursar em Columbia. Na entrada do auditório, havia duas mulheres, uma negra, outra asiática, vendendo livros marxistas e discutindo sobre o lugar de Trótski na história. Lá dentro, Touré propunha um programa para criar laços econômicos entre a África e o Harlem, que passaria longe do imperialismo capitalista branco. Ao final do discurso, uma jovem magra, de óculos, perguntou se esse programa era viável, em vista das condições das economias africanas e das necessidades imediatas dos negros americanos. Touré interrompeu a jovem no meio da frase.

"É só a lavagem cerebral que lhe fizeram que torna isso inviável, irmã", disse ele.

Os olhos cintilavam por dentro enquanto ele falava, os olhos de um louco ou de um santo. A jovem ficou de pé durante vários minutos, enquanto era repreendida por suas atitudes burguesas. As pessoas começaram a sair. Fora do auditório, as duas marxistas berravam a plenos pulmões.

"Porca stalinista!"

"Cadela reformista!"

Parecia um pesadelo. Vagueei pela Broadway, me imaginando ao lado do Memorial Lincoln e fitando um pavilhão vazio, destroços voando ao vento. O movimento morrera anos atrás, estilhaçado em mil fragmentos. Todas as vias de mudança estavam batidas demais, todas as estratégias tinham se esgotado. E, a cada derrota, mesmo os mais bem-intencionados podiam acabar cada vez mais distantes das lutas que se propunham travar.

Ou simplesmente loucos. Percebi de repente que estava falando sozinho no meio da rua. As pessoas voltando do trabalho para casa faziam uma leve curva para desviar de mim, e pensei reconhecer dois colegas de Columbia em meio à multidão, de paletó jogado no ombro, esquivando-se cuidadosamente do meu olhar.

Já tinha quase desistido do trabalho de líder comunitário quando recebi uma ligação de Marty Kaufman. Ele explicou que tinha começado uma mobilização em Chicago e queria contratar um estagiário. Estaria em Nova York na semana seguinte e propôs que nos encontrássemos num café em Lexington.

A aparência dele não inspirava muita confiança. Era um branco de altura mediana, troncudo, com um terno amarrotado. O rosto era sombreado por uma barba de dois dias; por trás dos óculos grossos com armação de metal, parecia estar sempre com os olhos apertados. Ao se levantar para me dar a mão, derramou um pouco de chá na camisa.

"Então", disse Marty, esfregando a mancha com um guardanapo de papel, "por que alguém do Havaí quer ser um líder comunitário?"

Sentei e lhe falei um pouco sobre mim.

"Hummm", ele assentia, enquanto tomava notas num bloco de papel com as bordas gastas. "Você precisa ter raiva de alguma coisa."

"Como assim?"

Deu de ombros.

"Não sei bem do quê. Mas de alguma coisa. Não me entenda mal: a raiva é pré-requisito do trabalho. A única razão que leva alguém a querer ser um líder comunitário. Gente bem ajustada encontra trabalho mais tranquilo."

Kaufman pediu mais água quente e me falou a respeito dele. Era judeu, de trinta e tantos anos, criado em Nova York. Tinha começado a trabalhar como líder comunitário nos anos 1960, nos protestos estudantis, e acabou ficando nisso, fazia quinze anos. Agricultores no Nebraska. Negros na Filadélfia. Mexicanos em Chicago. Agora ele queria reunir negros urbanos e brancos suburbanos em torno de um plano para salvar empregos industriais na área metropolitana de Chicago. Disse que precisava de alguém para trabalhar junto com ele. Alguém que fosse negro.

"A maior parte do nosso trabalho é com as igrejas", explicou. "Se o pessoal pobre e trabalhador quer ter poder de verdade, precisa de algum tipo de base institucional. Com os sindicatos do jeito que estão, só sobram as igrejas na cidade. É lá que está o povo e é lá que estão os valores, mesmo que soterrados debaixo de um monte de baboseiras. Mas as igrejas não vão trabalhar com a gente só porque são boazinhas. Vão falar em coisa grande, um sermão no domingo, talvez, ou um donativo especial para os desabrigados. Porém, na hora H, não vão se mexer, só se você mostrar como isso vai ajudá-las a pagarem as contas."

Pôs mais água quente na xícara.

"Mas, em todo caso, o que você sabe de Chicago?"

Pensei por um instante. Por fim falei:

"Abatedouros para a indústria de carne."

Marty balançou a cabeça.

"Os abatedouros já fecharam faz algum tempo."

"Os Cubs nunca ganham."

"Verdade."

"Cidade mais segregada do país", disse eu. "Um negro, Harold Washington, acabou de ser eleito prefeito e os brancos não gostaram."

"Então você andou acompanhando a carreira de Harold", disse Marty. "Me admira que você não tenha ido trabalhar para ele."

"Eu bem que tentei, mas o gabinete dele não me respondeu."

Marty sorriu, tirou os óculos e limpou as lentes com a ponta da gravata.

"Bom, é isso que se faz, quando o cara é novo, negro e interessado em questões sociais, não é? Encontrar uma campanha política para trabalhar nela. Um patrono importante, alguém que possa ajudar na carreira. E Harold é importante, quanto a isso não há dúvida. Um carisma enorme. Tem apoio quase unânime da comunidade negra. Metade dos hispânicos, alguns liberais brancos. Mas numa coisa você tem razão. O clima da cidade está totalmente polarizado. Um grande circo da mídia. Não estão fazendo grande coisa."

Encostei-me na cadeira.

"E de quem é a culpa?"

Marty recolocou os óculos e me encarou.

"Não é uma questão de culpa", disse então. "A questão é se algum político, mesmo alguém com o talento de Harold, consegue fazer grande coisa para romper o ciclo. Uma cidade polarizada não é uma coisa necessariamente ruim para um político. Negro ou branco."

Ele me propôs para começar 10 mil dólares no primeiro ano, com uma verba de viagem de 2 mil dólares para comprar um carro; o salário subiria se as coisas dessem certo. Depois que Marty foi embora, tomei o longo caminho de volta para casa, pela alameda do East River, tentando entender o sujeito. Era inteligente, concluí. Parecia engajado no trabalho. Mas tinha alguma coisa nele que me deixava em alerta. Um pouco seguro demais, talvez. E branco — ele próprio dissera que isso era um problema.

Os tubos velhos de iluminação do parque piscaram e se acenderam; uma longa barcaça marrom atravessava as águas cinzentas dirigindo-se ao mar. Sentei num banco, avaliando as minhas opções, e percebi a aproximação de uma mulher negra com o filho pequeno. O menino puxou a mãe até o gradil, e ali ficaram lado a lado, o menino com o braço em volta da perna dela, formando um vulto só ao crepúsculo. Por fim, o menino ergueu a cabeça parecendo perguntar alguma coisa. A mulher ergueu os ombros e o menino deu alguns passos em minha direção.

"Com licença, senhor", gritou o garoto. "O senhor sabe por que o rio às vezes corre para aquele lado e então às vezes vem desse lado?"

A mulher sorriu e balançou a cabeça, e eu falei que provavelmente era por causa das marés. O menino pareceu se satisfazer com a resposta e voltou para junto da mãe. Fiquei olhando enquanto os dois desapareciam na penumbra e me dei conta de que nunca percebera para que lado o rio corria.

Uma semana depois, pus a bagagem no carro e fui para Chicago.

8.

Eu só tinha estado em Chicago uma vez. Foi no verão depois da visita do meu pai no Havaí, antes do meu aniversário de onze anos, quando Toot resolveu que era hora de eu conhecer a parte continental dos Estados Unidos. Talvez houvesse alguma ligação entre as duas coisas, a decisão dela e a visita do meu pai — a presença dele perturbando (mais uma vez) o mundo que ela e meu avô tinham construído para eles, despertando nela a vontade de invocar sua história, suas memórias pessoais e repassá-las para os netos.

Viajamos durante mais de um mês, Toot, minha mãe, Maya e eu — meu avô, àquela altura, tinha perdido o gosto por viajar e preferiu ficar. Tomamos um avião até Seattle, depois descemos pela costa até a Califórnia e a Disneylândia, seguimos a leste até o Grand Canyon, atravessamos as Grandes Planícies até Kansas City, depois subimos até os Grandes Lagos e por fim voltamos a oeste pelo Parque Nacional de Yellowstone. Tomávamos os ônibus principalmente da Greyhound, ficávamos nos hotéis da rede Howard Johnson e todas as noites, antes de dormir, assistíamos às audiências do Watergate.

Ficamos três dias em Chicago, num hotel no South Loop. Devia ser julho, mas, por alguma razão, lembro-me de dias frios e cinzentos. O hotel tinha uma piscina coberta, que me impressionou; não existiam piscinas cobertas no Havaí. Ele ficava sob o elevado da ferrovia e, quando passava um trem, eu fechava os olhos e gritava o mais alto que podia. No Field Museum, vi duas cabeças ressequidas, que ficavam em exposição. Embora encarquilhadas, estavam bem conservadas, cada uma delas do tamanho da palma da minha mão, com olhos e lábios fechados e costurados, como eu esperaria. Pareciam ser de origem europeia: o homem tinha um cavanhaque pequeno, como um conquistador; a mulher tinha cabelo ruivo ondulado. Demorei-me ali enquanto olhava os dois (até minha mãe me puxar dali), sentindo — com o mórbido divertimento de um menino — como se tivesse deparado com alguma brincadeira cósmica. Não tanto porque as cabeças tinham sido encolhidas — isso eu podia entender; era a mesma ideia de comer carne de tigre com Lolo, uma espécie de magia, uma tomada de controle. Era mais pelo fato de que aquelas pequenas cabeças europeias estavam numa caixa de vidro, onde pessoas desconhecidas, talvez até descendentes, podiam observar os detalhes daquele horrível destino. Mais pelo fato de que ninguém parecia achar aquilo estranho. Era outro tipo de magia, essas luzes cruas de museu, as etiquetas organizadas, a aparente indiferença dos visitantes que passavam; nenhum esforço no que dizia respeito a obter o controle.

Catorze anos depois, a cidade tinha uma aparência muito mais bonita. Era julho, também, e o sol cintilava entre as árvores verde-escuro. Os barcos tinham desatracado e as velas distantes pareciam asas de pombas em meio ao lago Michigan. Marty havia dito que estaria ocupado naqueles primeiros dias e, assim, fiquei por conta própria. Comprei um mapa e segui a Martin Luther King Drive desde o extremo norte até o extremo sul, e então voltei até a cidadezinha de Cottage Grove, passando por vielas e ruas secundárias, pelos prédios de apartamentos e terrenos baldios, lojas de conveniência e bangalôs. Enquanto dirigia, ia relembrando. Relembrei o apito da Estação Central de Illinois, com a carga daqueles milhares que tinham vindo do Sul tantos anos antes; homens, mulheres e crianças negros, encardidos por conta da fuligem dos vagões, agarrando as bagagens improvisadas, todos se dirigindo à Terra de Canaã. Imaginei Frank com um terno folgado e lapelas largas, de pé em frente ao velho Regal Theatre, esperando Duke Ellington ou Ella Fitzgerald saírem de uma festa. O carteiro que vi era Richard Wright, entregando correspondência antes de vender o seu primeiro livro; a menina de óculos e trancinhas era Regina, pulando corda. Criei uma linha entre a minha vida e os rostos que via, pegando emprestadas as lembranças de outras pessoas. Foi como tentei tomar posse da cidade, me apropriar dela. Mais um tipo de magia.

No terceiro dia, passei na frente da Barbearia Smitty, um espaço de cinquenta metros quadrados cuja vitrine dava para a rua, na beira do Hyde Park, com quatro cadeiras de barbeiro e uma mesinha dobrável para La Tisha, a manicure que ali trabalhava meio período. A porta estava escorada para se manter aberta e entrei, os cheiros de creme e antissépticos próprios de uma barbearia se misturando com a risada dos homens e o zunido dos ventiladores vagarosos. Smitty era um negro de certa idade, com cabelo grisalho, magro e encurvado. A cadeira dele estava vaga e então me sentei, logo entrando na usual conversa de barbearia sobre esportes, mulheres, notícias da véspera, conversa ao mesmo tempo íntima e anônima, entre homens unânimes na decisão de deixar os problemas do lado de fora.

Alguém tinha acabado de contar o caso de um vizinho — o homem fora flagrado na cama com a prima da esposa e, perseguido com uma faca de cozinha, saiu correndo para a rua, completamente nu— e então a conversa passou para política.

"Vrdolyak e aquele bando de mentirosos não sabem quando parar", disse o homem com o jornal na mão, balançando a cabeça contrariado. "Quando Daley era prefeito, ninguém disse nada quando ele botou aquele bando de irlandeses na prefeitura. Mas, no minuto em que Harold tenta contratar alguns negros, só para equilibrar as coisas, dizem que é racismo reverso..."

"Ô, cara, sempre foi assim. Sempre que um negro chega no poder, vão tentar mudar as regras."

"O pior é que os jornais apresentam a história como se os negros tivessem começado toda essa confusão."

"O que você espera de um jornal de brancos?"

"É, você tem razão. Mas Harold sabe o que está fazendo. Ele está só esperando a próxima eleição."

Era assim que os negros falavam sobre o prefeito de Chicago, com uma afeição e uma familiaridade normalmente reservadas a parentes. O retrato dele estava por toda parte: nas paredes das sapatarias e nos salões de beleza; ainda colado nos postes desde a última campanha; até nas vidraças das tinturarias coreanas e mercearias árabes, exposto em destaque, como uma espécie de amuleto protetor. Da parede da barbearia, esse retrato me encarava do alto: o rosto bonito, de cabelo grisalho, sobrancelhas grossas e bigode robusto, o brilho nos olhos. Smitty viu meu olhar na direção do retrato e me perguntou se eu estava em Chicago na época da eleição. Falei que não. Ele assentiu.

"Precisava estar aqui antes de Harold para entender o que ele significa para esta cidade", disse Smitty. "Antes de Harold, era como se a gente sempre fosse cidadão de segunda classe."

"Política do toma lá dá cá", falou o homem com o jornal.

"Era bem isso também", disse Smitty. "Toma lá dá cá. Os negros nos piores empregos. Nas piores moradias. Brutalidade policial à solta. Mas, quando os negros do comitê eleitoral apareciam na época da eleição, a gente fazia fila e votava direto na chapa democrata. Vendia a alma em troca de um peru de Natal. Os brancos cuspiam na nossa cara e a gente retribuía com o nosso voto."

E iam caindo chumaços de cabelo no meu colo enquanto ouvia os homens relembrando a ascensão de Harold. Ele já tinha concorrido uma vez para prefeito, logo depois que o velho Daley morreu, mas não foi eleito — eram motivo de vergonha, me disseram os homens, a falta de unidade dentro da comunidade negra e as dúvidas que tinham de ser vencidas. Mas Harold tentou novamente, e dessa vez o povo estava pronto. Ficaram do lado dele quando a imprensa alardeou o imposto de renda que deixara de recolher ("Como se os espertalhões brancos não trapaceassem em tudo em cada segundo da vida deles"). Uniram-se em torno dele quando os brancos do comitê eleitoral democrata, Vrdolyak e outros, anunciaram o apoio ao candidato republicano, com o argumento de que a cidade cairia em desgraça com um prefeito negro. Compareceram em peso, batendo recordes, na noite da eleição, pastores e bandidos, jovens e velhos.

E a fé fora recompensada. Smitty falou:

"Vou dizer uma coisa: na noite em que Harold ganhou, o povo saiu correndo pelas ruas. Foi como no dia em que Joe Louis nocauteou Schmeling. Mesma sensação. E não era só orgulho das pessoas pelo Harold. Era orgulho por elas mesmas. Fiquei em casa, mas minha mulher e eu, a gente só conseguiu ir deitar às três da madrugada, de tanto entusiasmo. Na manhã seguinte, quando acordei, foi o dia mais bonito da minha vida..."

Smitty tinha baixado a voz até tornar-se um sussurro, e todo mundo na barbearia começou a sorrir. Mesmo longe, lendo os jornais em Nova York, eu também havia sentido aquele orgulho, o mesmo tipo de orgulho que me fazia torcer por qualquer time de futebol profissional que tivesse um zagueiro negro em campo. No entanto, havia algo diferente nisso que eu ouvia agora; havia um fervor na voz de Smitty que parecia ultrapassar a política.

"Precisava estar aqui para entender", dissera ele. Queria dizer aqui em Chicago, mas podia querer dizer aqui no meu lugar, um negro de idade que ainda arde com toda uma vida de insultos, de ambições frustradas, de ambições abandonadas antes mesmo de poder tentar alcançá-las. Perguntei a mim mesmo se era capaz de entender aquilo. Imaginava, pressupunha que sim. Ao me verem, aqueles homens também imaginaram que sim. Continuariam a pensar assim se me conhecessem melhor?, indaguei a mim mesmo. Tentei imaginar o que aconteceria se meu avô entrasse naquele instante na barbearia, como a conversa cessaria, como a magia se romperia, premissas diferentes em jogo.

Smitty me estendeu o espelho para que eu visse o resultado; então tirou meu guarda-pó e escovou a parte de trás da minha camisa.

"Obrigado pela aula de história", falei ao me levantar.

"Opa, essa parte foi de graça. O corte, dez dólares. Aliás, como você se chama?"

"Barack."

"Hum, Barack. Você é muçulmano?"

"O meu avô era."

Pegou o dinheiro e trocamos um aperto de mãos.

"Então, Barack, da próxima vez volte um pouco mais cedo. O seu cabelo estava pedindo socorro quando você entrou."

Mais tarde, Marty me pegou na frente do meu novo endereço e seguimos pela Skyway em sentido sul. Depois de vários quilômetros, tomamos uma saída que ia para o sudeste, passamos por várias filas de casinhas de tijolo ou madeira, até chegarmos a uma enorme fábrica velha que se estendia por diversos quarteirões.

"A velha Siderúrgica de Wisconsin."

Ficamos sentados ali em silêncio, examinando o edifício. Tinha um pouco do espírito robusto e brutal do passado industrial de Chicago, concreto e vigas metálicas erguendo-se em conjunto, sem muita atenção ao conforto ou ao acabamento. Só que agora estava vazio, enferrujado, como um destroço abandonado. Do outro lado da cerca de alambrado, um gato malhado sarnento corria pelo mato.

"Aqui na usina trabalhava gente de todo tipo", disse Marty, manobrando o carro para voltar à estrada. "Negros. Brancos. Hispânicos. Todos nas mesmas tarefas. Todos com o mesmo tipo de vida. Mas, fora do serviço, em geral não queriam nada um com o outro. E é do pessoal da igreja que estou falando. Irmãos e irmãs em Cristo."

Chegamos a um semáforo, e vi um grupo de rapazes brancos de camiseta, tomando cerveja numa varanda. Numa das janelas havia um cartaz de Vrdolyak, e vários deles começaram a me encarar. Virei-me para Marty.

"E por que você acha que agora esse pessoal vai trabalhar junto?"

"Não têm escolha. Não se quiserem recuperar o emprego."

Retomando a estrada, Marty começou a me falar mais sobre a organização que criara. Tinha tido a ideia dois anos antes, disse ele, ao ler nos jornais as notícias sobre as demissões e o fechamento de fábricas que se multiplicavam pelo sul de Chicago e nos subúrbios da região. Com a ajuda de um bispo auxiliar católico simpático à causa, ele se reunira com pastores e membros das congregações da área e ouvira negros e brancos expondo a vergonha de estarem desempregados, o medo de perderem a casa ou de não receberem pensão — o sentimento geral de terem sido traídos.

Por fim, mais de vinte igrejas suburbanas haviam aceitado formar uma organização, a que deram o nome de Conferência Comunitária Religiosa Calumet (CCRC). Outras oito igrejas ingressaram no braço urbano da organização, chamado Projeto de Desenvolvimento das Comunidades (PDC). As coisas não andaram tão rápido quanto Marty esperava; os sindicatos ainda não haviam se filiado e a guerra política na Câmara dos Vereadores fora uma grande cortina de fumaça. Mesmo assim, recentemente a CCRC tinha alcançado sua primeira vitória significativa: um programa computadorizado de alocação de empregos no valor de 500 mil dólares, que a Câmara de Illinois concordara em financiar. Marty explicou que estávamos indo a um comício para comemorar esse novo banco de empregos, o primeiro passo numa campanha de longo prazo.

"Vai levar algum tempo para que a produção industrial seja retomada aqui", disse ele. "Dez anos, no mínimo. Mas, depois de conseguirmos a participação dos sindicatos, teremos uma base para negociar. Enquanto isso, só precisamos deter a sangria e dar algumas vitórias de curto prazo para as pessoas. Algo para mostrar a elas o poder que têm quando param de brigar entre si e começam a se juntar contra o verdadeiro inimigo."

"Que é quem?"

Marty deu de ombros:

"Os banqueiros de investimentos. Os políticos. Os grandes lobistas."

Marty assentiu consigo mesmo, apertando os olhos para a estrada à nossa frente. Ao fitá-lo, comecei a desconfiar que ele não era tão cético quanto gostava de parecer, que a usina de onde acabávamos de sair tinha um significado maior para ele. Em algum momento da vida, pensei, ele também fora traído.

Já anoitecia quando cruzamos o perímetro urbano e entramos no estacionamento de uma grande escola suburbana, com uma multidão de gente se dirigindo ao auditório. Eram como Marty os descrevera: siderúrgicos desempregados, secretárias, caminhoneiros, homens e mulheres que fumavam muito e não cuidavam do peso, faziam compras na Sears ou no Kmart, andavam em carros de modelo recente de Detroit e iam comer no Red Lobster em ocasiões especiais. Um negro de peito largo com colarinho de padre nos recebeu à porta e Marty o apresentou como diácono Wilbur Milton, copresidente da organização. De barba curta arruivada e bochechas redondas, o homem me fez lembrar o Papai Noel.

"Bem-vindo", disse Will, me dando um vigoroso aperto de mão. "Andávamos nos perguntando quando iríamos conhecê-lo. Pensamos que você talvez fosse coisa da cabeça de Marty."

Marty deu uma espiada no auditório.

"Como está o número de presentes?"

"Até agora bom. Parece que todo mundo está fazendo a sua parte. O pessoal do governador acabou de ligar para dizer que ele está vindo."

Marty e Will se encaminharam ao palco, consultando a agenda da noite. Comecei a segui-los, mas tive o caminho bloqueado por três negras de idade indefinida. Uma delas, uma mulher bonita de cabelo tingido de alaranjado, apresentou-se como Angela e então se inclinou para mim, sussurrando:

"Você é Barack, não é?"

Assenti.

"Você não imagina como estamos contentes em vê-lo."

"Não imagina mesmo", emendou a outra mulher de mais idade, ao lado de Angela. Estendi a mão e ela sorriu, exibindo um dente de ouro na frente.

"Desculpe, sou Shirley", disse tomando a minha mão.

Fez um gesto para a terceira mulher, escura e robusta.

"Esta é Mona. Arrumadinho ele, hein, Mona?"

"Arrumadinho mesmo", disse Mona rindo.

"Não me leve a mal", disse Angela, abaixando ainda mais a voz. "Não tenho nada contra o Marty. Mas é que, até agora, só você pode…"

"Olá, Angela!"

Erguemos os olhos e vimos Marty no palco acenando para nós.

"Mais tarde vocês podem conversar o quanto quiserem com Barack. Agora preciso de todas vocês aqui em cima comigo."

As mulheres trocaram um olhar de concordância, e Angela se virou para mim.

"Acho que é melhor a gente ir", disse ela. "Mas temos mesmo de conversar. Logo."

"Sem dúvida", reforçou Mona.

As três se afastaram, Angela e Shirley papeando animadamente na frente, Mona atrás com toda a calma.

A essa altura, o auditório estava quase lotado, 2 mil pessoas ao todo, talvez um terço de negros vindos de ônibus da cidade. Às sete horas, um coro entoou duas músicas gospel, Will fez a chamada de todas as igrejas ali representadas e um luterano branco do subúrbio expôs a história e a missão da CCRC. Então subiu ao palco uma série de oradores: um legislador negro e um legislador branco, um pastor batista e o cardeal Bernardin, e por fim o governador, que anunciou seu compromisso solene de apoiar o novo banco de empregos e elencou uma lista de provas do seu incansável empenho em favor dos trabalhadores e das trabalhadoras de Illinois.

Para mim, a coisa toda parecia um pouco sem graça, como uma convenção política ou uma luta livre na TV. Mas a multidão parecia estar gostando. Alguns estavam com estandartes brilhantes com o nome da Igreja a que pertenciam. Outros irrompiam em sonoras aclamações quando reconheciam algum parente ou amigo no palco. Ao ver todos esses rostos negros e brancos juntos no mesmo lugar, também me senti encorajado, reconhecendo em mim a mesma visão que movia Marty, sua confiança no impulso populista e na solidariedade da classe trabalhadora, sua convicção de que bastava tirar da frente os políticos, a mídia, a burocracia e pôr todo mundo sentado à mesa, e as pessoas comuns encontrariam algo com que se identificar.

Terminado o comício, Marty avisou que ia dar carona a algumas pessoas e, assim, em vez de ir com ele, resolvi pegar um dos ônibus que voltavam para a cidade. Acabou surgindo um lugar vago ao lado de Will no ônibus e, ao clarão das luzes da estrada, ele começou a me falar um pouco sobre sua vida.

Ele havia crescido em Chicago e serviu no Vietnã. Contou que, depois da guerra, conseguira um estágio de executivo no Continental Illinois Bank e subira rápido na carreira, feliz com as regalias do cargo — o carro, os ternos, o escritório no centro. Então o banco passou por uma reestruturação e Will foi demitido, o que o deixou muito abalado e endividado. Foi uma guinada na sua vida, disse ele, a maneira como Deus lhe disse para corrigir seus valores. Em vez de procurar outro emprego na área, foi para Cristo. Ingressou na paróquia de Santa Catarina em West Pullman, onde assumiu o posto de zelador. A decisão gerou certa tensão no casamento — a esposa, disse ele, ainda estava "se adaptando" —, mas, segundo Will, o modo de vida mais ascético condizia com sua nova missão: espalhar a boa nova e combater um pouco da hipocrisia que via na Igreja.

"Muitos negros na Igreja acabam agindo com a turma da classe média", disse Will. "Acham que basta seguir as Escrituras e que não precisam seguir o espírito. Em vez de acolher bem as pessoas que estão sofrendo, fazem com que elas se sintam mal acolhidas. Olham torto para quem não esteja usando a roupa certa para a missa, para quem não fale da maneira apropriada, coisas assim. Acham que levam uma vida confortável, então para que se incomodar… Bom, Cristo não é uma questão de conforto, não é? Ele pregava um evangelho social. Levava sua mensagem aos fracos. Aos humilhados. E é exatamente isso o que digo a alguns desses negros de classe média, sempre que falo nos domingos. Digo o que eles não querem ouvir."

"E ouvem?"

"Não", Will deu uma risadinha. "Mas não é isso que vai me impedir. É como esse colarinho clerical, esse clérgima que eu uso. Alguns ficam realmente loucos da vida. E me dizem: 'Clérgima é para padre'. Mas, veja, só porque sou casado e não posso ser ordenado não significa que não tenho vocação. A Bíblia não diz nada sobre isso. Então continuo a usar clérgima para que as pessoas saibam de onde eu venho."

E prosseguiu:

"Na verdade, alguns de nós fomos encontrar o cardeal Bernardin, cerca de um mês atrás, e eu fui de clérgima, o que deixou todo mundo realmente nervoso. E aí subiram pelas paredes quando tratei o cardeal de 'Joe' em vez de 'Vossa Eminência'. Mas, sabe, Bernardin ficou numa boa. É um homem espiritual. Vi que nos entendíamos. São essas regras, mais uma vez, que nos dividem: regras dos homens, não regras de Deus. Veja, Barack, estou na igreja católica, mas fui criado como batista. Poderia muito bem ter entrado numa igreja metodista, pentecostal, qualquer uma. Calhei de entrar na Santa Catarina porque foi para lá que Deus me enviou. E para Ele importa mais que eu esteja ajudando os outros do que seguindo o catecismo ao pé da letra."

Concordei, preferindo não perguntar o que era catecismo. Na Indonésia, eu tinha passado dois anos numa escola muçulmana e dois anos numa escola católica. Na muçulmana, o professor escrevia para minha mãe informando que eu fazia caretas durante os estudos do Corão. Minha mãe não demonstrava nenhuma preocupação explícita. Só dizia: "Seja respeitoso". Na católica, na hora de rezar, eu fingia fechar os olhos e aí ficava espiando a sala. Não acontecia nada. Não descia nenhum anjo. Só uma freira velha e enrugada e trinta crianças de pele amarronzada, murmurando palavras. Às vezes a freira me flagrava, e seu olhar severo me forçava a fechar as pálpebras. Mas isso não mudava o que eu sentia por dentro. Era como eu me sentia agora, ouvindo Will; meu silêncio era como fechar os olhos.

O ônibus parou no estacionamento da igreja, e Will foi até a frente do veículo. Agradeceu a presença de todos e insistiu que continuassem a participar.

"É uma longa estrada que estamos percorrendo", disse ele, "mas esta noite me mostrou o que somos capazes de fazer quando nos empenhamos. Precisamos manter esse sentimento bom que vocês têm agora até que essa comunidade se reerga novamente."

Alguns sorriram e responderam amém. Mas, enquanto eu descia do ônibus, ouvi uma mulher atrás de mim sussurrando para a amiga: "Não tenho que ficar ouvindo essas coisas de comunidade. Cadê os empregos de que eles falam?".

No dia seguinte ao comício, Marty decidiu que era hora de eu pôr a mão na massa e me deu uma lista extensa de pessoas para entrevistar. Descubra o que interessa a elas, disse Marty. As pessoas se organizam por causa disso, porque acham que vão conseguir tirar algum proveito. Depois de encontrar uma questão que seja de interesse para elas, consigo conduzi-las à ação. Com ações suficientes, consigo começar a reunir poder.

Questões, ação, poder, interesse pessoal. Esses conceitos me agradavam. Indicavam um pragmatismo, uma ausência prosaica de sentimentos; política, não religião. Passei as três semanas seguintes trabalhando dia e noite, marcando e fazendo as entrevistas. Foi mais difícil do que eu imaginava. Havia a resistência interna que tomava conta de mim sempre que eu pegava o telefone para marcar as entrevistas, enquanto vinham à mente as imagens das ligações do meu avô para vender apólices de seguros: a impaciência no outro lado da linha, a sensação de vazio quando não retornavam a ligação. A maioria das visitas ficava para o período da noite, na casa das pessoas, quando já estavam cansadas de um dia inteiro de trabalho. Às vezes, quando eu chegava, a pessoa tinha se esquecido do compromisso e eu precisava lembrá-la de quem eu era, enquanto ela me espreitava pela porta entreaberta.

Mas essas eram dificuldades menores. Depois de vencê-las, via que as pessoas não desprezavam uma chance de emitir suas opiniões sobre um vereador de corpo mole ou um vizinho que não aparava a grama. Comecei a notar que, quanto mais entrevistas fazia, mais determinados temas se repetiam. Soube, por exemplo, que a maioria dos moradores da área tinha se criado mais ao norte ou no oeste de Chicago, nos enclaves negros superpovoados resultantes de acordos restritivos durante boa parte da história da cidade. As pessoas com quem eu conversava guardavam algumas lembranças afetuosas daquele mundo fechado, mas também mencionavam a falta de luz, de aquecimento e de espaço para respirar — além de verem os pais se matando de trabalhar em serviços braçais.

Alguns seguiram os passos dos pais e foram trabalhar nas usinas siderúrgicas ou em linhas de montagem. Muitos, porém, encontraram serviço como carteiros, motoristas de ônibus, professores e assistentes sociais, aproveitando as leis mais rígidas contra a discriminação no serviço público. Esses empregos tinham benefícios trabalhistas e ofereciam segurança suficiente para pensar no financiamento de uma casa própria. Com a aprovação de leis habitacionais mais favoráveis, começaram a comprar casas, uma por vez, em Roseland e em outros bairros brancos. Não porque estivessem necessariamente interessados em se misturar com os brancos, frisavam, mas porque as casas naqueles bairros tinham preço acessível, com jardinzinhos para as crianças brincarem, porque as escolas eram melhores e o comércio mais barato, e talvez simplesmente porque podiam.

Muitas vezes, ouvindo essas histórias, eu me recordava das que meu avô, Toot e minha mãe contavam — histórias de privações, de migrações, da busca por algo melhor. Havia, contudo, uma diferença indelével entre o que eu ouvia agora e o que lembrava, como se minhas imagens de infância corressem ao contrário. Nas novas histórias, as placas de "vende-se" se multiplicavam como dentes-de-leão ao sol de verão. Voavam pedras pelas janelas, ouviam-se as vozes tensas de pais preocupados, mandando as crianças entrarem, interrompendo as brincadeiras inocentes. Quarteirões inteiros se mudaram em menos de seis meses; bairros inteiros em menos de cinco anos.

Nessas histórias, sempre que negros e brancos se encontravam, os resultados eram, infalivelmente, raiva e dor.

A área nunca se recuperara totalmente dessa sublevação racial. Lojas e bancos foram embora com seus clientes brancos, o que resultou na deterioração das principais vias públicas. Os serviços municipais decaíram. Mesmo assim, quando os negros que agora moravam em casa própria, agora já há uns dez ou quinze anos, reviam o desenrolar das coisas, sentiam certa dose de satisfação. Contando com duas fontes de renda, haviam quitado a casa e o carro, por vezes a faculdade dos filhos, com fotos da formatura no console da lareira. Tinham mantido o lar unido, tinham mantido os filhos fora das ruas; tinham formado associações locais para assegurar o mesmo a outras pessoas.

Era quando falavam do futuro que transparecia uma ponta de inquietação. Mencionavam um primo ou irmão que volta e meia aparecia pedindo dinheiro, ou um filho adulto desempregado, que continuava a morar com eles. Mesmo o sucesso dos filhos que haviam concluído a faculdade e ingressado no mundo administrativo trazia em si um elemento de perda — quanto maior o êxito profissional, maior a probabilidade de se mudarem dali. No lugar deles chegavam famílias mais jovens e menos estáveis, a segunda onda de migrantes de bairros mais pobres, numa situação de melhoria muito recente, as quais nem sempre conseguiam manter o financiamento em dia ou investir na manutenção periódica. O roubo de carros aumentara; os parques arborizados viviam vazios. As pessoas começavam a ficar mais tempo dentro de casa; investiam em portas com grades de ferro; ficavam pensando se conseguiriam vender mesmo com prejuízo e ir para um lugar de clima mais quente, talvez de volta para o Sul.

Assim, apesar do merecido sentimento de realização, apesar das provas incontestáveis de melhoria de vida, nossas conversas eram marcadas por outra tensão, mais ameaçadora. As casas vazias fechadas com tábuas, as lojas decadentes, os membros da igreja cada vez mais idosos, jovens de famílias desconhecidas que se pavoneavam pelas ruas — grupos ruidosos de garotos, mocinhas dando batata chips para as crianças de colo que berravam, jogando no chão as embalagens vazias que iam rolando pela calçada — tudo isso anunciava verdades dolorosas, dizia-lhes que a melhoria que tinham alcançado era efêmera, com raízes fincadas num solo instável, e que talvez nem durasse muito tempo.

Era essa dupla sensação, de avanço individual e de declínio coletivo, que parecia explicar algumas atitudes que inquietavam Will, na nossa conversa na noite do comício. Eu a notava no excessivo orgulho que alguns dos homens sentiam pela adega que tinham construído no subsolo, pelas luminárias de lava e paredes espelhadas. No plástico de proteção que as mulheres mantinham nos sofás e carpetes impecáveis. Em tudo isso era nítido o esforço decidido de reforçar a convicção de que as coisas haviam realmente mudado, bastava que algumas pessoas passassem a se comportar direito. "Sempre que posso, evito passar por Roseland", disse-me certa vez uma mulher do bairro vizinho de Washington Heights. "O pessoal de lá é mais brutamontes. Dá para ver pelo jeito com que cuidam de casa. Não era assim quando os brancos moravam lá."

Distinções entre bairros, depois entre quarteirões, por fim entre vizinhos do mesmo quarteirão; tentativas de isolar, de controlar a decadência. Mas uma coisa dava para notar. A mulher tão preocupada com os hábitos mais grosseiros dos vizinhos tinha na cozinha, ao lado do quadrinho bordado com o Salmo 23, uma foto de Harold. Também havia uma foto de Harold no apartamento caindo aos pedaços, poucas quadras adiante, do rapaz que tentava se sustentar como DJ em festas. Tal como os homens na barbearia de Smitty, a eleição havia dado a essas pessoas uma nova ideia sobre si mesmas. Ou talvez fosse uma ideia antiga, nascida numa época mais simples. Harold era algo que ainda tinham em comum: como minha ideia de liderança comunitária, ele oferecia a proposta de uma redenção coletiva.

Atirei meu relatório da terceira semana em cima da escrivaninha de Marty e sentei enquanto ele lia o material do começo ao fim.

"Razoável", disse quando acabou.

"Razoável?"

"É, razoável. Você está começando a ouvir. Mas ainda é abstrato demais... como se fosse um levantamento ou algo assim. Se quer engajar as pessoas, precisa deixar o supérfluo de lado e pegar o ponto central. O que faz elas vibrarem, ou então você nunca vai formar o relacionamento de que precisa para que elas se envolvam."

O sujeito começava a me dar nos nervos. Perguntei se ele nunca se preocupava em ficar calculista demais, se não achava manipuladora a ideia de sondar a psique das pessoas e ganhar a confiança delas só para formar uma organização. Ele deu um suspiro.

"Não sou um poeta, Barack. Sou um líder comunitário."

E o que significava isso? Saí do escritório de péssimo humor. Mais tarde, tive de admitir que Marty estava certo. Eu ainda não fazia a menor ideia de como transformar em ação o que estava ouvindo. Na verdade, só quando terminei as entrevistas é que pareceu surgir uma oportunidade.

Foi num encontro com Ruby Styles, uma mulher robusta que trabalhava como gerente de escritório na zona norte da cidade. Estávamos falando sobre o seu filho Kyle, um adolescente inteligente, mas tímido, que começava a ter problemas na escola, quando então ela mencionou o aumento das atividades de uma gangue local. Um dos amigos de Kyle tinha sido baleado na semana anterior, disse Ruby, bem na frente da casa dele. O menino estava bem, mas a mãe estava se sentindo inquieta com a segurança do filho.

Agucei os ouvidos; aquilo soava como interesse pessoal. Nos dias subsequentes, fiz com que Ruby me apresentasse a outros pais que enfrentavam os mesmos medos e se sentiam frustrados com a falta de reação da polícia. Todos concordaram quando propus que convidássemos o comandante distrital para uma reunião do bairro, para que a comunidade expusesse suas preocupações; ao falarmos sobre a divulgação, uma das mulheres comentou que havia uma igreja batista no quarteirão onde o menino fora baleado, e que o pastor de lá, o reverendo Reynolds, talvez se dispusesse a anunciar o encontro para sua congregação.

Foi uma semana inteira de telefonemas, mas, quando finalmente consegui falar com o reverendo Reynolds, a reação dele foi promissora. Ele era o presidente da aliança ministerial local — "igrejas que se unem para pregar o evangelho social", me informou. Disse também que o grupo teria sua reunião regular no dia seguinte e que de bom grado me colocaria na pauta.

Desliguei o telefone empolgadíssimo e no dia seguinte, bem cedo, fui à igreja do reverendo Reynolds. Duas moças de luvas e batas brancas me receberam no saguão e me encaminharam a uma grande sala de conferências, onde, em roda, dez ou doze negros de mais idade conversavam de pé. Um senhor de ar especialmente distinto veio me cumprimentar.

"Você deve ser o irmão Obama", disse, tomando a minha mão. "Reverendo Reynolds. Chegou bem na hora; estamos para começar."

Sentamos ao redor de uma mesa comprida; o reverendo Reynolds conduziu a oração e depois me ofereceu a palavra. Controlando meu nervosismo, expus aos pastores a intensificação das atividades da gangue e a reunião que estávamos programando e lhes entreguei panfletos para distribuírem em suas congregações.

"Com a liderança de vocês", disse eu, animando-me com o tema, "pode ser um primeiro passo para a cooperação em todos os tipos de questões. Reformar as escolas. Trazer de volta empregos para o bairro…"

No instante em que eu entregava os últimos panfletos, entrou na sala um homem alto, cor de pecã. Usava um terno azul com paletó de peito duplo e uma grande cruz dourada na gravata escarlate. Tinha o cabelo alisado, armado e puxado para trás num topete *pompadour*.

"Irmão Smalls, você acabou de perder uma apresentação excelente", disse o reverendo Reynolds. "Este jovem, o irmão Obama, planeja organizar uma reunião sobre o tiroteio recente da gangue."

O reverendo Smalls se serviu de café, examinou o panfleto e me perguntou:

"Como se chama a sua organização?"

"Projeto de Desenvolvimento das Comunidades."

"Desenvolvimento das Comunidades…" E franziu as sobrancelhas. "Acho que me lembro de um branco que apareceu falando de um Desenvolvimento de alguma coisa. Um sujeito de cara engraçada. Sobrenome judeu. Você está ligado aos católicos?"

Respondi que algumas das igrejas católicas da área estavam envolvidas.

"Isso, agora me lembro."

O reverendo Smalls tomou um golinho de café, reclinou-se na cadeira e retomou.

"Falei para aquele branco que podia pegar suas coisas e dar o fora. Não precisamos de nada disso por aqui."

"Eu..."

"Escute aqui... como você se chama mesmo? Obamba? Escute aqui, Obamba, você pode ter boas intenções. Não tenho dúvida disso. Mas a última coisa de que precisamos é nos juntarmos com um monte de grana de branco, com igrejas católicas e com lideranças de judeus para resolvermos nossos problemas. Eles não estão interessados em nós. Veja só, a arquidiocese nesta cidade é comandada por uns racistas contumazes. Sempre foi. O pessoal branco chega aqui achando que sabe o que é melhor para nós, contratando um bando de irmãos formados na faculdade, cheios dos discursos, como você, que nem sabem das coisas e só querem é assumir o comando. É tudo político, e não é assim que nosso grupo funciona."

Balbuciei que a Igreja sempre estivera à frente no que se referia a dar encaminhamento aos problemas da comunidade, mas o reverendo Smalls se limitou a balançar a cabeça, dizendo:

"Você não entende. As coisas mudaram com o novo prefeito. Conheço o comandante da polícia distrital desde a época em que ele fazia a patrulha. Os vereadores desta área estão todos engajados no fortalecimento do poder negro. Para que precisamos protestar e ir para cima da nossa própria gente? Todos os que estão sentados aqui a esta mesa têm linha direta com a Câmara e com a Prefeitura. Fred, você não acabou de falar com o vereador sobre aquele alvará para o seu estacionamento?"

Os outros presentes na sala tinham ficado quietos. O reverendo Reynolds pigarreou.

"O cara é novo aqui, Charles. Só está tentando ajudar."

O reverendo Smalls sorriu e deu um tapinha no meu ombro.

"Não me entenda mal. Como disse, sei que você tem boa intenção. Precisamos de sangue novo para ajudar na causa. Só estou dizendo que você está no campo errado da batalha."

Depois de tanto pito, fiquei ali sentado enquanto os pastores discutiam uma missa conjunta de Ação de Graças no parque do outro lado da rua. Terminada a reunião, o reverendo Reynolds e mais alguns me agradeceram por ter vindo.

"Não leve Charles a sério demais", recomendou um deles. "Às vezes ele é meio categórico."

Mas notei que nenhum deles saiu com os panfletos que eu distribuíra, e dias depois, quando telefonei para alguns pastores, as respectivas secretárias disseram que eles já tinham ido embora.

Demos andamento à nossa reunião com a polícia, que foi um pequeno fiasco. Apareceram somente treze pessoas, espalhadas entre as filas de cadeiras vazias. O comandante cancelou a vinda e mandou no lugar um oficial das relações com a comunidade. A cada cinco minutos entrava um casal de idade perguntando onde era o bingo. Passei a maior parte do tempo direcionando esse trânsito imprevisível para o andar de cima, enquanto Ruby, carrancuda, sentada no palco, ouvia o sermão do policial sobre a necessidade de disciplina na educação dos filhos.

Quando a reunião estava na metade, Marty chegou.

Depois que acabou, ele se aproximou e pôs a mão em meu ombro.

"Uma merda, hein?"

De fato. Marty me ajudou a arrumar a sala, então me levou para tomar um café e apontou alguns erros que eu havia cometido. O problema das gangues era genérico demais para causar impressão nas pessoas — as questões tinham de ser concretas, específicas e com soluções. Eu devia ter preparado Ruby com mais cuidado — e colocado menos cadeiras na sala. O mais importante: eu precisava me dedicar a conhecer os líderes na comunidade; folhetos não iam tirar ninguém de casa numa noite de chuva.

"Ah, isso me faz lembrar", disse Marty ao levantarmos para ir embora. "O que aconteceu com aqueles pastores que você ia visitar?"

Contei sobre o reverendo Smalls. Ele caiu na risada:

"Ainda bem que não fui junto, hein?"

Não achei graça nenhuma e perguntei:

"Por que você não me avisou sobre Smalls?"

"Ora, eu avisei", disse Marty, abrindo a porta do carro. "Falei para você que Chicago é polarizada e que os políticos se aproveitam disso em benefício próprio. É isto que Smalls é: um político que por acaso é pastor. De todo modo, não é o fim do mundo. Você devia ficar contente por aprender logo a lição."

Tudo bem, mas que lição? Observando Marty sair com o carro, pensei de novo no dia do comício: a voz de Smitty na barbearia; as filas de rostos negros e brancos no auditório da escola, que estavam lá por causa da desolação da fábrica e do sentimento de traição pessoal de Marty; o cardeal, um sujeito miúdo, pálido, modesto de batina preta e óculos, sorrindo no palco enquanto Will o envolvia num enorme abraço; Will, tão convicto de que ambos se entendiam mutuamente.

Cada imagem trazia uma lição, cada imagem permitia diversas interpretações. Pois eram muitas as igrejas, muitos os credos. Em alguns momentos, talvez, esses credos pareciam convergir — a multidão diante do Lincoln Memorial, os Passageiros da Liberdade no balcão da lanchonete. Mas eram momentos parciais, fragmentários. De olhos fechados, proferíamos as mesmas palavras, embora por dentro orássemos, cada um de nós, aos próprios mestres; ficávamos encerrados cada um nas próprias lembranças; cada um de nós aferrado à sua própria espécie de magia.

Um sujeito como Smalls entendia isso, pensei. Entendia que os homens na barbearia não queriam ressalvas à vitória de Harold — à vitória deles — na eleição. Não queriam ouvir que seus problemas não se resumiam a um grupo de vereadores brancos desonestos, ou que sua redenção não era plena. Marty e Smalls sabiam que o poder na política, como na religião, reside na certeza — e que a certeza de um sempre ameaça a certeza de outro.

Então percebi, parado no estacionamento vazio de um McDonald's no South Side de Chicago, que eu era um herege. Ou pior — pois mesmo os hereges precisam acreditar em alguma coisa, nem que seja na verdade das próprias dúvidas.

9.

O conjunto residencial de Altgeld Gardens, do programa habitacional do governo, ficava no extremo sul de Chicago: 2 mil apartamentos numa sucessão de predinhos de dois andares, com tijolo aparente, portas verde-oliva e falsas venezianas de cor encardida. Todo mundo na área se referia a Altgeld como "os Jardins", mas só mais tarde fui perceber a ironia do nome, evocando algo fresco e bem cuidado — uma terra santificada.

É verdade que havia um bosque logo ao sul do conjunto, e a sul e a oeste dele corria o rio Calumet, onde não raro homens agitavam lentamente as varas de pesca nas águas escuras. Mas os peixes que nadavam naquelas águas muitas vezes eram de um desbotado estranho, com olhos opacos e caroços atrás das guelras. As pessoas só comiam o que pescavam se não tivessem alternativa.

A leste, no outro lado da via expressa, ficava o aterro sanitário do lago Calumet, o maior do Meio-Oeste.

E ao norte, logo do outro lado da rua, ficava a usina de tratamento de esgotos do Distrito Sanitário Metropolitano. Os moradores de Altgeld não viam a usina nem os tanques a céu aberto que se estendiam por mais de 1,5 quilômetro; como parte de uma recente iniciativa de embelezamento, o distrito mantinha um extenso paredão de terra na frente das instalações, pontilhado aqui e ali com mudas de árvores plantadas às pressas, que se recusavam a crescer mesmo depois de muitos meses, como fios de cabelo espalhados na cabeça de um careca. Mas os funcionários não podiam fazer nada para disfarçar o cheiro — uma fedentina pesada, cuja intensidade variava com a temperatura e a direção do vento, que se infiltrava pelas janelas, por mais fechadas e vedadas que estivessem.

O fedor, as toxinas, a paisagem vazia e despovoada. Por quase um século, os poucos quilômetros quadrados que cercavam Altgeld tinham recebido os dejetos de dezenas de fábricas, preço que as pessoas haviam pagado por seus empregos bem remunerados. Como não havia mais empregos e quem podia já se mudara dali, parecia a coisa mais natural do mundo usar a área como depósito de lixo.

Depósito de lixo — e local de moradia para negros pobres. Altgeld podia ser de um isolamento físico sem igual, mas tinha uma história em comum com outros projetos da cidade: os sonhos dos reformadores de construir habitações decentes para os pobres; a política que concentrara os programas habitacionais em áreas distantes de bairros brancos e impedira que famílias trabalhadoras morassem lá; o uso do Departamento Habitacional de Chicago (DHC) como escoadouro de recursos, acarretando negligência e má administração. Ainda não era tão ruim quanto os projetos de prédios altos, os Robert Taylor e Cabrini Green, com os poços de escadas totalmente escuros, os saguões manchados de urina e os tiroteios aleatórios. O índice de ocupação de Altgeld se mantinha estável em 90%, e o interior dos apartamentos, na maioria das vezes, era bem conservado, com pequenos detalhes que mostravam a persistência de uma ideia de lar: um tecido estampado por cima de um estofado para esconder algum rasgo, um calendário velho que continuava na parede por causa das cenas de praias tropicais.

Mesmo assim, os Jardins pareciam estar numa situação de total abandono. Os forros, desfeitos. As tubulações, rompidas. As privadas, entupidas. A lama dos pneus formava trilhas entre os gramados pequenos e amarronzados com floreiras vazias, quebradas, viradas, quase soterradas. As equipes de manutenção do DHC tinham deixado até de fingir que em algum momento fariam os consertos. Desse modo, a maioria das crianças em Altgeld crescia sem nunca ter visto um jardim. Crianças que só podiam ver que aquilo que as rodeava estava velho e gasto e que havia certo prazer em acelerar a decadência.

Peguei a entrada para Altgeld na 131 e parei na frente da igreja de Nossa Senhora dos Jardins, um edifício baixo de tijolos perto dos fundos do conjunto. Fui até lá para encontrar alguns dos nossos principais líderes e conversar sobre os problemas nas nossas iniciativas de liderança, a fim de verificar como poderíamos retomar a situação. Mas, quando desliguei o motor e fui pegar minha pasta, algo me deteve. A vista, talvez; o céu cinza sufocante. Fechei os olhos e apoiei a cabeça no encosto do banco, sentindo-me como o imediato de um navio prestes a afundar.

Já haviam se passado mais de dois meses desde o fiasco da reunião com a polícia e as coisas estavam bem ruins. Não houve nenhuma passeata, nenhum protesto, nenhuma canção de liberdade. Só uma série de falhas e mal-entendidos, tédio e estresse. O problema, em parte, era a nossa base, a qual — pelo menos na cidade — não tinha sido ampla: oito paróquias católicas espalhadas por vários bairros, todas com congregações negras, porém todas dirigidas por padres brancos. Eram homens isolados, em geral padres de ascendência polonesa ou irlandesa, homens que tinham ingressado no seminário nos anos 1960 com a intenção de servir aos pobres e curar as feridas raciais, mas sem o ardor de seus antepassados missionários; mais bondosos, talvez melhores, contudo também mais brandos por causa da época. Tinham visto seus sermões sobre fraternidade e boa vontade serem pisoteados pela correria dos brancos em fuga, suas tentativas de recrutar novos membros serem objeto de desconfiança dos negros — sobretudo batistas, metodistas e pentecostais — que moravam nas cercanias das suas igrejas. Marty os convencera de que, ao romper esse isolamento, a organização não só deteria a decadência dos bairros, como também revigoraria suas paróquias e lhes daria novo ânimo. Mas fora uma frágil esperança e, na época em que nos encontramos, eles já haviam se resignado às suas decepções.

"O fato", disse-me um dos padres, "é que muitos de nós aqui estamos pedindo transferência. Eu continuo aqui só porque não tem ninguém disposto a me substituir."

O estado de ânimo era ainda pior entre os laicos, pessoas negras como Angela, Shirley e Mona, as mulheres que conheci no comício. As três eram alegres, bem-dispostas, mulheres que — sem marido para ajudar — de alguma forma conseguiam criar seus filhos, desdobravam-se entre vários serviços de meio período e pequenas iniciativas comerciais, organizavam grupos de bandeirantes, desfiles de moda e acampamentos de verão para a multidão de crianças que todos os dias vagueavam pela igreja. Como nenhuma delas morava em Altgeld — as três tinham pequenas casas próprias logo a oeste do conjunto —, certa vez lhes perguntei o que as motivava a fazer o que faziam. Antes mesmo de terminar a pergunta, as três reviraram os olhos como numa deixa.

"Olha aí, menina", disse Angela a Shirley, ao que Mona deu uma alegre risadinha. "Barack está com cara de que vai te entrevistar."

E Shirley disse:

"Somos só um bando de mulheres de meia-idade entediadas, Barack, sem nada melhor para fazer com o nosso tempo.

Mas", e aqui Shirley pôs a mão na cintura fina e levou o cigarro à boca como uma artista de cinema, "se o sr. Homem Certo aparecer, você vai ver só! Tchau, Altgeld, olá, Monte Carlo!"

Ultimamente, porém, eu não ouvia mais nenhum gracejo saindo da boca delas. Só reclamações. As mulheres reclamavam que Marty não se importava com Altgeld. Reclamavam que Marty era arrogante e não ouvia as sugestões que elas davam.

E reclamavam principalmente do novo banco de empregos que tínhamos anunciado com tanto estardalhaço na noite do comício, mas que acabou se revelando um fracasso. Segundo os planos de Marty, uma universidade estadual nos subúrbios ficara encarregada de comandar o programa — era uma questão de eficiência, disse ele, visto que a instituição já dispunha dos computadores. Infelizmente, dois meses depois da data em que devia ter sido implantado, ninguém conseguira trabalho por meio do programa. Os computadores não funcionavam direito; o registro dos dados estava cheio de erros; as pessoas eram encaminhadas para entrevistas de empregos que não existiam. Marty ficou furioso e pelo menos uma vez por semana tinha de ir até a universidade, praguejando baixinho enquanto tentava arrancar respostas dos funcionários que pareciam mais interessados nas verbas do ano seguinte. No entanto, as mulheres de Altgeld não estavam interessadas nas frustrações de Marty. A única coisa que as três sabiam era que uma verba de 500 mil dólares tinha ido parar em algum lugar, e esse lugar não era no bairro. Para elas, o banco de empregos era mais uma prova de que tinham sido usadas para promover uma pauta secreta de Marty, e que os brancos dos subúrbios estavam ficando com os empregos que lhes foram prometidos.

"Marty só está pensando no dele", resmungavam.

Empenhei-me ao máximo em mediar o conflito, defendendo Marty das acusações de racismo e sugerindo a ele que empregasse mais tato no trato com elas. Marty me falou que eu estava perdendo tempo. Segundo ele, Angela e as outras lideranças na cidade só estavam ressentidas porque ele não quis contratá-las para comandar o programa.

"É isso que estraga um monte das lideranças comunitárias por aí. Começam a pegar dinheiro do governo. Contratam umas baitas equipes que não fazem nada. Logo viram grandes operações de patrocínio, com clientes a servir. Não líderes. *Clientes*. A *servir*."

Ele cuspia as palavras como se fossem palavrões. E continuou:

"Deus do céu, a gente fica doente só de pensar."

Então, vendo o meu ar ainda irritado, falou:

"Se você vai fazer esse trabalho, Barack, precisa parar de se preocupar se as pessoas vão gostar de você. Não vão."

Patrocínio, política, sentimentos feridos, queixas raciais — para Marty era tudo uma coisa só, diversionismos que o afastavam da sua meta maior, corrupções de uma causa nobre. Ele ainda tentava atrair o sindicato, pois acreditava que os sindicalizados voltariam a engrossar nossas fileiras e conduziriam nosso barco à terra firme. Um dia, no final de setembro, Marty pedira a Angela e a mim para irmos com ele a uma reunião com funcionários sindicalizados da LTV Steel, uma das poucas siderúrgicas que continuavam em atividade na cidade. Marty tinha levado mais de um mês para conseguir o encontro e, naquele dia, transbordava de energia, falando rápido sobre a empresa, o sindicato e as novas fases na campanha de organização.

Por fim, o presidente da entidade — um irlandês jovem e de boa aparência recentemente eleito com promessas de reforma — entrou no salão, acompanhado de dois negros corpulentos, o tesoureiro e o vice-presidente do sindicato. Após as apresentações, todos sentamos, e Marty fez seu discurso. A empresa estava se preparando para deixar o setor de siderurgia, disse ele, e concessões salariais só prolongariam a agonia. Se o sindicato quisesse preservar os empregos, precisaria de medidas novas e ousadas. Sentar com os representantes das igrejas e montar um plano para a aquisição da empresa. Negociar com a prefeitura a concessão como serviço público e redução fiscal durante a transição. Pressionar os bancos para concederem empréstimos para investir na nova tecnologia necessária para recuperar a competitividade da usina.

Os funcionários do sindicato passaram o monólogo inteiro se mexendo nas cadeiras, incomodados. Finalmente o presidente se levantou e disse a Marty que as ideias que ele havia apresentado mereciam análises mais profundas, mas que no momento o sindicato precisava se concentrar na tomada de uma decisão imediata sobre a proposta da administração. Depois disso, no estacionamento, Marty parecia espantado.

"Eles não estão interessados", falou balançando a cabeça. "Feito um bando de lemingues correndo para o abismo."

Fiquei com pena dele. Fiquei ainda com mais pena de Angela. Ela não dissera nem uma palavra durante a reunião, mas, quando saí do estacionamento do sindicato para levá-la para casa, Angela se virou para mim e disse:

"Não entendi uma única palavra do que Marty falou."

Suponho que foi aí que entendi o problema da proposta de Marty e o tremendo erro de cálculo que ele cometera. A questão não era que Angela perdera alguns dos detalhes da apresentação de Marty; enquanto continuávamos a conversar, ficou claro que ela entendera a proposta no mínimo tanto quanto eu. Não, o verdadeiro sentido do seu comentário era o seguinte: ela passara a duvidar de que manter a LTV em atividade teria alguma pertinência para sua situação pessoal. A organização conjunta com os sindicatos podia ajudar os poucos negros que continuavam nas usinas a manter o emprego; não faria a menor diferença para os desempregados crônicos no curto ou no médio prazo. Um banco de empregos podia ajudar os trabalhadores com qualificação e experiência a encontrar outra coisa; não ensinaria os adolescentes negros que largaram a escola a ler ou a fazer contas.

Em outras palavras, para os negros era diferente. Era diferente hoje, como tinha sido diferente para os avós de Angela, barrados nos sindicatos e tripudiados como fura-greves; para os pais dela, excluídos dos melhores empregos dos programas que a Máquina oferecia antes que *patrocínio* virasse um palavrão. Marty, no afã de combater os grandes agenciadores do poder, os banqueiros de investimentos com seus ternos elegantes, queria deixar essas diferenças de lado, como parte de um passado infeliz. Mas, para alguém como Angela, o passado *era* o presente; determinava seu mundo com uma força infinitamente mais concreta do que qualquer noção de solidariedade de classe. Explicava por que não fora maior o número de negros a se mudar para os subúrbios enquanto ainda estavam se saindo bem, por que não fora maior o número de negros a subir na escala social para conquistar o sonho americano. Explicava por que o desemprego nos bairros negros era mais amplo, mais duradouro, mais desesperado; e por que Angela não tinha paciência com os que queriam tratar negros e brancos da mesma maneira.

Isso explicava Altgeld.

Olhei o relógio: duas e dez. Hora de encarar a situação. Saí do carro e toquei a campainha da igreja. Angela atendeu e me levou a uma sala onde os demais líderes aguardavam: Shirley, Mona, Will e Mary, uma branca de cabelo preto, calada, que dava aulas no ensino fundamental na Santa Catarina. Pedi desculpas pelo atraso e me servi de café.

"E aí?", falei sentando no parapeito da janela. "Por que vocês estão com essas caras fechadas?"

"Estamos caindo fora", disse Angela.

"Quem está caindo fora?"

Angela deu de ombros:

"Bom… eu estou. Não posso falar pelos outros."

Olhei a sala. Os outros líderes desviaram os olhos, como um corpo de jurados entregando um veredito desfavorável.

"Sinto muito, Barack", prosseguiu Angela. "Não tem nada a ver com você. A verdade é que a gente cansou. Estamos nisso faz dois anos e não temos nada para mostrar."

"Entendo a sua frustração, Angela. Todos nós estamos um pouco frustrados. Mas você precisa dar mais tempo. Nós…"

"Não temos mais tempo", interveio Shirley. "Não podemos continuar prometendo coisas para o nosso pessoal, sem acontecer nada. Precisamos de algo *novo*."

Fiquei brincando com a xícara de café, tentando encontrar algo para dizer. As palavras se amontoavam na minha cabeça e, por um momento, me senti tomado de pânico. Então o pânico cedeu lugar à raiva. Raiva de Marty por ter me convencido a vir para Chicago. Raiva dos líderes por terem visão estreita. Raiva de mim mesmo por acreditar que seria capaz de estabelecer uma ponte entre eles. De repente lembrei o que Frank tinha me dito naquela noite no Havaí, depois que eu soube que Toot sentira medo de um negro.

É assim que é, ele disse. Melhor ir se acostumando.

Irritado, olhei pela janela e vi um bando de garotos no outro lado da rua. Estavam atirando pedras na janela ripada de um apartamento vazio, com capuz cobrindo a cabeça como monges em miniatura. Um dos meninos subiu e começou a puxar uma chapa de compensado meio frouxa, pregada na porta do apartamento; aí tropeçou e caiu, despertando a risada dos outros. De súbito, foi como se uma parte de mim se juntasse a eles, destruindo toda a paisagem agonizante, pedacinho por pedacinho. Então me voltei para Angela.

"Deixa eu te perguntar uma coisa", falei, apontando pela janela. "O que você acha que vai acontecer com aqueles garotos ali?"

"Barack..."

"Só estou perguntando. Você falou que está cansada, como muitos aqui também estão. Só quero entender o que vai acontecer com aqueles meninos. Quem vai garantir que tenham uma chance? O vereador? Os assistentes sociais? As gangues?"

Ouvi minha voz aumentar de volume, mas continuei.

"Olhem, eu vim para cá não porque precisava de emprego. Vim para cá porque Marty falou que tinha um pessoal querendo fazer alguma coisa para mudar o bairro de verdade. Pouco me importa o que aconteceu no passado. Sei que estou aqui e me comprometi a trabalhar com vocês. Se existe algum problema, vamos corrigir. Se vocês acham que não aconteceu nada depois de trabalharem comigo, então vou ser o primeiro a dizer que caiam fora. Mas, se todos vocês estão pensando em cair fora agora, então quero que respondam à minha pergunta."

Parei, tentando avaliar a expressão no rosto de cada um. Pareciam surpresos com a minha explosão, no entanto ninguém estava mais surpreso do que eu mesmo. Sabia que estava pisando num terreno precário; não tinha proximidade suficiente com nenhum deles para ter certeza de que o tiro não sairia pela culatra. Mas, naquele momento, era a única cartada que me restava. Os meninos lá fora seguiram pela rua. Shirley foi buscar mais café. Depois de um silêncio que pareceu se prolongar por uns dez minutos, Will finalmente falou.

"Não sei vocês, mas eu acho que a gente já falou o suficiente desse velho enrosco. Marty sabe que temos problemas. Foi por isso que ele contratou Barack. Não foi, Barack?"

Assenti cautelosamente.

"As coisas continuam ruins por aqui. Nada mudou. Então, o que *eu* quero saber", disse virando-se para mim, "é o que vamos fazer de agora em diante."

Falei a verdade:

"Não sei, Will. Me diga você."

Will sorriu e percebi que a crise imediata tinha passado. Angela concordou em dar mais alguns meses. Eu concordei em dedicar mais tempo a Altgeld. Passamos a meia hora seguinte falando de estratégias e distribuindo tarefas. Na saída, Mona se aproximou e me pegou pelo braço.

"Você conduziu muito bem a reunião, Barack. Parece saber o que está fazendo."

"Não sei, Mona. Não tenho a menor ideia."

Ela riu e disse:

"Bom, prometo que não vou contar pra ninguém."

"Agradeço, Mona. Agradeço mesmo."

Naquela noite, liguei para Marty e contei por cima o que havia acontecido. Ele não se surpreendeu: várias igrejas suburbanas começavam a abandonar o barco. Depois de me dar algumas sugestões para abordar a questão do emprego em Altgeld, recomendou que eu mantivesse o ritmo das entrevistas.

"Você vai precisar encontrar alguns líderes novos, Barack. Sei que Will é ótimo e tudo o mais, mas você realmente quer depender dele para manter o trabalho de liderança?"

Eu entendia o ponto de vista de Marty. Por mais que eu gostasse de Will, por mais que valorizasse o apoio dele, tinha de admitir que algumas ideias que ele dava eram… bem, excêntricas. Gostava de fumar uns baseados no final do dia de trabalho ("Se Deus não quisesse que a gente fumasse esse negócio, não teria posto aqui na terra"). Saía no meio de qualquer reunião se achasse que estava chata. Sempre que me acompanhava nas entrevistas a membros da sua igreja, Will começava a discutir que eles faziam uma leitura errada da Bíblia, que escolhiam mal o fertilizante do gramado, ou questionava a constitucionalidade do imposto de renda (ele achava que esse imposto violava a Carta de Direitos e se recusava conscienciosamente a pagá-lo).

"Se você ouvisse um pouco mais as pessoas", falei para ele certa vez, "talvez elas fossem mais receptivas."

Will meneou a cabeça.

"Eu *ouço*. Esse é o problema. Tudo o que dizem está errado."

Depois da reunião em Altgeld, Will veio com uma nova ideia.

"Esses pretos aloprados dentro da paróquia nunca vão fazer nada", disse ele. "Se a gente quer algum resultado, temos de levar a coisa pras ruas!"

Ele comentou que muitos que viviam nas proximidades da Santa Catarina estavam desempregados, passando por dificuldades; era nessas pessoas que devíamos nos concentrar, disse ele. E, como não se sentiriam à vontade numa reunião montada por uma igreja estrangeira, a gente devia fazer uma série de encontros casuais pelas esquinas de West Pullman, pois assim eles poderiam se reunir em terreno neutro.

No início fiquei cético, mas, como não queria desestimular nenhuma iniciativa, ajudei Will e Mary a prepararem um folheto para distribuirmos na quadra mais próxima da igreja. Uma semana depois, nós três ficamos na esquina ao vento do final de outono. A rua, a princípio, continuou vazia, as sombras se estendendo pelas filas de bangalôs de tijolo. Então, aos poucos, as pessoas começaram a surgir, uma ou duas por vez, mulheres com rede no cabelo, homens com camisa de flanela ou blusão de lã, arrastando os pés entre as folhas douradas quebradiças, rumando para o círculo que aumentava. Quando havia umas vinte pessoas, Will explicou que a igreja de Santa Catarina fazia parte de um trabalho maior de organização e que "queremos que vocês comentem com os vizinhos tudo do que reclamam quando estão sentados na cozinha".

"Bom, o que eu posso dizer é que já estava na hora mesmo", disse uma mulher.

As pessoas passaram quase uma hora falando de esgotos e crateras no asfalto, placas de "pare" e terrenos baldios. Quando começava a anoitecer, Will anunciou que íamos transferir os encontros para o subsolo da Santa Catarina a partir do mês seguinte. Voltando para a igreja, ouvi a multidão ainda atrás de nós, um murmúrio na luz que findava. Will se virou para mim e sorriu.

"Te falei."

Repetimos essas reuniões de esquina em três, quatro, cinco quarteirões — Will no centro com o seu colarinho de padre e blusão do Chicago Cubs, Mary passando as fichas de adesão entre os presentes. Quando transferimos as reuniões para um ambiente fechado, tínhamos um grupo de quase trinta pessoas, dispostas a trabalhar por pouco mais do que uma xícara de café.

Foi antes de uma reunião dessas que encontrei Mary sozinha no saguão da igreja, fazendo um bule de café. A pauta da noite estava anotada numa folha de papel de açougue colada na parede; as cadeiras estavam todas arrumadas. Mary acenou para mim enquanto procurava açúcar e creme num armário e me avisou que Will estava um pouco atrasado.

"Precisa de ajuda?", perguntei.

"Você pega aquilo ali para mim?"

Tirei o açúcar da prateleira de cima.

"Mais alguma coisa?"

"Não. Acho que está tudo pronto."

Sentei e fiquei olhando enquanto Mary acabava de arrumar as xícaras. Era uma pessoa difícil de conhecer; não gostava de falar muito, nem sobre si, nem sobre seu passado. Eu sabia que era a única pessoa branca da cidade que trabalhava conosco, uma das cinco, talvez, que tinham ficado em West Pullman. Sabia também que ela tinha duas filhas, uma de dez e outra de doze anos; a mais nova tinha uma deficiência que a fazia andar com dificuldade e que precisava de terapia constante.

E eu sabia que o pai era ausente, embora Mary nunca o mencionasse. Apenas aos poucos, depois de muitos meses, tomei conhecimento de que ela crescera numa cidadezinha de Indiana, parte de uma família proletária irlandesa numerosa. Lá conhecera um rapaz negro; tinham namorado em segredo e se casaram; a família de Mary nunca mais quis falar com ela, e os recém-casados se mudaram para West Pullman, onde compraram uma casinha. Então o homem foi embora, e Mary se viu à deriva num mundo que pouco conhecia, sem nada além da casa e das duas filhas pardas, impossibilitada de voltar ao mundo que conhecia.

Às vezes eu parava na casa de Mary só para dar um alô, talvez atraído pela solidão que sentia ali e pelas semelhanças entre minha mãe e Mary, e entre mim mesmo e as filhas de Mary, meninas muito meigas e bonitas com uma vida muito mais difícil do que jamais fora a minha, com avós que não queriam saber delas, com colegas negros na escola que caçoavam delas, todo aquele veneno no ar. Não que a família não tivesse apoio; depois que o marido de Mary foi embora, os vizinhos se mostraram solícitos com ela e com as meninas, ajudando a arrumar o telhado que vazava, convidando-as para churrascos e festas de aniversário, elogiando Mary por todas as suas boas ações. Mesmo assim, a aceitação dos vizinhos ia até certo ponto, com limites tácitos à amizade que Mary podia travar com as mulheres — principalmente as casadas — que conhecia. Suas únicas amigas de verdade eram as filhas — e agora Will, com sua própria decadência e sua fé idiossincrática que davam a ambos uma faceta pessoal que podiam compartilhar.

Não precisando preparar mais nada para a reunião, Mary se sentou e ficou a me observar enquanto eu redigia algumas anotações de última hora.

"Posso perguntar uma coisa, Barack?"

"Claro."

"Por que você está aqui? Quero dizer, fazendo esse trabalho."

"Pelo glamour."

"Não, falo sério. Você mesmo disse que não precisa desse emprego. E você não é muito religioso, certo?"

"Bem…"

"Então por que você faz? Você sabe que Will e eu fazemos por causa disso. Por causa da nossa religião. Mas com você, eu não…"

Nesse momento, a porta se abriu e o sr. Green entrou. Era um homem de mais idade, com paletó de caça e um boné com as abas pendendo rígidas nas laterais.

"Como vai, sr. Green?"

"Bem, tudo bem. Mas congelando…"

A sra. Turner e o sr. Albert vieram logo a seguir, e então chegou o resto do grupo, todos agasalhados com o prenúncio de um inverno precoce. Desabotoaram os casacos, serviram-se de café e começaram a conversa tranquila e sem pressa que ajudava a aquecer a reunião. Por fim entrou Will, usando jeans de barra cortada e uma camiseta vermelha em que se lia "Diácono Will"; ele pediu à sra. Jeffrey que conduzisse a oração e deu início à reunião. Enquanto todo mundo falava, eu ia tomando notas, e só interferia quando sentia que as coisas começavam a se dispersar. Na verdade, eu estava achando que a reunião já tinha se arrastado demais — alguns tinham saído discretamente depois de uma hora —, quando Will acrescentou mais um item à pauta.

"Antes de encerrarmos", anunciou ele, "quero que a gente faça uma coisa. Esta aqui é uma organização de base eclesiástica e isso significa que a gente dedica uma parte de cada encontro para refletir sobre nós mesmos, sobre as nossas relações uns com os outros e a nossa relação com Deus. Quero que todo mundo pare um minutinho e pense no que trouxe cada um de vocês aqui nesta noite, algum pensamento ou sentimento que não comentaram, e então quero que compartilhem com o grupo."

Will deixou o silêncio se adensar por vários minutos.

"Alguém quer compartilhar os seus pensamentos?", repetiu ele.

As pessoas, pouco à vontade, só ficaram olhando a mesa.

"Certo", retomou Will. "Vou compartilhar uma coisa que penso já faz algum tempo. Nada demais, só umas lembranças. A minha família não era rica nem nada, sabem? Em Altgeld a gente sobrevivia. Mas, quando penso na minha infância, me lembro de algumas coisas realmente boas. Lembro que ia até a Floresta de Blackburn com a minha família para colher amoras silvestres. Lembro que fazia carrinhos de rolimã com meus amigos usando caixotes de frutas e rodas de patins velhos, e a gente ficava correndo pelo estacionamento. Lembro que fazia excursões com a escola e nos feriados todas as famílias se encontravam no parque, todo mundo ao ar livre, ninguém tinha medo, e aí no verão, se fizesse calor demais dentro de casa, a gente dormia no quintal. Um monte de boas lembranças… era como se eu sorrisse e desse risada o tempo todo…"

Will parou de repente e curvou a cabeça. Achei que ele fosse dar um espirro, mas então levantou a cabeça outra vez e vi as lágrimas correndo por seu rosto. Ele retomou com voz embargada:

"E sabem de uma coisa? Não vejo mais crianças sorrindo por aqui. Você olha pra elas, você as ouve… parecem preocupadas o tempo todo, bravas com alguma coisa. Não confiam em nada. Nem nos pais. Nem em Deus. Nem nelas mesmas. Não está certo. Não é assim que as coisas deviam ser… a criançada sem sorrir."

Parou outra vez, tirou um lenço do bolso da calça e assoou o nariz. Então, como se a visão daquele homem chorando tivesse umedecido a casca ressequida do coração deles, os outros na sala começaram a falar de suas lembranças em tom solene, premente. Falaram da vida nas cidadezinhas do Sul: as lojas de esquina onde os homens se reuniam para saber das novidades do dia ou para ajudar as mulheres com os sacos de compras, a forma como os adultos cuidavam dos filhos uns dos outros ("A gente não se safava de nada, pois as mães ficavam de ouvidos e olhos atentos no quarteirão todo"), o senso de decoro público que essa familiaridade ajudava a manter. Nas vozes havia bastante nostalgia, com elementos de uma memória seletiva; mas o conjunto das rememorações soava com vivacidade e veracidade, como o som de uma perda conjunta. A sensação de ter vivido aquilo, o sentimento de frustração e esperança passavam de boca em boca pela sala e, depois que a última pessoa falou, ficaram pairando no ar, densos e palpáveis. Então todos nos demos as mãos, a mão grossa e calosa do sr. Green na minha esquerda, a da sra. Turner, leve e frágil ao toque, na minha direita, e juntos pedimos coragem para mudar as coisas.

Ajudei Will e Mary a arrumar as cadeiras, lavar o bule de café, trancar as portas e desligar as luzes. Lá fora, a noite estava fria e o céu límpido. Ergui a gola do casaco e fiz uma rápida avaliação do encontro: Will precisava controlar melhor o tempo; tínhamos de ver a questão dos serviços municipais antes da próxima reunião e entrevistar todos os que haviam comparecido. Terminando a listagem, passei o braço pelos ombros de Will.

"Aquela reflexão no final foi poderosa, Will."

Ele olhou para Mary e os dois sorriram.

"Notamos que você não compartilhou nada com o grupo", disse Mary.

"O líder tem de ser discreto."

"Quem disse?"

"Está no meu manual de líder comunitário. Vamos, Mary, te dou uma carona."

Will montou na bicicleta e deu um aceno de despedida, e Mary e eu percorremos de carro as quatro quadras até a casa dela. Deixei-a na frente de casa e, depois que ela deu alguns passos, me estendi sobre o banco do passageiro e abaixei o vidro da janela.

"Ei, Mary."

Ela voltou e se inclinou para me olhar.

"Sabe aquilo que você perguntou antes? Por que faço isso? Tem algo a ver com o encontro desta noite. Ou seja... acho que as nossas razões não são tão diferentes assim."

Ela assentiu e subiu a escadinha de casa para ficar com as filhas.

Uma semana depois, eu estava de volta a Altgeld, tentando fazer com que Angela, Mona e Shirley coubessem no meu carro supercompacto. Mona, que estava no banco de trás, reclamou da falta de espaço.

"Mas que carro é esse, caramba!", ela exclamou.

Shirley puxou seu banco para a frente e disse:

"É feito para as magrelas que saem com o Barack."

"Quem mesmo a gente vai encontrar agora?"

Eu tinha marcado três reuniões, na esperança de achar uma estratégia de empregos que atendesse às necessidades do pessoal de Altgeld. Pelo menos por ora, não havia perspectiva de nenhum grande surto industrial: as fábricas de maior porte tinham optado por corredores industriais suburbanos com boa infraestrutura, e nem Gandhi conseguiria que elas se realocassem perto de Altgeld no futuro próximo. Por outro lado, havia de fato um setor da economia que se podia considerar local, pensei, um setor de consumo secundário — com lojas, restaurantes, teatros e serviços — que, em outras áreas da cidade, continuava a funcionar como uma incubadora de vida cívica. Locais onde as famílias podiam investir suas economias e criar um negócio, e que poderiam oferecer empregos para iniciantes; locais onde a economia se mantinha numa escala humana, com transparência suficiente para ser compreensível para as pessoas.

O que havia de mais próximo de um distrito comercial na área ficava em Roseland, e assim seguimos o trajeto do ônibus na avenida Michigan, com suas lojas de perucas e comércios de bebidas, saldões de roupas e pizzarias, até chegarmos na frente de um antigo depósito de dois andares. Entramos por uma porta pesada de metal e descemos por uma escadinha até o subsolo, cheio de móveis velhos. Sentado numa salinha pequena havia um homem magro e franzino, de cavanhaque, com um solidéu que punha em destaque as orelhas de abano.

"No que posso ajudar?"

Disse quem éramos e comentei que havíamos nos falado por telefone.

"Ah, certo, certo."

Ele fez um gesto para dois homens robustos, de pé, cada qual num dos lados da escrivaninha, e eles saíram com um aceno de cabeça para nós.

"Vejam, temos de ser rápidos porque surgiu uma coisa. Rafiq al Shabazz."

"Eu te conheço", disse Shirley ao trocarmos um aperto de mão com Rafiq. "Você é o garoto da sra. Thompson, Wally. Como vai ela?"

Rafiq deu um sorriso forçado e nos convidou para sentar. Explicou que era o presidente da Coalizão Unitária de Roseland, entidade que se dedicava a uma série de atividades políticas para promover a causa negra e dera uma ajuda considerável para a eleição de Harold Lee Washington como prefeito. Quando lhe perguntamos como nossas igrejas podiam incentivar o desenvolvimento econômico local, ele nos estendeu um folheto acusando os comerciantes árabes de venderem carne de má qualidade.

"A grande questão é esta, bem aqui", disse Rafiq. "Gente de fora da nossa comunidade ganhando dinheiro às nossas custas e desrespeitando nossos irmãos e irmãs. O que mais tem por aqui são coreanos e árabes tocando os negócios, e os judeus ainda são os donos da maioria dos imóveis. Bom, no curto prazo, estamos aqui para garantir que os interesses do povo negro sejam atendidos, entendem? Quando ficamos sabendo que algum coreano está tratando mal um cliente, partimos para cima. Insistimos que nos respeitem e retribuam com uma contribuição para a comunidade, que financiem nossos programas e coisas do tipo. Isso no curto prazo."

Rafiq apontou para um mapa de Roseland na parede, com algumas áreas destacadas em tinta vermelha:

"E isso no longo prazo. É tudo uma questão de propriedade. Um projeto abrangente para a área. Negócios e centros comunitários negros, tudo o que der. Já começamos a negociar algumas propriedades para que os proprietários brancos nos vendam a um preço justo. Então, se vocês estão interessados em empregos, podem ajudar divulgando esse projeto. O problema que enfrentamos no momento é a falta de apoio suficiente das pessoas em Roseland. Em vez de tomarem posição, preferem ir atrás dos brancos para os subúrbios. Mas, vejam, os brancos não são burros. Só estão esperando que a gente deixe a área para poderem voltar, pois sabem que os terrenos onde estamos agora valem uma fortuna."

Um dos sujeitos corpulentos entrou de volta no escritório de Rafiq, e este se levantou.

"Preciso ir", disse bruscamente. "Mas a gente se fala numa próxima vez."

Apertou a mão de todos nós e o seu ajudante nos levou até a porta.

"Parece que você conhecia ele, Shirley", falei ao sairmos do edifício.

"É, antes de ter esse nome todo estiloso, ele era só o bom e velho Wally Thompson. Pode mudar o nome o quanto quiser, mas não vai conseguir esconder aquelas orelhas que tem. Ele cresceu em Altgeld; na verdade, acho que ele e Will estiveram na mesma escola. Wally era chefe de uma gangue de rua antes de virar muçulmano."

"Uma vez bandido, sempre bandido", disse Angela.

A nossa parada seguinte foi a Câmara de Comércio local, que ficava no segundo andar do que parecia ser uma casa de penhores. Lá dentro, encontramos um negro gorducho empacotando caixas.

"Estamos procurando o sr. Foster", falei.

"Sou eu", disse ele sem levantar os olhos.

"Disseram-nos que você era o presidente da Câmara…"

"Isso mesmo. Eu *era* o presidente. Renunciei na semana passada."

Ele ofereceu três cadeiras e conversou conosco enquanto continuava a trabalhar. Disse que foi dono da papelaria mais adiante na rua por quinze anos e presidente da Câmara nos cinco últimos anos. Tinha se empenhado ao máximo para organizar os comerciantes locais, mas acabou desanimando por falta de apoio.

"Vocês não vão ouvir nenhuma reclamação minha sobre os coreanos", disse o sr. Foster, empilhando algumas caixas ao lado da porta. "São os únicos que pagam seus tributos na Câmara. Entendem o que é negócio, sabem o que é cooperar. Fazem vaquinha. Emprestam dinheiro uns aos outros. A gente não faz isso. Nós, os comerciantes negros daqui, a gente fica só debatendo uns com os outros."

Ele se endireitou, enxugou a testa com um lenço e continuou:

"Não sei. Talvez não seja culpa nossa sermos do jeito que somos. Todos aqueles anos com chance zero, a gente precisa entender que alguma consequência teve. E está mais difícil do que foi para os italianos ou para os judeus trinta anos atrás. Hoje em dia, uma lojinha como a minha tem de concorrer com as grandes redes. É uma batalha perdida, a não ser que a gente faça como esses coreanos — toda a família trabalha dezesseis horas por dia, sete dias por semana. Como povo, não queremos mais fazer isso. Acho que trabalhamos tanto tempo a troco de nada que não estamos mais a fim de nos matar de trabalhar só para sobreviver. Em todo caso, é o que a gente diz aos filhos. Eu também faço isso. Digo aos meus filhos que não quero que eles assumam o negócio. Quero que trabalhem em alguma empresa grande, que possa lhes dar conforto na vida…"

Antes de sairmos, Angela perguntou sobre a possibilidade de empregos em meio período para os jovens de Altgeld. O sr. Foster olhou para Angela como se ela estivesse louca.

"Todos os comerciantes daqui rejeitam trinta candidatos por dia", respondeu ele. "Adultos. Cidadãos maduros. Trabalhadores experientes dispostos a aceitar qualquer coisa que conseguirem. Sinto muito."

Ao voltarmos para o carro, passamos por uma lojinha de roupas cheia de vestidos baratos e suéteres de cores vivas, cuja vitrine continha dois manequins brancos velhos pintados de preto. A loja era pouco iluminada, mas nos fundos vi o vulto de uma jovem coreana costurando à mão, com uma criança dormindo ao lado dela. A cena me levou de volta à infância, de volta aos mercados da Indonésia: os camelôs, os curtidores de couro, as velhas mascando noz-de-areca e espantando as moscas das frutas com vassourinhas de mão.

Eu nunca tinha parado para pensar nesses mercados; para mim, faziam parte da ordem natural das coisas. Mas agora, pensando sobre Altgeld e Roseland, sobre Rafiq e o sr. Foster, vi o que realmente eram aqueles mercados de Jacarta: coisas frágeis e preciosas. As pessoas que vendiam suas mercadorias lá podiam ser pobres, ainda mais pobres do que as de Altgeld. Todos os dias, carregavam mais de vinte quilos de lenha nas costas, comiam pouco, morriam cedo. No entanto, apesar de toda aquela pobreza, existia na vida deles uma ordem visível, uma tapeçaria de rotas comerciais e de intermediários, propinas a pagar e costumes a observar, os hábitos de uma geração se fazendo diariamente presentes por trás das barganhas, do barulho, da poeira rodopiante.

Pensei comigo mesmo: era a ausência dessa coesão que fazia de Altgeld um lugar tão desesperançado; era essa perda de ordem que deixara Rafiq e o sr. Foster, cada qual à sua maneira, tão amargos. Como iríamos remendar e reconstituir uma cultura esfrangalhada? Quanto tempo isso levaria nesta terra dos dólares?

Mais tempo do que levara para se esgarçar, desconfiava eu. Tentei imaginar os trabalhadores indonésios que atualmente se encaminhavam para aquele tipo de fábrica que antes havia nas margens do rio Calumet, engrossando as fileiras dos assalariados que montavam os rádios e os tênis vendidos na avenida Michigan. Imaginei esses mesmos trabalhadores indonésios daqui a dez, vinte anos, quando as fábricas fechassem, em decorrência de novas tecnologias ou de salários mais baixos em outra parte do mundo. E aí a cruel descoberta de que seus mercados tinham desaparecido; que não lembram mais, não sabem mais como tecer os próprios cestos, fazer os próprios móveis ou plantar a própria comida; que, mesmo que ainda soubessem, as florestas que lhes davam a madeira pertencem agora às grandes madeireiras, os cestos que teciam antigamente foram substituídos por plásticos mais duráveis. A própria existência das fábricas, das madeireiras, das indústrias de plástico tornou a cultura deles obsoleta; evidenciou-se que os valores do trabalho árduo e da iniciativa individual dependiam de um sistema de crenças que foi desmontado pela migração, pela urbanização e pela reprise de programas de TV estrangeiros. Alguns prosperariam nessa nova ordem. Alguns se mudariam para os Estados Unidos. E os outros, os milhões que ficaram em Jacarta, em Lagos ou na Cisjordânia, iriam se assentar em seus Altgeld Gardens, num desespero ainda mais profundo.

Seguimos em silêncio para a última reunião, com a encarregada de uma seção local do Departamento Municipal de Emprego e Treinamento (DMET), que ajudava a encaminhar os desempregados para programas de treinamento em toda a cidade. Tivemos dificuldade em encontrar o local — no fim, ficava a 45 minutos de carro de Altgeld, numa ruazinha secundária no distrito de Vrdolyak —, e, quando chegamos, a encarregada já tinha ido embora. O assistente não sabia quando ela ia voltar, mas nos entregou uma pilha de livretos em papel brilhante.

"Isso não ajuda em nada", disse Shirley rumando para a porta. "Devia ter ficado em casa."

Mona notou que eu estava demorando no escritório e perguntou a Angela:

"O que é que ele está olhando?"

Mostrei a elas o verso de um dos livretos. Trazia uma lista de todos os programas do DMET na cidade. Nenhum deles ficava ao sul da 95.

"Taí", disse eu.

"Taí o quê?"

"A gente acaba de encontrar uma questão."

Logo que chegamos de volta aos Jardins, redigimos uma carta à sra. Cynthia Alvarez, a diretora-geral do DMET. Duas semanas depois, ela aceitou se reunir conosco nos Jardins. Decidido a não repetir meus erros, impus um ritmo exaustivo a mim mesmo e aos líderes: preparamos um roteiro para o encontro, pressionamos as outras igrejas para enviar seus membros, elaboramos uma reivindicação clara — um centro de treinamento e oferta de emprego no Far South Side — que achávamos que o DMET poderia providenciar.

Duas semanas de preparação e mesmo assim, na noite da

reunião, meu estômago se retorcia de nervoso. Faltando quinze minutos para as sete, só tinham aparecido três pessoas: uma moça com um bebê babando no macacãozinho, uma mulher de mais idade que embrulhou com todo o cuidado uma pilha de biscoitos num guardanapo que então guardou na bolsa e um bêbado que imediatamente se encurvou e cochilou num assento na fila dos fundos. Enquanto passavam os minutos, visualizei mais uma vez as cadeiras vazias, a desistência do funcionário público na última hora, o ar de decepção no rosto dos líderes — o cheiro fatídico do fracasso.

Aí, faltando dois minutos para as sete, as pessoas começaram a chegar. Will e Mary trouxeram um grupo de West Pullman; a seguir, entraram os filhos e netos de Shirley, ocupando uma fila toda de assentos; depois, outros moradores de Altgeld que deviam algum favor a Angela, Shirley ou Mona. Havia quase cem pessoas na sala quando a sra. Alvarez chegou — uma mulherona mexicano-americana de ar imperioso com dois rapazes brancos de terno atrás dela.

"Eu nem sabia que tinha isso aqui", ouvi um dos assessores cochichar para o outro ao passarem pela porta.

Perguntei se podia tirar seu paletó e ele abanou a cabeça, nervoso.

"Não, não… Eu, hã… Vou ficar com ele, obrigado."

Os líderes se saíram muito bem naquela noite. Angela expôs a questão ao público e explicou à sra. Alvarez o que esperávamos dela. Quando a sra. Alvarez se esquivou a uma resposta clara, Mona interveio e insistiu que apresentasse uma posição definida, sim ou não. E, quando a sra. Alvarez enfim prometeu que em seis meses haveria um centro de empregos do DMET na área, o público irrompeu em aplausos sinceros. O único deslize ocorreu lá pela metade da reunião, quando o bêbado nos fundos ficou de pé e começou a gritar que precisava de emprego. Shirley foi imediatamente até o cara e cochichou no seu ouvido alguma coisa que o pôs sentado de novo.

Mais tarde perguntei a Shirley:

"O que você falou pra ele?"

"Você é novo demais para eu dizer."

A reunião durou uma hora — a sra. Alvarez e seus assistentes saíram a toda num carrão azul, e as pessoas foram apertar as mãos de Mona e de Angela. Na avaliação, elas eram só sorrisos.

"Você fez um trabalho fantástico, Barack", disse Angela, dando-me um grande abraço.

"Ué, eu não prometi que a gente ia fazer alguma coisa?"

"E não é que deu certo?", Mona disse com uma piscadela.

Falei que ia deixá-las em paz por uns dias, e fui para o carro com uma leve sensação de frivolidade. Tenho capacidade para trabalhar nisso, disse a mim mesmo. Toda esta bendita cidade vai estar organizada quando terminarmos. Acendi um cigarro e, nesse espírito de ficar me parabenizando, pensei em levar os líderes até o centro, para sentar com Harold e discutir o futuro da cidade. Então, sob um poste de luz a uns cem metros de distância, vi o bêbado da reunião girando devagar em círculos, olhando sua sombra alongada. Saí do carro e perguntei a ele se precisava de ajuda para chegar em casa.

"Não preciso de ajuda nenhuma!", ele gritou tentando se firmar. "E de ninguém, ouviu? Seu filho da mãe desgraçado... não venha com essas merdas..."

A voz foi diminuindo. Antes que eu pudesse dizer qualquer coisa, ele se virou e foi cambaleando pelo meio da rua, sumindo no escuro.

10.

Chegou o inverno e a cidade ficou monocromática — árvores negras contra um céu cinzento sobre a terra branca. Anoitecia no meio da tarde, principalmente quando havia nevascas, temporais intensos que aproximavam céu e terra, as luzes da cidade se refletindo nas nuvens.

O trabalho ficava mais puxado num tempo assim. Montículos de pó fino e branco entravam pelas fendas do carro, desciam pela gola e se infiltravam nas aberturas do casaco. Nas rodadas de entrevistas, eu nunca ficava num lugar só por tempo suficiente para um degelo, e as vagas de estacionamento eram raras nas ruas mais estreitas por causa da neve — parecia que todo mundo tinha alguma história para contar sobre as brigas que estouravam por causa das vagas depois de uma nevasca e sobre a gritaria ou os tiros decorrentes. A presença nas reuniões noturnas tornou-se esporádica; as pessoas ligavam de última hora dizendo que estavam com gripe ou que o carro não pegava; os que apareciam vinham com ar ressentido e desanimado. Às vezes, quando voltava para casa depois dessas reuniões, com as rajadas do vento norte que vinham do lago sacudindo o carro, que então oscilava entre as faixas da pista, eu esquecia momentaneamente onde estava, meus pensamentos eram reflexos entorpecidos do silêncio.

Marty sugeriu que eu tirasse mais tempo de folga, criando uma vida longe do emprego. A preocupação dele era de ordem profissional: sem um apoio pessoal fora do trabalho, um líder comunitário perdia a perspectiva e se esgotava com facilidade. Havia certa verdade no que ele dizia, pois as pessoas que eu costumava encontrar no trabalho eram, geralmente, muito mais velhas, com uma série de demandas e preocupações que criavam entraves à amizade. Em geral, quando não estava trabalhando, eu passava os finais de semana sozinho, em um apartamento vazio, tendo de me contentar com a companhia dos livros.

Mas não segui o conselho de Marty, talvez porque, com o fortalecimento dos laços com os líderes, descobri que eles me ofereciam mais do que uma simples amizade. Depois das reuniões, às vezes ia com um deles a um bar local para assistir ao noticiário ou ouvir músicas da velha guarda — Temptations, O'Jays — tocando num jukebox encardido num canto da parede. Aos domingos, visitava os vários ofícios religiosos e deixava que as mulheres caçoassem de mim por confundir comunhão e oração. Numa festa de Natal nos Jardins, dancei com Angela, Mona e Shirley sob um globo que emitia feixes faiscantes de luz por toda a sala; trocava causos esportivos com maridos que, relutantes, só tinham vindo arrastados para o evento, enquanto comíamos almôndegas e bolinhos de queijo amanhecidos; orientava jovens quanto ao preenchimento dos formulários para a universidade, brincava com netos sentados no meu colo.

Foi nessas ocasiões, quando a familiaridade ou o cansaço diluíam a linha de separação entre mim e os líderes, que comecei a entender o que Marty tinha dito tempos antes, ao insistir que eu me aproximasse mais da vida comum das pessoas. Lembro-me, por exemplo, de uma tarde em que eu estava sentado na cozinha da sra. Crenshaw, engolindo a duras penas os biscoitos queimados com que ela gostava de me entupir cada vez que eu ia até lá. Estava ficando tarde, estava até me esquecendo do objetivo da minha visita e, quase que para disfarçar, resolvi perguntar por que ela ainda participava da Associação de Pais e Mestres, já que seu filho era adulto fazia algum tempo. Puxando a cadeira para mais perto da minha, ela começou a me contar que crescera no Tennessee, fora obrigada a interromper os estudos porque a família tinha condições de mandar apenas um filho para a faculdade, o seu irmão, que depois morreu na Segunda Guerra Mundial. Contou que ela e o marido passaram anos trabalhando numa fábrica só para garantir que o filho deles nunca precisasse interromper os estudos — e o filho prosseguiu, formando-se em direito em Yale.

Uma história bastante simples de entender, pensei: o sacrifício geracional, a explicação do porquê do empenho da família. Só que, quando perguntei à sra. Crenshaw o que o filho andava fazendo, ela respondeu que, após receber o diagnóstico de esquizofrenia alguns anos antes, ele passava os dias lendo jornais no quarto, com medo de sair de casa. Sua voz não vacilou em momento algum; era a voz de alguém que extraíra da tragédia um significado maior.

Em outra ocasião, eu estava sentado no subsolo da Santa Helena, esperando o começo de uma reunião ao lado da sra. Stevens. Eu não a conhecia bem; sabia apenas que estava interessada em reformar o hospital local. Entre uma amenidade e outra, perguntei-lhe por que ela se preocupava tanto em melhorar o atendimento médico na área, pois sua família parecia bastante saudável. Então a sra. Stevens me contou que, quando tinha vinte e poucos anos, quase perdera a visão por causa de uma catarata. Na época, trabalhava como secretária e, embora o médico a tivesse declarado oficialmente cega, ela não informou o problema ao patrão, com medo de ser demitida. Dia após dia, esgueirava-se até o banheiro para ler os memorandos do chefe com uma lente de aumento, decorava todas as linhas e então voltava para datilografar, o que a obrigava a ficar no escritório muito tempo depois de encerrado o expediente, para terminar os relatórios que precisariam estar prontos na manhã seguinte. Ela guardou esse segredo por quase um ano, até ter economizado dinheiro suficiente para fazer uma operação.

Havia também o sr. Marshall, um solteiro de trinta e poucos anos, que trabalhava como motorista de ônibus para o Departamento de Trânsito. Sem as características típicas de um líder — não tinha filhos, morava num apartamento —, eu me perguntava por que ele queria tanto se envolver nas discussões sobre o uso de drogas entre adolescentes. Um dia lhe ofereci uma carona e o levei até a oficina em que tinha deixado seu carro, e então lhe perguntei. O sr. Marshall me falou dos sonhos de riqueza do pai numa cidadezinha perdida no Arkansas; das várias iniciativas profissionais dele que tinham dado errado; que fora trapaceado por terceiros; que o pai passara a jogar e a beber, perdera a casa e a família; que finalmente foi retirado de uma vala qualquer, sufocado no próprio vômito.

Era isto que os líderes me ensinavam, dia após dia: que o interesse pessoal que eu devia buscar ultrapassava em muito os aspectos imediatos dos problemas; que, por trás das conversas sobre amenidades, por trás dos traços biográficos esquemáticos e das opiniões de cada um, as pessoas carregavam no íntimo uma explicação central de si mesmas. Histórias terríveis, histórias de milagres, povoadas de eventos que ainda as assombravam ou as inspiravam. Histórias sagradas.

E foi essa percepção, creio, que finalmente me permitiu falar mais de mim mesmo às pessoas com quem estava trabalhando e romper o intenso isolamento que trouxera comigo para Chicago. De início eu ficava hesitante, receava que a minha vida anterior fosse estranha demais para as sensibilidades do South Side, que de alguma maneira pudesse prejudicar as expectativas das pessoas ao meu respeito. Em vez disso, ao ouvirem as histórias que eu contava sobre Toot ou Lolo, ou sobre minha mãe e meu pai, sobre as pipas que empinava em Jacarta e as danças na escola em Punahou, as pessoas assentiam, erguiam os ombros, riam, perguntando-se como alguém com meus antecedentes tinha ficado, como dizia Mona, tão "acaipirado", ou, o que era mais intrigante para elas, por que alguém iria passar voluntariamente um inverno em Chicago se podia ficar tomando sol na praia de Waikiki. Então contavam uma história que combinava ou se misturava com a minha, um laço para unir nossas experiências — um pai distante, alguma delinquência juvenil sem muita importância, um coração errante, um instante de pura graça. Com o passar do tempo, vi que essas histórias, tomadas em conjunto, me ajudaram a dar coesão ao meu mundo e o senso de pertencimento e propósito que eu tanto procurava. Marty estava certo: sempre havia uma comunidade, só era preciso procurar um pouco. Mas estava errado ao caracterizar o trabalho. Havia poesia também — um mundo luminoso sempre presente sob a superfície, um mundo que, se eu pedisse, as pessoas me ofereceriam de presente.

Isso não significa que tudo o que aprendi com os líderes me alegrasse o coração. Se muitas vezes revelavam uma força de espírito que eu não imaginava, também me obrigavam a reconhecer as forças ocultas que tolhiam nossos esforços, segredos que escondíamos não só uns dos outros, como também de nós mesmos.

Era o que acontecia com Ruby, por exemplo. Depois da reunião abortada com o comandante da polícia, fiquei preocupado com a possibilidade de ela se afastar do trabalho de liderança comunitária. Pelo contrário, Ruby lançou-se de cabeça, dedicando-se com afinco para criar uma rede de vizinhos que comparecessem com regularidade aos nossos eventos, sugerindo ideias para cadastrar eleitores ou trabalhar com os pais nas escolas. Ela era o sonho de qualquer líder comunitário — com talento inexplorado, inteligente, perseverante, empolgada com a ideia de uma vida pública, ansiosa em aprender. E eu gostava do filho dela, Kyle Jr. Ele havia acabado de completar catorze anos, e eu podia ver naquele jeito meio desencontrado — ora brincando e me empurrando quando jogávamos basquete no parque do bairro, ora com cara emburrada e entediada — todos os sinais dos meus conflitos internos de adolescente. Às vezes Ruby pedia meus conselhos, exasperada com as notas medíocres no boletim ou um corte no queixo, perplexa com o espírito bagunceiro de um jovem naquela idade.

"Na semana passada, ele disse que ia ser rapper", ela me contava. "Hoje ele me disse que vai para a Academia da Força Aérea para ser piloto de combate. Quando pergunto o motivo, ele só diz: 'Aí eu posso voar'. Como se eu fosse uma idiota. Juro, Barack, às vezes não sei se dou um abraço nele ou uns tapas naquela bunda."

"Tente os dois", eu dizia.

Certo dia, logo antes do Natal, pedi que Ruby passasse no meu escritório para pegar um presente para Kyle. Ruby entrou quando eu estava ao telefone e, pelo canto dos olhos, pensei ver algo diferente nela, mas não identifiquei o que era. Só depois que desliguei e ela se virou para mim é que notei que seus olhos, normalmente de um cálido castanho-escuro que combinava com a cor da pele, mostravam um tom azul opaco, como se alguém tivesse colado botões de plástico em sua íris. Ela me perguntou se havia algo de errado.

"O que você fez nos olhos?"

"Ah, *isso*", Ruby balançou a cabeça e deu risada. "São lentes de contato, Barack. A empresa em que trabalho faz lentes cosméticas, e peguei com desconto. Você gosta?"

"Os seus olhos eram muito bonitos do jeito que eram."

"É só para me divertir", disse ela, abaixando os olhos. "Uma coisa diferente, sabe?"

Fiquei parado ali, sem saber o que dizer. Por fim me lembrei do presente de Kyle e o estendi a ela.

"Para Kyle", falei. "Um livro sobre aeroplanos... achei que ele podia gostar."

Ruby assentiu e guardou o livro na bolsa.

"Muito bacana da sua parte, Barack. Tenho certeza de que ele vai gostar."

Então ela se levantou abruptamente e endireitou a saia.

"Bom, melhor eu ir", disse, saindo apressada pela porta.

Passei o resto do dia e o dia seguinte pensando nos olhos de Ruby. Refleti que eu tinha lidado mal com a situação, fiz com que ela se constrangesse por causa de uma pequena vaidade numa vida que permitia tão poucas. Percebi que uma parte de mim esperava que ela e os demais líderes possuíssem uma espécie de imunidade contra a enxurrada de imagens que alimentam as inseguranças de todos os americanos — as modelos magras nas revistas de moda, os homens de mandíbulas fortes em carros velozes —, imagens a que eu mesmo era vulnerável e das quais tentava me proteger. Quando mencionei o episódio a uma amiga negra, ela formulou a questão de modo mais direto.

"E o que te espanta?", disse ela em tom impaciente. "Que os negros ainda se odeiem?"

Não, eu disse para ela, não era propriamente espanto que eu sentia. Desde quando descobri os assustadores cremes de branqueamento na revista *Life*, eu tinha me familiarizado com o vocabulário da consciência de cor dentro da comunidade negra — cabelo bom, cabelo ruim; lábio grosso, lábio fino; as rimas do adágio *if you're light, you're all right, if you're black, get back* ["branco, tudo bem; negro, nem vem"]. Na faculdade, a política da moda negra e os problemas de autoestima envolvidos nessa questão tinham sido um tema de conversa frequente, embora delicado, para os estudantes negros, principalmente entre as mulheres, que sorriam sarcásticas ao ver o irmão militante que parecia só namorar garotas de pele clara — e revidavam criticando qualquer negro que cometesse a bobagem de comentar os penteados das negras.

Naquela época, quando esses temas eram abordados, eu costumava ficar na minha, tentando avaliar meu próprio grau de contaminação. Mas notei que essas conversas raramente se davam em grupos grandes, e nunca na frente de brancos. Mais tarde, entendi que a posição da maioria dos estudantes negros em faculdades com predomínio de brancos já era frágil demais, nossas identidades mescladas demais para admitirmos que nosso orgulho negro continuava incompleto. E admitir nossas dúvidas e confusões aos brancos, expor nossa psique ao exame geral justamente daqueles que haviam causado grande parte dos danos, parecia ridículo, uma expressão de nossa autoaversão — pois parecia não haver razão alguma para esperar que os brancos vissem nossas lutas pessoais como um espelho mostrando a alma deles, e não como mais uma prova da patologia negra.

Foi observando essa divisão, creio, entre o que comentávamos em caráter privado e o que apresentávamos publicamente que aprendi a não apostar demais naqueles que alardeavam a autoestima negra como a cura de todos os males, fosse o abuso de drogas, fosse a gravidez na adolescência ou a criminalidade entre os negros. Quando cheguei a Chicago, a expressão *autoestima* parecia estar na boca de todo mundo: de ativistas, apresentadores de tv, educadores, sociólogos. Era uma maneira muito prática de descrever o que sentíamos, um modo asséptico de falar sobre as coisas que guardávamos para nós mesmos. No entanto, sempre que eu tentava definir essa ideia de autoestima, as qualidades específicas que queríamos inculcar, os meios específicos para nos sentirmos bem a nosso respeito, a conversa parecia sempre enveredar por um caminho de regressão ao infinito. Você não gostava de si mesmo por causa da cor ou porque não sabia ler e não conseguia arranjar emprego? Ou será que era porque não teve amor na infância — ou será que não teve amor na infância porque era escuro demais? Ou claro demais? Ou porque a sua mãe usava heroína... E, aliás, por que ela fazia isso? O vazio que você sentia era consequência do cabelo crespo ou do fato de não ter mobília decente nem aquecimento em casa? Ou era porque, lá no fundo, você imaginava um universo ateu?

Talvez fosse impossível evitar essas perguntas no caminho para a salvação pessoal. Minha dúvida era se toda aquela conversa sobre autoestima podia servir como elemento central de uma política negra efetiva. Tratava-se de uma conversa que exigia das pessoas uma autoavaliação extremamente honesta; sem essa honestidade, era fácil desandar para exortações vagas e genéricas. Eu ponderava que, com maior autoestima, talvez fosse menor o número de negros pobres, mas não tinha nenhuma dúvida de que a pobreza não contribuía em nada para nossa autoestima. Melhor nos concentrarmos nas coisas com que todos podemos concordar. Fornecer àquele negro alguma qualificação concreta e um emprego. Ensinar aquela criança negra a ler e fazer contas numa escola com recursos e segurança. Atendidas as questões básicas, cada um de nós poderia buscar um senso próprio de valor pessoal.

Ruby abalou essa minha predisposição, o muro que eu erguera entre psicologia e política, a condição do nosso bolso e a condição da nossa alma. Na verdade, aquele episódio específico era apenas o exemplo mais expressivo do que eu via e ouvia todos os dias. Patenteava-se na explicação que um líder negro me deu em tom muito prosaico, ao declarar que nunca contratava empreiteiros negros ("Um negro só vai fazer merda, e vou ter de pagar um pessoal branco para refazer tudo"), ou na razão que outra líder apresentou para o fato de não conseguir mobilizar outras pessoas na sua igreja ("Os negros são preguiçosos, Barack — simplesmente não querem fazer nada"). Nesses comentários, era frequente que *negro* fosse substituído por *preto*, palavra que antigamente eu achava que só se dizia de brincadeira, com ironia deliberada, a piadinha interna que marcava nossa capacidade de resistência como povo. Até que ouvi pela primeira vez uma mãe jovem usar o termo com o filho, para lhe dizer que ele não valia merda nenhuma, ou quando vi alguns adolescentes empregarem o termo para chegar às vias de fato numa rápida sequência de duelos verbais. A transformação do sentido original da palavra nunca se completou; como as demais defesas que havíamos erguido contra possíveis ataques, esta também envolvia agredirmos antes uns aos outros.

Se a linguagem, o humor, as histórias das pessoas comuns eram os materiais com que teríamos de construir famílias, comunidades e economias, então, nesse caso, eu não conseguiria estabelecer uma dissociação entre aquela força e a dor e as distorções que persistiam dentro de nós. E percebi que foram as implicações desse fato que mais me perturbaram quando vi os olhos de Ruby. As histórias que os líderes haviam contado, todos os registros de coragem, de sacrifício e superação de enormes dificuldades, não surgiram simplesmente de lutas contra a peste, a seca ou mesmo a pobreza. Elas surgiram de uma experiência muito específica com o ódio. Esse ódio não desaparecera; formava uma narrativa contrária profundamente enterrada no íntimo de cada um, cujo centro era ocupado por brancos — alguns cruéis, alguns ignorantes, às vezes um rosto isolado, às vezes apenas uma imagem sem rosto de um sistema com pretensões de poder sobre a nossa vida.

242

Tinha de indagar a mim mesmo se seria possível restaurar os laços comunitários sem exorcizar coletivamente aquela figura espectral que assombrava os sonhos negros. Ruby conseguiria amar a si mesma sem odiar olhos azuis?

Rafiq al Shabazz havia resolvido essas questões à sua maneira. Eu começara a vê-lo com mais regularidade, pois, na manhã seguinte à reunião do PDC com o Departamento Municipal de Emprego e Treinamento, ele me ligou e deu início a um velocíssimo monólogo sobre o centro de empregos que havíamos solicitado à prefeitura.

"Precisamos conversar, Barack", disse ele. "O que vocês querem fazer com o treinamento tem de se encaixar no grande plano de desenvolvimento geral em que estou trabalhando. Não dá pra pensar a coisa isolada… precisa ter uma visão ampla de tudo. Você não entende as forças que atuam aqui. É coisa grande, cara. Todo mundo querendo te apunhalar pelas costas."

"Quem fala?"

"Rafiq. O que foi, é muito cedo para você?"

Era, sim. Pus a ligação na espera, peguei uma xícara de café e então pedi que ele começasse tudo de novo, dessa vez mais devagar. No fim, entendi que o que Rafiq queria era que o novo centro de empregos do DMET proposto à prefeitura ficasse num determinado edifício perto do escritório dele, na Michigan Avenue. Não perguntei qual era a natureza específica desse interesse: duvidava que ele me daria uma resposta direta e, de todo modo, imaginei que seria bom ter um aliado naquela série de negociações com a sra. Alvarez, que estavam se mostrando bastante enroladas. Respondi que, se o imóvel em que ele estava pensando atendesse às especificações exigidas, eu me dispunha a apresentá-lo como uma alternativa possível.

Assim, Rafiq e eu firmamos uma aliança um pouco incômoda, que os líderes do PDC não engoliram muito bem. Eu entendia as preocupações deles: sempre que sentávamos com Rafiq para discutir nossa estratégia conjunta, ele interrompia o debate com longos discursos sobre maquinações secretas em andamento e sobre o fato de que todos os negros estavam dispostos a trair uns aos outros. Era uma tática de negociação eficiente, pois, enquanto o volume da sua voz aumentava progressivamente, as veias no pescoço se dilatando, Angela, Will e os demais caíam num estranho silêncio, observando Rafiq como se fosse um epiléptico em plena crise. Mais de uma vez, tive de intervir e começar a gritar com ele, não de raiva, mas só para refreá-lo um pouco, até que surgia um sorrisinho por baixo do bigode e podíamos retomar os trabalhos.

Entretanto, quando estávamos só nós dois, às vezes conseguíamos manter uma conversa normal. Com o tempo, mesmo relutante, comecei a admirar sua tenacidade e fanfarronice, e até, lá a seu modo, certa sinceridade. Rafiq confirmou que tinha chefiado uma gangue em Altgeld; encontrara a religião, disse ele, sob a orientação de um líder muçulmano local, não filiado à Nação do Islã do ministro Louis Farrakhan.

"Cara, se não fosse o Islã, eu já tinha morrido", ele me disse certo dia. "Minha postura era sempre negativa, sabe? Como fui criado aqui em Altgeld, estava encharcado com todo o veneno que o branco instila na gente. Veja só, os caras com quem você trabalha têm o mesmo problema, só que ainda não perceberam. Passam metade da vida se preocupando com o que os brancos pensam. Começam se culpando por toda a merda que veem todo dia, achando que não são capazes de nada melhor enquanto o branco não decidir que prestam pra alguma coisa. Mas lá no fundo sabem que não está certo. Sabem o que este país fez para a mãe, para o pai, para a irmã deles. Então a verdade é que odeiam os caras brancos, mas não conseguem admitir. Ficam com tudo entalado, brigando consigo mesmos. Desperdiçam um monte de energia assim."

E prosseguiu:

"Vou te dizer uma coisa que admiro nos brancos. Eles sabem quem são. Veja os italianos. Não estavam nem aí para a bandeira americana e tudo o que conseguiram aqui. A primeira coisa que fizeram foi montar a máfia pra garantir os interesses deles. Os irlandeses: tomaram conta da prefeitura e arranjaram emprego para os filhos. Os judeus, mesma coisa... E você acha que eles se importam mais com um moleque negro do South Side do que com os parentes em Israel? De jeito nenhum. É uma questão de sangue, Barack, cuidar dos seus, e ponto. Os únicos burros de se preocupar com os inimigos são os negros."

Era assim que Rafiq via as coisas, e ele não gastava energia fazendo distinções. Seu mundo era hobbesiano, em que a desconfiança era um fato e as lealdades iam da família até a mesquita e a raça negra, e paravam nesse ponto, além do qual as noções de lealdade deixavam de se aplicar. Essa visão estreitada, em termos de sangue e tribo, havia lhe dado uma espécie de clareza, um foco para concentrar sua atenção. O respeito próprio negro permitira que um negro ocupasse o cargo de prefeito, argumentava ele, assim como o respeito próprio negro mudava a vida dos dependentes de drogas sob a tutela dos muçulmanos. O progresso estava ao nosso alcance, desde que não traíssemos a nós mesmos.

Mas em que, exatamente, consistia a traição? Desde a primeira vez em que peguei a autobiografia de Malcolm X, tentei desenrolar o duplo fio do nacionalismo negro, sustentando que a mensagem afirmativa do nacionalismo — mensagem de solidariedade e autonomia, de disciplina e responsabilidade comunal — não tinha que depender do ódio aos brancos, como tampouco dependia da generosidade deles. Dizia a mim mesmo e a qualquer amigo negro que se dispusesse a ouvir que éramos capazes de mostrar a este país onde estavam os erros, sem deixar de acreditar na sua capacidade de transformação.

Porém, conversando com nacionalistas professos como Rafiq, me dei conta de que a acusação genérica contra tudo o que era branco desempenhava uma função central em suas mensagens de incentivo e que, pelo menos psicologicamente, uma coisa dependia da outra. O nacionalista, quando falava de um novo despertar dos valores como única solução para a pobreza negra, estava fazendo uma crítica implícita, quando não explícita, aos ouvintes negros: que não precisávamos viver como vivíamos. E, se havia os que adotavam essa mensagem tão clara e a usavam para criar uma vida nova para si mesmos — aqueles com a inabalável disposição que, outrora, Booker T. Washington exigira dos seus seguidores —, essa argumentação soava, aos ouvidos de muitos negros, àquelas explicações da pobreza negra que os brancos continuamente forneciam: que seguíamos sofrendo, se não de inferioridade biológica, ao menos de insuficiência cultural. Era uma mensagem que ignorava causas ou falhas, uma mensagem a-histórica, sem um enredo ou um roteiro que pudesse mostrar progressão. Para um povo já despojado de sua história, um povo muitas vezes sem meios de recuperá-la de nenhuma outra forma que não fosse a que tremulava na tela da TV, o que víamos todos os dias era um testemunho que só parecia confirmar nossas piores suspeitas sobre nós mesmos.

O nacionalismo fornecia essa história, uma narrativa de moral clara que era fácil de transmitir e fácil de entender. Um ataque constante à raça branca, um desfiar incessante das experiências brutais do povo negro neste país serviam de lastro capaz de impedir que as ideias de responsabilidade pessoal e comunal se afundassem num oceano de desespero. Sim, diria o nacionalista, os responsáveis pelo estado deplorável em que você se encontra são os brancos, e não um defeito intrínseco seu. Na verdade, os brancos são tão impiedosos e desonestos que não podemos mais esperar coisa alguma deles. Essa aversão que você sente por si mesmo, que o leva a beber ou a roubar, foi incutida por eles. Tire-os da cabeça e assim seu verdadeiro poder vai se libertar. *Ergue-te, ó raça poderosa!*

Esse processo de deslocamento, essa forma de proceder a uma autocrítica em que nos desprendemos do objeto de crítica, ajudava a explicar o admiradíssimo êxito da Nação do Islã em mudar a vida de viciados e criminosos. Esse processo, se era especialmente bem-sucedido junto aos que estavam nas camadas mais baixas da vida americana, também alcançava todas as dúvidas persistentes do advogado que tanto batalhara pelo anel de formatura, mas que ainda deparava com o silêncio constrangido quando entrava na sede do clube; daqueles jovens universitários que mediam cautelosamente a distância entre eles e a vida nas ruas pobres de Chicago, com os riscos implicados nessa distância; de todos os negros que, ao fim e ao cabo, tinham dentro de si a mesma voz que sussurrava dentro de mim: "Aqui não é o seu lugar".

Em certo sentido, portanto, Rafiq tinha razão quando insistia em que, no fundo, todos os negros eram potencialmente nacionalistas. A raiva estava ali, entalada dentro do peito, muitas vezes interiorizada. E, ao pensar em Ruby e em seus olhos azuis, nos adolescentes se xingando de "pretos" ou coisa pior, perguntei-me se, pelo menos por ora, Rafiq também não teria razão ao preferir que essa raiva fosse redirecionada; se uma política negra que suprimisse a raiva contra os brancos de modo geral ou uma política que não conseguisse elevar a lealdade racial acima de todo o resto não seria inadequada para a tarefa.

Era uma ideia penosa, tão penosa agora quanto tinha sido anos atrás. Contradizia a moral transmitida por minha mãe, uma moral de distinções sutis — entre as pessoas de boa vontade e as pessoas que me desejavam o mal, entre a maldade deliberada e a ignorância ou a indiferença. Nessa estrutura moral, estava em jogo algo que me era muito pessoal; eu descobrira que, mesmo que tentasse, não conseguiria fugir a ela. No entanto, talvez fosse uma estrutura que os negros neste país não podiam mais se permitir; talvez ela enfraquecesse a determinação negra, incentivasse a confusão entre as fileiras. Tempos desesperados exigiam medidas desesperadas; para muitos negros, os tempos eram cronicamente desesperados. Se o nacionalismo fosse capaz de criar uma insularidade sólida e eficaz, se fosse capaz de cumprir a promessa de gerar respeito próprio, pouco importariam os danos que causaria aos brancos de boas intenções ou o turbilhão interno que geraria em pessoas como eu.

Isso se o nacionalismo fosse capaz. De todo modo, a maioria das minhas brigas com Rafiq girava em torno de questões de eficácia, e não de sentimento. Uma vez, depois de uma reunião particularmente espinhosa com o DMET, perguntei a Rafiq se poderia convocar seus seguidores, caso se fizesse necessária uma manifestação pública na prefeitura.

"Não tenho tempo de sair por aí distribuindo panfletos tentando explicar as coisas para o público", ele respondeu. "A maioria do pessoal por aqui não tá nem aí. Os que se interessam um pouco vão enganar os negros tentando tumultuar. O importante é termos um plano bem-feito e conseguirmos que a prefeitura assine. É assim que se fazem as coisas, não com um monte de gente, com barulheira e tudo o mais. Depois que fecharmos o trato, aí vocês anunciam do jeito que quiserem."

Eu discordava dessa abordagem; apesar de todo o amor que Rafiq professava pelos negros, parecia ter enorme desconfiança deles. Mas eu também sabia que sua abordagem era ditada por falta de condições: acabei descobrindo que nem sua organização nem sua mesquita contavam com mais de cinquenta pessoas. A influência dele decorria não de um sólido apoio organizacional, e sim de sua disposição de aparecer em toda e qualquer reunião que remotamente afetasse Roseland e de gritar até que os adversários se rendessem.

O que valia para Rafiq valia para toda a cidade; sem o efeito catalisador da campanha de Harold, o nacionalismo se dissolvia numa atitude, sem um programa concreto, num rol de queixas, e não numa força organizada, em imagens e sons que ocupavam as ondas do ar e as conversas, mas sem nenhuma existência física. Entre os grupos que erguiam a bandeira nacionalista, somente a Nação do Islã contava com um número significativo de seguidores: os sermões do ministro Farrakhan, numa cadência incisiva, costumavam lotar a casa, e o número de ouvintes nas transmissões de rádio era ainda maior. Mas o número de membros atuantes da Nação em Chicago era consideravelmente menor — vários milhares, talvez, mais ou menos do tamanho de uma das maiores congregações negras de Chicago —, uma base que raramente ou nunca se mobilizava em torno de disputas eleitorais ou em apoio a programas de bases amplas. Na verdade, a presença física da Nação nos bairros era apenas nominal, restringia-se basicamente aos típicos homens de terno e gravata-borboleta que ficavam nos cruzamentos das ruas principais vendendo *The Final Call*, o jornal da Nação.

De vez em quando eu pegava o jornal desses homens invariavelmente corteses, em parte porque sentia pena deles em razão dos ternos pesados que usavam no verão ou dos casacos leves que trajavam no inverno, ou às vezes porque as manchetes sensacionalistas, ao estilo dos tabloides (CAUCASIANA ADMITE: OS BRANCOS SÃO O DEMÔNIO), chamavam a minha atenção. Dentro havia reproduções de discursos do ministro e artigos que podiam ter sido diretamente extraídos da agência de notícias Associated Press (AP), não fossem alguns floreios editoriais ("O senador *judeu* Metzenbaum anunciou hoje..."). O jornal também continha uma editoria de saúde, inclusive com receitas sem carne de porco do ministro Farrakhan; anúncios dos discursos do ministro Farrakhan em videocassete (aceitam-se Visa e MasterCard); promoções de artigos de toucador — pastas de dente e coisas do gênero — que a Nação lançara com a marca Power, como parte de uma estratégia para incentivar os negros a manter seus dólares circulando dentro da própria comunidade.

Depois de algum tempo, os anúncios dos produtos Power perderam destaque no jornal; parece que muitos apreciadores dos discursos do ministro Farrakhan continuavam a escovar os dentes com Crest. O caráter agora esporádico da campanha Power revelava alguns aspectos das dificuldades enfrentadas por qualquer negócio negro — as barreiras para entrar, a falta de verba, a vantagem dos concorrentes por terem deixado os negros fora do jogo por mais de trezentos anos.

Mas eu desconfiava que também refletia a inevitável tensão que surgiu quando a mensagem do ministro Farrakhan se reduziu às realidades prosaicas de comprar pasta de dentes. Tentei imaginar o gerente de produtos da Power examinando as projeções de vendas. Talvez se perguntasse rapidamente se faria sentido distribuir a marca nas redes nacionais de supermercados onde os negros preferiam fazer suas compras. Se descartasse essa ideia, talvez cogitasse se um supermercado de proprietários negros, tentando concorrer com as redes nacionais, cederia espaço nas prateleiras para um produto que certamente afastaria possíveis clientes brancos. Será que os consumidores negros comprariam pasta de dentes pelo correio? E quanto à possibilidade de que o fornecedor mais barato de algum ingrediente utilizado na fabricação da pasta de dentes fosse um branco?

Problemas de concorrência, decisões impostas por uma economia de mercado e pela decisão da maioria; questões de poder. Era essa realidade inflexível — a de que os brancos não eram meros fantasmas a serem expulsos dos nossos sonhos, mas elementos ativos e variados no nosso cotidiano — que finalmente explicava por que o nacionalismo podia prosperar como emoção e se afundar como programa. Enquanto se mantivesse como uma praga catártica que se rogava contra a raça branca, o nacionalismo podia ganhar os aplausos do adolescente desempregado ouvindo a rádio ou do empresário assistindo aos programas noturnos da TV. Mas a passagem desse fervor unificador para as escolhas práticas que os negros enfrentavam diariamente constituía uma descida muito íngreme. Faziam-se concessões por todos os lados. O contador negro perguntava: como vou abrir uma conta no banco de um negro se ele me cobra uma tarifa extra pelos cheques e não me fará um empréstimo empresarial com a alegação de que não pode se permitir esse risco? A enfermeira negra dizia: os brancos com quem trabalho não são tão ruins assim e, mesmo que fossem, não posso deixar o emprego; quem vai pagar o meu aluguel amanhã ou quem vai alimentar os meus filhos hoje?

Rafiq não tinha nenhuma resposta pronta a essas perguntas; estava menos interessado em mudar as regras do poder do que na cor dos que o detinham e que, portanto, gozavam os privilégios dos cargos. No entanto, nunca houve muito espaço no topo da pirâmide; numa disputa estruturada nesses termos, realmente a libertação negra iria demorar muito. Durante a espera, aconteciam coisas engraçadas. O que antes, nas mãos de Malcolm, parecia um chamado às armas, uma declaração de que não toleraríamos mais o intolerável, veio a ser a mesmíssima coisa que Malcolm tentara erradicar: mais um jogo de fantasia, mais uma máscara para a hipocrisia, mais uma desculpa para a inércia. Políticos negros menos dotados do que Harold descobriram o que os políticos brancos sabiam desde longuíssima data: que os discursos racistas podiam compensar uma série de limitações. Líderes mais jovens, ansiosos em fazer nome, apostavam mais alto, espalhando teorias conspiratórias por toda a cidade — os coreanos estavam financiando a Ku Klux Klan, os médicos judeus estavam injetando o vírus da aids em bebês negros. Era um atalho para a fama, quando não para a fortuna; como o sexo ou a violência na tevê, a raiva negra tinha sempre mercado garantido.

Entre todos com quem falei no bairro, ninguém parecia levar essas conversas muito a sério. De qualquer forma, muitos já tinham abandonado a ideia de que a política pudesse realmente melhorar a vida deles e muito menos pudesse lhes exigir qualquer coisa; para eles, um voto, se e quando votavam, era apenas um bilhete para um bom espetáculo. Diziam-me que os negros não detinham nenhum poder de ação efetiva com as ocasionais escorregadas no antissemitismo ou na malhação dos asiáticos; de todo modo, os negros precisavam de uma chance para se desafogarem um pouco de vez em quando — cara, o que você acha que esse pessoal fala da gente pelas nossas costas?

Só falação. Mas o que me preocupava não eram apenas os danos de uma língua solta nos esforços de montar uma aliança, ou a dor emocional que causava nos outros. Era a distância entre a nossa fala e a nossa ação, o efeito que ela estava provocando em nós como indivíduos e como povo. Esse fosso corrompia a linguagem e o pensamento; tornava-nos desmemoriados e incentivava as mentiras; corroía a nossa capacidade de nos considerarmos responsáveis diante de nós mesmos e de uns perante os outros. E, embora nada disso fosse exclusividade dos políticos negros ou dos nacionalistas negros — Ronald Reagan estava se saindo muito bem com suas prestidigitações verbais, e a América branca parecia sempre disposta a gastar rios de dinheiro em terrenos nos subúrbios e em serviços de segurança privada a fim de negar o elo indissociável entre negros e brancos —, eram os negros os que menos podiam se permitir tais ficções. A sobrevivência negra neste país sempre se baseara num mínimo de ilusões. Era essa ausência de ilusões que continuava a operar no cotidiano da maioria dos negros que eu conhecia. Em vez de adotarmos essa inabalável honestidade nos nossos assuntos públicos, a impressão era de que estávamos afrouxando e permitindo que a nossa psique coletiva fosse para onde bem quisesse, mesmo quando nos afundávamos num desespero ainda maior.

A luta constante para unir palavra e ação, nossos desejos sinceros e um plano exequível — não era disso, afinal, que dependia a autoestima? Era essa convicção que me levara a trabalhar como líder comunitário, e era essa convicção que me levaria a concluir, talvez definitivamente, que as noções de pureza — racial ou cultural — não podiam mais servir de base para a autoestima do americano negro típico, tampouco para a minha. O nosso senso de integridade teria de surgir de algo mais específico do que a nossa herança de sangue. Teria de encontrar raízes na história da sra. Crenshaw e na do sr. Marshall, na história de Ruby e na de Rafiq; raízes em todos os detalhes misturados e contraditórios da nossa experiência.

Saí por duas semanas para visitar a minha família. Ao voltar, liguei para Ruby e falei que precisava dela numa reunião naquele sábado à noite. Longa pausa. E:

"Sobre o quê?"

"Você vai ver. Esteja pronta às seis… vamos comer alguma coisa antes."

O nosso destino ficava a uma hora de distância do apartamento de Ruby, num dos bairros da zona norte para onde o jazz e o blues tinham migrado, em busca de um público pagante. Encontramos um restaurante vietnamita e, comendo um prato de macarrão com camarão, conversamos sobre o patrão dela no serviço e as dores que sentia nas costas. Mas a conversa parecia forçada, sem pausa nem reflexão; enquanto falávamos, continuávamos desviando os olhos um do outro."

Na hora em que pagamos a conta do restaurante e entramos na porta ao lado, o auditório já estava cheio. Um lanterninha nos mostrou nossos lugares, que, afinal, ficavam na frente de um grupo de adolescentes negras em excursão. Algumas folheavam meticulosamente o programa, seguindo a indicação da mulher mais velha — uma professora, imaginei — sentada ao lado delas. Mas outras estavam empolgadas demais para ficarem quietas nos assentos; cochichavam, trocavam risadinhas sobre o longo título da peça e especulavam como se pronunciava o nome da autora, Ntozake Shange.

De repente a sala ficou escura e as meninas se aquietaram. Então voltaram as luzes, agora num azul indistinto, e sete negras apareceram no palco, com saias e lenços esvoaçantes, o corpo imobilizado em estranhas contorções. Uma delas, uma mulher corpulenta usando roupa marrom, começou a bradar:

> *… semitons dispersos*
> *sem ritmo/sem melodia*
> *um riso louco cascateando*
> *no ombro de uma negra*
> *é engraçada/é histérica*
> *a amusicalidade da dança*
> *não conte a ninguém*
> *ela dança sobre latas de cerveja e pedregulhos…* *

---

* No original: "… half-notes scattered/ without rhythm/no tune/ distraught laughter fallin'/ over a black girl's shoulder/ it's funny/it's hysterical/ the melody-less-ness of her dance/ don't tell a soul/ she's dancing on beer cans and shingles…".

Enquanto ela falava, as outras mulheres adquiriam vida aos poucos, um coro de muitas formas e cores, mogno e bege, redondas e esguias, jovens e não tão jovens, estendendo os membros no palco.

uma pessoa/qualquer pessoa
cante a canção de uma negra
traga-a para fora
para conhecer a si
para conhecer a você
mas cante os ritmos dela
respeitando/a luta/a dureza
cante a canção da vida dela...*

Durante uma hora, as mulheres fizeram rodízio contando suas histórias, entoando suas canções. Cantaram o tempo perdido, as fantasias abandonadas, o que poderia ter sido e não foi. Cantaram os homens com quem conheceram o amor, a traição, o estupro, o abraço; cantaram a dor dentro desses homens, dor que entendiam e às vezes perdoavam. Mostraram umas às outras as estrias e os calos nos pés; revelaram sua beleza na cadência da voz, no adejo da mão, beleza lânguida, ascendente, esquiva. Choraram as crianças abortadas, as crianças assassinadas, as crianças que foram outrora. E ao longo de todas as canções, violentas, raivosas, suaves, incansáveis, as mulheres dançavam, todas elas, corda dupla, rumba, rebolado, valsa solitária; danças de suar a testa, de partir o coração. Dançaram até parecerem unidas num espírito só. No final da peça, esse espírito começou a cantar um verso solitário, simples e singelo:

---

* No original: "somebody/anybody/ sing a black girl's song/ bring her out/ to know herself/ to know you/ but sing her rhythms/ carin'/struggle/hard times/ sing her song of life".

Em mim encontrei a divindade
*e amei/amei-a ardorosamente**

As luzes se acenderam, as reverências foram feitas; as mocinhas atrás de nós aplaudiram loucamente. Ajudei Ruby a vestir o casaco e fomos para o estacionamento. Havia esfriado, e as estrelas cintilavam como gelo no negrume do céu. Enquanto esperávamos o motor do carro esquentar, Ruby se inclinou para mim e me deu um beijo no rosto.

"Obrigada."

Os seus olhos, castanho-escuros, tremeluziam. Peguei e dei um rápido aperto na sua mão enluvada, e então partimos. Não se falou mais nada; durante todo o trajeto de volta ao South Side, até deixá-la na porta de casa e lhe desejar boa-noite, em momento algum rompemos aquele precioso silêncio.

---

* No original: "I found God in myself/ and I loved her/I loved her fiercely".

11.

Entrei no estacionamento do aeroporto às três e quinze e corri para o terminal o mais depressa que pude. Ofegante, dei várias voltas, os olhos perscrutando a multidão de indianos, alemães, poloneses, tailandeses e checos pegando a bagagem.

Droga! Eu sabia que deveria ter vindo mais cedo. Talvez ela tenha ficado preocupada e tentou ligar. Cheguei a lhe dar o número do escritório? E se ela perdeu o voo? E se ela passou por mim e eu não percebi?

Olhei a foto na minha mão, que ela enviara dois meses antes, já meio borrada de tanto manusear. Então levantei os olhos e a imagem ganhou vida: uma africana passou pelo portão da alfândega, andando com passos leves e graciosos, os olhos brilhantes e perscrutadores fitando os meus, o rosto escuro, redondo, de traços firmes abrindo-se ao sorrir como uma flor de argireia.

"Barack?"

"Auma?"

"Nooossa..."

Levantei a minha irmã do chão ao nos abraçarmos, rindo,

rindo, enquanto nos olhávamos. Peguei a sua mala e nos dirigimos para o estacionamento, enquanto ela me dava o braço. E percebi naquele momento, de alguma forma, que eu a amava tanto, com tanta naturalidade e tamanha intensidade, que depois, quando ela foi embora, fiquei até em dúvida sobre esse amor, tentando explicá-lo a mim mesmo. Nem hoje consigo explicá-lo; só sei que era e continua a ser um amor genuíno, e me sinto grato por isso.

"Então, maninho", disse Auma enquanto íamos para a cidade, "você vai me contar tudinho."

"A respeito do quê?"

"Da sua vida, claro."

"Começo pelo começo?"

"Por onde quiser."

Contei sobre Chicago e Nova York, sobre o meu trabalho como líder comunitário, a minha mãe, os avós, Maya — o nosso pai tinha falado tanto sobre eles, disse Auma, que a sensação era de que já os conhecia. Ela falou sobre Heidelberg, onde tentava terminar um mestrado em linguística, e sobre as provações e atribulações de morar na Alemanha.

"Imagino que eu não deveria reclamar", disse Auma. "Tenho uma bolsa de estudos, tenho um apartamento. Não sei o que estaria fazendo se ainda estivesse no Quênia. Mas não gosto muito da Alemanha. Os alemães gostam de se achar muito liberais em relação aos africanos, sabe? Mas, se você for um pouco mais fundo, vai ver que ainda têm as mesmas atitudes de quando eram crianças. Nos contos de fadas alemães, os negros são sempre os duendes que aprontam travessuras. É o tipo de coisa que não é fácil esquecer. Às vezes tento imaginar como deve ter sido para o Velho, saindo de casa pela primeira vez. Se ele sentia essa mesma solidão…"

O Velho. Era assim que Auma chamava o nosso pai. Aos meus ouvidos soava bem, de certa forma, ao mesmo tempo familiar e distante, uma força elementar que não se entende plenamente. No meu apartamento, Auma pegou a foto dele que ficava na estante de livros, um retrato de estúdio que a minha mãe tinha preservado.

"Tem um ar tão inocente, não tem? Tão novo."

Ela pôs o retrato ao lado do meu rosto:

"Vocês têm a mesma boca."

Disse a Auma que ela devia descansar um pouco, enquanto eu ia até o escritório para trabalhar algumas horas.

Ela balançou a cabeça.

"Não estou cansada. Deixa eu ir junto."

"Tire uma soneca; vai te fazer bem."

Auma retrucou:

"Pô, Barack! Estou vendo que você é mandão igual ao Velho. E você só viu ele uma vez? Deve estar no sangue."

Ri, mas ela não; percorreu o meu rosto com os olhos, como se fosse um enigma a resolver, mais uma peça num problema que, por trás da loquacidade exuberante, afligia o seu íntimo.

Naquela tarde, fomos dar um giro pelo South Side, o mesmo percurso que eu tinha feito nos meus primeiros dias em Chicago, mas agora preenchido com algumas memórias minhas também. Quando chegamos ao meu escritório, Angela, Mona e Shirley por acaso estavam lá. Cobriram Auma de perguntas sobre o Quênia, quiseram saber como ela trançava o cabelo e como falava tão bonito, parecendo a rainha da Inglaterra, e as quatro se divertiram muito falando sobre mim e os meus hábitos estranhos.

"Elas parecem gostar muito de você", disse Auma, depois. "Me fazem lembrar as nossas tias em casa."

Abaixou o vidro da janela e pôs o rosto ao vento, olhando a avenida Michigan passar: os restos estripados do velho Roseland Theatre, uma oficina cheia de carros enferrujados.

Auma se virou para mim e perguntou:

"Você faz isso por elas, Barack? Digo, essa coisa de liderança."

Dei de ombros.

"Por elas. Por mim."

A mesma expressão de medo e perplexidade voltou ao rosto de Auma.

"Não gosto muito de política", disse ela.

"Por que não?"

"Não sei. A gente acaba sempre se desapontando."

Quando chegamos em casa, havia uma carta para Auma na caixa de correio; era de um estudante alemão de direito com quem, disse ela, estava saindo. Era uma carta longa, com pelo menos sete páginas; enquanto eu preparava o jantar, ela ficou sentada à mesa da cozinha, e ria, suspirava, estalava a língua, um ar meigo e sonhador em seu rosto.

"Achei que você não gostava dos alemães", comentei.

Ela esfregou os olhos e riu:

"Ah, mas Otto é diferente. É tão meigo! E às vezes eu o trato tão mal! Sei lá, Barack. Às vezes acho que não consigo confiar totalmente em ninguém. Penso no que o Velho fez com a vida dele, e a ideia de casamento me dá… como vocês dizem? arrepios. Além disso, com Otto e a carreira dele, a gente teria de morar na Alemanha, entende? Começo a imaginar como seria, para mim, viver a vida toda como estrangeira, e acho que eu não conseguiria dar conta."

Ela dobrou a carta e guardou de volta no envelope.

"E você, Barack? Você tem esses problemas, ou é só a sua irmã que se sente tão confusa?"

"Creio que sei como você se sente."

"Me conta."

Fui até a geladeira e tirei dois pimentões, que pus na tábua de cortar.

"Bem... tinha uma mulher em Nova York que eu amava. Era branca. Tinha cabelo escuro e pintas verdes nos olhos. A voz dela parecia um daqueles sininhos de vento. A gente se viu durante quase um ano. Basicamente nos fins de semana. Às vezes no apartamento dela, às vezes no meu. Sabe quando a gente fica no nosso mundinho privado? Só os dois, recolhidos e aconchegados. Com uma linguagem nossa. Hábitos nossos. Era assim que era."

Continuei:

"Aí, num final de semana, ela me convidou para a casa de campo da família. Os pais estavam lá e foram muito simpáticos, muito afáveis. Era outono, lindo, verde por todo o canto, passeamos num barco a remo num lago circular, gelado, cheio de folhinhas douradas que se depositavam nas margens. A família conhecia cada palmo de terra. Sabiam como tinham se formado os montes, como as derivas glaciais tinham criado o lago, os nomes dos primeiros colonos brancos, seus ancestrais, e, antes deles, os nomes dos índios que antigamente caçavam na área. A casa era muito antiga, do avô dela, o qual, por sua vez, tinha herdado do avô dele. A biblioteca era cheia de livros antigos e quadros do avô com gente famosa que ele conhecia: presidentes, diplomatas, industriais. Era um lugar solene. De pé ali, percebi que nossos dois mundos, o da minha amiga e o meu, eram tão distantes quanto o Quênia e a Alemanha. E vi que, se ficássemos juntos, eu acabaria vivendo no mundo dela. Afinal, é o que tenho feito na maior parte da minha vida. Entre nós dois, era eu que sabia viver como forasteiro."

"E o que aconteceu?"

Dei de ombros.

"Eu a afastei de mim. Começamos a brigar. Começamos a pensar no futuro, e isso entrou à força no nosso mundinho aconchegante. Uma noite, eu a levei para ver uma peça nova de um dramaturgo negro. Era uma peça muito raivosa, mas muito engraçada. Típico humor americano negro. A maioria do público era de negros, e todo mundo ria, batia palmas, gritava como na igreja. Quando a peça terminou, ela perguntou por que os negros eram sempre tão raivosos. Falei que era uma questão de relembrar; acho que disse: ninguém pergunta por que os judeus relembram o Holocausto, e ela falou que era diferente, e eu falei que não era, e ela disse que a raiva não levava a lugar nenhum. Tivemos uma tremenda briga, bem na frente do teatro. Quando voltamos para o carro, ela começou a chorar. Disse que não podia ser negra. Seria se pudesse, mas não podia. Só podia ser ela mesma, e isso não bastava."

"Que história triste, Barack."

"Pois é. Mas, mesmo que ela fosse negra, talvez não tivesse dado certo. Quer dizer, várias moças negras também me fizeram sofrer."

Sorri, pus na panela os pimentões cortados, me virei para Auma e disse, agora sem sorrir:

"A questão é que, sempre que penso no que essa minha amiga me disse naquela noite, na frente do teatro, sinto vergonha."

"Teve mais alguma notícia dela?"

"Recebi um cartão no Natal. Está feliz; conheceu alguém. E eu tenho o meu trabalho."

"E é suficiente?"

"Às vezes sim."

Tirei o dia seguinte de folga, e passamos o dia juntos, visitando o Instituto de Arte (eu queria ver as cabeças mumificadas no Field Museum, mas Auma não quis), tirando do fundo do armário fotos antigas, visitando o supermercado, onde Auma concluiu que os americanos eram simpáticos e obesos. Às vezes teimosa, às vezes moleca, às vezes arcada sob o peso do mundo, ela sempre mostrava uma segurança que identifiquei como um reflexo adquirido — o meu próprio reflexo diante da incerteza.

Mas não falamos muito sobre o nosso pai; era como se a conversa se detivesse sempre que ameaçávamos nos aproximar da memória dele. Foi só naquela noite, depois do jantar e de um longo passeio em volta do lago, seguindo pela mureta meio destruída, que sentimos que não avançaríamos enquanto não abordássemos o assunto. Fiz um chá, e Auma começou a me falar do nosso pai, pelo menos o que conseguia lembrar.

"Não posso dizer que o conheci de verdade, Barack. Talvez ninguém tenha conhecido… não de verdade. Era uma vida muito dispersa. As pessoas, mesmo os filhos, só conheciam algumas partes e fragmentos."

E prosseguiu:

"Eu tinha medo dele. Quando nasci, ele já estava fora. No Havaí, com a sua mãe, e depois em Harvard. Quando ele voltou para o Quênia, o nosso irmão mais velho, Roy, e eu éramos pequenos, e morávamos com a mamãe no campo, em Alego. Não me lembro bem da chegada dele, pois eu era muito novinha. Tinha quatro anos, mas Roy tinha seis, e talvez ele possa contar melhor o que aconteceu. Só me lembro de que ele voltou com uma americana chamada Ruth e que nos tirou da nossa mãe para morarmos com eles em Nairóbi. Lembro que essa mulher, Ruth, era a primeira pessoa branca que eu via na vida, e aí, de repente, ela ia ser a minha nova mãe."

"Por que você não ficou com a sua mãe?"

Auma balançou a cabeça.

"Não sei bem. No Quênia, os homens ficam com os filhos num divórcio: isto é, se quiserem. Perguntei para minha mãe, mas para ela é difícil falar sobre isso. Ela só diz que a nova esposa do Velho não aceitou morar com outra esposa e que ela, a mamãe, achou que nós, os filhos, ficaríamos melhor morando com o Velho, porque ele era rico.

"Naqueles primeiros anos, o Velho estava se dando muito bem, sabe? Trabalhava para uma petrolífera americana, a Shell, acho. A independência tinha acontecido poucos anos antes, e o Velho tinha boas ligações com todo o alto escalão do governo. Tinha estudado com muitos deles. O vice-presidente, ministros, todos apareciam às vezes lá em casa, e ficavam bebendo e conversando sobre política. Ele tinha uma casa bem grande e um carrão, e todo mundo ficava impressionado porque era tão jovem e já tinha tanto estudo no estrangeiro. E tinha uma esposa americana, o que ainda era raro... Se bem que, quando ainda era casado com Ruth, às vezes saía com a minha mãe de verdade. Como se tivesse de mostrar para os outros, entende? Que também podia ter aquela linda africana sempre que quisesse. Os nossos outros quatro irmãos nasceram naquela época. Mark e David eram filhos de Ruth, e nasceram no nosso casarão nas Westlands. Abo e Bernard eram filhos da mamãe e moravam com ela e a família dela na zona rural. Roy e eu não conhecíamos Abo e Bernard. Eles nunca vinham nos ver em casa, e, quando ia visitá-los, o Velho ia sempre sozinho, sem dizer nada a Ruth.

"Só mais tarde fui pensar mais nisso, nessa nossa vida dividida, porque era muito nova. Creio que para o Roy foi mais difícil, pois ele tinha idade suficiente para lembrar a vida em Alego, quando morávamos na aldeia com nossa mãe e nosso povo. Por mim, estava tudo bem. Ruth, a nossa nova mãe, era bem boazinha. Ela nos tratava quase como se fôssemos filhos seus. Os pais dela eram ricos, creio, e nos mandavam belos presentes dos Estados Unidos. Eu ficava empolgadíssima sempre que chegava algum pacote deles. Mas o Roy às vezes não aceitava os presentes, mesmo quando eram doces. Lembro uma vez que ele recusou os chocolates que tinham mandado, só que depois, à noite, achando que eu estava dormindo, vi quando ele pegou alguns chocolates que eu tinha deixado na nossa cômoda. Não falei nada, porque acho que eu sabia que ele se sentia infeliz.

"Então as coisas começaram a mudar. Quando Mark e David nasceram, Ruth transferiu a atenção para os filhos. O Velho saiu da empresa americana e foi trabalhar no governo, no Ministério do Turismo. Talvez tivesse ambições políticas e, no começo, se deu bem. Mas, em 1966 ou 1967, as divisões no Quênia tinham se aprofundado. O presidente Kenyatta era da tribo mais numerosa, os quicuios. Os luos, a segunda maior tribo, começaram a reclamar que os melhores cargos estavam sendo entregues aos quicuios. Havia muita intriga no governo. O vice-presidente, Odinga, era da tribo dos luos e falou que o governo estava se tornando corrupto. Que os políticos quenianos, em vez de servirem aos que haviam lutado pela independência, tinham ocupado o lugar dos colonialistas brancos, comprando para si firmas e terras que deviam ser redistribuídas para o povo. Odinga tentou criar um partido próprio, mas ficou em prisão domiciliar, como comunista. Outro ministro luo de grande popularidade, Tom M'boya, foi morto por um assassino de aluguel quicuio. Os luos começaram a protestar nas ruas e a polícia do governo caiu em cima. Mataram pessoas. Tudo isso criou mais suspeitas entre as tribos.

"Os amigos do Velho, na sua maioria, calaram o bico e aprenderam a conviver com a situação. Mas o Velho não, ele começou a se manifestar. Dizia ao povo que o tribalismo ia arruinar o país e que os melhores empregos estavam caindo nas mãos de gente não qualificada. Os amigos tentaram alertá-lo de que era perigoso dizer essas coisas em público, porém ele não deu importância. Sempre achava que era ele quem sabia o que era melhor, entende? Quando foi passado para trás numa promoção, reclamou em alto e bom som. 'Como é que você pode ser meu superior', disse a um dos ministros, 'sendo que sou eu que o ensino a fazer o serviço direito?' Chegaram a Kenyatta os comentários de que o Velho era um encrenqueiro, e o presidente mandou chamá-lo. Consta que Kenyatta falou ao Velho que, como ele não sabia ficar de boca fechada, só ia trabalhar de novo quando estivesse na rua da amargura.

"Não sei até que ponto esses detalhes são verdadeiros. O que sei é que, tendo o presidente como inimigo, as coisas ficaram muito ruins para o lado do Velho. Ele foi removido do governo e ninguém mais o queria como aliado. Nenhum ministério lhe deu serviço. Foi procurar trabalho em empresas estrangeiras, mas elas foram alertadas de que não era para contratá-lo. Ele começou a procurar no exterior e foi contratado para trabalhar no Banco de Desenvolvimento Africano em Adis-Abeba, só que, antes de chegar lá, o governo revogou o passaporte dele, e o Velho não conseguiu nem sair do Quênia.

"Por fim, teve de aceitar um empreguinho no Departamento de Águas. E mesmo isso só foi possível porque um dos amigos ficou com pena dele. O emprego punha comida na mesa, mas foi um grande baque para ele. O Velho começou a beber muito, e vários conhecidos deixaram de visitá-lo porque era perigoso ser visto com ele. Falaram que, se ele se desculpasse, se mudasse de atitude, talvez as coisas voltassem aos eixos. Mas o Velho se recusou e continuou a dizer o que pensava.

"Só consegui entender grande parte disso quando tinha mais idade. Na época, eu só via que a vida em casa tinha ficado muito difícil. O Velho só falava com Roy ou comigo para dar bronca. Chegava muito tarde em casa, bêbado, e eu o ouvia gritar com Ruth, mandando preparar comida para ele. Ruth ficou muito amargurada com essa mudança. Às vezes, quando o Velho estava fora, ela dizia a Roy e a mim que ele era louco e que sentia pena de nós por termos um pai assim. Eu não culpava Ruth; provavelmente concordava. Mas percebi que o tratamento que ela nos dava era cada vez mais diferente do que dava aos seus dois filhos. Ela dizia que não éramos filhos dela e pouco podia fazer para nos ajudar. Roy e eu começamos a sentir que não tínhamos ninguém.

E, quando Ruth largou o Velho, essa sensação não ficou muito distante da verdade.

"Ela foi embora quando eu tinha doze ou treze anos, depois que o Velho sofreu um acidente grave de carro. Tinha bebido, acho, e o motorista do outro carro, um fazendeiro branco, morreu. O Velho passou muito tempo hospitalizado, quase um ano; e Roy e eu vivíamos praticamente sozinhos. Quando ele finalmente saiu do hospital, foi visitar você e sua mãe no Havaí. Falou pra gente que vocês dois voltariam com ele e então teríamos uma família. Mas vocês não vieram, e Roy e eu tivemos de lidar sozinhos com ele.

"Por causa do acidente, o Velho perdeu o emprego no Departamento de Águas e não tínhamos onde morar. Passamos algum tempo indo de um parente pra outro, mas acabavam nos pondo para fora porque tinham os próprios problemas. Então encontramos uma casa precária numa área bem tosca da cidade e ficamos lá por vários anos. Foi uma época terrível. O Velho tinha tão pouco dinheiro que precisava pegar emprestado com os parentes até para a comida. Isso aumentou a vergonha que sentia, e o gênio dele piorou. Apesar de todos os nossos problemas, ele nunca admitiu para o Roy nem para mim que havia algo de errado. Acho que isso era o que mais doía: o jeito como ele ainda se dava ares por ser o dr. Obama e nós os seus filhos. O armário podia estar vazio, mas ele fazia donativos às entidades beneficentes só para manter as aparências! Às vezes eu discutia com o Velho, então ele dizia que eu era uma menina boba e não entendia as coisas.

"Entre ele e Roy era ainda pior. As brigas eram colossais. No fim, Roy simplesmente foi embora. Parou de aparecer em casa e começou a morar com outras pessoas. Assim, fiquei sozinha com o Velho. Às vezes eu passava metade da noite acordada, esperando até ouvi-lo entrar em casa, preocupada que pudesse ter acontecido alguma coisa terrível. Aí ele chegava cambaleando de bêbado, entrava no meu quarto e me acordava porque queria companhia ou alguma coisa para comer. Dizia como era infeliz e como tinha sido traído. Eu estava tão sonolenta que não entendia nada do que ele falava. Comecei a desejar secretamente que ele passasse a noite fora e não voltasse mais.

"A única coisa que me salvava era a Escola Secundária Quênia. Era uma escola feminina reservada para os britânicos no passado. Muito rigorosa e ainda muito racista — só quando estive lá, muito tempo depois que as alunas brancas tinham ido embora, é que passaram a aceitar professores africanos para dar aulas. Mas, apesar dessas coisas, fui muito ativa na escola. Como era um internato, eu passava o ano letivo lá, e não com o Velho. A escola me deu um senso de ordem, entende? Algo em que eu podia me apoiar.

"Teve um ano em que o Velho não pôde pagar a escola e fui mandada de volta para casa. Fiquei tão envergonhada que chorei a noite inteira. Não sabia o que fazer. Mas tive sorte. Uma das diretoras soube da minha situação e me deu uma bolsa que me permitiu continuar. É uma coisa triste de dizer, mas, por mais que eu gostasse dele e me preocupasse com ele, fiquei feliz em não precisar morar com o Velho. Ele ficou entregue a si mesmo, e nunca me arrependi.

"Nos meus dois últimos anos no secundário, a situação do Velho melhorou. Kenyatta morreu, e o Velho pôde voltar a trabalhar no governo. Conseguiu um lugar no Ministério das Finanças e voltou a ter dinheiro e influência. Mas creio que nunca superou o ressentimento pelo que havia acontecido, vendo os colegas da mesma idade, que tinham mostrado mais esperteza política, em cargos acima dele. E era tarde demais para recolher e juntar os pedaços da família desfeita. Passou muito tempo morando sozinho num quarto de hotel, mesmo quando já tinha recursos para comprar uma casa. Teve casos curtos com várias mulheres — europeias, africanas —, mas nenhum durou. Eu quase nunca o via e, quando via, ele não sabia como agir comigo. Éramos como estranhos, mas, sabe de uma coisa?, ele ainda queria posar de pai exemplar e me dizer como me comportar. Lembro que, quando ganhei a bolsa para estudar na Alemanha, fiquei com medo de contar para ele. Achei que ia dizer que eu era nova demais para ir e interferiria no meu visto de estudante, que precisava ser aprovado pelo governo. Então viajei sem me despedir.

"Foi só na Alemanha que comecei a perder um pouco da raiva que sentia dele. Com a distância, podia ver as coisas pelas quais o Velho tinha passado e compreendi que nem ele entendia realmente a si mesmo. Só no final, depois de ter criado tamanha confusão na própria vida, é que talvez estivesse começando a mudar. Na última vez em que nos vimos, ele estava numa viagem a negócios, representando o Quênia numa conferência internacional na Europa. Eu estava apreensiva, pois fazia muito tempo que a gente não se falava. Mas, quando ele chegou à Alemanha, parecia realmente tranquilo, quase pacífico. Passamos momentos ótimos. Pois sabe, mesmo quando se comportava de maneira absolutamente irracional, ele era encantador! Me levou para Londres, ficamos num hotel chique e ele me apresentou a todos os seus amigos num clube britânico. Puxava a cadeira para eu me sentar e fazia o maior alarde, falando para os amigos do orgulho que sentia por mim. No voo de volta de Londres, vi um copinho de vidro em que estavam lhe servindo uísque e falei que ia surrupiá-lo; ele disse: 'Não há necessidade de fazer essas coisas'. Então chamou a comissária e lhe pediu que me trouxesse um jogo completo de copos, como se fosse o dono do avião. Quando a comissária me deu o jogo, me senti menina outra vez. A princesinha dele.

"No último dia de visita, ele me levou para almoçar e conversamos sobre o futuro. Perguntou se eu precisava de dinheiro e insistiu que eu aceitasse um tanto. Falou que, quando eu voltasse ao Quênia, ele encontraria um bom marido para mim. Era comovente, sabe, o que ele tentava fazer... como que para compensar todo o tempo perdido. Naquela altura, ele acabava de ter mais um filho, George, com uma mulher com quem estava vivendo. Então falei: 'Roy e eu já somos adultos. Temos a nossa vida, a nossa memória e é difícil desfazer o que aconteceu entre todos nós. Mas George, o bebê, é uma página em branco. Com ele você pode realmente se comportar bem'. E ele só assentiu, como se... como se..."

Auma tinha passado algum tempo fitando a foto do nosso pai, um pouco borrada na luz fraca. Ela se levantou e foi até a janela, de costas para mim. Abraçou a si mesma, as mãos percorrendo devagar os ombros encurvados. Começou a tremer violentamente, e fui por trás dela, envolvendo-a nos braços enquanto ela chorava, a dor correndo em ondas lentas e profundas.

"Entende, Barack?", falou entre soluços. "Eu estava começando a conhecê-lo. A coisa estava chegando ao ponto em que... em que ele poderia ter se explicado. Às vezes acho que ele poderia realmente ter superado, ter encontrado um pouco de paz interior. Quando ele morreu, me senti tão... tão enganada... Tanto quanto você deve ter se sentido."

Lá de fora veio o som de pneus cantando numa curva; um homem solitário passou sob o círculo amarelo de um poste de luz. Como que por vontade própria, o corpo de Auma se endireitou, ela serenou a respiração e enxugou os olhos na manga da camisa.

"Veja só o que você fez a sua irmã fazer", disse numa risadinha fraca.

Então se virou para mim.

"Sabe, o Velho falava tanto de você! Mostrava a sua foto pra todo mundo e contava como você ia bem na escola. Creio que a sua mãe e ele trocavam cartas. Acho que aquelas cartas eram um verdadeiro consolo para ele. Nos tempos realmente ruins, quando todos pareciam ter se voltado contra ele, o Velho vinha com as cartas dela para o meu quarto e começava a ler em voz alta. Me acordava, me fazia ouvir e, depois que terminava, abanava a carta na mão e dizia como a sua mãe era boa. 'Está vendo?', dizia. 'Pelo menos tem gente que realmente se importa comigo.' E repetia isso para si mesmo várias e várias vezes…"

Enquanto Auma escovava os dentes, arrumei o sofá-cama para ela. Logo ela dormia profundamente, enrodilhada embaixo do cobertor. Mas eu continuei acordado, jogado numa cadeira com a luz da escrivaninha acesa, fitando o rosto sereno dela, ouvindo o ritmo da sua respiração, tentando extrair algum sentido de tudo o que ela dissera. Era como se o meu mundo tivesse virado de ponta-cabeça, como se eu acordasse e visse um sol azul no céu amarelo ou ouvisse animais falando como gente. Eu passara a minha vida com uma única imagem do meu pai, contra a qual me revoltei algumas vezes, sem nunca questionar, e que mais tarde tentei assumir como a minha própria imagem. O estudioso brilhante, o amigo generoso, o líder eminente — o meu pai tinha sido tudo isso. Tudo isso e mais, porque, afora aquela curta visita no Havaí, ele nunca estivera presente para mudar essa imagem, porque eu não vira aquilo que talvez a maioria das pessoas veja em algum momento da vida: o corpo dos seus pais se encolhendo, as grandes esperanças dos seus pais esmigalhadas, o rosto dos seus pais sulcado de dor e arrependimento.

Sim, eu vira a fraqueza em outros homens — o Vô e suas decepções, Lolo e suas concessões. Mas eu extraíra lições desses homens, homens que podia amar, mas nunca tomar como exemplo, homens brancos e homens morenos cujos destinos não falavam ao meu íntimo. Foi na imagem do meu pai, o homem negro, filho da África, que concentrei todos os atributos que procurava em mim mesmo, os atributos de Martin e Malcolm, DuBois e Mandela. E se, mais tarde, vi que os negros que eu conhecia —

Frank, Ray, Will e Rafiq — ficavam abaixo desses critérios tão elevados; se aprendera a respeitá-los pelas lutas que enfrentavam, reconhecendo-as como lutas minhas também, a voz do meu pai, mesmo assim, permanecera impoluta, inspirando, repreendendo, concedendo ou negando aprovação. Você não se esforça muito, Barry. Precisa ajudar na luta do seu povo. Acorde, negro!

Agora, sentado à luz de uma lâmpada solitária, me embalando levemente numa cadeira de encosto duro, de repente essa imagem desaparecera. Substituída por... pelo quê? Um bêbado amargurado? Um marido violento? Um burocrata isolado e derrotado? Pensar que, durante toda a vida, eu havia me debatido com algo que não passava de mero fantasma! Senti uma breve tontura; se Auma não estivesse na sala, provavelmente eu teria estourado na risada. O rei foi deposto, pensei. A cortina esmeralda se abrira. Toda a minha miscelânea mental está livre para pinotear à vontade; posso fazer o que bem quiser. Pois que homem, se não o meu pai, tem o poder de me dizer qualquer outra coisa? Pelo jeito, posso fazer o que quiser, e não vou me sair muito pior do que ele.

A noite avançava; tentei recuperar o equilíbrio, ao perceber que não havia grande motivo de satisfação na minha recente libertação. O que impediria que eu sucumbisse à mesma derrota que derrubara meu pai? Quem me protegeria das dúvidas ou me alertaria quanto a todas as armadilhas que parecem existir na alma de um negro? A imagem fantasiosa do meu pai pelo menos me impedira de sentir desespero. Agora ele estava morto, de verdade. Não podia mais me dizer como viver.

A única coisa que ele podia me dizer, talvez, era o que havia acontecido com ele. Pensei que, apesar de todas as novas informações, continuava sem saber quem fora o meu pai. E todo o seu vigor, tudo o que tinha de promissor? O que moldara as ambições dele? Relembrei mais uma vez a primeira e única ocasião em que nos vimos: o homem que eu conhecia agora devia estar tão apreensivo quanto eu, o homem que retornara ao Havaí para examinar o seu passado e talvez tentar recuperar a melhor parte de si, a parte que fora colocada em um lugar errado. Na época, ele não conseguiu me mostrar o que de fato sentia, como tampouco eu não revelei meus desejos de garoto de dez anos. Ambos ficamos paralisados à vista um do outro, incapazes de evitar a suspeita de que o nosso exame mútuo apontaria as falhas da nossa verdadeira identidade pessoal. Agora, quinze anos depois, fitei o rosto adormecido de Auma e vi o preço que pagáramos por aquele silêncio.

Dez dias depois, sentados nos bancos de plástico duro de um terminal aéreo, Auma e eu ficamos olhando os aviões pela parede envidraçada. Perguntei o que ela estava pensando e minha irmã sorriu com suavidade.

"Estou pensando em Alego", respondeu. "Na praça da aldeia, na Casa ao Quadrado, na terra do nosso avô, onde a nossa avó ainda vive. É o lugar mais lindo do mundo. Quando estou na Alemanha, faz frio lá fora e me sinto sozinha, às vezes fecho os olhos e me imagino lá. Sentada no terreiro, rodeada pelas grandes árvores plantadas pelo nosso avô. Vovó está falando, contando alguma coisa engraçada, e ouço a vaca abanando o rabo atrás de nós, as galinhas ciscando nas beiradas do terreiro, o cheiro do fogo vindo do forno de barro. E, embaixo da mangueira, perto dos milharais, é o lugar onde o Velho está enterrado…"

O embarque começou. Continuamos sentados, e Auma fechou os olhos, apertando a minha mão.

"Temos de ir para casa", ela disse. "Temos de ir para casa, Barack, para visitá-lo."

12.

Rafiq fez de tudo para ajeitar o lugar. Havia uma placa nova na entrada, a porta ficava aberta para que a luz da primavera entrasse. O assoalho tinha sido escovado, os móveis rearranjados. Rafiq estava de terno preto e gravata de couro preto; o *kufu* de couro rebrilhava. Passou vários minutos verificando uma mesa comprida dobrável montada num dos lados da sala, explicando a dois dos seus homens como deviam arrumar os bolinhos e o ponche, ajeitando o retrato de Harold na parede.

"Te parece reto?", perguntou.

"Está reto, sim, Rafiq."

O prefeito vinha cortar a faixa de inauguração do novo centro profissional do DMET em Roseland. Isso era visto como uma grande vitória, e Rafiq passara semanas implorando que as atividades começassem no seu prédio. Não era o único. O vereador tinha dito que gostaria de fazer uma conferência com o prefeito no seu escritório. O senador estadual, um velho cabo eleitoral que cometera o erro de apoiar um dos candidatos brancos na última eleição municipal, prometera nos ajudar a conseguir verba para qualquer projeto que quiséssemos se o incluíssemos no programa. Até o reverendo Smalls tinha ligado, sugerindo que faríamos um bem a nós mesmos se o deixássemos apresentar o seu "bom amigo Harold". Toda vez que eu entrava no escritório do PDC, a minha secretária me estendia o último lote de recados.

"Você ficou popular, hein, Barack?", dizia ela, e o telefone logo começava a tocar outra vez.

Agora eu olhava para todo aquele povo reunido no depósito de Rafiq, em sua maioria políticos e assessores, todos espiando a porta de dois em dois minutos enquanto os policiais à paisana falavam no walkie-talkie e vigiavam o local. Acotovelando-me pela sala, encontrei Will e Angela e puxei os dois de lado.

"Estão prontos?"

Os dois fizeram que sim.

"Lembrem-se", falei, "tentem conseguir que Harold se comprometa a vir ao nosso comício no outono. Façam isso enquanto o encarregado da agenda dele estiver por perto. Contem a ele todo o trabalho que estamos fazendo aqui e que…"

Nesse instante, um murmúrio percorreu a multidão e então baixou um silêncio súbito. Chegou uma grande comitiva de carros, e, por trás de uma fileira de policiais, vi o Homem em pessoa saindo de uma limusine. Estava com um terno azul simples e um impermeável amarrotado; o cabelo grisalho parecia um pouco arrepiado, e ele era mais baixo do que eu imaginava. Mesmo assim, tinha presença forte, o sorriso de um homem no auge do vigor. A multidão se pôs imediatamente a entoar "Ha-rold! Ha-rold!", e o prefeito fez uma pequena pirueta, erguendo a mão em agradecimento. Com a sra. Alvarez e os policiais à paisana à frente, ele começou a atravessar a multidão. Passou pelo senador e pelo vereador. Por Rafiq e por mim. Pela mão estendida do reverendo Smalls. Por fim parou diretamente na frente de Angela.

"Sra. Rider", tomou-lhe a mão e fez uma leve reverência. "É um prazer. Tenho ouvido coisas excelentes sobre o seu trabalho."

Angela parecia que ia desmaiar. O prefeito pediu que ela o apresentasse aos seus colegas, e ela começou a rir e a saracotear até recuperar compostura suficiente para conduzi-lo pela fila de líderes. Estavam todos em posição de sentido, como numa fila de escoteiros, todos com o mesmo inevitável sorriso estampado no rosto. Finda a revista, o prefeito ofereceu o braço a Angela e se encaminharam juntos até a porta, com a multidão se comprimindo atrás deles.

"Querida, dá para acreditar nisso?", Shirley cochichou a Mona.

A cerimônia durou cerca de quinze minutos. A polícia tinha isolado dois quarteirões da avenida Michigan, e fora montado um pequeno palco na frente do depósito onde logo seria inaugurado o centro do DMET. Angela apresentou todos os membros da igreja que haviam trabalhado no projeto, bem como os políticos ali presentes; Will fez um breve discurso sobre o PDC. O prefeito nos cumprimentou pelo nosso envolvimento cívico, enquanto o senador, o reverendo Smalls e o vereador disputavam um lugar atrás dele, num amplo sorriso para os fotógrafos que tinham contratado. Cortou-se a faixa, e pronto. A limusine partiu para o evento seguinte e a multidão se dispersou imediatamente. Ali ficamos apenas alguns de nós na rua agora coberta de lixo soprado pelo vento.

Fui até Angela, que conversava animadamente com Shirley e Mona. Ela dizia:

"Quando ouvi ele dizer 'sra. Rider', juro que quase morri."

Shirley balançou a cabeça:

"Deu pra ver, menina."

"Temos fotos provando", disse Mona, erguendo a sua Instamatic.

Tentei intervir:

"Conseguimos marcar a vinda dele para o comício?"

"E aí ele me diz que sou nova demais para ter uma filha de catorze anos. Vocês imaginam uma coisa dessas?"

"Ele topou vir ao nosso comício?", repeti.

As três me olharam impacientes:

"Que comício?"

Joguei as mãos para o alto e saí pisando duro. Quando cheguei ao carro, ouvi Will vindo atrás.

"Aonde você vai nessa pressa toda?", ele perguntou.

"Não sei. Pra algum lugar."

Tentei acender um cigarro, mas o vento apagava o fósforo. Xinguei, atirei os palitos de fósforo no chão e me virei para Will.

"Quer saber de uma coisa, Will?"

"O quê?"

"Somos levianos. É isso que somos. Levianos. Aqui estamos nós, com a chance de mostrar ao prefeito que somos atuantes no município, um grupo que ele precisa levar a sério. E o que a gente faz? Se comporta feito um bando de criança embasbacada. Fica em volta, sorrindo, arreganhando os dentes, fazendo de tudo para aparecer numa foto junto com ele…"

"Você está dizendo que não tirou uma foto com ele?"

Will sorriu divertido, mostrou um instantâneo de uma Polaroid e aí pôs a mão no meu ombro:

"Não leve a mal se eu te disser uma coisa, Barack. Você precisa pegar um pouco mais leve. O que você chama de leviandade foi a maior diversão que a Angela e o resto do pessoal tiveram durante o ano inteiro. Daqui a dez anos ainda vão estar alardeando isso. Eles se sentiram importantes. E você fez a coisa acontecer. E daí que se esqueceram de convidar Harold para um comício? A gente pode ligar pra ele outra vez."

Entrei no carro e abaixei o vidro da janela.

"Esquece, Will. Estou frustrado, só isso."

"É, notei. Mas você devia se perguntar *por que* está tão frustrado."

"Você acha que é por quê?"

Will deu de ombros.

"Acho que você procura fazer um bom trabalho. Mas também acho que nunca fica satisfeito. Quer que tudo aconteça logo. Como se tivesse de provar alguma coisa."

"Não estou tentando provar nada, Will."

Dei a partida e comecei a sair, mas não com rapidez suficiente para deixar de ouvir as palavras finais de Will.

"Você não precisa provar nada para nós, Barack. A gente te ama, cara. Jesus te ama!"

Passara-se quase um ano desde a minha chegada a Chicago, e o nosso trabalho finalmente começava a render frutos. O grupo de esquina de Will e Mary contava agora com cinquenta integrantes; eles organizavam operações de limpeza no bairro, patrocinavam visitas de alunos a locais de trabalho, conseguiram acordos com o vereador para a melhoria dos serviços sanitários. Mais ao norte, a sra. Crenshaw e a sra. Stevens pressionaram o Departamento de Parques para recuperar parques e áreas de diversão; o trabalho lá já se iniciara. Consertaram ruas, instalaram tubulações de esgoto, instituíram programas de prevenção ao crime. E agora havia o novo centro de capacitação e emprego onde, antes, havia apenas um imóvel vazio.

O cacife da organização aumentou e o meu também. Comecei a ser convidado para participar de mesas-redondas e ministrar oficinas; os políticos locais sabiam o meu nome, mesmo que ainda não soubessem pronunciá-lo corretamente. Quanto aos líderes, não havia como me enganar. Certo dia, entreouvi Shirley dizer a um novo líder: "Você devia ver quando ele chegou aqui". E continuou: "Era apenas um menino. Juro, olhando pra ele agora, parece outra pessoa". Ela falava como uma mãe orgulhosa: eu tinha virado uma espécie de filho pródigo.

O reconhecimento das pessoas com as quais eu trabalhava, melhorias concretas no bairro, coisas que tinham valor. Devia bastar. Mas Will tinha dito uma verdade. Eu não estava satisfeito.

Talvez a minha insatisfação estivesse relacionada com a visita de Auma e as notícias sobre o nosso pai. Se antes eu sentia a necessidade de viver à altura das expectativas dele, a sensação agora era de que eu precisava compensar os erros dele. Só que eu ainda não tinha clareza sobre a natureza desses erros; ainda não sabia ler os sinais que poderiam me afastar dos rumos errados que ele tomara. Por causa dessa confusão, por causa da imagem tão contraditória que eu tinha sobre ele — às vezes uma coisa, às vezes outra, mas nunca as duas ao mesmo tempo —, a impressão que eu tinha, nos momentos mais aleatórios do dia, era de que eu vivia um roteiro preestabelecido, como se o seguisse no erro, um prisioneiro da sua tragédia.

E havia os meus problemas com Marty. Naquela primavera, tínhamos separado oficialmente nossas atividades; ele passava a maior parte do tempo nas igrejas da periferia, o que evidenciou que os paroquianos, tanto negros como brancos, estavam menos interessados em empregos do que no mesmo padrão de fuga dos brancos e na desvalorização dos imóveis ocorridos dez anos antes no South Side.

Eram problemas difíceis, carregados de questões raciais e de suscetibilidades que Marty considerava tão desagradáveis. Assim, decidira seguir em frente. Contratou outro líder comunitário para cumprir a maioria das tarefas rotineiras nos subúrbios e se dedicava a criar uma nova organização em Gary, município economicamente quebrado fazia muito tempo — onde, disse Marty, as coisas iam tão mal que ninguém se preocuparia com a cor da nova pessoa. Um dia, me chamou para ir com ele.

"Aqui é um local de treinamento ruim para você", explicou. "O South Side é grande demais. Dispersão demais. Não é falha sua. Eu devia ter pensado melhor."

"Não posso simplesmente ir embora, Marty. Acabei de chegar."

Ele me olhou com um ar de infinita paciência.

"Escute, Barack, a sua lealdade é admirável. Mas você precisa cuidar do seu próprio desenvolvimento. Se ficar aqui, vai falhar. Vai desistir de fazer seu trabalho antes de tentar de verdade."

Ele estava com tudo pronto na cabeça: quanto tempo levaria para contratar e treinar meu substituto, a necessidade de deixar preparado um orçamento respeitável. Enquanto eu ouvia seus planos, me ocorreu que ele não havia criado nenhuma ligação especial com as pessoas ou com o lugar durante seus três anos na área, que qualquer contato ou calor humano de que precisasse vinha de outro lugar: da esposa agradável, do filhinho bonito. No trabalho, Marty era movido apenas pela ideia, a ideia simbolizada numa fábrica fechada, mas que era maior do que a fábrica, maior do que Angela, do que Will ou do que os poucos padres que haviam concordado em trabalhar com ele. Aquela ideia podia ganhar vida em qualquer lugar; para Marty, era apenas uma questão de encontrar o conjunto certo de circunstâncias, a mistura correta de componentes.

"Marty."

"Diga."

"Não vou a lugar nenhum."

Por fim chegamos a um acordo: ele me daria a consultoria de que eu ainda precisava desesperadamente; o pagamento que eu lhe fizesse ajudaria a subsidiar seu trabalho em outro lugar. Nos nossos encontros semanais, porém, ele sempre fazia questão de lembrar a escolha que eu havia feito, que não havia risco nenhum nas minhas modestas realizações, que os homens engravatados do centro da cidade ainda eram os únicos a mandar no jogo. "A vida é curta, Barack", ele dizia. "Se não tentar mudar realmente as coisas por aqui, mais vale deixar de lado."

Ah, sim, Mudança *real*. Parecia um objetivo plenamente exequível quando eu estava na faculdade, uma extensão da minha vontade pessoal e da convicção da minha mãe, como aumentar a média das minhas notas ou parar de beber: uma questão de assumir e atribuir responsabilidades. Só que, depois de um ano trabalhando, nada parecia simples. Quem era responsável por um lugar como Altgeld?, eu me pegava perguntando. Por ali não havia nenhum caipirão malandro mascando charuto como Bull Connor, nenhum brutamontes da Pinkerton. Só um grupinho de negros e negras de mais idade, caracterizado mais pelo medo e por pequenas ganâncias do que por maldade ou calculismo. Gente como o sr. Anderson, o administrador de projetos de Altgeld, um senhor de idade, careca, a um ano da aposentadoria. Ou a sra. Reece, uma gordinha com cara flácida e redonda que era presidente do conselho oficial de moradores e passava a maior parte do tempo protegendo as pequenas prerrogativas que acompanhavam o cargo: um estipêndio e um lugar no banquete anual, a chance de arranjar um bom apartamento para a filha e um emprego para o sobrinho na burocracia do DHC. Ou o reverendo Johnson, pastor da sra. Reece e chefe da única igreja grande em Altgeld, que, na primeira e única vez em que nos encontramos, me interrompeu no minuto em que falei as palavras *liderança comunitária*.

"O problema não é o DHC", disse o bom reverendo. "O problema são essas moças por aí, se envolvendo em tudo quanto é fornicação."

Alguns moradores de Altgeld me disseram que o sr. Anderson não consertou os apartamentos daqueles que se opuseram à sra. Reece e à sua lista de candidatos durante as eleições do LAC; que a sra. Reece, por sua vez, era controlada pelo reverendo Johnson; e que o reverendo Johnson dispunha de uma equipe de seguranças contratados pelo DHC. Não sei se era verdade nem se, no fundo, isso tinha alguma importância. Os três apenas refletiam as atitudes da maioria dos que trabalhavam em Altgeld: professores, conselheiros em casos de drogas, policiais. Alguns estavam lá só por causa do holerite; outros queriam sinceramente ajudar. Mas, quaisquer que fossem os motivos, todos, em algum momento, admitiam um mesmo cansaço, um cansaço entranhado nos ossos. Se algum dia chegaram a acreditar que conseguiriam reverter a deterioração que viam ao redor, já tinham perdido essa confiança. E a perda dessa confiança acarretou a perda da capacidade de se indignarem. A ideia de responsabilidade — deles, dos outros — se desfez lentamente, substituída pelo humor negro e pela baixa expectativa.

Então Marty, em certo sentido, tinha razão: eu realmente queria provar alguma coisa — ao povo de Altgeld, a Marty, ao meu pai, a mim mesmo. Queria provar que o que eu fazia prestava para alguma coisa. Que eu não era um bocó perseguindo quimeras. Mais tarde, tentando explicar isso para Will, ele riu e balançou a cabeça, preferindo atribuir o meu mau humor naquele dia da inauguração a um acesso de ciúme juvenil.

"Olha só, Barack, você é o galo novo e Harold é o galo velho. O galo velho chegou e as galinhas deram toda a atenção pra ele. O galo novo percebeu que ainda precisava aprender umas coisinhas."

Will parecia se divertir com a comparação, e eu acompanhei sua risada. Mas, por dentro, eu sabia que ele não entendera bem minhas ambições. O que eu mais queria era que Harold se saísse bem; como o meu pai de verdade, o prefeito e suas realizações pareciam demarcar o que era possível; a sua capacidade, o seu poder serviam de baliza para as minhas esperanças. E ouvindo-o falar naquele dia, com muita graça e bom humor, a única coisa em que consegui pensar foi nas limitações impostas àquele poder. Marginalmente, Harold podia tornar os serviços públicos mais equitativos. Os profissionais liberais negros tinham agora uma participação maior nos assuntos do município. Tínhamos um supervisor escolar negro, um chefe de polícia negro, um diretor do DHC negro. A presença de Harold era um consolo, como o Jesus de Will era um consolo, como o nacionalismo de Rafiq era um consolo. Mas, por trás da radiosa vitória de Harold, em Altgeld e em outros lugares, nada parecia mudar.

Fiquei me perguntando se, longe dos holofotes, Harold pensava nessas limitações. Se, como o sr. Anderson, a sra. Reece ou qualquer outro funcionário negro que participava da administração da vida interna do município, ele se sentia tão preso quanto a população a que servia, herdeiro de uma história triste, fração de um sistema fechado com poucas partes móveis, um sistema que perdia energia diariamente, caindo numa estase quase inerte.

Perguntava-me se ele também se sentia prisioneiro do destino.

Foi a dra. Martha Collier quem acabou me resgatando desse medo. Era a diretora da Escola de Ensino Fundamental Carver, uma das duas existentes em Altgeld. Na primeira vez em que liguei para marcar uma hora, ela não fez muitas perguntas.

"Toda ajuda que vier é bem-vinda", disse ela. "Vejo você às oito e meia."

A escola, composta de três grandes estruturas de tijolo que formavam uma ferradura em volta de uma extensa depressão do terreno, ficava no limite sul de Altgeld. Lá dentro, o segurança me encaminhou ao escritório central, onde uma senhora negra de meia-idade e constituição sólida, usando um terninho azul, conversava com uma mulher mais jovem, tensa e descabelada.

"Agora vá para casa e descanse um pouco", disse a dra. Collier, pondo o braço no ombro da mulher. "Vou dar uns telefonemas e ver se a gente consegue resolver isso."

Levou a mulher até a porta e se virou para mim:

"Você deve ser Obama. Entre. Quer café?"

Antes mesmo que eu pudesse responder, ela se virou para a secretária:

"Traga uma xícara de café aqui para o sr. Obama. Os pintores já chegaram?"

A secretária balançou a cabeça e a dra. Collier franziu a testa.

"Não me passe nenhuma ligação", disse enquanto eu entrava com ela na sua sala, "exceto daquele engenheiro que não presta para nada. Quero dizer o que penso a respeito dele."

O escritório dela tinha poucos móveis, as paredes nuas, exceto por alguns prêmios por serviços à comunidade e um cartaz de um garoto negro em que se lia "Deus não cria traste ruim". A dra. Collier puxou uma cadeira e disse:

"A moça que acabou de sair daqui, ela é mãe de um aluno nosso. O namorado dela foi preso ontem à noite e não consegue pagar a fiança. Então me diga: o que a sua liderança pode fazer por alguém como ela?"

A secretária entrou com o meu café. Respondi:

"Eu estava na esperança de que você tivesse algumas sugestões."

"Tirando botar abaixo todo este lugar e dar às pessoas uma chance de recomeçar, não sei."

A dra. Martha tinha dado aulas por vinte anos e era diretora fazia dez. Estava acostumada a ter atritos com os superiores — antes todos brancos, agora na maioria negros — por causa dos materiais, do currículo dos cursos e das políticas de contratação. Desde que chegou à Carver, ela montou um centro de pais e filhos que colocava os pais adolescentes na sala de aula, para aprender com os filhos.

"A maioria dos pais aqui quer o que é melhor para os filhos", explicou a dra. Collier. "Só não sabem como prover. Então damos orientação sobre alimentação, saúde, sobre como lidar com o estresse. Para os que precisam, ensinamos a ler para poderem ler em casa para os filhos. Quando podemos, nós os ajudamos a conseguir equivalência do secundário ou os contratamos como auxiliares de ensino."

A dra. Collier tomou um golinho de café.

"O que não podemos é mudar o ambiente a que essas meninas e seus bebês voltam todos os dias. Mais cedo ou mais tarde, a criança nos deixa e os pais param de vir…"

O telefone tocou; o pintor tinha chegado.

"Tenho uma ideia, Obama", disse a dra. Collier pondo-se de pé. "Venha conversar com o nosso grupo de pais na semana que vem. Descubra o que eles pensam. Veja bem, não estou encorajando você. Mas, se os pais decidirem armar um escarcéu, não vou poder impedir, certo?"

Ela riu alegremente e me levou até o corredor, onde uma meninada de cinco e seis anos de idade, numa fila oscilante, se preparava para entrar numa sala de aula. Alguns sorriram e acenaram para nós; dois meninos no final da fila ficavam girando com os braços duros junto do corpo; uma menininha se debatia para tirar o suéter pela cabeça, enroscando-se nas mangas. Enquanto a professora se empenhava em conduzir a turma pela escada, fiquei pensando que todos pareciam muito felizes e confiantes, que, apesar das durezas já vividas por muitos deles — nascidos de parto prematuro, talvez, ou nascidos de pais viciados, a maioria já marcada pela atmosfera esfarrapada da pobreza —, a alegria que pareciam encontrar na simples locomoção, a curiosidade que mostravam diante de todo rosto novo pareciam iguais às das crianças de qualquer lugar. Fizeram-me lembrar daquelas palavras que Regina havia dito anos antes, em outro tempo e em outro lugar: *Não diz respeito só a você.*

"São uns amores, não é mesmo?", disse a dra. Collier.

"São, sim."

"A mudança vem depois. Em uns cinco anos, mas parece que está vindo cada vez mais cedo."

"Que mudança é essa?"

"Quando os olhos deles param de rir. O som ainda pode sair pela garganta, mas, se você olha nos olhos deles, pode notar que estão com alguma coisa trancada lá dentro."

Comecei a passar várias horas por semana com aquelas crianças e seus pais. As mães estavam todas no final da adolescência ou no começo dos vinte anos; a maioria vivia desde sempre em Altgeld, elas mesmas criadas por mães adolescentes. Falavam sem acanhamento sobre a gravidez aos catorze ou quinze anos, o abandono da escola, os frágeis laços com os pais que entravam e saíam da vida delas. Contavam como era o sistema, que consistia basicamente em esperar: esperar para ver a assistente social, esperar no caixa para descontar os cheques da previdência, esperar o ônibus para ir até o supermercado mais próximo, a oito quilômetros de distância, só para comprar fraldas em liquidação.

Haviam aprendido a lidar com os instrumentos de sobrevivência no seu mundo muito cerrado e não se desculpavam por isso. Mas não eram cínicas, e isso me surpreendeu. Ainda tinham ambições. Eram garotas como Linda e Bernadette Lowry, duas irmãs que a dra. Collier ajudara a conseguir equivalência no segundo grau. Bernadette estava frequentando aulas na faculdade comunitária; Linda, outra vez grávida, ficava em casa para cuidar do filho de Bernadette, Tyrone, e da própria filha, Jewel — porém disse que também iria para a faculdade, depois que o bebê nascesse. Posteriormente, as duas conseguiriam emprego, disseram elas, na área de gestão de alimentos, talvez, ou como secretárias. Então sairiam de Altgeld. Um dia, no apartamento de Linda, me mostraram um álbum que faziam, cheio de recortes de *Better Homes and Garden*. Apontaram as cozinhas brancas reluzentes e os assoalhos de madeira maciça e me disseram que um dia teriam uma casa assim. Tyrone faria aulas de natação; Jewel faria aulas de balé.

Às vezes, ouvindo esses sonhos inocentes, eu me via reprimindo a vontade de abraçar essas mocinhas e seus bebês, de apertá-los junto ao peito e não soltar mais. As meninas, creio, sentiam esse impulso, e Linda, com sua beleza escura impressionante, sorriu para Bernadette e me perguntou por que eu ainda era solteiro. Respondi:

"Não encontrei a mulher certa, imagino."

Bernadette deu um tapa no braço de Linda, dizendo:

"Pare com isso! Você está fazendo o sr. Obama corar."

As duas começaram a rir, e eu percebi que, à minha maneira, devia parecer a elas tão inocente quanto elas pareciam a mim.

O meu plano para os pais era simples. Ainda não tínhamos o poder de mudar a política de assistência pública, de criar empregos locais ou de trazer verbas bem mais substanciais para as escolas. Mas o que podíamos fazer era começar a melhorar os serviços básicos em Altgeld — consertar os banheiros, pôr os aquecedores em ordem, arrumar as janelas. Algumas vitórias nisso, e imaginei os pais formando o núcleo de uma associação de moradores genuinamente independente. Com essa estratégia em mente, distribuí uma lista de reclamações na reunião seguinte com todos os pais, pedindo que cada um examinasse a quadra onde moravam. Eles concordaram; no entanto, terminada a reunião, uma das mães, uma mulher chamada Sadie Evans, se aproximou e me estendeu um pequeno recorte de jornal.

"Vi isso ontem no jornal, sr. Obama", disse ela. "Não sei se significa alguma coisa, mas queria saber sua opinião."

Era uma notícia oficial, em letras miúdas, publicada na seção de classificados. Informava que o DHC estava abrindo licitação para empreiteiros qualificados, a fim de remover o cimento-amianto do escritório de administração de Altgeld. Perguntei aos pais se algum deles fora notificado sobre eventuais exposições ao amianto. Balançaram a cabeça.

"Você acha que é nos nossos apartamentos?", perguntou Linda.

"Não sei. Mas podemos descobrir. Quem quer ligar para o sr. Anderson no escritório de administração?"

Passei os olhos pela sala, mas ninguém ergueu a mão.

"Vamos, gente, alguém. Eu não posso ligar. Não moro aqui."

Por fim, Sadie levantou a mão.

"Eu ligo", disse ela.

Sadie não teria sido a minha primeira escolha. Era uma mulher miúda e franzina, com uma voz esganiçada, o que lhe causava uma penosa timidez. Usava vestidos na altura dos joelhos e, por onde ia, andava sempre com uma Bíblia de capa de couro na mão. Ao contrário dos outros pais, era casada, e o marido trabalhava como escrevente de uma loja durante o dia, mas estava estudando para ser pastor; os dois não se associavam com pessoas que não eram da igreja deles.

Por conta de tudo isso, ela era uma espécie de estranha no grupo, e eu tinha lá as minhas dúvidas se Sadie teria firmeza suficiente para lidar com o DHC. Porém, quando voltei ao escritório naquele dia, a minha secretária me passou o recado de que ela já tinha marcado o encontro com o sr. Anderson e ligou para todos os outros pais para avisar. Na manhã seguinte, eu a encontrei de pé na frente do escritório de administração de Altgeld, parecendo uma órfã, sozinha na neblina úmida e fria.

"Parece que ninguém mais vai aparecer, não é, sr. Obama?", disse ela, olhando o relógio.

"Me chame de Barack", falei. "Escute, você ainda quer continuar nisso? Se não se sentir à vontade, podemos remarcar o encontro até termos mais alguns pais."

"Não sei. O senhor acha que vou ter problemas?"

"O que eu acho é que você tem direito a informações que podem afetar a sua saúde. No entanto, isso não significa que o sr. Anderson pense do mesmo jeito. Vou lhe dar respaldo, e os outros pais também, mas faça o que lhe parecer mais correto."

Sadie se aninhou mais no casaco e olhou de novo o relógio.

"Não podemos deixar o sr. Anderson esperando", disse ela e, decidida, foi porta adentro.

Pela expressão no rosto do sr. Anderson ao entrarmos em seu escritório, ficou claro que eu não era esperado. Ele nos ofereceu assento e perguntou se queríamos café.

"Não, obrigada", respondeu Sadie. "Agradeço muito que tenha nos recebido em um prazo tão curto."

Ainda com o casaco, ela pegou o informe oficial e o colocou cuidadosamente na escrivaninha do sr. Anderson, dizendo:

"Alguns pais na escola viram isso no jornal, e ficamos preocupados... bom, a dúvida era se esse amianto estaria também nos nossos apartamentos."

O sr. Anderson olhou rapidamente o recorte e o pôs de lado.

"Não há nada com que se preocupar, sra. Evans", disse ele. "Estamos apenas reformando esse edifício e, depois que os empreiteiros abriram uma das paredes, encontraram amianto nos canos. Está sendo removido apenas como medida de precaução."

"Bom... será que o mesmo não deve ser feito nos nossos apartamentos, a mesma medida de precaução? Quer dizer, lá tem amianto também, não tem?"

Estava montada a armadilha, e o sr. Anderson se virou e olhou para mim. Um abafamento geraria a mesma publicidade que o amianto, pensei com meus botões. A publicidade facilitaria o meu trabalho. Mesmo assim, enquanto via o sr. Anderson se virando na cadeira, tentando avaliar a situação, uma parte dentro de mim queria alertá-lo. Eu tinha a incômoda sensação de conhecer a sua alma, a alma de um homem de idade que se sente traído pela vida — um olhar que vira inúmeras vezes nos olhos do meu avô. Queria que, de alguma forma, o sr. Anderson soubesse que eu entendia o seu dilema, queria lhe dizer que, se simplesmente explicasse que os problemas em Altgeld se estendiam havia muito tempo e admitisse que, ele também, precisava de ajuda, poderíamos vislumbrar ali alguma salvação.

Mas não falei nada, e o sr. Anderson desviou o olhar e disse a Sadie:

"Não, sra. Evans. Não há nenhum amianto nas unidades residenciais. Fizemos testes minuciosos."

"Nossa, que alívio!", disse Sadie. "Obrigada. Muito obrigada."

Levantou-se, estendeu a mão ao sr. Anderson e se encaminhou para a porta. Eu estava a ponto de falar alguma coisa quando ela se virou para o gerente de projetos.

"Ah, desculpe", disse Sadie. "Esqueci de pedir uma coisa. Os outros pais... bom, eles gostariam de ver uma cópia desses testes que vocês fizeram. Isto é, dos resultados. Sabe, só para que todos vejam que não há risco para os filhos."

"Eu... os registros estão todos no escritório central", gaguejou o sr. Anderson. "Arquivados, entende?"

"Será possível obter uma cópia para nós na semana que vem?"

"Bom, sim... claro. Vou ver o que posso fazer. Semana que vem."

Ao sairmos, falei a Sadie que ela se saíra bem.

"O senhor acha que ele está falando a verdade?"

"Não sei. Logo descobriremos."

Passou-se uma semana. Sadie ligou para o escritório do sr. Anderson: disseram-lhe que levaria mais uma semana para apresentarem os resultados. Passaram-se duas semanas, e as ligações de Sadie não tinham retorno. Tentamos falar com a sra. Reece, depois com o administrador distrital do DHC, então enviamos uma carta para o diretor-executivo do departamento, com uma cópia para o gabinete do prefeito. Não houve resposta.

"E o que fazemos agora?", perguntou Bernadette.

"Vamos até o centro. Se eles não vêm a nós, nós vamos a eles."

No dia seguinte planejamos a nossa ação. Redigimos mais uma carta para o diretor-executivo do DHC, informando-o de que iríamos ao seu escritório dali a dois dias, para obter uma resposta sobre a questão do amianto. Saiu um breve informe para a imprensa. As crianças da Carver foram para casa com um folhetinho preso na jaqueta, insistindo que os pais se somassem a nós. Sadie, Linda e Bernadette passaram boa parte da noite telefonando para os vizinhos.

Entretanto, chegado o dia do acerto, contei apenas oito cabeças no ônibus amarelo parado na frente da escola. Bernadette e eu ficamos no estacionamento, tentando recrutar outros pais que vinham pegar os filhos. Diziam que estavam com consulta marcada no médico ou que não tinham com quem deixar as crianças. Alguns nem se incomodavam em inventar desculpas, passavam por nós como se fôssemos mendigos. Angela, Mona e Shirley chegaram para ver como iam as coisas, e insisti que viessem conosco para dar apoio moral. Todos estavam com ar abatido, todos exceto Tyrone e Jewel, que faziam caretas para o sr. Lucas, o único pai no grupo. A dra. Collier veio até mim, e falei:

"Acho que é isso."

"Melhor do que eu esperava", ela respondeu. "O Exército de Obama."

"Isso aí."

"Boa sorte", disse, e me deu um tapinha nas costas.

O ônibus passou pelo velho incinerador e pela usina de aço Ryerson, pelo Parque Jackson e depois tomou a via Lake Shore. Durante o trajeto, distribuí um roteiro de ação e pedi que todos lessem com atenção. Enquanto esperava que terminassem, notei que havia uma profunda ruga na testa do sr. Lucas. Era um homem baixo e afável com uma leve gagueira; fazia serviços avulsos em Altgeld e ajudava a mãe dos seus filhos sempre que podia. Fui até ele e perguntei se havia algum problema.

Ele respondeu baixinho:

"Não sou muito bom de leitura."

Olhamos a página de letra apertada.

"Não tem problema", respondi, e fui até a frente do ônibus. "Ouçam todos! Vamos repassar o roteiro juntos para garantir que entendemos direito. O que queremos?"

"Uma reunião com o diretor!"

"Onde?"

"Em Altgeld!"

"E se disserem que vão dar uma resposta mais tarde?"

"Queremos uma resposta agora!"

"E se fizerem algo que não estamos esperando?"

"Confabulamos!"

"Malandros!", gritou Tyrone.

O gabinete do DHC ficava num edifício cinzento maciço no meio da área central do Loop. Descemos do ônibus em fila, entramos no saguão e nos apertamos no elevador. No quarto andar, entramos numa saleta profusamente iluminada onde havia uma recepcionista atrás de uma mesa imponente.

"Como posso ajudar?", disse ela, mal erguendo os olhos da revista.

"Por favor, gostaríamos de ver o diretor", respondeu Sadie.

"Têm hora marcada?"

"Ele…", Sadie se virou para mim.

"Ele sabe que viríamos", falei eu.

"Bom, ele não está no escritório neste momento."

Sadie perguntou:

"Por favor, você pode verificar com o vice?"

A recepcionista ergueu os olhos com uma expressão gelada, mas não nos abalamos. Por fim ela disse:

"Sentem-se."

Os pais se sentaram, e todos ficaram em silêncio. Shirley começou a acender um cigarro, porém Angela lhe deu uma cotovelada nas costelas.

"Em princípio, a nossa preocupação é com a saúde, lembra?"

"Tarde demais para mim, amiga", murmurou Shirley, mas guardou o maço de volta na bolsa.

Pela porta detrás da mesa da recepcionista saiu um grupo de homens de terno e gravata, olhando rapidamente para nós ao se dirigirem até o elevador. Linda cochichou algo para Bernadette; Bernadette cochichou em resposta.

"O que está todo mundo cochichando?", perguntei em voz alta.

As crianças deram uma risadinha. Bernadette falou:

"É como se eu estivesse esperando para ver a diretora da escola ou algo assim."

"Vocês todos, escutem uma coisa", falei. "Eles fazem esses baitas escritórios para que vocês se sintam intimidados. Lembrem que isto aqui é um departamento *público*. Quem trabalha aqui responde a vocês."

"Com licença", falou a recepcionista, erguendo a voz para igualar a minha. "Fui avisada de que o diretor não poderá recebê-los hoje. Devem encaminhar qualquer problema que tenham ao sr. Anderson em Altgeld."

"Já falamos com o sr. Anderson", respondeu Bernadette. "Se o diretor não está, gostaríamos de falar com o vice."

"Sinto muito, mas não é possível. Se não saírem imediatamente, terei de chamar a segurança."

Nesse instante, abriram-se as portas do elevador e entraram várias equipes de tevê, com diversos repórteres. Um deles me perguntou:

"É aqui o protesto sobre o amianto?"

Apontei Sadie:

"Ela é a porta-voz."

As equipes de tevê começaram a montar as câmeras e os jornalistas pegaram os seus caderninhos. Sadie se desculpou e me arrastou de lado.

"Não quero falar na frente de câmera nenhuma."

"E por quê?"

"Não sei. Nunca apareci na televisão."

"Não se preocupe."

Em poucos minutos, as câmeras começaram a filmar, e Sadie, com um leve tremor na voz, fez sua primeira coletiva de imprensa. Quando começava a responder às perguntas, uma mulher de terninho vermelho e maquiagem pesada irrompeu na recepção. Sorriu de boca fechada para Sadie e se apresentou como sra. Broadnax, assistente do diretor.

"Sinto muitíssimo que o diretor não esteja", disse a sra. Broadnax. "Venham por aqui; tenho certeza de que esclareceremos todo esse assunto."

"Todas as unidades do DHC têm amianto?", gritou um repórter.

"O diretor vai se reunir com os pais?"

"Estamos interessados na melhor solução para os moradores", gritou a sra. Broadnax por cima do ombro.

Entramos atrás dela numa sala ampla, onde vários funcionários sorumbáticos estavam sentados em volta de uma mesa de reuniões. A sra. Broadnax falou que as crianças eram muito bonitinhas e ofereceu café e bolinhos a todos.

"Não queremos bolinhos", disse Linda. "Queremos respostas."

E foi isso. Sem que eu dissesse uma palavra, os pais descobriram que não fora feito teste nenhum e conseguiram a promessa de que os testes começariam no final do dia. Negociaram um encontro com o diretor, pegaram um monte de cartões de visita e agradeceram à sra. Broadnax pelo tempo concedido. A data do encontro foi anunciada à imprensa antes que nos apertássemos outra vez no elevador, para voltar ao nosso ônibus. Na rua, Linda insistiu que eu comprasse pipoca caramelizada para todos, inclusive para o motorista. Enquanto o ônibus partia, procurei fazer uma avaliação, destacando a importância da preparação prévia e o trabalho em equipe.

"Vocês viram a cara que a mulher fez quando viu as câmeras?"

"E aquilo de ser toda boazinha com as crianças? Só para nos agradar, e aí a gente não faria nenhuma pergunta."

"Sadie não foi fantástica? Sentimos o maior orgulho, Sadie."

"Vou ligar para a minha prima e dizer para deixar o videocassete montado. Vamos aparecer na TV."

Tentei acabar com aquela falação de todo mundo ao mesmo tempo, mas Mona me puxou pela cabeça.

"Desista, Barack." E me deu um saquinho de pipoca. "Coma."

Sentei ao lado dela. O sr. Lucas pôs as crianças de pé no colo, para poderem ver a Fonte de Buckingham. Enquanto mastigava a pipoca pegajosa, fitando o lago, àquela hora sereno e turquesa, tentei me lembrar de algum outro momento mais satisfatório.

Em decorrência dessa viagem de ônibus, mudei — e de uma maneira fundamental. Foi o tipo de mudança importante não por ter alterado de algum modo nossas condições concretas (riqueza, segurança, fama), e sim por sugerir possibilidades e, dessa forma, nos instigar, para além do entusiasmo imediato, para além de qualquer decepção posterior, àquilo que um dia, mesmo que muito brevemente, tivemos nas mãos. Aquela viagem de ônibus me incentivou a prosseguir, acredito. Talvez ainda incentive.

A publicidade foi boa, claro. Na noite em que voltamos do gabinete do DHC, Sadie apareceu em todos os canais. A imprensa, farejando sangue, descobriu que outro projeto residencial do South Side tinha tubulações revestidas com cimento-amianto vagabundo. Vereadores começaram a ligar para audiências imediatas. Advogados ligavam propondo ações coletivas.

Mas, além de tudo isso, enquanto nos preparávamos para a reunião com o diretor do DHC, comecei a ver algo maravilhoso acontecendo: os pais comentando ideias para campanhas futuras. Mais pais se envolveram. A vistoria de quadra por quadra, que planejáramos antes, foi executada por Linda, que, com a barriga grande da gravidez avançada, foi de casa em casa juntando os formulários de reclamações; o sr. Lucas, pessoalmente incapaz de ler os formulários, explicava aos vizinhos a maneira correta de preenchê-los. Mesmo aqueles que antes se opunham às nossas propostas se aproximaram: a sra. Reece concordou em copatrocinar o evento e o reverendo Johnson autorizou alguns membros da congregação a fazer um anúncio no ofício dominical. Era como se o pequeno passo sincero de Sadie tivesse penetrado num reservatório de esperança, permitindo que as pessoas de Altgeld recuperassem um poder que sempre tiveram.

A reunião se realizaria no ginásio da escola Our Lady Mercy, o único edifício em Altgeld com capacidade para as trezentas pessoas que esperávamos receber. Os líderes chegaram uma hora antes, e repassamos uma última vez nossas reivindicações — que um grupo de moradores trabalhasse com o DHC para garantir a contenção do amianto e que o departamento definisse um cronograma sólido para os reparos. Enquanto discutíamos alguns detalhes de última hora, Henry, o encarregado da manutenção, acenou para mim da mesa de som.

"Qual é o problema?"

"Não funciona. Um curto ou coisa assim."

"Então não temos microfone?"

"Aqui não. Vão precisar se virar com isso." E apontou para um amplificador solitário, do tamanho de uma maleta pequena, com um microfone solto com um fio só, velho e gasto.

Sadie e Linda surgiram ao meu lado e olharam a caixa rudimentar.

"Vocês estão brincando", disse Linda.

Dei uma batidinha no microfone.

"Vai dar certo. Vocês só vão precisar falar alto."

Então, olhando outra vez para a caixa de som, falei:

"Mas não deixem o diretor ficar com o microfone. Ele vai acabar falando horas. Apenas estendam até ele depois de fazer as perguntas. Feito a Oprah, sabem?"

"Se não aparecer ninguém", disse Sadie, olhando o relógio, "não vamos precisar de microfone."

Apareceu. Apareceu gente dos Jardins inteiros — cidadãos idosos, adolescentes, criancinhas. Às sete havia quinhentas pessoas; às sete e quinze, setecentas. As equipes de tevê começaram a montar as câmeras e os políticos locais ali presentes pediam para abrir o evento e esquentar o clima. Marty, que viera assistir, mal se continha.

"Você tem aqui uma coisa e tanto, hein, Barack? Esse povo está todo mobilizado."

Só havia um problema: o diretor ainda não chegara. A sra. Broadnax falou que ele estava preso no trânsito, por isso resolvemos dar início à programação. Terminadas as preliminares, já eram quase oito horas. Eu ouvia as pessoas começando a resmungar, se abanando no ginásio quente e sem ventilação. Perto da porta, vi que Marty tentava puxar um coro na multidão. Chamei-o de lado.

"O que você está fazendo?"

"Vocês estão perdendo público. Precisam fazer alguma coisa para manter o pique."

"Faça o favor de *se sentar!*"

Eu estava prestes a tentar diminuir o prejuízo prosseguindo apenas com a sra. Broadnax quando dos fundos do ginásio se ergueu um murmúrio e o diretor entrou cercado por vários assessores. Era um negro distinto, de estatura média, no começo dos quarenta anos. Ajeitando a gravata, avançou sério até a frente do salão.

"Bem-vindo", disse Sadie ao microfone. "Temos aqui um monte de gente que quer falar com o senhor."

A multidão aplaudiu; ouvimos uma ou outra vaia. As luzes das câmeras se acenderam.

"Estamos aqui nesta noite", disse Sadie "para falar sobre um problema que ameaça a saúde dos nossos filhos. Mas, antes de falarmos do amianto, precisamos tratar de alguns problemas com que convivemos diariamente. Linda?"

Sadie estendeu o microfone para Linda, que se virou para o diretor e apontou a pilha dos formulários de reclamações.

"Senhor diretor. Nós em Altgeld não esperamos milagres. Mas esperamos serviços básicos. Só isso, apenas os básicos. Estas pessoas aqui se dedicaram à tarefa de apresentar com muito capricho todas as coisas que vivem pedindo que o DHC conserte, mas que nunca são consertadas. Então a nossa pergunta é: aqui, hoje à noite, na frente de todos estes moradores, o senhor concorda em trabalhar conosco para fazer esses consertos?"

O que se passou a seguir está um pouco borrado na minha memória. Pelo que me lembro, Linda se estendeu para pegar a resposta do diretor, mas, quando ele tentou pegar o microfone, ela o puxou de volta.

"Sim ou não, por favor", disse Linda.

O diretor falou que responderia da sua maneira ou algo assim e tentou de novo pegar o microfone. Mais uma vez, Linda o puxou de volta, só que dessa vez o gesto tinha um levíssimo ar de gozação, como uma criança provocando outra com um picolé. Tentei acenar para ela, para que deixasse de lado o que eu havia dito antes e entregasse o microfone, mas eu estava muito no fundo para Linda conseguir me enxergar. Enquanto isso, o diretor tinha agarrado o fio e por uns instantes houve uma disputa entre a ilustre autoridade e a moça grávida de calça elástica e blusa larga. Atrás deles, Sadie estava imóvel, o rosto brilhando, os olhos estalados. O público, sem saber bem o que estava acontecendo, começou a gritar, alguns para o diretor, outros para Linda.

E aí... foi um pandemônio. O diretor soltou o fio e se encaminhou para a saída. Como um ente unicelular, todos os que estavam perto da porta se lançaram atrás dele e ele saiu quase a galope. Eu mesmo comecei a correr e, quando consegui chegar lá fora, o homem tinha se abrigado na limusine enquanto uma onda de gente cercava o carro, alguns pressionando o rosto no vidro fumê, outros rindo, outros xingando, a maioria só parada ali, aturdida. Aos poucos a limusine foi avançando, poucos centímetros por vez, até uma saída que dava para a estrada e o carro acelerou, trepidando nas crateras da rua, batendo na guia de uma curva e sumindo de vista.

Voltei atordoado para o ginásio, na contracorrente das pessoas que começavam a voltar para casa. Perto da porta, havia um pequeno grupo em torno de um jovem com jaqueta de couro marrom, que reconheci como um dos assessores do vereador.

"Vejam, a coisa toda foi armada pelo Vrdolyak", dizia ao grupo. "Vocês viram aquele branco atiçando o povo. Só queriam estragar a imagem de Harold."

A alguns metros, a sra. Reece estava acompanhada de vários assistentes.

"Veja o que você fez!", ela gritou para mim. "É nisso que dá quando querem envolver essa moçada. Fizeram os Jardins passar vergonha, na tevê e em todo o resto. Pessoal branco vendo a gente se comportar feito um bando de pretos! Exatamente o que esperam."

Lá dentro só restavam alguns pais. Linda estava sozinha num canto, soluçando. Fui até ela e a abracei pelo ombro.

"Tudo bem?"

"Estou com tanta vergonha", disse, engolindo um soluço. "Não sei o que deu em mim, Barack. E toda aquela gente... parece que vivo estragando as coisas."

"Você não estragou nada", respondi. "Se alguém estragou alguma coisa, fui eu."

Chamei os outros, formando um círculo, e tentei reanimar o pessoal. O comparecimento foi grande, comentei, o que significava que as pessoas estavam dispostas a se envolver. A maioria dos moradores ainda nos apoiava. Aprendíamos com os erros.

"E agora o diretor certamente nos conhece", disse Shirley.

Essa tirada despertou algumas risadas. Sadie falou que precisava ir embora; avisei ao grupo que eu cuidaria da limpeza. Enquanto olhava Bernadette erguendo Tyrone no colo e atravessando o ginásio com o garoto adormecido, senti um aperto no estômago. A dra. Collier me deu um tapinha no ombro.

"E aí, quem vai te animar?", perguntou ela.

Balancei a cabeça numa negativa.

"Quando a gente assume alguns riscos, as coisas de vez em quando dão para trás."

"Mas a expressão no rosto deles..."

"Não se preocupe", disse a dra. Collier. "São rijos. Não tão rijos quanto parecem; nenhum de nós, aliás, inclusive você. Mas vão superar. Uma coisa assim faz parte do crescimento. E às vezes crescer dói."

As consequências da reunião poderiam ter sido piores. Como tínhamos atrasado muito, somente um canal de tevê transmitiu o cabo de guerra entre Linda e o diretor. O jornal do dia seguinte destacou a frustração dos moradores com a demora da resposta do DHC ao problema do amianto e o atraso do diretor naquela noite. Na verdade, podíamos até considerar a reunião como uma espécie de vitória, pois na semana seguinte por todos os Jardins havia homens com máscaras e equipamentos de segurança, vedando qualquer amianto que oferecesse risco imediato. O DHC também anunciou que solicitara vários milhões de dólares ao Ministério de Habitação e Desenvolvimento Urbano (MHDU) como verba de emergência para uma remoção total.

Essas concessões ajudaram a levantar o ânimo de alguns pais e, depois de algumas semanas lambendo nossas feridas, retomamos nossas reuniões para garantir que o DHC desse andamento aos compromissos assumidos. Apesar disso, pelo menos em Altgeld, eu não conseguia me livrar da sensação de que a brecha que se abrira por tão pouco tempo voltara a se fechar bruscamente. Linda, Bernadette, o sr. Lucas — todos continuaram a trabalhar com o PDC, mas com relutância, mais por lealdade a mim do que por lealdade mútua. Outros moradores que se somaram a nós nas semanas anteriores à reunião desistiram. A sra. Reece não quis mais falar conosco e, embora poucos dessem atenção aos seus ataques contra nossos motivos e métodos, o atrito só serviu para reforçar a suspeita dos moradores de que nenhum ativismo iria mudar suas condições, a não ser, talvez, gerando problemas desnecessários.

Mais ou menos um mês depois da primeira remoção geral, tivemos uma reunião com o MHDU para pressioná-los quanto ao pedido de verba do DHC. Além das verbas de emergência para a remoção, o departamento solicitara à instância federal mais de 1 bilhão de dólares para proceder a consertos básicos em unidades residenciais de todo o município. Um sujeito branco, alto e rígido repassou os itens da lista.

"Vou ser claro", disse-nos. "O DHC não tem a menor chance de conseguir nem metade das verbas solicitadas. Vocês podem ter ou a remoção do amianto, ou novos encanamentos e telhados onde for necessário. Mas não as duas coisas."

"Então você está nos dizendo que, depois de tudo isso, a gente vai ficar pior do que estava antes", disse Bernadette.

"Bom, não exatamente. Mas essas são as prioridades orçamentárias que hoje em dia vêm de Washington. Sinto muito."

Bernadette pegou Tyrone no colo.

"Diga isso a ele."

Sadie não esteve conosco nessa reunião. Tinha me telefonado para avisar que decidira parar de trabalhar com o PDC.

"O meu marido acha que não é uma boa ideia eu gastar todo esse tempo em vez de cuidar da minha família. Ele diz que a publicidade me subiu à cabeça… que fiquei orgulhosa."

Comentei que, enquanto a sua família morasse nos Jardins, ela devia continuar envolvida.

"Nada vai mudar, sr. Obama", respondeu. "A gente vai se concentrar em economizar para poder sair daqui o mais depressa possível."

13.

"Tô te falando, cara, o mundo é um *lugar*."*

"Tá, tá bom, o mundo é um lugar."

"É o que estou dizendo."

Voltávamos para o carro depois de jantar no Hyde Park, e Johnnie estava todo expansivo. Muitas vezes ele ficava assim, principalmente depois de um bom prato e de um bom vinho. Na primeira vez em que o vi, quando Johnnie ainda trabalhava em um grupo cívico do centro, ele tinha começado a explicar a relação entre o jazz e a religião oriental, então passou para uma análise da bunda das negras e chegou ao tema da política do Federal Reserve. Nessas horas, os olhos dele se arregalavam, a voz acelerava, a cara redonda e de barba cintilava com um assombro infantil. Foi por causa disso, entre outras coisas, creio, que contratei Johnnie, essa sua curiosidade, esse seu gosto pelo absurdo. Era um filósofo do blues.

---

* Referência à música "The World is a Place", de 1976, sucesso de Rhythm, grupo negro de funk da época.

"Vou te dar um exemplo", ele estava me dizendo. "Um dia desses, estou indo para um encontro no State of Illinois Building. Você sabe como ele é aberto no meio, certo?... um baita átrio e tal. Bom, o cara do encontro está atrasado e fico por ali, no 12º andar, olhando o saguão lá embaixo, observando a arquitetura, quando de repente passa por mim um corpo despencando. Suicídio."

"Você não me contou isso..."

"É, me abalou bastante. Mesmo na altura onde eu estava, deu pra ouvir o corpo cair no chão como se estivesse do meu lado. Uma pancada horrível. Na mesma hora, o pessoal dos escritórios chega correndo até a grade de proteção para ver o que era aquilo. Ficamos todos olhando lá pra baixo e claro que o corpo está lá, todo mole e retorcido. O povo começa a gritar, tampando os olhos. Mas o estranho é que, depois que param de gritar, voltam para a grade e dão uma segunda olhada. Aí gritam e tampam os olhos de novo. Então por que fazem isso? Tipo, o que estão esperando na segunda vez? Mas gente é um bicho estranho mesmo. Não consegue resistir a essa morbidez de merda..."

"Bom, chegam os caras da polícia, passam corda cercando a área e levam o corpo embora. Aí a turma do prédio começa a limpar. Nada de especial, sabe, só vassoura e esfregão. Varrendo uma vida. O lugar todo fica limpo em cinco minutos. Faz sentido, imagino... quer dizer, não precisa de nenhum equipamento ou roupa especial, nada do gênero. Mas me faz pensar: como é ser um desses faxineiros, limpando os restos de uma pessoa? Alguém precisa fazer isso, certo? Mas como o cara vai se sentir naquela noite, na hora do jantar?"

"Quem foi que pulou?"

"Essa é a segunda coisa, Barack!"

Johnnie deu uma tragada no cigarro e soltou a fumaça.

"Era uma mocinha branca, cara, dezesseis, talvez dezessete anos. Do tipo punk rock, de cabelo azul e argola no nariz. Depois fiquei imaginando no que ela pensava enquanto estava no elevador. Quer dizer, devia ter gente parada do lado dela enquanto o elevador subia. Podem ter dado uma olhada, concluíram que era uma aberração qualquer e voltaram a cuidar da própria vida. Tipo, a promoção no emprego, o jogo dos Bulls, qualquer coisa. E o tempo todo aquela garota parada ali, do lado deles, com toda aquela dor dentro dela. Devia ser muita dor, cara, porque afinal, logo antes de pular, você imagina que ela olha lá pra baixo e sabe que aquela porra vai doer."

Johnnie pisou na bituca.

"Então é isso que eu digo, Barack. O panorama todo da vida aí pra gente ver. Uma merda de uma loucura o tempo todo. Você se pergunta: essa merda está acontecendo em outros lugares? Tem algum precedente pra essa porra toda? Você nunca se pergunta isso?"

"O mundo é um lugar", repeti.

"Pô, para com isso. É sério, cara."

Tínhamos quase chegado ao carro de Johnnie quando ouvimos uma leve explosão, curta e compacta, como um balão estourando. Olhamos na direção do barulho e vimos um garoto virando a esquina e vindo na diagonal para o nosso lado. Não lembro bem o rosto dele nem a roupa que usava, mas não tinha mais do que quinze anos. Só lembro que corria numa velocidade desesperada, os tênis batendo silenciosos na calçada, os membros desengonçados avançando freneticamente, o peito se projetando como se quisesse alcançar a fita imaginária de uma linha de chegada.

Johnnie se jogou no pequeno gramado na frente de um dos sobrados e logo fiz o mesmo. Alguns segundos depois, dois outros garotos viraram a mesma esquina, também correndo a toda a velocidade. Um deles, baixo e gorducho, com as pernas das calças fazendo sanfona nos tornozelos, empunhava uma pistola pequena. Sem parar para mirar, ele deu três tiros rápidos na direção do primeiro garoto. Então, vendo que o alvo estava fora de alcance, reduziu o passo e guardou a arma debaixo da camisa. O companheiro, magricela e orelhudo, vinha ao lado.

"Idiota do caralho", disse o magricela.

Cuspiu com satisfação, os dois trocaram risos e seguiram pela rua, meninos de novo, os vultos lançando sombras baixas no asfalto.

Mais um outono, mais um inverno. Eu me recuperara da decepção com a campanha do amianto, elaborara outras questões e encontrara outros líderes. A presença de Johnnie ajudava a aliviar minha carga de trabalho e nosso orçamento era estável; o que perdi em entusiasmo juvenil ganhei em experiência. E, de fato, podia ser essa maior familiaridade com o ambiente, as lições do tempo que me davam a sensação de que havia algo diferente com a garotada do South Side naquela primavera de 1987; que se cruzara uma linha invisível, que se dera uma guinada cega e perigosa.

Não havia nada definido que eu pudesse apontar, nenhuma estatística sólida. Os carros que passavam dando tiros, as sirenes das ambulâncias, os sons noturnos dos bairros entregues às drogas, à guerra entre as gangues e aos carros fantasmas, por onde a polícia e a imprensa raramente se arriscavam, até a hora em que se encontrava o corpo no chão, o sangue espalhado formando uma poça cintilante e irregular — nada disso era novidade. Em lugares como Altgeld, fazia mais de uma geração que os registros de prisão passavam de pai para filho; desde meus primeiros dias em Chicago, eu via os bandos de adolescentes, de quinze, dezesseis anos, que ficavam à toa nas esquinas da Michigan ou de Halsted, com capuz na cabeça, tênis desamarrados, saltitando nos meses mais frios num ritmo descompassado, só de camiseta nos meses de verão, respondendo aos bipes num orelhão da esquina:

bandos que se desfaziam, depois logo se refaziam, sempre que as viaturas da polícia passavam num silêncio ameaçador.

Não, não era isso; era mais uma mudança da atmosfera, como o ar carregado de eletricidade quando se aproxima um temporal. Senti isso uma noite, quando voltava para casa e vi quatro garotos crescidos andando numa rua com árvores na calçada, quebrando e estragando uma fileira de mudas novas que um casal de idade acabara de plantar na frente de casa. Sentia isso toda vez que olhava nos olhos dos jovens em cadeira de rodas que tinham começado a aparecer nas ruas naquela primavera, rapazes mutilados antes de chegar à flor da idade, sem nenhum sinal de autocomiseração nos olhos, olhos tão impassíveis, já tão endurecidos, que mais assustavam do que comoviam.

Esta era a novidade: o surgimento de um novo equilíbrio entre a esperança e o medo; a sensação, tanto dos adultos como dos adolescentes, de que alguns dos nossos garotos, se não a maioria deles, não tinham mais salvação. Mesmo aqueles que desde sempre moravam no South Side, como Johnnie, notavam a mudança.

"Nunca vi nada assim, Barack", disse-me um dia, quando estávamos no apartamento dele tomando cerveja. "Bom, as coisas não eram fáceis na minha época de menino, mas havia limites. A gente ficava chapado, entrava numa briga e tal. Mas em público, lá no meu bairro, se um adulto via a gente criando encrenca ou fazendo estardalhaço, ele falava alguma coisa. E em geral a gente ouvia, sabe?

"Agora, com as drogas, com as armas, tudo isso acabou. Não precisa ter arma para um bando todo. Bastam um ou dois. Alguém fala alguma coisa para um deles, e — bum! — o moleque acaba com ele. As pessoas ouvem casos assim e então simplesmente desistem de tentar falar com esses moleques andando por aí. A gente começa a generalizar, igual fazem os brancos. A gente vê a molecada à toa e vai para o outro lado. Depois de um tempo, mesmo o bom menino vê que não tem ninguém que vai cuidar dele lá na rua. Aí conclui que vai ter de cuidar de si mesmo. Resumo da história: a meninada de doze anos cria as próprias regras."

Johnnie tomou um gole de cerveja, juntando espuma no bigode.

"Sei lá, Barack. Às vezes *eu mesmo* sinto medo deles. Um cara que não está aí com nada é de dar medo mesmo. Não interessa a idade que tem."

Quando voltei ao meu apartamento, fiquei pensando no que Johnnie tinha dito. E eu, tinha medo? Achava que não… pelo menos não no sentido em que Johnnie falava. Quando andava por Altgeld ou por outros bairros da pesada, meus medos eram sempre internos: os velhos medos de não ser dali. A ideia de uma agressão física simplesmente nunca me passou pela cabeça. Assim como a diferença que Johnnie fazia entre os jovens bons e os ruins — isso não entrava na minha cabeça. Parecia se basear numa premissa estranha à minha experiência, um pressuposto de que eram as crianças que, de alguma maneira, estabeleciam os termos de seu desenvolvimento. Pensei no filho de Bernadette, com cinco anos de idade, correndo entre as ruas esburacadas de Altgeld, entre um lixão e uma usina de tratamento de esgoto. Onde ele ficava nesse espectro da bondade? Se fosse parar numa gangue ou na cadeia, isso era prova da sua essência, de um gene instável… ou consequência de um mundo deficiente?

E Kyle? Como se explicava o que estava acontecendo com ele? Reclinei-me na poltrona, pensando no filho de Ruby. Tinha acabado de fazer dezesseis anos; desde a minha chegada, dois anos antes, ele crescera vários centímetros, ganhara corpo e tinha agora uma sombra acima do lábio superior, primeiro esboço de um bigode. Ainda era educado comigo, ainda gostava de falar sobre os Bulls — este ano, dizia ele, Jordan levaria o time para as finais. Mas, sempre que eu dava um pulo na casa de Ruby, geralmente ele não estava ou ia sair com os amigos. Às vezes, de noite, Ruby me ligava em casa só para falar sobre ele, dizendo que nunca sabia onde o filho estava, que as notas na escola continuavam caindo, que ele escondia coisas dela, sempre com a porta do quarto fechada.

Não se preocupe, dizia eu; na idade dele eu era muito pior. Duvido que ela acreditasse nisso, mas, ao me ouvir, parecia se sentir um pouco melhor. Um dia, me ofereci para sondar Kyle, e o convidei para jogarmos basquete no ginásio da Universidade de Chicago. Ele ficou quieto durante a maior parte do caminho até o Hyde Park, esquivando-se às perguntas com um resmungo ou um dar de ombros. Perguntei se ainda pensava em entrar na Força Aérea, e ele balançou a cabeça; falou que ia ficar em Chicago, ia arrumar um emprego e morar sozinho. Perguntei por que tinha mudado de ideia. A resposta dele foi que a Força Aérea nunca deixaria um negro pilotar um avião.

Olhei para ele atravessado:

"Quem te disse essa bobagem?"

Kyle deu de ombros:

"Não precisa ninguém me dizer. É assim que é e pronto."

"Cara, que atitude errada! Você pode fazer o que quiser, se estiver disposto a batalhar."

Kyle deu um sorriso irônico e virou a cabeça para a janela, a respiração embaçando o vidro.

"Ah, tá bom... quantos pilotos negros você conhece?"

O ginásio não estava muito cheio quando chegamos, e precisamos esperar só uma partida até entrarmos na quadra. Fazia pelo menos uns seis meses que eu não pegava numa bola de basquete, e os cigarros estavam cobrando seu preço. No primeiro tempo da partida, o cara que me marcava arrancou a bola das minhas mãos e declarei falta, levando os jogadores nas laterais a vaiarem, me ridicularizando. No segundo tempo, já estava cruzando a linha no meio da quadra, me sentindo um pouco tonto.

Para me poupar de maiores constrangimentos, resolvi ficar sentado no terceiro tempo, olhando Kyle jogar. Não jogava mal, mas estava marcando um cara um pouco mais velho do que eu, um assistente hospitalar — baixo, mas agressivo, e muito rápido. Depois de alguns lances, ficou claro que o sujeito já tinha sacado o jogo de Kyle. Fez três cestas em seguida e aí começou a provocação de sempre:

"É só isso que você consegue fazer, moleque? Como você deixa que um velho feito eu acabe com você assim?"

Kyle não respondeu, mas o jogo entre eles endureceu. Com a bola de novo no chão, o cara avançou para a cesta e Kyle deu um encontrão forte nele. O sujeito atirou a bola no peito de Kyle e se virou para um dos colegas.

"Tá vendo? Esse bostinha aí nem consegue me marcar..."

Então, sem aviso, Kyle foi para cima dele. O punho atingiu direto o queixo do sujeito, derrubando-o no chão. Entrei correndo na quadra, enquanto os outros jogadores arrastavam Kyle para fora. Estava com os olhos muito abertos, a voz trêmula, enquanto via o assistente se levantando com dificuldade e cuspindo uma bolota de sangue.

"Não sou um bostinha", Kyle resmungou.

Então repetiu:

"Não sou."

Tivemos sorte; o segurança havia sido chamado, mas o assistente hospitalar estava constrangido demais para admitir o incidente. De volta para casa, passei um longo sermão em Kyle sobre a importância de manter a calma, sobre violência, sobre a responsabilidade. As frases soavam batidas, e Kyle nada falou, os olhos fixos na rua. Quando terminei, ele se virou para mim e disse:

"Só não conte nada para a minha mãe, tá bom?"

Achei que era um bom sinal. Falei que não contaria para Ruby o que tinha acontecido desde que ele mesmo contasse, e Kyle concordou de má vontade.

Kyle era um bom menino; ainda se importava com alguma coisa. Seria suficiente para salvá-lo?

Na semana seguinte à minha aventura e à de Johnnie no Hyde Park, resolvi que era hora de ir para as escolas públicas.

Parecia uma questão natural para nós. A segregação já não era mais um grande problema; os brancos tinham praticamente abandonado o ensino público. E não havia falta de vagas, pelo menos nas escolas secundárias dos bairros negros; só metade dos alunos que entravam se interessava em terminar o ensino médio e ir para a faculdade. Tirando isso, as escolas de Chicago continuavam em eterna crise — faltavam centenas de milhões de dólares para completar o orçamento anual; faltavam cartilhas e papel higiênico; havia um sindicato docente que entrava em greve pelo menos a cada dois anos; havia uma burocracia inflada e um Legislativo indiferente. Quanto mais eu conhecia o sistema, mais convicto ficava de que a reforma escolar era a única solução possível para o problema dos jovens que eu via nas ruas; que, sem estabilidade familiar, sem perspectiva de um trabalho braçal capaz de sustentar uma família própria, a educação era a última esperança. Assim, em abril, enquanto trabalhava com outras questões, desenvolvi um plano de ação para a organização e comecei a promovê-lo entre a minha liderança.

A reação foi decepcionante.

Em parte, era um problema de interesse pessoal, de grupos discrepantes. Os membros de mais idade da igreja me diziam que já tinham criado os filhos; os pais mais jovens, como Angela e Mary, mandavam os filhos para escolas católicas. Raramente, porém, comentava-se a principal fonte de resistência — a saber, o fato incômodo de que todas as nossas igrejas estavam cheias de professores, diretores e supervisores distritais. Entre eles, eram poucos os que mandavam os próprios filhos para escolas públicas; eles tinham consciência da realidade. Mas defendiam o status quo com a mesma energia e habilidade de seus análogos brancos de vinte anos antes. Diziam-me que não havia dinheiro suficiente para fazer um bom trabalho (o que era mesmo verdade). As tentativas de reforma — a descentralização, por exemplo, ou a diminuição da burocracia — faziam parte de um esforço dos brancos em recuperar o controle (isso, por sua vez, não era tão verdadeiro). Quanto aos alunos... bem, eles eram impossíveis. Preguiçosos. Bagunceiros. Pouco inteligentes. Talvez não fosse culpa das crianças, mas certamente não era das escolas. Talvez não existam meninos ruins, Barack, porém pais ruins não há dúvida de que existem.

Essas conversas, na minha cabeça, representavam o acordo tácito que tínhamos desde os anos 1960, um acordo que permitia que metade das nossas crianças avançasse, mesmo que a outra metade ficasse ainda mais para trás. Além disso, essas conversas me deixavam irritado; assim, mesmo com o pouco apoio do nosso conselho diretor, Johnnie e eu decidimos seguir em frente e visitar algumas escolas da área, na esperança de conquistar outros interessados além dos pais jovens de Altgeld.

Começamos pela escola secundária de Kyle, a de melhor nome na área. Era um edifício só, relativamente novo, mas com aparência impessoal e descuidada: pilares de concreto bruto, longos corredores nus, janelas que não se abriam e já com o vidro encardido, como as janelas de uma estufa. O diretor, um homem bem-apessoado e atencioso chamado dr. Lonnie King, falou que gostaria muito de trabalhar com grupos comunitários como o nosso. Então comentou que um dos seus conselheiros pedagógicos, o sr. Asante Moran, queria implantar na escola um programa de orientação para jovens e propôs que conversássemos com ele.

Seguimos as instruções do dr. King para chegar a um pequeno escritório no fundo do edifício. Era decorado com temas africanos: um mapa do continente, cartazes de reis e rainhas da antiga África, um conjunto de tambores e cabaças, um pano de motivos geométricos feito em tear pendurado na parede. À escrivaninha sentava-se um sujeito alto e imponente, com bigode de pontas reviradas e queixo saliente. Usava uma túnica estampada e trazia no pulso grosso um bracelete de cauda de elefante. No começo ele mostrou-se um pouco evasivo — havia na mesa uma pilha de exames de admissão para as faculdades, e fiquei com a impressão de que nossa presença ali, a convite do dr. King, era uma interrupção indesejada. Mesmo assim, falou para nos sentarmos, para chamá-lo de Asante e, ao perceber nosso interesse, começou a expor algumas de suas ideias.

"A primeira coisa que vocês precisam entender", disse, olhando alternadamente para Johnnie e para mim, "é que o sistema de ensino público não é voltado para as crianças negras. Nunca foi. As escolas do centro histórico são voltadas para o controle social, e ponto. Funcionam como centros de detenção, prisões em miniatura, na verdade. Só quando as crianças negras começam a escapar das suas prisões, incomodando os brancos, é que a sociedade lhes dá o mínimo de atenção a fim de verificar se estão recebendo alguma educação."

E prosseguiu:

"Pensem o que um ensino de verdade para essas crianças envolveria. Começaria dando à criança uma compreensão de *si mesma*, do *seu* mundo, da *sua* cultura, da *sua* comunidade. Esse é o ponto de partida de qualquer processo educacional. É isto que leva a criança a querer aprender: a promessa de fazer parte de alguma coisa, de conhecer o mundo ao redor dela. Mas, para a criança negra, fica tudo invertido. Desde o primeiro dia, o que ela aprende? Uma história alheia. Uma cultura alheia. E não só: essa cultura que ela tem de aprender é a mesma que a rejeita sistematicamente, que nega a sua humanidade."

Asante se reclinou na cadeira, com as mãos cruzadas sobre a barriga.

"É de admirar que a criança negra perca o interesse em aprender? Claro que não. Para os meninos, é pior. As meninas, pelo menos, têm mulheres mais velhas com quem podem conversar, o exemplo da maternidade. Mas os meninos não têm nada. Metade deles nem conhece o pai. Não têm ninguém para guiá-los no processo de se tornarem homens... para lhes explicar o significado da masculinidade. E essa é uma fórmula para o desastre. Porque em todas as sociedades os jovens têm tendências violentas. Ou essas tendências são direcionadas e empregadas em iniciativas criativas ou essas tendências destroem os jovens, ou a sociedade, ou ambos.

"Então é com isso que estamos lidando aqui. Quando posso, tento preencher o vazio. Apresento os alunos à história, à geografia, às tradições artísticas da África. Procuro lhes dar outra orientação dos valores; algo que se contraponha ao materialismo, ao individualismo, à satisfação imediata pregada nas outras quinze horas do dia. Ensino que os africanos são um povo comunitário. Que os africanos respeitam os mais velhos. Alguns dos meus colegas europeus se sentem ameaçados com isso, mas digo a eles que não se trata de depreciar outras culturas. Trata-se de dar a esses jovens uma base. Se eles não tiverem raízes nas próprias tradições, nunca conseguirão apreciar o que outras culturas têm a oferecer..."

Bateram à porta; um rapaz com cara de membro de gangue entreabriu e espiou pela fresta. Asante pediu desculpas: tinha outro compromisso, mas gostaria de nos ver outra vez para conversarmos sobre possíveis programas para a juventude na área. Conduzindo-nos até a porta, Asante me perguntou de onde vinha meu nome e lhe falei das minhas origens.

"Bem que imaginei!", ele sorriu. "Sabe que a minha primeira viagem ao continente foi para lá? No Quênia. Quinze anos atrás, mas lembro como se fosse ontem. Mudou a minha vida para sempre. O povo foi muito acolhedor. E a terra... nunca tinha visto nada tão bonito. Era como se eu realmente tivesse ido para casa."

O rosto dele se iluminou à lembrança. Então perguntou:

"Quando foi que você esteve lá pela última vez?"

Hesitei:

"Bem, na verdade, nunca estive lá."

Asante ficou perplexo:

"Bom...", disse após uma pausa, "tenho certeza de que, quando você for, a sua vida também vai mudar."

Com isso, ele apertou nossa mão, fez sinal para que o jovem à espera no corredor entrasse e fechou a porta.

Na volta para o escritório, Johnnie e eu ficamos em silêncio durante a maior parte do tempo. Pegamos um trecho congestionado, Johnnie se virou e disse:

"Posso perguntar uma coisa, Barack?"

"Claro."

"Por que você nunca foi ao Quênia?"

"Não sei. Talvez por medo do que vou encontrar."

"Hummm."

Johnnie acendeu um cigarro, abriu o vidro para deixar a fumaça sair e retomou:

"Engraçado que, ouvindo Asante, me lembrei do meu pai. Tipo, ele não é instruído nem nada. Não sabe nada da África. Depois que a minha mãe morreu, teve de criar os filhos sozinho e foi motorista de entregas da Spiegel por vinte anos. Mandaram ele embora antes de dar o tempo de aposentadoria, então meu pai precisa continuar trabalhando, agora para outra firma, mas fazendo a mesma coisa todos os dias. Carregando os móveis dos outros.

"Nunca deu a impressão de aproveitar a vida, sabe? Nos fins de semana, ficava em casa, alguns tios apareciam e eles ficavam bebendo e ouvindo música. Reclamavam do que os patrões tinham feito com eles naquela semana. Fulano fez isso. Fulano fez aquilo. Mas, se um deles realmente começava a falar em fazer outra coisa ou se vinha com uma ideia nova, os outros logo caíam em cima. 'Como um neguinho imprestável como você vai abrir um negócio?', dizia um. E outro: 'Tirem o copo do Jimmy; esse vinho virou a cabeça dele'. Todos caíam na risada, só que dava para ver que por dentro não riam. Às vezes, se eu estava por ali, meus tios começavam a falar de mim. 'E aí, menino, você tem uma cabeçona, hein?'; 'E aí, menino, você tá parecendo um branco, falando todas essas palavras difíceis.'"

Johnnie soprou um fio de fumaça no ar enevoado.

"Quando eu estava no ensino médio, eu tinha vergonha dele. Digo, do meu PAI. Trabalhando feito um condenado. Sentado lá, se embebedando com os irmãos. Jurei que eu nunca acabaria desse jeito. Mas, sabe, pensando depois nisso, percebi que ELE nunca ria quando eu falava que queria fazer faculdade. Bom, nunca disse nem sim nem não, mas sempre garantiu que nós, o meu irmão e eu, fôssemos à escola, não precisássemos trabalhar, tivéssemos uns trocados no bolso. No dia em que me formei, lembro que ele apareceu de paletó e gravata e só me apertou a mão. Só isso... apertou a minha mão e voltou para o trabalho..."

Johnnie parou de falar; o trânsito andou. Comecei a pensar naqueles cartazes no escritório de Asante — cartazes de Nefertiti, majestosa, de pele escura, no trono dourado, e de Shaka Zulu, altivo e orgulhoso no manto de pele de leopardo — e recuei no tempo, antes que o meu pai chegasse ao Havaí para nos visitar, até aquele dia em que fui à biblioteca em busca do meu reino mágico, do meu glorioso direito de nascimento. Fiquei imaginando que diferença aqueles cartazes fariam para o rapaz que entrara no escritório de Asante depois de nós. Provavelmente menos que o próprio Asante, pensei. Um homem disposto a ouvir. A mão pousada no ombro de um rapaz.

"Ele estava lá", falei a Johnnie.

"Quem?"

"O seu pai. Ele estava lá cuidando de você."

Johnnie coçou o braço.

"É, Barack. Acho que estava, sim."

"Você já falou isso pra ele?"

"Imagina. A gente não é de muita conversa."

Johnnie olhou pela janela e se virou para mim:

"Humm, talvez seja bom eu falar."

"É, John", falei e fiz que sim com a cabeça. "Talvez seja bom, sim."

Nos dois meses seguintes, Asante e a dra. Collier nos ajudaram a montar uma proposta para uma rede de aconselhamento juvenil, com a ideia de oferecer serviços de orientação e aulas de reforço e envolver os pais num processo de planejamento de longo prazo para uma reforma do ensino. Era um projeto empolgante, mas minha cabeça estava em outro lugar. Quando terminamos de elaborar a proposta, avisei Johnnie de que ia sair por uns dias, mas o orientei a dar andamento a algumas das reuniões que tínhamos marcado para começar a ir atrás de mais apoio.

"Aonde você vai?", ele perguntou.

"Ver o meu irmão."

"Nem sabia que você tinha um irmão."

"Até pouco tempo atrás, nem eu sabia."

No dia seguinte de manhã, tomei um voo até Washington, D.C., onde meu irmão Roy estava morando. O nosso primeiro contato tinha sido durante a visita de Auma em Chicago; ela me contou que Roy se casara com uma funcionária do Corpo da Paz americano e se mudara para os Estados Unidos. Um dia ligamos para ele só para dar um alô. Parecia contente em ter notícias nossas, a voz grave e tranquila, como se tivéssemos conversado no dia anterior. O emprego, a esposa, a vida nova nos Estados Unidos — era tudo "ótimo", disse ele. Soltou a palavra devagar, arrastando as sílabas. "Óóó-ti-mo." Uma visita minha seria "fan-tááás-ti-co". Podia ficar com ele e a esposa "seeem pro-bleee-ma". Depois de desligar, falei para Auma que ele parecia estar muito bem. Ela me olhou com ar de dúvida.

"Bom, com o Roy nunca se sabe", dissera ela. "Ele nem sempre mostra o que está sentindo. Nisso ele é como o Velho. Na verdade, embora os dois não se dessem bem, ele me faz lembrar o Velho em vários aspectos. Pelo menos era assim em Nairóbi. Mas não vejo Roy desde o enterro de David, então pode ser que tenha se assentado com o casamento."

Ela não comentou muito mais; falou que eu devia conhecê-lo pessoalmente. Assim, Roy e eu combinamos uma visita; eu iria a D.C. no final de semana prolongado, veríamos os pontos turísticos, ia ser uma maravilha. Só que, enquanto o portão do desembarque no aeroporto se esvaziava, não havia nem sinal do Roy. Liguei para a casa dele, e ele atendeu em tom de desculpa.

"Escuta, mano: será que você pode ficar num hotel esta noite?"

"Por quê? Algo errado?"

"Nada sério. Bom, é que eu e minha esposa, nós dois tivemos uma pequena discussão. E, por isso, ter você aqui hoje à noite talvez não fosse muito bom, entende?"

"Claro. Eu…"

"Me ligue quando encontrar um hotel, combinado? A gente se encontra à noite para jantar. Te pego às oito."

Eu me registrei no quarto mais barato que encontrei e esperei. Às nove, ouvi uma batida à porta. Abri e vi um homem corpulento parado ali, mãos nos bolsos, os dentes muito uniformes num sorriso que ia de orelha a orelha no rosto cor de ébano.

"E aí, mano, como vai a vida?", disse ele.

Nas fotos que eu tinha dele, Roy era esguio, usava roupas de estampa africana, com cabelo afro, cavanhaque e bigode. O homem que agora me abraçava era muito mais pesado, quase cem quilos, imaginei, os óculos grossos comprimindo a carne das bochechas. O cavanhaque sumira; a camisa africana fora substituída por um paletó esporte cinzento, camisa branca e gravata. Mas Auma tinha razão; a semelhança com o nosso pai era impressionante. Olhando meu irmão, me senti como se tivesse dez anos de idade.

"Você engordou", comentei enquanto íamos para o carro dele.

Roy olhou a pança volumosa e deu um tapinha nela.

"Ah, cara, é essa coisa de fast-food. Tem por todo lado. McDonald's. Burger King. A gente nem precisa sair do carro. Um cheeseburger duplo com molho especial e alface. Double Whopper com queijo."

Balançou a cabeça:

"Dizem que sai na hora. *Do jeito que eu quero! Fantástico!*"

Ele jogou a cabeça para trás numa gargalhada, um som mágico, vindo lá de dentro, que sacudia todo o corpo, como se não parasse de se surpreender com as maravilhas que essa sua nova vida tinha a oferecer. Era contagiante, a risada dele — mas não ri nem um pouquinho no trajeto para o jantar. A Toyota era pequena demais para o porte de Roy — parecia um menino num daqueles carrinhos bate-bate de parque de diversões —, e eu tinha a impressão de que ele ainda não sabia lidar bem com o câmbio nem conhecia muito as regras de trânsito, inclusive o limite de velocidade. Quase batemos duas vezes em carros vindos do outro lado; uma vez, numa curva, subimos no meio-fio.

"Você sempre dirige assim?", gritei acima da música a todo volume no gravador.

Roy sorriu, engatando uma quinta.

"Não sou muito bom nisso, não é? Mary, a minha mulher, ela também vive reclamando. Principalmente depois do acidente…"

"Que acidente?"

"Ah, não foi nada. Ainda estou aqui. Vivo e respirando!"

E riu outra vez e balançou a cabeça, como se o carro funcionasse sozinho, como se chegarmos sãos e salvos ao nosso destino fosse apenas mais um exemplo de uma generosa ação divina.

O restaurante era mexicano, ao lado de uma marina, e escolhemos uma mesa com vista para a água. Pedi uma cerveja, Roy uma margarita, e por algum tempo ficamos conversando sobre amenidades, sobre o meu trabalho e o emprego dele como contador numa grande empresa de financiamento de casa própria. Ele comia com prazer e tomou uma segunda margarita; ria e fazia piadas sobre suas aventuras nos Estados Unidos. Mas, à medida que o tempo passava, o esforço que Roy fazia começou a ficar evidente. Por fim, resolvi perguntar por que a esposa dele não viera. O sorriso dele se evaporou.

"Ah, acho que a gente vai se divorciar", respondeu.

"Sinto muito."

"Ela diz que eu fico até tarde fora de casa e está cansada disso. Diz que bebo demais. Diz que estou ficando igual ao Velho."

"E o que você acha?"

"O que eu acho?"

Abaixou a cabeça, então me olhou com ar melancólico, as chamas das velas da mesa dançando como minúsculas fogueiras nas lentes dos óculos.

"A verdade é que", disse ele, inclinando todo o seu peso para a frente, "acho que não gosto realmente de mim mesmo. E a culpa disso atribuo ao Velho."

Durante a hora seguinte, ele me contou todas as dificuldades que Auma tinha comentado — ser separado da mãe e de tudo o que lhe era familiar; o empobrecimento súbito do Velho; as discussões, o rompimento, por fim a fuga de casa. Falou da vida que levou depois de deixar o lar paterno; como, mudando-se da casa de um parente para outro, havia entrado na Universidade de Nairóbi e então conseguira emprego depois de se formar, num escritório de contabilidade local; como se impusera a disciplina do trabalho, sempre chegando cedo e terminando as tarefas, ainda que tivesse ido dormir muito tarde na noite anterior. Ao ouvi-lo, fui tomado pela mesma admiração que havia sentido ao ouvir Auma falando da vida dela, a resistência que ambos mostravam, a mesma força e obstinação com que se libertaram das condições adversas. Só que em Auma eu também sentira a disposição de deixar o passado para trás, a capacidade de perdoar, se não necessariamente de esquecer. As lembranças de Roy sobre nosso pai pareciam mais imediatas, mais dolorosas; o passado, para ele, continuava a ser uma ferida aberta.

"Nunca nada estava bom pra ele", disse Roy, enquanto o garçom retirava os nossos pratos. "Ele era inteligente e não deixava a gente se esquecer disso. Se você chegasse em casa com as segundas melhores notas da turma, ele perguntava por que não eram as primeiras. 'Você é um Obama', dizia. 'Tinha de ser o melhor.' Ele realmente acreditava nisso. E aí eu o vi bêbado, sem dinheiro, vivendo feito um mendigo. E perguntava a mim mesmo: como alguém tão inteligente decai tanto? Não fazia sentido nenhum para mim. Sentido nenhum.

"Mesmo depois que fui morar sozinho, mesmo depois da morte dele, tentei entender esse enigma. Como se não conseguisse escapar. Lembro que tivemos de levar o corpo a Alego para o funeral e, por ser o filho mais velho, eu era o responsável pelas providências. O governo queria um enterro cristão. A família queria um enterro muçulmano. Veio gente de toda parte até a praça da aldeia, e tivemos de fazer o velório na tradição luo, queimando um tronco durante três dias, ouvindo as pessoas gemerem e chorarem. Eu não conhecia metade delas. Queriam comida. Queriam cerveja. Alguns sussurravam que o Velho tinha sido envenenado e que eu devia me vingar. Houve quem roubasse coisas da casa. Aí nossos parentes começaram a brigar pela herança do Velho. A última namorada dele, mãe do nosso irmãozinho George, queria ficar com tudo. Algumas pessoas, como a tia Sarah, tomaram o lado dela. Outras tomaram o lado da família da minha mãe. Olha, foi uma loucura! Parecia que tudo estava dando errado.

"Depois do funeral, eu não quis ficar com ninguém. O único em quem eu confiava era David, nosso irmão mais novo. Era um garoto bacana, muito bacana. Um pouco parecido com você, só que mais novo... quinze, dezesseis anos. A mãe dele, Ruth, tentou criá-lo como americano. Mas David se rebelou. Ele gostava de todo mundo, sabe? Fugiu de casa e veio morar comigo. Falei que ele devia voltar para casa, mas David não quis. Falou que não queria ser americano. Era africano. Era um Obama.

"Quando ele morreu, foi demais pra mim. Fiquei com a certeza de que toda a nossa família era amaldiçoada. Comecei a beber, a brigar — não ligava pra mais nada. Pensei: se o Velho morreu, se o David morreu, eu tinha de morrer também. Às vezes me pergunto o que teria acontecido se eu tivesse ficado no Quênia. Mas havia a Nancy, aquela garota americana com quem eu estava saindo. Ela tinha voltado para os Estados Unidos, e assim, um dia, telefonei e falei que queria vir. Ela concordou, comprei passagem e peguei o primeiro avião. Não levei bagagem, não avisei o escritório, não me despedi de ninguém nem de nada.

"Achei que podia recomeçar, entende? Hoje sei que nunca dá para recomeçar. Não de verdade. A gente pensa que tem controle, mas a verdade é que a gente é uma mosca na teia dos outros. Às vezes penso que é por isso que gosto de contabilidade. Passo o dia só lidando com números. Soma, multiplica e, quando se é cuidadoso, sempre se chega a uma solução. Há uma sequência nisso. Uma ordem. Com números, dá para ter controle…"

Roy tomou outro gole e de repente começou a falar mais devagar, como se tivesse mergulhado fundo em um lugar diferente, como se tivesse ficado possuído por nosso pai.

"Sou o mais velho, entende? Na tradição luo, agora sou o chefe da família. Sou responsável por você, por Anna e por todos os mais novos. É responsabilidade minha cuidar das coisas. Pagar a escola dos meninos. Garantir que Auma tenha um bom casamento. Construir uma casa adequada e reunir a família."

Inclinei-me sobre a mesa e toquei na mão dele, dizendo:

"Você não precisa fazer isso sozinho, mano. A gente pode dividir o peso."

Porém, foi como se ele não tivesse me ouvido. Apenas ficou olhando pela janela e então, como se saísse de um transe, acenou chamando a garçonete.

"Quer mais uma bebida?"

"Não é melhor só pedir a conta?"

Roy me olhou e sorriu:

"Você se preocupa demais, Barack. Esse é o meu problema também. Creio que a gente precisa aprender a se deixar levar. Não é assim que se diz nos Estados Unidos? *Just go with the flow…*"

Roy riu outra vez, uma gargalhada que fez os vizinhos da mesa ao lado se virarem para olhar. Só que não havia mais magia em seu riso; era oco, como se percorresse uma vasta distância vazia.

Peguei o avião no dia seguinte — Roy precisava passar um tempo com a esposa e eu não tinha dinheiro para pagar mais uma noite de hotel. Tomamos o café da manhã juntos e, à luz matinal, ele parecia estar com melhor disposição. No portão de embarque, trocamos um abraço e um aperto de mãos, e ele prometeu que iria me visitar depois que a situação se assentasse. Durante o voo inteiro até Chicago, porém, e pelo resto do fim de semana, não consegui me libertar da sensação de que Roy corria perigo, que velhos demônios o empurravam para o abismo e que minha intervenção, se eu fosse um irmão melhor, impediria sua queda.

Ainda pensava em Roy quando Johnnie entrou no escritório na segunda-feira, no final da tarde.

"Voltou cedo", disse ele. "Como foi a viagem?"

"Foi boa. Bom ver o meu irmão." Assenti com a cabeça e dei uma batidinha na beirada da escrivaninha. "E o que aconteceu enquanto estive fora?"

Johnny se deixou cair numa cadeira.

"Bem, tivemos a reunião com o senador. Ele se comprometeu a apresentar um projeto de lei para financiar um programa-piloto. Talvez não o meio milhão todo, mas um bom tanto."

"Ótimo. E os diretores das escolas?"

"Acabo de voltar de uma reunião com o dr. King, diretor da escola de Asante. Os outros não retornaram minhas ligações."

"Tudo bem. O que o dr. King disse?"

"Era só sorrisos", falou Johnnie. "Disse que realmente gostou da proposta. Ficou muito entusiasmado ao saber que talvez conseguíssemos verbas. Disse que ia incentivar os outros diretores a trabalharem conosco e que tínhamos total apoio da parte dele. 'Não há nada mais importante do que salvar nossa juventude', ele falou."

"Parece bom."

"Pois é. *Parece* bom. Mas aí estou saindo do escritório e ele me entrega *isto*."

Johnnie pegou a pasta, tirou uma folha de papel e me estendeu. Li por cima algumas linhas e devolvi.

"Um currículo?"

"Não um currículo qualquer, Barack. O currículo da *mulher dele*. Parece que ela anda meio entediada em casa, e o dr. King acha que ela daria uma 'excelente' diretora do nosso programa. Nenhuma pressão, veja bem. Mas, depois de alocada a verba, alguma consideração, você entende o que eu quero dizer…"

"Ele te deu o currículo da mulher dele…"

"Não só da mulher."

Johnnie pegou de novo a pasta e tirou outro papel, acenando-o no ar:

"Deu o da filha também! Falou que *ela daria* uma 'excelente' consultora…"

"Sério?"

"Vou te falar, Barack. Ele já tinha tudo pronto na cabeça. E sabe o que mais? O tempo todo em que falamos, ele nem pestanejou. Como se fosse a coisa mais natural do mundo. Foi inacreditável."

Johnnie meneou a cabeça e, de repente, gritou como um pastor evangélico:

"Jesuis! Dotô Lonnie King! Agora sim um irmão com coragem! Um irmão de iniciativa! O programa nem começou, ele já está pensando lá na frente."

Comecei a rir.

"Ele não quer só *um* cargo! Tem que ter *dois*! Você entra pra falar sobre os garotos, ele te estende o currículo de toda a bendita *família* dele…"

Pegando o espírito da coisa, gritei:

"Dotô Lonnie King!"

"Jesuis! Dotô Lonnie King!"

Johnnie começou a dar uma risadinha que me fez rir ainda mais, até que nós dois nos contorcíamos de tanto gargalhar, retomando o fôlego só para repetir — "Dotô Lonnie King!" —, como se ali estivesse a mais óbvia verdade, o mais básico elemento num mundo primordial. Rimos até ficar com a cara vermelha e com a barriga doendo, até chorar de tanto rir, até nos sentir esvaziados sem conseguir rir mais, e resolvemos tirar o resto da tarde para ir tomar uma cerveja.

* * *

Naquela noite, já bem depois da meia-noite, um carro estaciona em frente ao prédio onde moro, com um bando de adolescentes e um conjunto de caixas de som em volume tão alto que o assoalho do meu apartamento vibrava. Aprendi a ignorar esses incômodos — têm algum outro lugar para irem?, pergunto a mim mesmo. Mas, nessa noite específica, estou com alguém em casa; sei que os vizinhos do apartamento têm um bebê recém-nascido. Assim, ponho um calção e desço para falar com nossos visitantes noturnos. Ao me aproximar do carro, as vozes se calam e todas as cabeças se viram na minha direção.

"Escutem, tem gente aqui tentando dormir. Por que vocês não vão para algum outro lugar?"

Os quatro garotos dentro do carro não dizem nada, não movem um músculo sequer. O vento sopra a minha sonolência e de repente me sinto exposto, parado de calção na rua no meio da noite. Não consigo enxergar os rostos dentro do carro; está escuro demais para ver a idade deles, para ver se estão sóbrios ou bêbados, se são garotos bons ou ruins. Um deles podia ser Kyle. Outro deles podia ser Roy. Outro podia ser Johnnie.

Um deles podia ser eu. Parado ali, tento me lembrar da época em que me sentava num carro assim, cheio de ressentimentos reprimidos, doido para provar o meu lugar no mundo. Os sentimentos de indignação virtuosa quando grito com meu avô por algum motivo que já esqueci. O sangue fervendo numa briga na escola. O ar presunçoso com que entro na sala de aula bêbado ou chapado, sabendo que os professores vão sentir o cheiro de cerveja ou de maconha no meu hálito, só para desafiá-los a dizer alguma coisa. Começo a me enxergar pelos olhos desses garotos, uma figura de autoridade aleatória, e sei os cálculos que devem estar fazendo e que, se só um não consegue me tirar dali, os quatro certamente conseguirão.

Aquela autoafirmação obstinada, extrema — enquanto tento enxergar no escuro e ler os rostos nas sombras do carro, fico pensando que, embora esses garotos possam ser mais fracos ou mais fortes do que eu era na idade deles, a única diferença importante é a seguinte: o mundo onde vivi essa fase difícil era muito mais piedoso. Esses garotos não têm nenhuma margem para cometer erros; se estão armados, essas armas não lhes darão nenhuma proteção contra essa verdade. E foi essa verdade, de que certamente têm consciência, mas não podem admitir e que, de fato, precisam negar se quiserem acordar vivos amanhã, que os obrigou, a eles ou a outros como eles, a se fecharem a qualquer empatia que algum dia possam ter sentido. Essa afirmação de masculinidade desregrada não será refreada, como a minha acabou sendo, por um sentimento de tristeza perante o orgulho ferido de um homem mais velho. A raiva deles não será contida pela sensação de perigo que me tomava sempre que partia a cara de um garoto ou dava um racha numa estrada com a cabeça alterada pelo gim. Parado ali, eu me vejo pensando que, em algum nível inconsciente, a culpa e a empatia dizem à nossa percepção embotada que é necessário algum tipo de ordem, não obrigatoriamente a ordem social existente, e sim algo mais fundamental e mais necessário; uma percepção, além disso, de que temos um interesse nessa ordem, um desejo de que essa ordem, por mais vaga que se afigure, não desapareça do universo. Suspeito que esses garotos terão de procurar por muito tempo e com muito esforço essa ordem, ou melhor, qualquer ordem que os inclua não como meros objetos de medo ou de menosprezo. E essa suspeita me aterroriza, pois agora tenho um lugar no mundo, um emprego, um roteiro a seguir. Por mais que eu queira negar, nós, esses garotos e eu, estamos nos dividindo, nos separando em tribos diferentes, falando línguas diferentes, vivendo segundo regras diferentes.

O carro dá a partida e sai cantando pneu. Volto para o apartamento sabendo que fui idiota e que, ao mesmo tempo, tive sorte, sabendo que, afinal, sinto medo.

14.

Era um prédio velho, num dos bairros mais antigos do South Side, ainda sólido, mas precisando desesperadamente de um novo acabamento nos tijolos à vista e talvez de um novo telhado. A igreja era escura, com vários bancos rachados e lascados; o tapete avermelhado exalava um cheiro úmido e de mofo; em vários pontos, as tábuas do assoalho tinham saliências e reentrâncias como o solo acidentado de uma pradaria. A sala do reverendo Philips tinha essa mesma aparência velha e desgastada, iluminada apenas por uma luminária de mesa antiga que envolvia o aposento numa coloração fosca e amarelada. E o próprio reverendo Philips: ele era velho. Com as cortinas da janela fechadas, cercado por pilhas de livros velhos empoeirados, a impressão era de que ele recuara para dentro da parede, imóvel como um retrato, visível apenas o cabelo branco como neve, a voz sonora e desencarnada, como uma voz de sonho.

Estávamos conversando fazia quase uma hora, principalmente sobre a igreja. Não tanto sobre a igreja dele, mas sobre *a* Igreja, a Igreja historicamente negra, a Igreja como instituição, a

Igreja como ideia. O reverendo era um erudito e começou a conversa pela história da religião dos escravizados, discorrendo sobre os africanos que, recém-chegados a terras hostis, sentavam-se em círculo em volta de uma fogueira, mesclando mitos novos e ritmos antigos, as canções se tornando veículo para as ideias mais radicais de todas: a sobrevivência, a liberdade e a esperança. O reverendo então relembrou a igreja sulina da sua juventude, uma pequena construção de madeira caiada de branco, disse ele, erguida com o suor e os centavos poupados pelos rendeiros em suas colheitas, onde, nas manhãs de domingo quentes e ensolaradas, todo o terror calado e as chagas abertas da semana encontravam saída nas lágrimas e nas exclamações de graças; as mãos batendo palmas, acenando, abanando e reavivando as brasas dormentes daquelas mesmas ideias obstinadas — sobrevivência, liberdade e esperança. Ele também falou sobre a visita de Martin Luther King a Chicago e a inveja que ele vira entre alguns pastores colegas de King, o medo de serem usurpados; sobre o surgimento dos muçulmanos, cuja raiva ele bem entendia: era a mesma raiva sua, disse ele, uma raiva da qual julgava que nunca se livraria por completo, mas que aprendera a controlar por meio da oração — e tentara não transmiti-la aos filhos.

Em seguida ele apresentou a história das igrejas em Chicago. Havia milhares delas, e o reverendo parecia conhecê-las todas: as salinhas no térreo de algum imóvel e os grandes edifícios de pedra; as congregações de negros de pele clara que se empertigavam como soldados enquanto cantavam hinos austeros, e os carismáticos que se sacudiam enquanto o corpo expelia a língua ininteligível do Senhor. O reverendo explicava que as igrejas maiores de Chicago eram, em geral, um amálgama dessas duas formas, um exemplo das dádivas ocultas da segregação, ao obrigar o advogado e o médico a viverem e cultuarem ao lado da empregada e do trabalhador braçal. Como um grande coração bombeando sangue, a igreja fazia circularem bens, informações, valores e ideias, indo e voltando, indo e voltando, entre ricos e pobres, cultos e incultos, pecadores e redimidos.

Sua dúvida era por quanto tempo sua igreja continuaria a cumprir essa função. Os membros mais abastados tinham se mudado, em sua maioria, para bairros mais arrumados, para a vida suburbana. Ainda voltavam todos os domingos, por hábito ou lealdade. Mas o tipo de envolvimento deles mudara. Hesitavam em se oferecer para qualquer coisa — um programa de reforço educacional, uma visita domiciliar — que os obrigasse a ficar no centro depois de escurecer. Queriam um esquema de mais segurança em volta da igreja, um estacionamento cercado que protegesse seus carros. O reverendo Philips imaginava que, após a sua morte, muitos desses membros deixariam de comparecer. Criariam novas igrejas, arrumadas como as novas ruas onde moravam. Receava que o elo com o passado se romperia definitivamente, que as crianças não conservariam mais a memória daquele primeiro círculo em volta de uma fogueira…

A voz do reverendo começou a ficar arrastada; percebi que ele estava cansado. Pedi que me apresentasse a outros pastores que talvez se interessassem pelo trabalho de liderança comunitária, e ele citou alguns nomes: havia um pastor jovem e dinâmico, disse ele, o reverendo Jeremiah Wright Jr., pastor da Trinity United Church of Christ, com quem valeria a pena conversar; tinha uma mensagem que parecia atrair jovens como eu. O reverendo Philips me deu o número do telefone dele; levantando-me para sair, falei:

"Se conseguíssemos juntar umas cinquenta igrejas, talvez fosse possível reverter algumas tendências que o senhor comentou."

Ele assentiu e disse:

"Talvez tenha razão, sr. Obama. Algumas das suas ideias são interessantes. Mas, veja, as igrejas por aqui têm um jeito próprio de fazer as coisas. Às vezes, até mais as congregações do que os pastores."

Abriu a porta para mim, fez uma pausa e então perguntou:

"Aliás, qual é a sua igreja?"

"Eu... bom, frequento várias."

"Mas não é membro de nenhuma?"

"Ainda estou procurando, creio eu."

"Entendo. Mas a sua missão ficaria mais fácil se o senhor fosse ligado a uma igreja. Não importa onde, na verdade. O que o senhor pede aos pastores exige que deixemos de lado algumas das nossas preocupações mais propriamente sacerdotais em favor de uma profecia. Isso exige uma grande dose de fé da nossa parte. E nos faz querer saber de onde o senhor a extrai, a sua fé, quero dizer."

Na rua, pus os óculos escuros e passei por um grupo de homens de idade, que tinham colocado suas cadeiras de jardim na calçada, para jogar uma partida de uíste. Fazia um dia maravilhoso, 24 graus no fim de setembro. Em vez de seguir direto para o próximo compromisso, fiquei por ali algum tempo, com a porta do carro aberta, sentado com as pernas para fora e olhando os homens jogarem. Não falavam muito. Faziam lembrar aqueles com quem meu avô jogava bridge — as mesmas mãos grossas e rígidas; as mesmas meias finas e elegantes, os mesmos sapatos incrivelmente estreitos; as mesmas gotas de suor escorrendo pelas dobras da nuca, logo abaixo do boné raso. Tentei relembrar os nomes daqueles homens no Havaí, o que faziam, perguntando-me quais marcas haviam deixado em mim. Na época, aqueles negros idosos eram um mistério para mim, e esse mistério fazia parte das razões pelas quais eu viera para Chicago. E agora, agora que eu estava deixando Chicago, perguntava-me se os entendia melhor do que antes.

Eu não contara minha decisão a ninguém, exceto Johnnie. Achei que haveria tempo para avisar mais tarde; até janeiro, não teria nenhuma notícia das escolas de direito. Àquela altura, nosso novo programa para a juventude já estaria pronto e funcionando; as verbas para o ano seguinte teriam sido arrecadadas e, segundo minhas esperanças, teria a adesão de mais algumas igrejas. Só contei a Johnny porque precisava saber se ele estaria disposto a continuar e ocupar o meu lugar como líder comunitário — e talvez também porque ele era meu amigo e eu sentia necessidade de me explicar. Só que Johnnie não vira nenhuma necessidade de explicação. No minuto em que citei as escolas a que me candidatara — Harvard, Yale, Stanford —, ele abriu um vasto sorriso e bateu nas minhas costas.

"Eu *sabia*!", exclamou.

"Sabia o quê?"

"Que era só uma questão de tempo, Barack. Até você ir embora."

"E por que você achou isso?"

Johnnie balançou a cabeça e riu:

"Pô, Barack… porque você tinha *opções*, por isso. Porque você *pode* ir embora. Quer dizer, sei que você é um cara que tem consciência e tal, mas, podendo escolher entre Harvard e Roseland, é duro de acreditar que alguém vá escolher Roseland."

Ele balançou a cabeça outra vez e retomou:

"Harvard! Caramba! Só espero que você não esqueça os amigos quando estiver naquele escritório bacana do centro."

Por alguma razão, a risada de Johnnie me pôs na defensiva. Insisti que logo estaria de volta ao bairro. Falei que não pretendia me deslumbrar com a riqueza e o poder que Harvard representava e que ele devia fazer o mesmo. Johnnie ergueu as mãos fingindo se render de brincadeira.

"Ei, você não precisa dizer essas coisas *pra mim*. Não estou indo a lugar nenhum."

Fiquei quieto, envergonhado com a minha explosão, e então falei:

"É, tá bom… só estou dizendo que vou voltar, só isso. Não quero que você ou os líderes fiquem com uma impressão errada."

Johnnie sorriu, afável:

"Ninguém vai ficar com uma impressão errada, Barack. Cara, a gente só sente orgulho em ver você se dando bem."

O sol estava escondido atrás de uma nuvem; dois dos jogadores de idade vestiram cada qual o blusão que estava no encosto da cadeira. Acendi um cigarro e tentei decifrar aquela conversa com Johnnie. Ele tinha duvidado das minhas intenções? Ou era eu que desconfiava de mim mesmo? Tinha a impressão de ter repensado aquela decisão pelo menos umas cem vezes. Precisava de um tempo, definitivamente. Queria ir ao Quênia: Auma já voltara para Nairóbi, para dar aulas na universidade durante um ano; seria uma época ideal para uma visita mais longa.

E eu tinha algo a aprender no curso de direito, algo que me ajudaria a promover uma mudança efetiva. Taxas de juros, fusões de empresas, o processo legislativo; como bancos e empresas operam em conjunto, como os empreendimentos imobiliários de risco dão certo ou não; como o poder opera como moeda de troca em toda a sua complexidade e em todos os seus detalhes, conhecimento que teria me prejudicado antes de vir para Chicago, mas que eu poderia levar de volta para onde fosse necessário, para Roseland, para Altgeld; levar de volta como o fogo de Prometeu.

Era essa a história que eu contava a mim mesmo, a mesma história que eu imaginava o meu pai contando a si próprio 28 anos antes, ao subir no avião para os Estados Unidos, a terra dos sonhos. Provavelmente ele também acreditava que estava cumprindo alguma missão grandiosa, que não estava apenas fugindo de uma possível inconsequência. E de fato ele voltou para o Quênia, não voltou? Mas apenas como um ser dividido, planos e sonhos logo reduzidos a pó…

Ia acontecer o mesmo comigo? Talvez Johnnie tivesse razão; depois de eliminadas as racionalizações, talvez sempre fosse uma mera questão de fuga. Fuga da pobreza, do tédio, do crime ou dos grilhões da cor da pele. Ao ir para a faculdade de direito, talvez eu estivesse repetindo um padrão que se iniciara séculos antes, quando os brancos, eles mesmos movidos pelo próprio medo da inconsequência, desembarcaram nas costas africanas, com armas e uma voracidade cega, para arrastar à força os vencidos acorrentados. Aquele primeiro contato foi responsável por redesenhar o mapa da vida negra, deu outro centro ao seu universo, criou a ideia de fuga — ideia que sobrevivia em Frank e naqueles outros negros idosos que encontraram refúgio no Havaí; em Joyce, com seus olhos verdes, na Occidental, querendo apenas ser uma pessoa; em Auma, dividida entre a Alemanha e o Quênia; em Roy e sua constatação de que não podia recomeçar. E aqui, no South Side, entre membros da igreja do reverendo Philips, em alguns que provavelmente haviam marchado ao lado do dr. King, acreditando na época que marchavam por um propósito mais elevado, por direitos, por princípios e por todos os filhos de Deus, mas que, em algum momento, perceberam que o poder era inflexível, que os princípios eram instáveis e que, mesmo após a aprovação de novas leis e o fim dos linchamentos, a coisa mais próxima da liberdade ainda incluía a fuga, se não física, emocional, escapando de nós mesmos, daquilo que sabíamos, a fuga para os pontos mais distantes do império do homem branco — ou mais próximos de seu centro.

As analogias não eram totalmente corretas. A relação entre negros e brancos, o sentido da fuga nunca seriam exatamente iguais ao que tinham sido para Frank, para o Velho ou mesmo para Roy. E, segregada como Chicago era, tensas como eram as relações raciais, o sucesso do movimento pelos direitos civis ao menos gerara certa superposição entre as comunidades, criara maior margem de manobra para pessoas como eu. Eu podia trabalhar na comunidade negra como líder comunitário ou como advogado e morar num arranha-céu no centro. Ou o inverso: podia trabalhar num importante escritório de advocacia, mas morar no South Side e comprar uma casona, andar num carro bacana, fazer doações para a Associação Nacional para o Progresso das Pessoas de Cor e para a campanha de Harold, dar palestras nas escolas secundárias locais. Um modelo, diriam, um exemplo de sucesso do homem negro.

Havia algo de errado nisso? Johnnie evidentemente achava que não. Foi nesse momento que entendi que ele sorrira não por estar me julgando, mas justamente porque não me julgava; porque, tal como os meus líderes, não via nada de errado em ter sucesso. Essa foi uma das lições que aprendi nesses dois últimos anos e meio, não é mesmo? — que, de modo geral, os negros não eram como o pai dos meus sonhos, o homem nas histórias da minha mãe, imbuído de grandes ideais e rápido em criticar os outros. Eram mais como Lolo, pessoas pragmáticas, que sabiam que a vida era dura demais para ficarem criticando umas às outras pelas escolhas que tomaram, complicada demais para viverem de acordo com ideais abstratos. Ninguém esperava sacrifícios pessoais da minha parte — não Rafiq, que ultimamente vinha me amolando para ajudá-lo a angariar verbas de fundações brancas para seu projeto mais recente; não o reverendo Smalls, que resolvera disputar uma cadeira no Senado e queria nosso apoio. Para eles, minha cor sempre bastara como critério para pertencer à comunidade, já sendo suficiente como cruz a carregar.

E eu me perguntava: será que foi só por isso que vim para Chicago? Pelo desejo de uma aceitação tão simples e singela? Foi uma das razões, com certeza, um sentido de comunidade. Mas havia outro sentido também, um impulso mais exigente. Claro que a pessoa podia ser negra e, mesmo assim, não dar a mínima para o que acontecia em Altgeld ou em Roseland. Não precisava se preocupar com garotos como Kyle, com mães jovens como Bernadette ou Sadie. Mas ser íntegra consigo mesma, ser íntegra com os outros, conferir sentido ao sofrimento de uma comunidade e contribuir para saná-lo — isso exigia algo mais. Exigia o tipo de engajamento que a dra. Collier praticava diariamente em Altgeld. Exigia o tipo de sacrifício que um homem como Asante estava disposto a fazer por seus estudantes.

Exigia fé. Olhei a janelinha da igreja no segundo andar, imaginando o pastor idoso ali dentro, redigindo o sermão semanal. De onde vem a sua fé?, ele me perguntara. De repente me ocorreu que eu não tinha resposta a essa indagação. Talvez, porém, tivesse fé em mim mesmo. Mas fé em si mesmo nunca foi suficiente.

Pisei o cigarro e liguei o carro. Olhei pelo retrovisor e, ao sair, os velhos jogando cartas em silêncio sumiram do meu campo de visão.

Com Johnnie a cargo do cotidiano dos trabalhos, contatei mais pastores negros na área, na esperança de convencê-los a unir-se a nós. Era um processo lento, pois, ao contrário dos padres católicos, os pastores negros eram, de modo geral, ferrenhamente independentes, firmados em suas congregações, sem grande necessidade visível de auxílio externo. Na primeira vez em que falava com eles ao telefone, costumavam se mostrar evasivos ou desconfiados, sem saber por que esse muçulmano — ou, pior ainda, esse irlandês O'Bama — queria tomar-lhes seu tempo. E vários que encontrei pessoalmente se encaixavam nos protótipos dos romances de Richard Wright ou dos discursos de Malcolm X: velhotes de barba grisalha com ares virtuosos pregando maravilhas; pastores fanáticos e espertos com carros vistosos e sempre de olho nas contribuições do ofertório.

Mas, em geral, depois de encontrar esses homens frente a frente, eu ficava impressionado. Eram quase sempre conscienciosos e batalhadores, com tanta confiança, com tanta convicção que se tornavam, de longe, os melhores líderes do bairro. Dedicavam-me um tempo generoso, interessavam-se pelas questões levantadas, mostravam uma disposição surpreendente em se exporem ao meu escrutínio. Um ministro me contou sobre seu vício anterior em jogos. Outro me falou dos anos em que fora executivo de sucesso e alcoólico em segredo. Todos mencionavam fases de dúvidas religiosas, comentavam a corrupção do mundo e de si mesmos, a queda no fundo do poço e o orgulho em frangalhos, por fim a ressurreição pessoal, numa fusão com algo maior. Esta, insistiam eles, era a fonte da sua confiança: a queda pessoal, a redenção subsequente. Era o que lhes dava autoridade para pregar a boa nova.

Já ouviu falar da boa nova?, perguntavam-me alguns.

Sabe de onde a *sua* fé provém?

Quando pedia indicações de outros pastores para conversar, vários deles mencionaram o reverendo Wright, o mesmo que o reverendo Philips mencionara aquele dia na igreja. Os pastores mais jovens pareciam considerar o reverendo Wright uma espécie de mentor, e a sua igreja, um modelo daquilo que eles pretendiam realizar. Já os de mais idade eram mais cautelosos nos elogios, impressionados com o rápido crescimento da congregação da Trinity, mas um tanto sardônicos sobre a sua popularidade entre jovens profissionais liberais negros. ("Uma igreja *buppie*",* disse-me um pastor.)

No final de outubro, finalmente tive a oportunidade de fazer uma visita ao reverendo Wright e ter minha própria impressão da

---

* *Buppie* designa o *yuppie* negro, o *black yuppie*.

igreja. Ficava bem na 95th Street, numa área majoritariamente residencial a poucas quadras dos conjuntos habitacionais Louden. Eu imaginava que seria algo imponente, mas era uma estrutura simples e baixa de tijolo vermelho e janelas angulares, com sempre-vivas e arbustos esculpidos e uma plaqueta fincada na grama — LIBERTEM A ÁFRICA DO SUL em letras maiúsculas simples. O interior da igreja era fresco e zumbia de atividades. Um grupo de crianças pequenas esperava os pais virem buscá-las da creche. Passaram algumas adolescentes que, pela roupa, provavelmente iam para uma aula de dança africana. Quatro mulheres de idade saíram do santuário e uma delas gritou "Deus é bom!", ao que as outras responderam rapidamente "O tempo todo!".

Por fim apareceu uma mulher bonita, vivaz e animada, que se apresentou como Tracy, uma das assistentes do reverendo Wright. Ela me informou que o reverendo ia se atrasar alguns minutos e me ofereceu café. Seguindo-a até a cozinha no fundo da igreja, começamos a conversar, principalmente sobre a igreja, mas também um pouco sobre ela. Disse que tinha sido um ano difícil: o marido morrera havia pouco tempo, e dentro de poucas semanas ela ia se mudar para o subúrbio. Foi uma decisão complicada e demorada de tomar, uma vez que morara a maior parte da vida na cidade. Mas concluiu que a mudança seria melhor para o filho adolescente. Começou a explicar que havia um número muito maior de famílias negras no subúrbio, que o filho poderia andar pela rua sem ser incomodado, que ele iria para uma escola que oferecia cursos de música, uma banda completa, instrumentos e uniformes gratuitos.

"Ele sempre quis tocar numa banda", disse Tracy com suavidade.

Enquanto conversávamos, vi um homem de quarenta e poucos anos caminhando na nossa direção. O cabelo, o bigode e o cavanhaque eram prateados, e ele usava terno e colete cinzentos.

Movia-se devagar, metodicamente, como que conservando as energias, examinando a correspondência enquanto andava, cantarolando uma melodia simples para si mesmo, com a boca fechada.

"Barack", disse ele como se fôssemos velhos amigos, "vamos ver se a Tracy aqui me deixa tomar um minuto do seu tempo."

"Não ligue para ele, Barack", disse Tracy, levantando e ajeitando a saia. "Devia ter te avisado que o reverendo às vezes gosta de se fazer de engraçadinho."

O reverendo Wright sorriu e me levou a um escritório pequeno e bagunçado.

"Desculpe o atraso", disse, fechando a porta. "Queremos construir um templo novo e tive de me encontrar com os banqueiros. Te digo uma coisa, meu caro, eles sempre querem alguma coisa da gente. A última é mais um seguro de vida para mim. Caso eu morra de uma hora para outra. Eles acham que a igreja toda se acaba sem mim."

"E isso é verdade?"

O reverendo Wright balançou a cabeça.

"Não sou a igreja, Barack. Se eu morrer de uma hora para outra, espero que a congregação me dê um enterro decente. Gosto de pensar que derramarão algumas lágrimas. Mas, logo que eu estiver embaixo de sete palmos de terra, vão retomar as coisas e ver o que fazer para que essa igreja continue com a sua missão."

Criado na Filadélfia, filho de um pastor batista, de início ele resistira à vocação do pai. Entrou na Marinha depois da faculdade, envolveu-se com a bebida, o islamismo e o nacionalismo negro nos anos 1960. Mas, pelo visto, o chamado da fé persistiu, exerceu um apelo constante, até que ele ingressou na Howard e depois na Universidade de Chicago, onde passou seis anos estudando para um doutorado em história da religião. Aprendeu hebraico e grego, leu Tillich, Niebuhr e os teólogos da libertação negros. A raiva e o humor das ruas, a erudição livresca e a ocasional linguagem empolada, tudo isso viera com ele para a Trinity quase vinte anos antes. Só mais tarde conheci melhor a biografia dele, mas já naquele primeiro encontro ficou evidente que, apesar das frequentes negativas do reverendo, era esse seu grande talento — essa habilidade de unir, se não reconciliar, as diversas correntes conflitantes da experiência negra — que, no fim das contas, constituía o alicerce do sucesso da Trinity.

"Aqui temos muitas personalidades diferentes", disse-me ele. "Temos os africanistas. Temos os tradicionalistas. De vez em quando tenho de me intrometer, para acalmar as coisas antes que desandem. Mas isso é raro. Geralmente, se alguém aparece com uma ideia para um novo ministério, só digo que vá em frente e não atrapalho."

Não havia dúvida de que a sua abordagem funcionava: sob sua direção, a igreja tinha passado de duzentos membros para 4 mil; havia organizações para todos os gostos, desde aulas de ioga a clubes caribenhos. Agradava-lhe especialmente que a igreja conseguisse envolver uma quantidade maior de homens, mesmo admitindo que ainda tinham um longo caminho pela frente.

"A coisa mais difícil é atingir irmãos jovens como você", comentou ele. "Eles têm medo de parecer fracos e do que os amigos vão dizer. Acham que igreja é coisa de mulher: que, para um homem, admitir que tem necessidades espirituais é sinal de fraqueza."

Então o reverendo me olhou, um olhar que me deixou nervoso. Achei melhor mudar de assunto e passar para um terreno mais familiar; falei sobre o PDC e as questões com que trabalhávamos e expliquei a necessidade de envolvimento de igrejas maiores como a dele. Ele ouviu com paciência todo o meu discurso e, quando terminei, assentiu de leve com a cabeça, dizendo:

"Vou ajudar no que puder. Mas é melhor que você saiba que um envolvimento nosso não é necessariamente uma coisa positiva."

"Como assim?"

O reverendo Wright deu de ombros, explicando:

"Alguns colegas de ofício não gostam do que fazemos. Acham que somos radicais demais. Outros acham que somos radicais de menos. Emocionais demais. Emocionais de menos. A nossa ênfase sobre a história africana, sobre o conhecimento…"

"Alguns dizem", interrompi, "que a igreja é voltada demais para a ascensão social."

O sorriso do reverendo se desvaneceu.

"Isso é pura bobagem. Quem diz essa asneira só mostra a própria confusão. Engoliram essa conversa toda de classe que nos impede de trabalharmos juntos. Metade acha que uma igreja cristã não é lugar para quem era de gangue ou seguia o islamismo. A outra metade acha que qualquer negro com instrução ou emprego, ou qualquer igreja que respeita o conhecimento, é de certa forma suspeito."

E prosseguiu:

"Aqui a gente não engole falsas divisões. Não é uma questão de renda, Barack. Os policiais não olham a minha conta no banco quando me param e me põem de pernas e braços abertos contra o carro para me revistar. Esses irmãos equivocados, como aquele sociólogo da Universidade de Chicago, falando sobre 'o declínio da importância da raça'… Ora, em que país ele vive?"

Mas as divisões de classe não eram uma realidade?, eu me perguntei. Mencionei a conversa que tivera com a assistente de Wright, a tendência das pessoas com recursos de saírem da linha de fogo. Ele tirou os óculos e esfregou os olhos, que só então notei como eram cansados.

"Dei a minha opinião a Tracy sobre isso", disse com calma. "O menino dela vai ficar lá sem a menor ideia de onde está ou de quem é."

"É duro ter de colocar a segurança dos filhos em risco."

"A vida não é segura para os negros neste país, Barack. Nunca foi. Provavelmente nunca será."

A secretária eletrônica soou, lembrando ao reverendo Wright o próximo compromisso. Trocamos um aperto de mão, e ele concordou que Tracy prepararia uma lista de membros com os quais eu poderia entrar em contato. Depois, no estacionamento, sentei no carro e folheei um livreto prateado que havia pegado na recepção. Trazia um conjunto de princípios básicos — um "Sistema de Valores Negros" — que a congregação adotara em 1979. Em primeiro lugar estava o compromisso com Deus, "que nos dará a força para renunciarmos à passividade devota e nos tornarmos ativistas cristãos negros, combatentes pela liberdade negra e pela dignidade de toda a humanidade". Na sequência, o compromisso com a comunidade negra e a família, a educação, a ética do trabalho, a disciplina e o respeito próprio negros.

Uma lista sensata e sincera — não muito diferente, imaginei, dos valores que o velho reverendo Philips podia ter aprendido duas gerações antes, na sua igrejinha rural caiada de branco. Mas, no livreto da Trinity, havia uma passagem que se destacava, um mandamento de tom mais engajado, que exigia maior elucidação. O título era "Repúdio à busca da posição de classe média". "Embora seja admissível procurarmos com o máximo empenho uma 'renda de classe média'", lia-se no texto, os abençoados com o talento ou a sorte de alcançar o sucesso no sistema vigente americano devem evitar a "armadilha psicológica da 'posição de classe média' negra que hipnotiza o irmão ou a irmã de sucesso, levando-os a crer que são melhores do que os demais e os ensina a pensar em termos de 'nós' e 'eles', em vez de 'nós'!".

Voltei a pensar diversas vezes nessa declaração nas semanas subsequentes, ao me encontrar com vários membros da Trinity.

Concluí que o reverendo Wright tinha razão, pelo menos em parte, em desconsiderar os críticos da igreja, pois a grande maioria da congregação integrava solidamente a classe trabalhadora, os mesmos professores, secretárias, funcionários públicos que se encontravam em outras grandes igrejas negras por toda a cidade. Os moradores dos conjuntos habitacionais próximos tinham sido ativamente recrutados, e os programas destinados a atender às necessidades dos pobres — assistência jurídica, acompanhamento escolar, programas de combate às drogas — consumiam uma proporção substancial dos recursos da igreja.

Apesar disso, era inegável que a igreja contava com uma quantidade desproporcional de profissionais liberais entre suas fileiras: engenheiros, médicos, contadores, gerentes. Alguns tinham sido criados na própria Trinity; outros haviam deixado as igrejas que antes frequentavam e se transferido para lá. Muitos admitiam um afastamento prolongado de qualquer atividade religiosa — para alguns, por escolha deliberada, como parte de uma conscientização política ou intelectual, mas, na maioria das vezes, porque a igreja parecia não ter significado algum enquanto seguiam a carreira em instituições majoritariamente brancas.

Todos eles me disseram que, em algum momento, porém, haviam chegado a um beco sem saída em termos espirituais; uma sensação, ao mesmo tempo amorfa e opressiva, de estarem dissociados de si mesmos. Tinham voltado à igreja, no começo de maneira intermitente, depois com maior regularidade, encontrando na Trinity algumas daquelas mesmas coisas que todas as religiões esperam oferecer aos convertidos: um abrigo espiritual e a chance de ter seus dotes apreciados e reconhecidos de uma forma que nenhum salário é capaz de fazer; uma garantia, quando os ossos se enrijeciam e o cabelo começava a branquear, de que faziam parte de algo que sobreviveria a eles — e de que, quando finalmente chegasse a hora final, haveria ali uma comunidade a relembrá-los.

No entanto, nem tudo o que essas pessoas buscavam, pensei, era estritamente religioso; não era apenas Jesus que vinham encontrar. Ocorreu-me que a Trinity, com seus temas africanos, sua ênfase sobre a história negra, dava continuidade àquele papel que o reverendo Philips descrevera: o de redistribuir valores e fazer circular ideias. Só que esse movimento não seguia numa só direção, a do professor ou a do médico que considerava ser um dever cristão ajudar o camponês ou o jovem recém-chegado do Sul a se adaptar à vida da cidade grande. Na verdade, a cultura também estava correndo no sentido contrário; o ex-membro de gangue, a mãe adolescente tinham formas próprias de validação — podiam dar provas de maior privação e, portanto, de autenticidade, e sua presença na igreja proporcionava ao advogado ou ao médico uma educação obtida nas ruas. Ao abrir as portas para todos os que quisessem entrar, uma igreja como a Trinity assegurava aos membros que seus destinos permaneciam indissociavelmente ligados, que ainda havia um "nós" dotado de inteligibilidade.

Essa comunidade cultural era um programa poderoso, mais flexível do que o simples nacionalismo, mais acolhedor do que o meu próprio tipo de liderança comunitária. Mesmo assim, eu me indagava se seria suficiente para manter o maior número de pessoas na cidade ou o maior número de jovens fora da cadeia. A ligação cristã entre um administrador escolar negro, digamos, e um pai negro com filho na escola mudaria o tipo de gestao dessas instituições de ensino? O interesse em manter essa unidade permitiria que o reverendo Wright tomasse uma posição firme sobre as propostas mais recentes para a reforma dos programas habitacionais do governo? E se homens como o reverendo Wright não assumissem essa posição, se igrejas como a Trinity não quisessem tratar com o poder efetivo e se arriscar a autênticos conflitos, qual seria a chance de manter intacta a comunidade mais ampla?

Às vezes eu fazia essas perguntas às pessoas com quem conversava. Respondiam-me com o mesmo olhar espantado que os reverendos Philips e Wright haviam me lançado. Para eles, os princípios no livreto da Trinity eram artigos de fé, tanto quanto a crença na Ressurreição. Você tem algumas boas ideias, diziam-me. Se você entrasse na igreja, poderia nos ajudar a formar um programa comunitário. Venha, apareça aqui no domingo.

E eu dava de ombros, deixava a pergunta de lado, incapaz de confessar que não conseguia mais distinguir entre fé e tolice, entre fé e simples resignação; que, embora acreditasse na sinceridade que ouvia nas vozes dessas pessoas, continuava a ser um cético relutante, em dúvida sobre minhas motivações, cansado de conversões convenientes, pois brigava demais com Deus para aceitar uma salvação fácil demais.

Na véspera do Dia de Ação de Graças, Harold Wilson morreu.

Foi inesperado. Poucos meses antes, ele havia vencido a reeleição, derrotando habilmente Vrdolyak e Byrne, e rompeu o impasse que predominara no município nos quatro anos anteriores. Dessa vez, fizera uma campanha cautelosa, conduzida profissionalmente, sem nada do fervor de 1983: uma campanha de consolidação, de equilíbrio orçamentário e obras públicas. Ele se aproximou de alguns velhos políticos do sistema, os irlandeses e os poloneses, disposto a uma pacificação. A comunidade empresarial fez doações de campanha, resignada com sua presença. Era um poder tão consolidado que, finalmente, começavam a aflorar sinais de insatisfação nas suas próprias bases, entre nacionalistas negros irritados com sua disposição de atrair brancos e hispânicos, entre ativistas decepcionados com sua resistência em lidar diretamente com a pobreza e entre pessoas que preferiam o sonho à realidade, a impotência à conciliação.

Harold não dava muita atenção a essas críticas. Não via nenhuma razão para correr grandes riscos, nenhuma razão para ter pressa. Dizia que ia ser prefeito pelos vinte anos seguintes.

E então a morte: súbita, simples, definitiva, quase ridícula na sua trivialidade, o coração de um obeso parando de bater.

Choveu naquele final de semana, uma chuva fria e constante. No bairro, as ruas estavam em silêncio. As pessoas choravam, dentro e fora de casa. As estações de rádio negras retransmitiam os discursos de Harold, hora após hora, num dobre de finados. No prédio da prefeitura, as filas se estendiam por vários quarteirões com pessoas que queriam prestar suas homenagens ao morto no velório de corpo presente. Por toda parte, a população negra parecia aturdida, chocada, sem direção, receando o futuro.

No momento do funeral, os seguidores de Washington já haviam superado o choque inicial. Começaram a se reunir, a se reagrupar, tentando decidir uma estratégia para manter o controle, tentando escolher o legítimo herdeiro de Harold. Mas era tarde demais. Não havia nenhuma organização política implantada, nenhum princípio claramente definido que servisse de diretriz. Toda a política negra se concentrara num único homem que irradiava como o sol. Agora que ele se fora, ninguém conseguia se pôr de acordo sobre o significado daquela sua presença.

Os seguidores brigavam. Surgiam facções. Corriam boatos. Na segunda-feira, dia em que a Câmara Municipal escolheria um novo prefeito interino até a eleição especial, a coalizão que levara Harold ao cargo estava praticamente desfeita. Fui à Prefeitura naquela noite para assistir a essa segunda morte. Desde o final da tarde, aglomeravam-se na frente da Câmara vários grupos, na maioria de negros: idosos, curiosos, homens e mulheres com bandeiras e cartazes. Gritavam aos vereadores negros que haviam feito aliança com o bloco branco. Agitavam cédulas de dinheiro ao vereador negro de fala mansa — um remanescente dos dias da

Máquina — que recebera apoio dos vereadores brancos. Diziam que era um vendido, um Pai Tomás. Entoavam palavras de ordem, batiam os pés, juravam não sair dali.

Mas o poder era paciente e sabia o que queria; o poder podia esperar até passarem as vigílias à luz de vela, as orações e as palavras de ordem. Por volta da meia-noite, logo antes da votação dos vereadores, a porta da Câmara se abriu brevemente e vi dois vereadores confabulando. Um deles, negro, tinha sido assistente de Harold; o outro, branco, de Vrdolyak. Ambos estavam cochichando; deram um breve sorriso, então olharam a multidão lá fora, ainda entoando palavras de ordem, e logo desfizeram o sorriso: homens robustos, corpulentos, com paletós de peito duplo, com a mesma expressão ávida nos olhos — homens que entendiam do riscado.

Depois disso fui embora. Abri caminho em meio à multidão que lotava a rua e me dirigi para a Daley Plaza, onde estava o meu carro. O vento açoitava frio e cortante como uma navalha, e notei um cartaz feito à mão passar voando ao meu lado. O SEU ESPÍRITO VIVE, lia-se em letras maiúsculas. E, sob as palavras, aquele retrato que eu vira tantas vezes enquanto esperava a minha vez na barbearia de Smitty: o rosto bonito com o cabelo grisalho, o sorriso indulgente, os olhos faiscantes, agora voando pelo espaço vazio, como uma folha de outono.

Os meses se passaram num ritmo veloz, sempre relembrando tudo o que ficou por fazer. Trabalhamos com uma coalizão de toda a cidade em apoio à reforma escolar. Fizemos uma série de reuniões com os mexicanos no Southeast Side, com vistas a elaborar uma estratégia ambiental conjunta para a região. Deixei Johnnie doido, pois queria entupi-lo de coisas que eu tinha levado três anos para aprender.

"Então, com quem você se encontrou esta semana?", eu perguntava.

"Bem, teve essa mulher, a sra. Banks, na True Vine Holiness Church. Parece ter potencial... peraí, ah, sim, está aqui. Professora, interessada em educação. Creio que ela vai querer trabalhar conosco."

"O que o marido dela faz?"

"Ih, esqueci de perguntar..."

"O que ela acha do sindicato dos professores?"

"Pô, Barack, só tive meia hora..."

Em fevereiro, recebi o aviso de que havia sido aceito em Harvard. Com a carta veio um calhamaço de informações. Lembrou-me o pacote que eu tinha recebido da Punahou naquele verão de catorze anos atrás. Relembrei como meu avô tinha passado a noite toda acordado, lendo o catálogo sobre as aulas de música e os cursos técnicos avançados, os grupos de coral e os bacharelados; como tinha acenado aquele catálogo, dizendo que era o meu vale-refeição, que os contatos que faria numa escola como a Punahou durariam a vida toda, que eu frequentaria altos círculos e teria todas as chances que ele nunca teve. Relembrei como ele sorriu e passou a mão na minha cabeça no final daquela noite, o hálito cheirando a uísque, os olhos brilhando como se estivesse prestes a chorar. Retribuí o sorriso, fingindo entender, ainda que, na verdade, quisesse estar na Indonésia, correndo descalço por um arrozal, os pés afundando na lama fresca e úmida, em meio a um grupo de outros garotos pardos perseguindo uma pipa rasgada.

O que eu sentia agora era algo parecido.

Eu havia marcado um almoço naquela semana, no nosso escritório, para uns vinte pastores cujas igrejas tinham aceitado participar dos nossos trabalhos. A maioria dos pastores convidados apareceu, assim como a maioria dos nossos principais líderes. Discutimos juntos estratégias para o próximo ano e as lições que aprendemos com a morte de Harold. Marcamos a data para um retiro de treinamento, montamos um cronograma de tarefas, falamos sobre a necessidade de recrutar mais igrejas. Quando terminamos, anunciei que sairia em maio e que Johnnie assumiria a direção.

Ninguém se surpreendeu. Todos me deram os parabéns. O reverendo Philips me garantiu que era uma escolha sábia. Angela e Mona disseram que sempre souberam que um dia eu chegaria a alguma coisa. Shirley me perguntou se eu poderia dar uma ajuda a um sobrinho dela que tinha caído num bueiro e queria entrar com uma ação.

Só Mary parecia incomodada. Depois que a maioria dos pastores foi embora, Will, Johnnie e eu começamos a limpar o lugar, e ela nos ajudou. Quando perguntei se precisava de uma carona, ela balançou a cabeça.

"O que acontece com vocês, homens?", perguntou olhando para Will e para mim.

A voz dela tremia ligeiramente. Vestiu o casaco e prosseguiu:

"Por que estão sempre correndo? Por que nunca nada está bom para vocês?"

Eu ia dizer alguma coisa, então pensei nas duas filhas de Mary em casa, o pai que nunca conheceriam. Resolvi não falar nada, fui com ela até a porta e lhe dei um abraço. Depois que saiu, voltei para a sala de reunião, onde Will traçava um prato de asas de frango que tinha sobrado.

"Quer um pouco?", perguntou entre uma mordida e outra.

Meneei a cabeça e sentei no outro lado da mesa, à sua frente. Ele me observou por algum tempo, mastigando em silêncio, lambendo o molho picante nos dedos. Por fim disse:

"O lugar pega na gente, né?"

Assenti.

"É, Will. Pega, sim."

Ele tomou um gole de refrigerante, soltou um pequeno arroto e retomou:

"Três anos longe não é tanto tempo assim."

"Como você sabe que vou voltar?"

"Não sei *como* sei", respondeu afastando o prato. "Só *sei*."

Sem dizer mais nada, Will foi lavar as mãos, então subiu na bicicleta e saiu pedalando.

Naquele domingo, levantei às seis da manhã. Ainda estava escuro lá fora. Fiz a barba, escovei os fiapos do único terno que tinha e cheguei à igreja às sete e meia. Os bancos já estavam quase todos ocupados. Um porteiro de luvas brancas me conduziu entre matronas de idade com chapéu de plumas, homens altos e sisudos de terno, gravata e barrete castanho, e crianças com suas roupas de domingo. Um pai da escola da dra. Collier acenou para mim; um funcionário do DHC com quem eu tivera vários atritos fez um leve aceno de cabeça na minha direção. Fui me espremendo até o meio de um banco e me acomodei entre uma senhora rechonchuda que não cedeu espaço e uma família jovem de quatro pessoas, o pai já transpirando no seu paletó de lã áspera, a mãe dizendo aos dois meninos que parassem de trocar pontapés.

"Onde Deus está?", entreouvi o menorzinho, de dois ou três anos, perguntando ao irmão.

"Cala a boca", respondeu o mais velho.

"Vocês dois, fiquem quietos já", disse a mãe.

Uma das pastoras da Trinity, uma senhora de meia-idade com cabelo grisalho e ar eficiente, leu o boletim e puxou um coro de vozes sonolentas em alguns hinos tradicionais. Então o coro seguiu em fila pela nave, com mantos brancos e xales africanos, batendo palmas e cantando enquanto se dispunham num semicírculo atrás do altar, com um órgão acompanhando a percussão cada vez mais rápida:

Estou tão feliz, Jesus me ergueu!
Estou tão feliz, Jesus me ergueu!
Estou tão feliz, Jesus me ergueu!
Cantando Glória, A-le-lu-ia!
Jesus me ergueu!

Enquanto a congregação se somava ao coro, os diáconos e então o reverendo Wright apareceram sob a grande cruz que pendia das vigas. O reverendo se manteve em silêncio enquanto liam as orações, examinando os rostos à sua frente, observando o cesto do ofertório passando de mão em mão. Finda a coleta, ele subiu ao púlpito e leu os nomes dos enfermos e dos falecidos naquela semana, cada nome causando comoção e murmúrios de reconhecimento em alguma parte da congregação.

"Vamos nos dar as mãos", disse o reverendo, "enquanto nos ajoelhamos e rezamos aos pés de uma dura e velha cruz..."

"Sim..."

"Senhor, em primeiro lugar vimos agradecer a Ti o que já fizeste por nós... Vimos dar graças acima de tudo por Jesus. Senhor, temos posições diferentes na vida. Algumas tidas como altas, algumas como baixas... mas todos somos iguais aos pés dessa cruz. Damos graças, Senhor! Por Jesus, Senhor... que carrega o nosso fardo e divide a nossa carga, damos graças a Ti..."

O nome do sermão do reverendo Wright naquela manhã era "A audácia da esperança". Começou com uma passagem do Livro de Samuel — a história de Ana, que, estéril e escarnecida pelas rivais, havia chorado e se entregado à prece perante o seu Deus. A história lhe recordava, disse ele, o sermão que um colega pastor pregara numa conferência alguns anos antes, comentando que fora a um museu e vira uma pintura chamada *Esperança*.

O reverendo Wright explicou:

"O quadro mostra uma harpista, uma mulher que, à primeira vista, parece sentada no alto de uma grande montanha. Ao olhar mais de perto, vê-se que a mulher está ferida e ensanguentada, suas vestes são trapos esfarrapados, a harpa reduzida a uma única corda esgarçada. Então o olhar é atraído para a cena abaixo, no vale, tomado por toda parte pela devastação da fome, pelo clamor da guerra, um mundo gemendo sob a discórdia e a privação."

Ele prosseguiu:

"É este mundo, um mundo onde os navios de cruzeiro jogam fora num só dia mais alimentos do que a grande maioria dos moradores de Porto Príncipe vê durante um ano, onde a ganância dos brancos comanda um mundo de miséria, o apartheid num hemisfério, a apatia no outro... Este é o mundo! Nele se assenta a esperança!"

E assim prosseguiu o sermão, uma reflexão sobre um mundo caído. Enquanto os meninos ao meu lado rabiscavam o informe da igreja, o reverendo Wright falava de Sharpeville e Hiroshima, da insensibilidade dos governantes na Casa Branca e dos legisladores no Parlamento. À medida que ele dava continuidade ao sermão, porém, as histórias de discórdia se tornavam mais prosaicas, a dor mais imediata. O reverendo falou das dificuldades que a congregação enfrentaria no amanhã, o sofrimento dos que estavam longe do alto da montanha, preocupados em pagar a conta de luz. Mas também o sofrimento dos que estavam mais perto do cume metafórico: a mulher de classe média que parece ter todas as suas necessidades terrenas atendidas, mas que é tratada pelo marido como "a empregada, o serviço de casa, o serviço de transporte e o serviço de acompanhante, todos num pacote só"; a criança cujos pais abastados se preocupam mais com "a textura do cabelo fora da cabeça do que com a qualidade da educação dentro da cabeça".

"Não é esse... o mundo em que estamos?"

"Jesuis!"

"Como Ana, conhecemos tempos árduos! Enfrentamos todos os dias a rejeição e o desespero!"

"Isso mesmo!"

"Mas vejam de novo o quadro diante de nós. Esperança! Como Ana, aquela harpista olha para o alto, algumas notas suaves se alçam ao céu. Ela ousa ter esperança… Ela tem a audácia… de tocar música… e louvar a Deus… na única corda… que lhe restou!"

As pessoas começaram a exclamar, a se erguer dos bancos, a aplaudir e a gritar, um vento vigoroso erguendo a voz do reverendo até as vigas do teto. Enquanto eu assistia e escutava sentado, comecei a ouvir todas as notas dos últimos três anos girando em torno de mim. A coragem e o medo de Ruby e Will. O orgulho da raça e a raiva de homens como Rafiq. O desejo de desistir, o desejo de escapar, o desejo de se entregar a um Deus capaz de oferecer uma base mínima para o desespero.

E naquela única nota — a esperança! — ouvi mais uma coisa; aos pés daquela cruz, dentro dos milhares de igrejas por toda a cidade, imaginei as histórias de negros comuns se fundindo com as histórias de Davi e Golias, de Moisés e o Faraó, dos cristãos na cova dos leões, do campo de ossos ressequidos de Ezequiel. Aquelas histórias — de sobrevivência, liberdade e esperança — se tornavam a nossa, a minha história; o sangue que fora derramado era o nosso sangue; as lágrimas, as nossas lágrimas; até que esta igreja negra, nesse dia ensolarado, parecia mais uma vez um veículo transportando a história de um povo para as gerações futuras e para um mundo maior. Nossos dramas e triunfos se tornavam ao mesmo tempo únicos e universais, negros e mais do que negros; na crônica da nossa jornada, as histórias e os cânticos nos ofereciam um meio para recuperar memórias das quais não precisávamos nos envergonhar, memórias mais próximas do que as do Egito antigo, memórias que todos podiam estudar e acalentar — e com as quais podíamos começar a reconstruir. E se uma parte de mim continuava a sentir que essa comunhão dominical às vezes simplificava nossa condição, que às vezes podia ocultar ou suprimir os conflitos extremamente concretos entre nós e só cumpriria a sua promessa por meio da ação, também senti pela primeira vez como esse espírito trazia dentro de si, nascente, incompleta, a possibilidade de irmos além dos nossos sonhos estreitos e limitados.

"A audácia da esperança! Ainda lembro a minha avó, cantando em casa: 'Há luz em algum lugar... não descanse enquanto não a encontrar...'"

"Isso mesmo!"

"A audácia da esperança! Tempos em que não conseguíamos pagar as contas. Tempos em que parecia que eu nunca chegaria a ser nada na vida... aos quinze anos, preso por roubo de carro... e ainda assim a minha mãe e o meu pai se punham a cantar..."

Graças, Jesus. Graças, Jesus.
Graças, Jesus. Graças, Jesus.
Graças, Je-sus,
Graças, Seee-nhor.
Trouxeste-me de
Um longo caminho, longo caminho.

"E não fazia sentido nenhum para mim, essa cantoria! Por que davam graças a Ele por todos os problemas que tinham?, eu me perguntava. Mas, vejam, eu só olhava a dimensão horizontal da vida deles!"

"Isso mesmo!"

"Não entendia que estavam falando da dimensão vertical! Da relação deles com Deus! Não entendia que davam graças a Ele por tudo o que ousavam esperar em mim! Oh, dou graças a ti, Jesus, por não me abandonares quando te abandonei! Oh, sim, Jesus, dou graças a ti…"

Quando o coro voltou a elevar suas vozes, quando a congregação começou a aplaudir os que se dirigiam ao altar aceitando o chamado do reverendo Wright, senti um toque suave na mão. Olhei e vi o menino mais velho sentado ao meu lado, com o rosto levemente apreensivo, estendendo-me um lenço de papel. Junto a ele, a mãe me olhou de relance com um leve sorriso e se virou de novo para o altar. Só quando agradeci ao menino é que percebi as lágrimas que corriam pela minha face.

"Oh, Jesus." Ouvi a senhora ao meu lado sussurrando suavemente. "Graças a ti por nos trazeres até aqui."

PARTE III

Quênia

15.

O avião saiu do Aeroporto de Heathrow em meio a um céu tempestuoso. Um grupo de jovens britânicos com paletós desalinhados ocupou os fundos do avião, e um deles — alto e desengonçado, ainda com espinhas no rosto — tomou o assento ao meu lado. Muito concentrado, leu duas vezes as instruções em caso de emergência; depois de decolarmos, ele se virou para perguntar para onde eu ia. Falei que ia para Nairóbi, visitar a minha família.

"Nairóbi é bonito, pelo que ouvi dizer. Gostaria de ir até lá um dia desses. Estou indo para Johannesburgo."

Ele me explicou que, como parte de um programa do curso de geologia e por intermédio do governo britânico, ele e os colegas de turma iam passar um ano trabalhando em empresas mineradoras sul-africanas.

"Parece que falta gente qualificada por lá, e assim, se tivermos sorte, vão nos contratar em caráter permanente. É a nossa melhor chance de ter um salário que preste, imagino, a não ser que a pessoa queira congelar numa desgraça de plataforma no mar do Norte. Não, obrigado."

Comentei que, se tivessem chance, muitos sul-africanos negros se interessariam em ter esse treinamento.

"Bom, imagino que você tem razão nisso", disse ele. "Não concordo muito com a política racial de lá. Uma vergonha."

Parou, pensou por um instante e retomou:

"Em todo caso, o resto da África está se desmantelando, não é? Pelo menos até onde sei. Os negros na África do Sul não morrem de fome como acontece em alguns daqueles países esquecidos por Deus. Não invejo a situação deles, claro, mas, comparados com uns pobres coitados na Etiópia…"

Uma comissária de bordo percorreu as filas oferecendo fones de ouvido pagos, e o rapaz tirou a carteira.

"Claro que procuro não me meter em política, sabe? Acho que não é assunto meu. Mesma coisa na Inglaterra, todo mundo com auxílio-desemprego, a velharada no Parlamento falando as mesmas besteiras de sempre. É o que eu sempre digo: a melhor coisa a se fazer é cuidar do nosso próprio cantinho."

O rapaz encontrou a saída dos fones e pôs nos ouvidos.

"Me acorda quando trouxerem a comida?" E então reclinou o assento para tirar uma soneca.

Peguei um livro da minha maleta e tentei ler. Era uma descrição de vários países africanos, feita por um jornalista ocidental que passou dez anos no continente; um especialista na África, como o chamavam, alguém que se orgulhava visivelmente das suas avaliações ponderadas. Os capítulos iniciais do livro se estendiam razoavelmente sobre a história do colonialismo: a manipulação dos ódios tribais, as arbitrariedades das fronteiras coloniais, as remoções, as detenções, as indignidades, grandes e pequenas. O heroísmo inicial de grandes figuras da independência, como Kenyatta e Nkrumah, era devidamente citado, e a passagem posterior desses líderes para o despotismo era atribuída, pelo menos em parte, a diversas maquinações da Guerra Fria.

Mas, no terceiro capítulo do livro, as imagens do presente já começavam a se sobrepor ao passado. Fome, doenças, golpes e contragolpes liderados por jovens iletrados que carregavam suas metralhadoras como se fossem cajados de pastores — o autor parecia dizer que, se a África tinha uma história, o sofrimento atual era em tamanha escala que essa história perdia qualquer significado.

Pobres coitados. Países esquecidos por Deus.

Abaixei o livro, sentindo uma velha onda de raiva se apossar de mim, uma raiva tanto mais enlouquecedora porque não tinha um alvo claro. Ao meu lado, o rapaz britânico roncava de leve, os óculos tortos no nariz afilado. Tinha raiva dele?, eu me perguntei. Era culpa dele que, apesar de toda a minha instrução, de todas as teorias de que dispunha, eu não tivesse respostas prontas às questões que ele levantara? Até que ponto eu podia culpá-lo por querer melhorar de vida? Talvez eu sentisse raiva por causa da intimidade que ele demonstrara comigo, da sua suposição de que, como americano, mesmo um americano negro, eu concordaria naturalmente com a visão obtusa da África que ele revelou; uma suposição que, no mundo dele, pelo menos indicava uma espécie de avanço, mas que, para mim, apenas reforçava minha incômoda condição: um ocidental não totalmente integrado no Ocidente, um africano a caminho de uma terra cheia de estranhos.

Senti-me dessa maneira durante toda a minha estada na Europa — irritadiço, na defensiva, relutante diante dos estranhos. Não era o que eu havia planejado. Fazia aquele desvio por mero capricho, uma chance de visitar locais em que nunca estivera. Por três semanas viajei sozinho, descendo por um lado do continente e subindo pelo outro, basicamente de ônibus e de trem, com um guia na mão. Tomei chá nas margens do Tâmisa; fiquei olhando crianças correndo umas atrás das outras entre os bosques de castanheiras do Jardim de Luxemburgo. Atravessei a Plaza Major em pleno meio-dia, com sombras e pardais girando no céu azul-cobalto ao estilo de De Chirico; assisti ao anoitecer no Palatino, esperando surgirem as primeiras estrelas, ouvindo o vento com seus sussurros de mortalidade.

Mais ou menos no fim da primeira semana, percebi que tinha cometido um erro. Não que a Europa não fosse bonita; tudo era como eu havia imaginado. Só não era minha. Era como se eu vivesse a saga de outra pessoa; entre mim e os locais que via, a minha história, com sua incompletude, interpunha-se como um vidro grosso. Comecei a desconfiar que aquela parada europeia se tratava apenas de mais um adiamento, mais uma tentativa de evitar um acerto com meu pai. Sem a língua, sem o trabalho e a rotina — sem sequer as obsessões raciais a que tanto me acostumara e que tomara (paradoxalmente) como sinal de amadurecimento —, vira-me obrigado a olhar dentro de mim e só encontrei um grande vazio.

E a viagem ao Quênia: será que finalmente preencheria esse vazio? O pessoal em Chicago achava que sim. Vai ser como o livro *Negras raízes*, disse Will na festa de despedida. Uma peregrinação, disse Asante. Para eles, assim como para mim, a África se tornara mais uma ideia do que um lugar concreto, uma nova terra prometida, repleta de tradições antigas e paisagens amplas, lutas nobres e tambores falantes. Graças à distância, envolvemos a África num abraço seletivo — o mesmo tipo de abraço que eu havia oferecido ao meu pai. O que aconteceria quando eu renunciasse a essa distância? Era agradável crer que a verdade, de certa forma, iria me libertar. E se eu estivesse enganado? E se a verdade fosse decepcionante, e se a morte do meu pai não significasse nada, se o fato de ter me abandonado não significasse nada, se o único laço que me unia a ele ou à África fosse um nome, um tipo sanguíneo ou o desprezo dos brancos?

Desliguei a luz de leitura e fechei os olhos, deixando os pensamentos voltarem a um africano que conheci enquanto percorria a Espanha, mais um que andava de um lado para outro. Eu estava esperando um ônibus noturno num boteco de estrada a meio caminho entre Madri e Barcelona. Havia alguns homens de mais idade sentados à mesa, tomando vinho em copos baixos e foscos. Havia uma mesa de bilhar num dos lados e, por alguma razão, arrumei as bolas e comecei a jogar, relembrando aquelas noites nos bares da Hotel Street, com suas putas e cafetões, e meu avô o único branco no boteco.

Quando estava terminando o jogo, um homem com um suéter fino de lã apareceu do nada e me ofereceu um café. Não falava inglês e o espanhol dele não era muito melhor do que o meu, mas tinha um sorriso cativante e a premência de quem precisava de companhia. De pé junto ao balcão, falou que era do Senegal e estava percorrendo a Espanha em busca de trabalhos sazonais. Mostrou-me uma foto gasta, que guardava na carteira, de uma moça de faces lisas e redondas. Esposa, disse-me ele; tivera de deixá-la. Logo que conseguisse dinheiro, ficariam juntos de novo. Escreveria e avisaria para ela vir.

Acabamos tomando o mesmo ônibus para Barcelona; pouco conversamos, mas de vez em quando ele se virava para mim e tentava explicar as piadas no programa espanhol que aparecia numa tela de TV instalada acima do banco do motorista. Logo antes de amanhecer, descemos na frente de uma velha garagem de ônibus, e, por meio de um gesto, meu amigo me indicou uma palmeira baixa e grossa ao lado da estrada. Tirou da mochila uma escova de dentes, um pente e uma garrafa d'água que me estendeu com grande cerimônia. Juntos nos lavamos na névoa matinal, pusemos nossas malas no ombro e seguimos para a cidade.

Como era o nome dele? Não me lembro mais; era apenas mais um homem faminto longe de casa, um dos muitos filhos das ex-colônias — argelinos, caribenhos, paquistaneses —, rompendo as barricadas dos ex-senhores, procedendo à sua própria invasão irregular e salteada. Mas, enquanto íamos para as Ramblas, eu tinha a impressão de que o conhecia bem, de que, embora viéssemos de lugares opostos da terra, estávamos fazendo a mesma jornada. Quando finalmente nos separamos, fiquei um longo, um longuíssimo tempo na rua, olhando seu vulto magro de pernas arqueadas sumir na distância, uma parte de mim querendo ir com ele para uma vida de percursos em aberto e outras manhãs azuis; outra parte de mim percebendo que esse desejo também era uma fantasia, uma ideia, tão parcial quanto a minha imagem do meu pai ou da África. Até que me detive no fato de que esse homem do Senegal me pagara um café e me oferecera água, e que isso era real, e talvez fosse o máximo que tínhamos o direito de esperar: um encontro fortuito, uma história em comum, uma pequena gentileza...

O avião oscilou numa turbulência; a equipe de bordo veio servir o jantar. Acordei o rapaz britânico, que comeu com uma precisão impressionante, descrevendo entre um bocado e outro como era crescer em Manchester. Por fim cochilei. Ao acordar, a comissária estava distribuindo formulários da alfândega, nos preparativos para a aterrissagem. Lá fora ainda estava escuro, porém, comprimindo o rosto contra a janela, comecei a ver luzes dispersas, suaves e enevoadas como vaga-lumes, aos poucos se reunindo em forma de uma cidade. Alguns minutos depois surgiu uma fieira de morros arredondados, negros, contra uma longa faixa de luz no leste do horizonte. Ao tocarmos o chão em um amanhecer africano, nuvens altas e delgadas estriavam o céu, e a parte de baixo cintilava num tom avermelhado.

O Aeroporto Internacional Kenyatta estava quase vazio. Os funcionários da alfândega bebericavam o chá da manhã enquanto verificavam os passaportes; na área das bagagens, a esteira rangente soltava as malas devagar. Não vi Auma em lugar nenhum, por isso sentei em cima da minha bagagem de mão e acendi um cigarro. Depois de uns minutos, um segurança com um cassetete de madeira veio na minha direção. Olhei em volta procurando um cinzeiro, pensando que devia estar numa área onde era proibido fumar, mas, em vez de me repreender, ele sorriu e me pediu um cigarro.

"É a primeira vez que vem ao Quênia, não é?", perguntou enquanto eu lhe acendia o cigarro.

"É, sim."

"Certo." Agachou-se ao meu lado. "Você é dos Estados Unidos. Talvez conheça o filho do meu irmão. Samson Otieno. Está fazendo engenharia no Texas."

Falei que nunca tinha estado no Texas e, por essa razão, não tive a oportunidade de conhecer o sobrinho dele. Fez um ar um tanto desapontado e soltou várias baforadas seguidas do cigarro. A essa altura, todos os outros passageiros do meu voo já tinham deixado o terminal. Perguntei ao segurança se havia mais malas. Ele balançou a cabeça com ar de dúvida.

"Acho que não, mas espere um pouco que vou procurar alguém que pode ajudá-lo."

Ele virou num corredor estreito, sumindo de vista, e me levantei para esticar as costas. A emoção da expectativa passara, e sorri ao lembrar a chegada que havia imaginado para mim mesmo: nuvens se dissipando, velhos demônios fugindo, a terra estremecendo enquanto os ancestrais se erguiam em celebração. Em vez disso, sentia-me cansado e abandonado. Estava prestes a procurar um telefone quando o segurança reapareceu com uma mulher de beleza impressionante, escura, esguia, com quase 1,80 metro de altura, usando um uniforme da British Airways. Apresentou-se como srta. Omoro e explicou que provavelmente a minha mala tinha ido por engano para Johannesburgo.

"Peço muitas desculpas pelo inconveniente", disse ela. "Se preencher este formulário, podemos ligar para Johannesburgo e entregar a sua mala assim que chegar o próximo voo de lá."

Preenchi o formulário, que a srta. Omoro examinou rapidamente e então me olhou:

"Por acaso tem algum parentesco com o dr. Obama?", perguntou ela.

"Bem, sim... era o meu pai."

A srta. Omoro sorriu solidária:

"Lamento muito a morte dele. O seu pai era amigo muito próximo da minha família. Quando eu era criança, ele ia muito à nossa casa."

Começamos a conversar sobre a minha visita ao Quênia, e ela falou dos seus estudos em Londres e do interesse de visitar os Estados Unidos. Vi-me tentando esticar a conversa, incentivado não tanto pela beleza da srta. Omoro — ela mencionara um noivo — quanto pelo fato de ela ter reconhecido meu sobrenome. Percebi que isso nunca me acontecera antes, nem no Havaí, nem na Indonésia, nem em Los Angeles, Nova York ou Chicago. Pela primeira vez na vida, senti o reconforto, a solidez da identidade que um nome é capaz de oferecer, como pode carregar uma história inteira nas lembranças de outras pessoas, de forma que fazem um sinal afirmativo com a cabeça e dizem com ar de entendimento: "Ah, você é filho de fulano de tal". Aqui no Quênia, ninguém ia me pedir para soletrar meu nome nem errar a pronúncia numa língua pouco familiar. Meu nome era daqui e, portanto, eu também, atraído para uma rede de relações, alianças e ressentimentos que ainda não compreendia.

"Barack!"

Virei e vi Auma saltando por trás de outro guarda, que não a deixava entrar na área de bagagens. Pedi licença, fui correndo até ela e nos abraçamos, rindo feito uns bobos como na primeira vez em que nos vimos. Uma mulher alta, de pele castanha, sorria ao nosso lado; Auma se virou e disse:

"Barack, esta é a nossa tia Zeituni. Irmã do nosso pai."

"Bem-vindo ao lar", disse Zeituni, beijando-me nas duas faces.

Comentei o extravio da mala e falei que tinha alguém ali que conhecera nosso pai. Mas, quando olhei o lugar onde eu estava antes, não vi mais a srta. Omoro. Perguntei ao segurança para onde ela tinha ido. Ele deu de ombros e disse que já devia ter ido embora.

Auma dirigia um Fusca velho azul-claro. O carro era uma espécie de investimento de risco para ela: como os quenianos que moravam no exterior podiam despachar um carro para o Quênia com isenção de um imposto bem pesado, ela pensou em usá-lo durante o ano que passaria dando aulas na Universidade de Nairóbi e depois o venderia pelo custo da remessa, talvez com um pequeno lucro. Infelizmente, o motor tossia feito um tuberculoso e o silencioso tinha caído durante o caminho até o aeroporto. Quando entramos com o motor estalando na estrada de quatro pistas, Auma agarrando a direção com as duas mãos, não consegui evitar o riso.

"Quer que eu saia e empurre?"

Zeituni franziu as sobrancelhas.

"Ei, Barry, não fale deste carro. É um carro muito bonito. Só precisa de uma mão de pintura. Na verdade, Auma já prometeu que vou ficar com ele depois que ela for embora."

Auma balançou a cabeça.

"A sua tia agora está tentando me enganar, Barack. Falei que a gente conversaria a respeito, só isso."

"Conversar o quê?", disse Zeituni, me dando uma piscadela. "Estou dizendo, Auma, vou oferecer o melhor preço."

As duas se puseram a falar ao mesmo tempo, perguntando como fora a minha viagem, contando todos os planos que haviam feito, citando todo mundo que eu precisava ver. Nos dois lados da estrada estendiam-se vastas planícies, na maioria de savana, de vez em quando uma acácia espinhosa contra o horizonte, numa paisagem que parecia ao mesmo tempo antiga e agreste. Aos poucos o trânsito aumentou, e uma multidão começou a sair da área rural a caminho do trabalho, os homens ainda abotoando as camisas de pano fino, as mulheres muito empertigadas com lenços coloridos na cabeça. Os carros seguiam em zigue-zague pelas ruas e contornos, desviando de buracos, bicicletas e pedestres, enquanto lotações mambembes — chamadas *matatus*, me disseram — paravam sem nenhum aviso para pegar mais passageiros. Tudo parecia estranhamente familiar, como se eu já tivesse passado por aquele mesmo caminho. E então me lembrei de outras manhãs na Indonésia, com a minha mãe e Lolo conversando no banco de frente, o mesmo cheiro de diesel e carvão queimado, a mesma imobilidade que pairava no centro do congestionamento matinal, o mesmo ar no rosto das pessoas iniciando um novo dia, sem maiores expectativas a não ser conseguir terminá-lo, e talvez uma leve esperança de que a sorte delas mudasse ou, pelo menos, continuasse igual.

Deixamos Zeituni nas Cervejarias Kenya, um complexo grande e sem graça onde ela trabalhava como programadora de computação. Quando saiu do carro, ela se inclinou para me dar um beijo na face e então acenou o dedo em riste para Auma.

"Cuide direitinho do Barry", disse ela. "Não deixe ele sumir outra vez."

Quando estávamos de novo na estrada, perguntei a Auma o que Zeituni quis dizer com "sumir". Auma deu de ombros.

"É como dizem aqui", ela respondeu. "Normalmente quer dizer que faz tempo que a pessoa não te vê. 'Você sumiu', dizem.

Ou 'Não suma'. Às vezes tem um sentido mais sério. Por exemplo, um filho ou um marido se muda para a cidade ou para o Ocidente, como o nosso tio Omar, em Boston. Prometem que vão voltar depois de terminar o curso. Dizem que vão mandar trazer a família depois de se assentarem. No começo, escrevem uma vez por semana. Depois, só uma vez por mês. E aí simplesmente param de escrever. Ninguém volta a vê-los. Sumiram, entende? Mesmo que as pessoas saibam onde eles estão."

O Fusca subiu a duras penas uma estrada sombreada por bosques densos de eucaliptos e lianas. Havia casas antigas e elegantes atrás das sebes e canteiros de flores, casas que antes eram exclusivamente britânicas, disse Auma, mas que no momento atendiam sobretudo a altos funcionários do governo e ao pessoal das embaixadas estrangeiras. No alto da subida, viramos à direita e estacionamos no final de uma entrada de carros cascalhada, junto a um edifício amarelo de dois andares que a universidade alugava para o corpo docente. Havia uma alameda enorme que descia do prédio até uns bananais e uma floresta alta e, mais embaixo, um riacho estreito e barrento que corria por uma vala de erosão, larga e denteada de pedras.

O apartamento de Auma, um espaço pequeno, mas confortável, com portas-balcão por onde a luz do sol inundava os aposentos, ficava no primeiro andar. Havia pilhas de livros por toda parte e uma colagem de fotos numa das paredes, retratos de estúdio e fotos Polaroid, uma colcha de retalhos da família que Auma tinha montado para si mesma. Acima da cama, vi um cartaz grande de uma negra, o rosto erguido para uma flor que se abria, e as palavras "Eu tenho um sonho" impressas abaixo.

"E qual é o seu sonho, Auma?", perguntei, pondo minha bagagem no chão.

Auma riu.

"Este é o meu grande problema, Barack. São muitos sonhos. Uma mulher com sonhos sempre tem problemas."

Eu devia estar mostrando o cansaço da viagem, pois Auma sugeriu que eu tirasse uma soneca enquanto ela ia dar aula na universidade. Caí na cama dobrável que ela tinha preparado e dormi ao som dos insetos que zumbiam do lado de fora da janela. Acordei ao anoitecer, e Auma ainda não tinha voltado. Pela cozinha, vi um bando de macacos-de-cara-preta reunidos embaixo de uma figueira-de-bengala. Os mais velhos estavam cuidadosamente sentados ao pé da árvore, observando com cenho franzido os pequenos que corriam pelas raízes longas e sinuosas. Lavei o rosto na pia, pus água para o chá e abri a porta que dava para o quintal. Todos os macacos ficaram imóveis e voltaram os olhos para mim ao mesmo tempo. A um ou dois metros de distância, o ar se encheu com o som do bater de enormes asas verdes, e fiquei olhando a sonhadora subida de um pássaro de pescoço comprido enquanto soltava uma série de gritos graves e seguia para céus distantes.

Decidimos ficar em casa naquela noite, preparando um guisado e pondo a conversa em dia. Na manhã seguinte, fomos a pé até a cidade e vagueamos sem nenhum destino em especial, só observando a vista. O centro da cidade era menor do que eu esperava, e grande parte da arquitetura colonial continuava intacta: filas e mais filas de casas velhas caiadas de branco dos dias em que Nairóbi se resumia praticamente a um posto avançado da construção de ferrovias britânicas. Ao lado dessas construções surgia outra cidade, uma cidade de prédios de escritórios e lojas elegantes, hotéis com saguões que mal se diferenciavam dos seus análogos em Cingapura ou em Atlanta. Era uma mistura inebriante, indefinível, um contraste que parecia se repetir por onde quer que andássemos: na frente da loja da Mercedes-Benz, por onde passava uma fila de mulheres massais a caminho do mercado, de cabeças raspadas, os corpos esguios envoltos em *shukas* vermelhos, os lóbulos das orelhas alongados e com brincos de contas brilhantes; ou na entrada de uma mesquita ao ar livre, onde ficamos observando um grupo de bancários removerem cuidadosamente os sapatos de ponta revirada e lavarem os pés antes de se juntarem aos agricultores e cavadores de valas na prece da tarde. Era como se a história de Nairóbi se recusasse a formar camadas distintas e organizadas, como se o passado e o presente entrassem em constante e ruidosa colisão.

Passeamos pelo antigo mercado, uma construção cavernosa com cheiro de fruta madura e um açougue próximo. Um corredor até os fundos do edifício ia dar num labirinto de bancas ao ar livre, onde os vendedores anunciavam tecidos, cestos, pulseiras e enfeites de latão e outras curiosidades. Parei na frente de uma delas, onde estava exposto um jogo de figurinhas de madeira entalhada. Reconheci o presente que meu pai me dera tanto tempo atrás: elefantes, leões, tocadores de tambor com adornos tribais na cabeça. São miudezas, ele dissera...

"Venha, senhor", disse o rapaz que cuidava da banca. "Um colar bonito para a sua esposa."

"É minha irmã."

"É uma irmã muito bonita. Venha, fica bom nela."

"Quanto é?"

"Só quinhentos xelins. Bonito."

Auma franziu a testa e disse alguma coisa para o homem em suaíli.

"Ele está lhe dando o preço *wazungu*", ela explicou. "O preço para os brancos."

O rapaz sorriu.

"Desculpe, senhor", disse ele. "Para um queniano, são só trezentos."

Dentro da banca, uma velha que estava fazendo um colar com contas de vidro apontou para mim e disse alguma coisa que fez Auma sorrir.

"O que ela falou?"

"Falou que, para ela, você parece americano."

"Diga que sou luo", disse eu, batendo no peito.

A velha riu e perguntou meu nome a Auma. A velha riu ainda mais com a resposta, me chamou para junto dela e pegou a minha mão.

"Ela disse que você não parece muito um luo", disse Auma, "mas que tem um rosto bondoso. Disse que tem uma filha que você devia conhecer e que, se você comprar um refrigerante para ela, pode levar duas estatuetas de madeira e o colar que ela está fazendo por quinhentos xelins."

O rapaz foi comprar refrigerantes para todos nós, e sentamos nuns banquinhos de madeira que a velha tirou de trás de uma arca grande. Falou do seu negócio, do aluguel da banca que tinha de pagar ao governo, e contou que o seu outro filho entrou no Exército porque na aldeia não tinha sobrado terra para trabalhar. Na banca em frente, outra mulher trançava cestos de palha colorida; ao lado dela, um homem cortava couro em filetes compridos para servirem de alça para bolsas a tiracolo.

Eu olhava aquelas mãos ágeis dando laçadas, cortando e trançando, e ouvia a voz da senhora se sobrepondo ao som dos trabalhos e das transações, e por um momento o mundo se fez totalmente transparente. Comecei a imaginar um ritmo invariável dos dias, vividos em solo firme onde você podia levantar todo dia de manhã e sabia que tudo ia ser como tinha sido ontem, onde você via como tinham sido feitas as coisas que usava, sabia de cor e salteado a vida dos que tinham criado essas coisas e podia acreditar que tudo se manteria unido sem computadores nem aparelhos de fax. E tudo isso enquanto uma procissão ininterrupta de rostos negros passava diante dos olhos, o rostinho redondo dos bebês e o rosto sulcado e cansado dos velhos, rostos bonitos que me faziam entender a transformação pela qual Asante Moran e outros americanos negros diziam ter passado depois de visitarem a África pela primeira vez. Por um prazo de semanas ou meses, você podia sentir a liberdade que se desfruta quando não se é observado, a liberdade de acreditar que o seu cabelo cresce de modo normal e que o seu quadril ondula de modo normal. Podia achar que um homem falando sozinho era doido ou podia ler sobre o criminoso na primeira página do jornal e pensar a respeito da corrupção da moral humana, sem ter de pensar se o criminoso ou o doido ilustravam algo sobre seu próprio destino. Aqui o mundo era negro e, assim, você era simplesmente você; podia descobrir todas aquelas coisas inerentes à sua vida sem viver mentiras nem cometer traições.

Pensei: que tentação ir embora com este momento intocado. Embrulhar essa sensação de bem-estar com o mesmo capricho com que o rapaz agora embrulhava o colar de Auma e levá-la comigo para os Estados Unidos, para usar sempre que me sentisse abatido.

Mas claro que isso não era possível. Acabamos de tomar os refrigerantes. Pagamos. Saímos do mercado. O momento passou.

Viramos na rua Kimathi, nome de um dos líderes da Revolta dos Mau-maus. Eu tinha lido um livro sobre Kimathi antes de sair de Chicago e me lembrava de uma foto dele: estava em um grupo de homens de cabelo trançado que viviam na floresta e espalhavam juramentos secretos em meio à população nativa — o protótipo do guerrilheiro. Foi inteligente a escolha dos trajes (Kimathi e os outros líderes mau-maus tinham servido nos regimentos britânicos numa fase anterior da vida deles), imagem que mexia com todos os medos do Ocidente colonial, o mesmo tipo de medo que Nat Turner tinha despertado outrora no Sul, antes da Guerra Civil, e que os assaltantes sob efeito de cocaína despertavam atualmente no espírito dos brancos em Chicago.

Os mau-maus, claro, jaziam no passado do Quênia. Kimathi foi capturado e executado. Kenyatta foi libertado da prisão e assumiu o governo como primeiro presidente do Quênia. Prontamente assegurou aos brancos, que se afobavam em fazer as malas e ir embora, que as empresas não seriam estatizadas, que as propriedades rurais não seriam tocadas, desde que os negros controlassem o aparato do governo. O Quênia se tornou o melhor aluno do Ocidente na África, um modelo de estabilidade, um bom contraste com o caos de Uganda e o socialismo malogrado da Tanzânia. Os ex-combatentes da liberdade voltaram para suas aldeias, ou entraram no funcionalismo público ou disputaram vaga no Parlamento. Kimathi virou nome de rua, totalmente amansado para os turistas.

Aproveitei a chance de estudar esses turistas enquanto almoçava com Auma no café ao ar livre do Hotel New Stanley. Estavam por toda parte — alemães, japoneses, britânicos, americanos — tirando fotos, chamando táxis, desviando-se dos camelôs, muitos usando trajes de safári como figurantes de cinema. No Havaí, eu ria com meus amigos, quando ainda éramos crianças, de turistas como esses, com as queimaduras de sol e as pernas pálidas e magrelas, e nos deleitávamos com a nossa evidente superioridade. Aqui na África, porém, os turistas não pareciam tão engraçados. Assemelhavam-se de certa forma a invasores; a inocência deles me parecia vagamente insultuosa. Ocorreu-me que, naquela absoluta falta de qualquer constrangimento, expressavam uma liberdade que Auma e eu jamais poderíamos sentir, uma confiança inabalável no próprio provincianismo, uma confiança reservada aos nascidos em culturas imperiais.

Então notei uma família americana sentada a poucas mesas de distância. Dois garçons africanos prontamente se puseram em ação, ambos sorrindo de uma orelha à outra. Como ainda não tínhamos sido atendidos, comecei a acenar para os dois garçons que continuavam de pé ao lado da cozinha, achando que talvez não nos tivessem visto. Conseguiram evitar meu olhar por algum tempo, mas, por fim, um homem de mais idade, com olhos sonolentos, cedeu e nos trouxe dois cardápios. Contudo, ele foi bastante ríspido e se passaram vários minutos antes de dar qualquer sinal de voltar. Auma começou a contrair o rosto de raiva e acenei mais uma vez para o garçom, que continuava em silêncio anotando nossos pedidos. Àquela altura, os americanos já haviam recebido a comida e nossa mesa ainda nem tinha sido posta. Ouvi uma menina com rabo de cavalo loiro reclamando da falta de ketchup. Auma se levantou.

"Vamos embora."

Ela se encaminhou para a saída, mas de repente se virou e foi até o garçom, que nos observava com olhar impassível.

"Você devia se envergonhar", disse-lhe Auma com a voz tremendo. "Devia se envergonhar."

O garçom deu uma resposta brusca em suaíli.

"Não me interessa quantas bocas você tem de alimentar; não pode tratar o seu próprio povo como cachorro. Aqui…" Auma abriu a bolsa de supetão e tirou uma nota amassada de cem xelins. "Olhe aqui!", ela gritou. "Posso pagar a minha própria comida."

Ela atirou a nota no chão e saiu para a rua. Andamos por vários minutos sem direção, até que sugeri sentarmos num banco ao lado da agência central do correio.

"Tudo bem com você?", perguntei.

Ela assentiu.

"Foi idiotice minha jogar dinheiro fora daquele jeito."

Pôs a bolsa ao lado e ficamos olhando o trânsito passar.

"Sabe, não posso ir a nenhum bar desses hotéis com outra africana", disse-me. "Os *askaris* nos afastam, achando que somos prostitutas. A mesma coisa em qualquer um desses edifícios de escritórios. Se você não trabalha lá e é africano, eles te param até você dizer o que está fazendo ali. Mas, se estiver com um amigo alemão, então se desmancham em sorrisos. 'Boa noite, senhorita', dizem. 'Como tem passado?'"

Auma balançou a cabeça.

"É por isso que o Quênia, por maior que seja o PIB, por mais coisas que você possa comprar aqui, é motivo de chacota para o resto da África. É a puta da África, Barack. Abre as pernas para qualquer um que possa pagar."

Falei que ela estava sendo dura demais com os quenianos, que o mesmo tipo de coisa acontecia em Jacarta ou na Cidade do México — uma mera e infeliz questão econômica. Entretanto, quando começamos a voltar para o apartamento, eu sabia que minhas palavras não tinham servido de nenhum consolo. Desconfiei que ela tinha razão: nem todos os turistas em Nairóbi estavam ali pela vida selvagem. Alguns vinham porque o Quênia se dispunha a recriar sem pejo nenhum uma época em que os brancos em terras estrangeiras viviam confortavelmente nas costas das raças mais escuras; uma era da inocência antes que Kimathi e outros rapazes revoltados no Soweto, em Detroit ou no delta do Mekong começassem a se entregar à revolução e à criminalidade nas ruas. No Quênia, um branco ainda podia andar pela casa de Isak Dinesen e imaginar um romance com uma jovem baronesa misteriosa, ou tomar um gim sob os ventiladores de teto do Hotel Lord Delamare e admirar os retratos de Hemingway sorrindo após o êxito da caçada, cercado por cules de expressão austera. Podia ser servido por um negro sem medo nem sentimento de culpa, admirar-se com a taxa de câmbio e deixar uma gorjeta generosa; se sentisse algum leve incômodo no estômago à vista dos mendigos leprosos do lado de fora do hotel, sempre podia tomar um rápido tônico. O governo negro chegara, afinal. É o país deles. Somos apenas visitantes.

Será que nosso garçom sabia que o governo negro chegara? Significaria alguma coisa para ele? Talvez uma vez, pensei comigo mesmo. Tinha idade suficiente para se lembrar da independência, dos gritos de liberdade "*Uhuru!*" e do hasteamento de novas bandeiras. Talvez agora essas lembranças lhe parecessem quase fantásticas, distantes e ingênuas. Ele aprendeu que as mesmas pessoas que controlavam as terras antes da independência continuam a controlá-las, que ele ainda não pode comer nos restaurantes nem ficar nos hotéis que o homem branco construiu. Ele vê o dinheiro da cidade voando por cima da cabeça e a tecnologia que despeja os produtos pela sua boca robótica. Se for ambicioso, vai se empenhar ao máximo em aprender a língua do homem branco e usar as máquinas do homem branco, tentando pagar as contas como faz o técnico que conserta computadores em Newark ou o motorista que dirige ônibus em Chicago, oscilando entre surtos de entusiasmo e de frustração, mas em geral resignado. E, se você lhe disser que está servindo aos interesses do neocolonialismo ou qualquer coisa do gênero, ele vai responder que sim, que vai servir, se assim for preciso. Têm sorte os que servem; quem não tem sorte são os que ficam nas águas turvas dos serviços avulsos e do corre-corre atrás de emprego; muitos se afogam.

Porém, talvez não seja nada disso que o garçom sente. Pode ser que uma parte dentro dele ainda se prenda às histórias dos mau-maus, a mesma parte que lembra o silêncio de uma noite na aldeia ou o som da mãe moendo grãos num pilão de pedra. Algo dentro dele ainda diz que o jeito do branco não é o jeito dele, que as coisas que usa no cotidiano não foram feitas por ele. Lembra um tempo, lembra um jeito de imaginar a si mesmo, que só abandona em risco próprio. Não pode fugir à presença das suas lembranças. E assim fica dividido entre dois mundos, instável em ambos, sempre oscilando, fazendo qualquer coisa que adie a pobreza irremediável, tomando cuidado em despejar a raiva só em cima de quem está na mesma situação.

Uma voz lhe diz que sim, que vieram as mudanças, que o jeito antigo não existe mais e que é preciso encontrar o mais depressa possível outro jeito para encher a barriga e para que o homem branco pare de rir à sua custa.

Uma voz diz que não, que mais vale botar fogo neste mundo.

Naquela noite fomos a leste até Kariako, um extenso conjunto de apartamentos cercado por terrenos baldios. A lua tinha se escondido atrás das nuvens, e começava a garoar. Enquanto subíamos a escada às escuras, um rapaz desceu aos saltos e saiu para a calçada quebrada e para a noite. Depois de três andares, Auma empurrou uma porta que estava ligeiramente entreaberta.

"Barry! Finalmente você chegou!"

Uma mulher baixinha e robusta de pele morena e rosto alegre me abraçou com força pela cintura. Atrás dela havia umas quinze pessoas, todas sorrindo e acenando como uma multidão durante um desfile. A baixinha olhou para cima, para o meu rosto, e franziu a testa.

"Você não se lembra de mim, não é?"

"Eu..."

"Sou a tia Jane. Fui eu que liguei quando o seu pai morreu." Ela sorriu e me pegou pela mão. "Venha. Venha conhecer todo mundo aqui. Zeituni você já conhece. Esta", disse, me levando a uma senhora de mais idade, bonitona, com um vestido verde estampado, "esta é a minha irmã, Kezia. É mãe de Auma e de Roy Obama."

Kezia pegou a minha mão e disse meu nome acompanhado de algumas palavras em suaíli.

"Ela está dizendo que finalmente seu outro filho chegou em casa", disse Jane.

"O meu filho", repetiu Kezia em inglês, assentindo com a cabeça e me puxando para um abraço. "O meu filho veio para casa."

Continuamos a volta pela sala, apertando mãos de tias, primos, sobrinhos e sobrinhas. Todo mundo me cumprimentava com ar alegre e curioso, muito à vontade, como se ver um parente pela primeira vez na vida fosse um acontecimento muito corriqueiro. Eu tinha levado um saquinho de chocolates para as crianças, e elas se reuniram em volta de mim, me olhando com ar bem-educado enquanto os adultos explicavam quem eu era. Notei um rapaz, de uns dezesseis ou dezessete anos, apoiado à parede com expressão atenta.

"Este é um dos seus irmãos", disse-me Auma. "Bernard."

Fui até ele e trocamos um aperto de mãos, estudando-nos mutuamente. Eu não sabia o que dizer, mas perguntei como estava.

"Bem, acho eu", respondeu ele de mansinho, o que despertou uma risada geral.

Terminadas as apresentações, Jane me empurrou até uma mesa pequena, com tigelas de caril de cabra, peixe frito, repolho e arroz. Enquanto comíamos, as pessoas me perguntavam sobre todos lá no Havaí, e procurei contar como era minha vida em Chicago e meu trabalho de líder comunitário. Assentiam educados, mas pareciam um pouco confusos, e aí falei que iria cursar direito em Harvard a partir do outono.

"Ah, que coisa boa, Barry", disse Jane enquanto chupava um osso do prato de caril. "O seu pai estudou nessa escola, Harvard. Você vai ser o nosso orgulho, como ele foi. Está vendo, Bernard, você precisa estudar bastante, como o seu irmão."

"Bernard acha que vai ser um astro do futebol", disse Zeituni.

Virei para Bernard.

"É mesmo, Bernard?"

"Não", ele respondeu, incomodado por ter atraído atenção. "Eu jogava, só isso."

"Bom… talvez alguma hora a gente possa jogar."

Ele balançou a cabeça.

"Eu gosto de jogar basquete", disse ele, sério. "Como Magic Johnson."

A refeição abrandou um pouco a agitação inicial, e as crianças se viraram para um aparelho grande de TV em preto e branco que mostrava a generosidade do presidente: o presidente inaugura uma escola; o presidente denuncia jornalistas estrangeiros e vários elementos comunistas; o presidente incentiva a nação a seguir o caminho do *nyayo* — "passos rumo ao progresso". Fui com Auma ver o resto do apartamento, que consistia em dois quartos, ambos atulhados com colchões velhos de uma ponta à outra.

"Quantas pessoas moram aqui?", perguntei.

"Não sei bem", respondeu Auma. "Está sempre mudando. Jane não sabe negar nada a ninguém, e assim qualquer parente que se muda para a cidade ou perde o emprego vem parar aqui. Às vezes ficam um tempão. Ou deixam os filhos aqui. O Velho e a minha mãe muitas vezes deixavam Bernard aqui. Ele foi praticamente criado por Jane."

"E ela tem condições?"

"Na verdade não. Trabalha como telefonista, emprego que não paga muito. Mas ela não reclama. Não pôde ter filhos, então cuida dos filhos dos outros."

Voltamos para a sala de estar, e me afundei num sofá velho. Na cozinha, Zeituni orientava as mulheres mais novas na lavagem dos pratos; algumas crianças estavam discutindo por causa dos chocolates que eu tinha levado. Deixei os olhos vaguearem pela cena — a mobília gasta, o calendário de dois anos atrás, as fotos desbotadas, os querubins de cerâmica azul apoiados em toalhinhas de linho. Percebi que era igual aos apartamentos em Altgeld. A mesma fieira de mães, filhas e crianças. O mesmo barulho da TV e o falatório. O moto-perpétuo de cozinhar, limpar e cuidar atinge mulheres grandes e pequenas. A mesma ausência de homens.

Despedimo-nos por volta das dez, prometendo visitar cada um dos parentes. Quando nos dirigíamos para a porta, Jane nos puxou de lado e abaixou a voz.

"Você precisa levar Barry para ver sua tia Sarah", sussurrou para Auma.

E então disse para mim:

"Sarah é a irmã mais velha do seu pai. A primogênita. Ela quer muito ver você."

"Claro", respondi. "Mas por que ela não está aqui hoje à noite? Mora muito longe?"

Jane olhou para Auma e trocaram pensamentos em silêncio.

"Vamos, Barack", disse Auma por fim. "Explico no carro."

As estradas estavam vazias e escorregadias por causa da chuva.

"Jane tem razão, Barack", disse Auma enquanto passávamos pela universidade. "Você deve ir ver Sarah. Mas não vou junto."

"Por que não?"

"Tem a ver com a herança do Velho. Sarah é uma das que contestaram o testamento. Andou dizendo para as pessoas que Roy, Bernard, eu mesma não somos filhos dele." Auma suspirou. "Sei lá. Em parte me solidarizo com ela. Teve uma vida dura. Nunca teve as chances que o nosso pai teve, entende, de estudar ou ir para o estrangeiro. Ela ficou muito amargurada por causa disso. E acha que a minha mãe, eu, nós é que somos culpadas pela situação dela."

"Mas quanto poderia valer a herança do Velho?"

"Não muito. Talvez uma pequena pensão do governo. Um pedaço de terra sem valor. Tento não me envolver. O que havia provavelmente já se foi, para pagar os advogados. Mas, veja, todo mundo esperava muito do Velho. Ele fazia as pessoas pensarem que tinha tudo, mesmo quando não tinha nada. Então, agora, em vez de seguirem a vida, essas pessoas ficam apenas esperando e brigando entre si, achando que o nosso pai vai se levantar do túmulo para vir salvá-las. Bernard também adotou essa postura de espera. Sabe, Barack, ele é realmente inteligente, mas passa o dia todo sentado sem fazer nada. Largou a escola e não tem muita perspectiva de arranjar emprego. Falei que o ajudaria a entrar em algum curso técnico, o que ele quiser, só pra fazer alguma coisa, sabe? Bernard concorda, mas, quando pergunto se preencheu alguma ficha de inscrição ou se falou com os professores, ele não fez nada. Às vezes fico com a impressão de que preciso acompanhar todos os passos dele, senão não vai acontecer nada."

"Talvez eu possa ajudar."

"É, talvez você possa conversar com ele. Mas agora que você está aqui, vindo dos Estados Unidos, faz parte dos herdeiros, entende? É por isso que a Sarah quer tanto ver você. Ela acha que estou te escondendo dela porque é você que tem tudo."

Quando estacionamos o carro, a chuva tinha voltado a cair. Uma lâmpada que se projetava da lateral do edifício espalhava pelo rosto de Auma uma rede de sombras líquidas.

"Tudo isso me cansa tanto, Barack", disse ela suavemente. "Você não acreditaria nas saudades que tive do Quênia quando estava na Alemanha. Só pensava em voltar para casa. Pensava que nunca havia me sentido sozinha aqui, que a família está por todo lado, ninguém manda os pais para um asilo nem deixa os filhos com gente desconhecida. Então eu chego e todo mundo me pede ajuda, e parece que todos só estão se agarrando em mim e que vou afundar. Me sinto culpada porque tive mais sorte do que eles. Fui para a universidade. Posso conseguir emprego. Mas o que posso fazer, Barack? Sou uma só."

Peguei a mão de Auma e ficamos vários minutos no carro, ouvindo a chuva que diminuía.

"Você me perguntou qual era o meu sonho", disse ela por fim. "Às vezes sonho que vou construir uma bela casa no terreno do nosso avô. Uma casa grande onde todos nós possamos ficar e trazer nossas famílias, entende? Poderíamos plantar árvores de fruta como o nosso avô, e os nossos filhos conheceriam realmente a terra, falariam luo e aprenderiam com os mais velhos o nosso jeito de viver. Ela pertenceria a eles."

"Podemos fazer tudo isso, Auma."

Ela balançou a cabeça.

"Vou te contar o que eu penso. Penso: quem vai cuidar da casa quando eu não estiver aqui? Penso: em quem posso confiar para arrumar um vazamento ou consertar a cerca? É terrível, egoísta, eu sei. A única coisa que consigo fazer quando penso assim é ficar brava com o Velho por não ter construído essa casa para nós. Nós somos os filhos, Barack. Por que temos nós de cuidar de todo mundo? Está tudo de ponta-cabeça, tudo louco. Tive de cuidar de mim mesma, como o Bernard. Agora estou acostumada a viver a minha própria vida, como fazem os alemães. Tudo é organizado. Se alguma coisa quebra, conserto. Se alguma coisa dá errado, é falha minha. Se tenho dinheiro, mando para a família e podem fazer o que quiserem com ele, não vou depender deles e eles não vão depender de mim."

"Parece meio solitário."

"Ah, sei disso, Barack. É por isso que continuo voltando para casa. É por isso que ainda sonho."

Depois de dois dias, ainda não tinha recuperado minha mala. O escritório da empresa aérea no centro da cidade nos orientou a ligar para o aeroporto, mas, sempre que tentávamos, as linhas davam sinal de ocupado. Auma enfim sugeriu que fôssemos pessoalmente até lá. Na mesa da British Airways ouvimos duas moças comentando sobre uma boate que tinha acabado de abrir. Interrompi a conversa para perguntar da minha mala, e uma delas folheou distraidamente uma pilha de papéis.

"Não temos nenhum registro seu aqui", disse ela.

"Confira outra vez, por favor."

A mulher deu de ombros com indiferença.

"Se quiser, pode voltar de noite, à meia-noite. É quando chega um voo de Johannesburgo."

"Me disseram que me entregariam a mala."

"Sinto muito, mas não tenho aqui nenhum registro da sua mala. Se quiser, pode preencher outro formulário."

"A srta. Omoro está? Ela..."

"Omoro está de férias."

Auma me empurrou de lado.

"Com quem mais a gente pode falar, já que você parece não saber nada de nada?"

A resposta da mulher foi curta e grossa:

"Vão até o centro se quiserem falar com outra pessoa." E retomou a conversa com a colega.

Auma ainda bufava de raiva quando entramos no escritório da British Airways no centro. Era um arranha-céu cujos elevadores anunciavam eletronicamente o número de cada andar numa pronúncia vitoriana rebuscada; havia uma recepcionista sentada sob fotos de filhotes de leão e crianças dançando. Repetiu que isso tinha de ser resolvido no aeroporto.

"Quero falar com o gerente", falei, tentando não gritar.

"Sinto muito, mas o sr. Maduri está em reunião."

"Veja bem, senhorita, acabamos de vir do aeroporto. Disseram-nos para vir aqui. Dois dias atrás, a informação que me deram é de que me entregariam a mala. Agora me dizem que vocês nem sabem que ela está sumida. Eu..."

Parei no começo da frase. A recepcionista tinha se recolhido por trás de uma máscara de pedra, num lugar que nenhuma súplica e nenhuma explosão conseguiriam alcançar. Auma, pelo visto, teve a mesma impressão, pois parecia ter ficado igualmente sem ar. Juntos despencamos num par de poltronas, sem saber o que fazer, quando de repente apareceu uma mão no ombro de Auma. Ela se virou e viu que a mão pertencia a um homem escuro e magro, usando paletó azul.

"Ei, tio! O que você está fazendo aqui?"

Auma me apresentou ao homem, que era parente nosso numa sequência que não consegui acompanhar direito. Ele perguntou se estávamos pensando em viajar, e Auma contou o que tinha acontecido.

"Não se preocupem", disse o nosso tio. "Maduri é meu amigo. Na verdade, vim aqui para almoçarmos juntos."

Nosso tio se virou com cara feia para a recepcionista, que assistia à nossa conversa com considerável interesse.

"O sr. Maduri já sabe que o senhor está aqui", disse ela sorridente.

O sr. Maduri era um sujeito corpulento, com nariz de batata e voz estridente. Depois que repetimos nossa história, ele pegou o telefone na hora.

"Alô! Sim, aqui é Maduri. Quem fala? Ouça, estou com o sr. Obama aqui, que está procurando a bagagem dele. Isso, Obama. Faz algum tempo que ele está aguardando a mala. O quê? Isso, verifique já, por favor."

Alguns minutos depois, o telefone tocou.

"Certo... sim, mande para..."

Ele passou o endereço do escritório de Auma, desligou o telefone e nos disse que a mala seria entregue lá naquela mesma tarde.

"Me liguem se tiverem mais algum problema", disse ele.

Agradecemos os dois profusamente e logo nos despedimos, temendo que nossa sorte pudesse mudar de uma hora para outra. Lá embaixo, parei na frente de uma grande foto de Kenyatta na janela de um escritório. Os olhos faiscavam de confiança e astúcia; a mão forte e cheia de anéis segurava o bastão entalhado de um chefe tribal quicuio. Auma se aproximou e parou ao meu lado.

"Foi assim que tudo começou", disse ela. "O Grande Homem. E aí o assistente, ou a família, ou o amigo, ou a tribo. É a mesma coisa quando a gente quer um telefone ou um visto ou um emprego. De quem você é parente? Quem você conhece? Se não tem algum conhecido, esqueça. Foi isso que nosso pai nunca entendeu. Ele voltou para cá achando que todos lhe dariam um cargo porque era muito instruído, falava inglês muito bem, entendia de mapas e gráficos. Esqueceu o que une as coisas aqui."

"Ficou perdido", disse eu baixinho.

Voltando para o carro, lembrei uma história que Auma tinha me contado sobre nosso pai depois que ele caiu em desgraça. Uma noite, ele lhe disse para ir até o armazém e lhe trazer cigarros. Ela o lembrou de que não tinham um tostão, mas nosso pai balançou a cabeça impaciente. "Não seja boba", disse. "Diga ao homem que você é filha do dr. Obama e que vou pagar mais tarde."

Auma foi até o armazém e repetiu o que nosso pai tinha dito. O dono do armazém deu risada e a mandou embora. Com medo de ir para casa, Auma foi até um primo que nosso pai, certa vez, tinha ajudado a conseguir emprego, o qual lhe emprestou os xelins de que precisava. Quando Auma chegou em casa, nosso pai pegou os cigarros e lhe deu uma bronca por ter demorado tanto. "Viu só?", disse-lhe enquanto abria o maço. "Falei que você não ia ter nenhum problema. Todo mundo aqui conhece Obama."

Sinto a presença do meu pai enquanto atravessamos a rua movimentada. Vejo-o nos meninos de escola que passam correndo por nós, com as pernas negras e finas como varetas entre os calções azuis e os sapatos de tamanho maior do que os pés. Ouço-o na risada do casal de universitários que tomam chá com creme e comem samosa numa casa de chá de iluminação fraca. Sinto o cheiro dele na fumaça do cigarro do empresário que tampa um dos ouvidos e grita num telefone público; no suor do trabalhador que enche um carrinho com cascalho, o rosto e o peito nu cobertos de pó. Meu pai está aqui, penso, embora não me diga nada. Está aqui, pedindo-me que eu entenda.

16.

Bernard tocou a campainha às dez em ponto. Estava com um calção azul desbotado e uma camiseta que mal cabia nele; nas mãos trazia uma bola de basquete alaranjada, estendida como se fosse um presente.

"Pronto?", perguntou.

"Quase. Me dê um minutinho para me calçar."

Ele entrou atrás de mim no apartamento e parou junto à mesa onde eu estava trabalhando.

"Você anda lendo de novo, Barry", disse ele, balançando a cabeça. "A sua mulher vai se encher de você, sempre perdendo tempo colado em livros."

Sentei para amarrar os tênis.

"Já me falaram disso."

Ele lançou a bola ao ar.

"Quanto a mim, não me interesso muito por livros. Sou um homem de ação. Como Rambo."

Sorri.

"Certo, Rambo", disse enquanto me levantava e abria a porta. "Vamos ver como você se sai nas quadras."

Bernard me olhou com ar de dúvida.

"As quadras ficam longe. Cadê o carro?"

"Auma foi trabalhar com ele."

Saí na varanda e comecei a me alongar, dizendo:

"Em todo caso, ela me disse que ficam só a um quilômetro e meio daqui. Bom para aquecer essas suas pernas de jovem."

Ele me acompanhou meio desanimado em alguns exercícios de alongamento, antes de pegarmos o caminho cascalhado até a rua principal. Estava um dia ótimo, o calor do sol amainado por uma brisa constante, a rua vazia, exceto por uma mulher ao longe, carregando um cesto de gravetos na cabeça. Não tínhamos percorrido nem quatrocentos metros e Bernard parou de repente, com gotas de suor se formando na testa alta e lisa.

"Já estou aquecido, Barry", disse, tentando respirar. "Acho que agora podemos só andar."

O campus da Universidade de Nairóbi ocupava uns dois acres perto do centro da cidade. As quadras ficavam no campo de atletismo numa leve subida, com mato nascendo nas rachaduras do asfalto grosso. Fiquei observando Bernard quando revezávamos os lançamentos e pensei como ele tinha sido um companheiro afável e generoso nos últimos dias, encarregando-se de me guiar pela cidade enquanto Auma estava ocupada com as provas. Pegava a minha mão, protetor, enquanto percorríamos as ruas apinhadas, mostrando infinita paciência sempre que eu parava para olhar um edifício ou ler um cartaz que ele via todos os dias, divertindo-se com meu jeito, mas sem nenhum daqueles gestos elaborados de tédio ou resistência que eu teria mostrado na idade dele.

Com aquela meiguice, sem fingimento nenhum, ele nem parecia ter dezessete anos. Mas tinha, relembrava a mim mesmo, idade em que um pouco mais de independência, um caráter um pouco mais afoito não seriam de todo ruins. Percebi que ele tinha tempo para mim em parte porque não tinha nada melhor para fazer. Era paciente porque não tinha nenhum lugar especial a que quisesse ir. Eu precisava conversar sobre isso com ele, como havia prometido a Auma que faria — uma conversa de homem para homem...

"Você já viu Magic Johnson jogar?", Bernard me perguntou, preparando-se para arremessar. A bola entrou no aro sem cesto, e devolvi a bola para ele.

"Só na TV."

Bernard assentiu.

"Todo mundo tem carro nos Estados Unidos. E telefone."

Era mais uma afirmativa do que uma pergunta.

"A maioria tem. Nem todos."

Ele arremessou de novo, a bola bateu com estrondo no aro e caiu fora.

"Acho que lá é melhor", disse. "Talvez eu vá para os Estados Unidos. Posso te ajudar na sua empresa."

"Não tenho nenhuma empresa por enquanto. Talvez depois de terminar o curso de direito..."

"Deve ser fácil arranjar trabalho."

"Não pra todo mundo. Na verdade, um monte de gente está em situação difícil nos Estados Unidos. Principalmente os negros."

Ele segurou a bola.

"Não tão ruim quanto aqui."

Nós dois nos olhamos e tentei imaginar as quadras de basquete nos Estados Unidos. Som de disparos nas proximidades, um cara vendendo bugigangas cai no poço da escada — essa era uma imagem. Os risos da meninada jogando no quintal de casa, a mãe chamando para o almoço. Isso também existia. As duas imagens se entrechocavam e me deixavam sem ter o que dizer. Satisfeito com meu silêncio, Bernard voltou ao seu drible.

Quando o sol esquentou demais, fomos até uma sorveteria a poucos quarteirões da universidade. Bernard pediu um sundae de chocolate e começou a tomá-lo metodicamente, medindo e pegando meia colherinha de sorvete por vez. Acendi um cigarro e me reclinei na cadeira.

"Auma me falou que você está pensando em entrar num curso técnico", disse eu.

Ele assentiu com ar reservado.

"Por qual tipo de curso você se interessa?"

"Não sei."

Mergulhou a colher no sundae e pensou por um instante.

"Talvez mecânica de automóveis. É... acho que mecânica de automóveis é uma boa."

"Tentou entrar em algum tipo de programa?"

"Não. Na verdade, não", parou para mais uma colherada. "Precisa pagar taxa."

"Que idade você tem, Bernard?"

"Dezessete", respondeu cauteloso.

"Dezessete", assenti, soprando a fumaça para o alto. "Você sabe o que isso significa, não é? Significa que você já é quase um homem. Alguém com responsabilidades. Com a família. Consigo mesmo. O que quero dizer é que é hora de fazer algo que o interesse. Pode ser mecânica de automóveis. Pode ser outra coisa. Mas, seja o que for, você vai ter de estabelecer algumas metas e chegar lá. Auma e eu podemos ajudar com as taxas da escola, mas a sua vida só você pode viver. Tem de se esforçar um pouco. Entende?"

Bernard assentiu.

"Entendo."

Ficamos sentados em silêncio durante algum tempo, olhando a colher de Bernard girando naquela mistura agora líquida. Comecei a imaginar como minhas palavras deviam soar vazias para esse meu irmão, cuja única falha era ter nascido no lado errado do mundo dividido do nosso pai. Não parecia ressentido comigo por causa disso. Não ainda. Decerto só se perguntava por que eu fingia que as minhas regras se aplicavam de alguma maneira a ele. Só queria algumas lembranças do nosso contato — umas fitas de Bob Marley, talvez meus tênis de basquete depois que eu fosse embora. Era pedir tão pouco, só que qualquer outra coisa que eu oferecesse — conselhos, repreensões, as ambições que eu tinha em relação a ele — ia parecer ainda menos.

Apaguei o cigarro no chão e sugeri que fôssemos embora. Quando chegamos à rua, Bernard passou o braço pelo meu ombro.

"É bom ter um irmão mais velho por perto", disse ele antes de acenar em despedida e desaparecer na multidão.

O que é uma família? Só uma cadeia genética, pais e filhos, gente como eu? Ou é uma construção social, uma unidade econômica, otimizada para a criação dos filhos e a divisão do trabalho? Ou algo totalmente diferente: um estoque de memórias em comum, por exemplo? Um campo afetivo? Algo que se pode alcançar além do vazio?

Eu podia pensar em várias possibilidades. Mas nunca tinha chegado a nenhuma resposta definitiva, consciente desde cedo de que, em vista das minhas circunstâncias, esse esforço estava fadado ao fracasso. Em vez disso, tracei vários círculos ao meu redor, com limites que se alteravam conforme o tempo passava e os rostos mudavam, mas que, mesmo assim, ofereciam a ilusão de um controle. Um círculo interno, onde o amor era constante e as reivindicações não eram questionadas. Então um segundo círculo, uma área de amor negociado, compromissos assumidos de livre e espontânea vontade. E outro círculo, este para colegas e conhecidos, a senhora grisalha bem-disposta que me atendia no caixa da mercearia em Chicago. Até que o círculo finalmente se ampliava e abarcava uma nação ou uma raça, ou determinado rumo moral, e os compromissos não ficavam mais vinculados a um rosto ou a um nome, mas eram, na verdade, compromissos que eu estabelecia para mim mesmo.

Na África, essa minha astronomia se desfez quase de imediato, uma vez que parecia ter familiares por todo lado: nas lojas, no correio, nas ruas e nos parques, todos alvoroçados com o filho de Obama sumido por tanto tempo. Se eu mencionasse de passagem que precisava de um caderno ou de creme de barbear, podia ter certeza de que alguma das tias insistiria em me levar a algum canto distante de Nairóbi para encontrar as melhores ofertas, por mais longe que fosse ou por maior que fosse o inconveniente para ela.

"Ah, Barry... e o que é mais importante do que ajudar o filho do meu irmão?"

Se um primo descobrisse, para grande aflição sua, que Auma havia me deixado sozinho, ele percorria os três quilômetros até o apartamento dela na remota chance de que eu estivesse lá e precisasse de companhia.

"Ah, Barry, por que você não me ligou? Vamos, vou te levar para conhecer alguns amigos meus."

E à noite, bem, Auma e eu simplesmente nos rendíamos aos intermináveis convites que vinham de tios, sobrinhos, primos em segundo grau, todos eles insistindo, sob pena de se sentirem insultados, que sentássemos para uma refeição, a qualquer hora que fosse e sem importar quantas refeições já tivéssemos feito naquele dia.

"Ah, Barry... podemos não ter muita coisa no Quênia, mas, enquanto você estiver aqui, sempre terá algo para comer!"

No começo, eu reagia a toda essa atenção como um bebê no colo da mãe, cheio de gratidão pura e sincera. Aquilo condizia com a ideia que eu fazia da África e dos africanos, em nítido contraste com o isolamento cada vez maior da vida americana, contraste que eu entendia em termos não raciais, e sim culturais. Dava uma ideia do que estávamos sacrificando em nome da tecnologia e da mobilidade, mas que aqui — como nos *kampongs* nos arredores de Jacarta ou nas aldeias rurais da Irlanda ou da Grécia — permanecia essencialmente intocado: o prazer constante na companhia de outras pessoas, a alegria do calor humano.

Contudo, com o passar dos dias, minha alegria passou a vir acompanhada de tensão e dúvidas. Isso tinha a ver, em parte, com o que Auma comentara naquela noite no carro — a aguda consciência da minha relativa boa sorte e das questões problemáticas que essa boa sorte carregava consigo. Não que nossos parentes estivessem propriamente enfrentando grandes dificuldades. Jane e Zeituni tinham emprego fixo; Kezia vendia tecidos nos mercados. Se o dinheiro ficasse muito apertado, as crianças podiam ser mandadas para o campo por algum tempo; era lá, me disseram, que estava morando outro irmão meu, Abo, com um tio na baía de Kendu, onde sempre havia teto, comida na mesa e algum serviço para fazer.

No entanto, a situação em Nairóbi era difícil e estava ficando cada vez mais complicada. As roupas em geral eram de segunda mão, uma visita ao médico ficava reservada para as emergências mais graves. Quase todos os membros mais jovens da família estavam desempregados, inclusive os dois ou três que, numa concorrência cerrada, haviam conseguido se formar numa das universidades do Quênia. Se Jane ou Zeituni adoecessem, se as empresas onde trabalhavam viessem a fechar ou a despedi-las, não havia nenhuma assistência do governo. Havia apenas a família mais próxima, todos passando pelas mesmas dificuldades.

Agora eu era parte da família, lembrei a mim mesmo; agora tinha responsabilidades. Mas o que significava isso, exatamente? Nos Estados Unidos, eu conseguira transferir esses sentimentos para a política, como líder comunitário, numa espécie de autonegação. No Quênia, essas estratégias pareciam irremediavelmente abstratas e até arrogantes. O compromisso com o fortalecimento do poder negro não ajudaria Bernard a encontrar emprego. A fé na democracia participativa não compraria um jogo novo de lençóis para Jane. Pela primeira vez na vida, me peguei pensando com seriedade sobre dinheiro: minha própria falta de grana, a busca por ela, a paz tosca, mas inegável, que ele podia comprar. Em parte, eu queria corresponder à imagem que meus novos parentes faziam de mim: um advogado empresarial, um homem de negócios americano, a mão na torneira, pronta para fazer a generosidade do mundo ocidental jorrar feito maná.

Mas claro que eu não era nada daquilo. Mesmo nos Estados Unidos, a riqueza envolvia concessões daqueles que não nasceram para ela, o mesmo tipo de concessão que eu via Auma fazendo ao tentar atender, à sua maneira, as expectativas da família. Naquele verão, ela estava em dois empregos, dando aulas de alemão para empresários quenianos e trabalhando na universidade. Com o dinheiro que economizava, queria não só arrumar a casa de nossa avó em Alego, como também comprar um terreno perto de Nairóbi, algo que fosse valorizar, uma base sobre a qual construir alguma coisa. Ela tinha planos, cronogramas, orçamentos e prazos finais — tudo o que aprendera ser necessário para negociar em um mundo moderno. O problema era que seus cronogramas também a afastavam dos assuntos de família; seus orçamentos significavam negar os constantes pedidos de dinheiro que lhe faziam. E, quando isso acontecia — quando Auma insistia em ir para casa antes que Jane servisse o jantar porque as coisas tinham começado com duas horas de atraso ou quando não deixava oito pessoas se amontoarem no seu Fusca porque o carro era projetado para quatro e iriam estragar os bancos —, os olhares magoados, quase ressentidos, percorriam toda a sala. O comportamento irrequieto, a independência, a vontade constante de planejar o futuro — tudo isso, de alguma forma, parecia pouco natural à família. Pouco natural... e pouco africano.

Era o mesmo dilema que o velho Frank tinha apresentado para mim no ano em que deixei o Havaí, as mesmas tensões que algumas crianças em Altgeld podiam sofrer se gostassem demais de fazer as tarefas da escola, o mesmo sentimento distorcido de culpa que decerto eu teria se algum dia tentasse ganhar dinheiro e precisasse passar pelos bandos de rapazes negros na esquina ao me dirigir para um escritório no centro da cidade. Sem conferir poder ao grupo, um grupo ainda maior do que uma família ampliada, nosso sucesso sempre ameaça deixar os outros para trás. E talvez fosse isto que me deixava tão transtornado — que aqui, na África, os mesmos padrões enlouquecedores ainda vigoravam, que ninguém aqui podia me dizer o que meus laços de sangue exigiam ou como essas exigências podiam se reconciliar com alguma ideia mais ampla de associação humana. Era como se nós — Auma, Roy, Bernard e eu — fôssemos inventando à medida que avançávamos. Como se o mapa que, antigamente, mediria a direção e a força de nosso amor, a senha que abriria o cofre das dádivas tivessem se perdido muito tempo atrás, enterrados com os ancestrais sob a terra silenciosa.

Quase no final da minha primeira semana em Nairóbi, Zeituni me levou para visitar nossa outra tia, Sarah. Auma não quis ir, mas, como o mecânico de seu carro morava perto de Sarah, ela nos ofereceu carona até a oficina; disse-nos que de lá podíamos ir a pé. No sábado de manhã, Auma e eu pegamos Zeituni e fomos para o leste, passamos por blocos de apartamentos cinzentos e terrenos baldios com lixo espalhado, até chegarmos ao começo de um amplo vale conhecido como Mathare. Auma saiu para o acostamento e olhei pela janela para ver o povoado miserável mais abaixo, quilômetros e quilômetros de tetos de chapa de alumínio corrugado cintilando ao sol como úmidas vitórias-régias, encurvando e se afundando numa sequência ininterrupta no fundo do vale.

"Quantas pessoas moram aqui?", perguntei.

Auma deu de ombros e se virou para nossa tia.

"O que você acha, tia? Umas quinhentas mil, talvez?"

Zeituni balançou a cabeça:

"Isso na semana passada. Nesta semana deve ser um milhão."

Auma religou o carro.

"Ninguém sabe direito, Barack. O lugar cresce sem parar. Vem gente do campo à procura de trabalho e acaba ficando por aqui definitivamente. Teve uma época em que a prefeitura tentou acabar com a ocupação. Disseram que era um risco à saúde: uma afronta à imagem do Quênia, sabe? Mandaram retroescavadeiras, e as pessoas perderam suas poucas posses. Mas, claro, não tinham para onde ir. Quando o maquinário foi embora, o povo reconstruiu tudo como era antes."

Chegamos a um barraco de lata de onde um mecânico e vários aprendizes saíram para examinar o carro de Auma. Prometendo voltar dentro de uma hora, Zeituni e eu a deixamos na oficina e começamos a descer uma estrada de terra larga. Já estava muito quente, sem nenhuma sombra, dos dois lados da estrada filas de pequenas choupanas, com paredes que eram uma mistura de caniços, barro, pedaços de papelão e restos de compensado. Eram, contudo, asseadas, a terra compactada na frente de cada casa estava cuidadosamente varrida, e por toda parte víamos alfaiates, sapateiros, carpinteiros exercendo o ofício em barracas à beira da estrada, assim como mulheres e crianças vendendo verduras e legumes em bancas de madeira bamboleantes.

Por fim, chegamos a um extremo de Mathare, com uma série de prédios de concreto numa rua pavimentada. Eram oito edifícios, talvez com doze andares, mas curiosamente inacabados, as vigas de madeira e o cimento bruto expostos aos elementos, como se tivessem sofrido um bombardeio aéreo. Entramos num deles, subimos um andar por uma escada estreita e saímos no final de um corredor comprido e escuro, e, na outra ponta do corredor, uma adolescente estendia roupas no varal de um pequeno pátio cimentado. Zeituni foi falar com a mocinha, que nos levou em silêncio até uma porta baixa e dilapidada. Batemos e apareceu uma senhora escura, de meia-idade, baixa, mas de constituição robusta, com olhos duros e vítreos num rosto largo e de ossos salientes. Ela pegou a minha mão e disse algo em luo.

"Ela diz que sente vergonha por ser vista pelo filho do seu irmão num lugar tão miserável", traduziu Zeituni.

Entramos num aposento pequeno, de uns doze metros quadrados, com espaço para uma cama, uma cômoda, duas cadeiras e uma máquina de costura. Zeituni e eu ocupamos as duas cadeiras, e a jovem que nos mostrara o aposento de Sarah voltou com dois refrigerantes mornos. Sarah se sentou na cama e se inclinou para observar meu rosto. Auma tinha dito que Sarah sabia um pouco de inglês, porém agora falava basicamente em luo. Mesmo sem a tradução de Zeituni, dava para ver que ela não estava contente.

"Ela quer saber por que você demorou tanto para vir visitá-la", explicou Zeituni. "Diz que é a primogênita do seu avô, Hussein Onyango, e que você devia ter vindo primeiro aqui."

"Diga que não foi por desrespeito", falei olhando Sarah, embora sem saber se ela entendia ou não. "Tem sido uma correria desde que cheguei, e não consegui vir antes."

A voz de Sarah ficou mais esganiçada.

"Ela diz que as pessoas que você frequenta devem estar lhe contando mentiras."

"Diga que não ouvi ninguém falar nada contra ela. Diga que Auma não se sentiu muito à vontade para vir aqui por causa da disputa pela herança do Velho."

Sarah bufou depois da tradução e recomeçou, com a voz retumbando contra as paredes fechadas. Quando finalmente parou, Zeituni ficou quieta.

"O que ela disse, Zeituni?"

Os olhos de Zeituni se fixaram em Sarah enquanto ela respondia à minha pergunta.

"Ela diz que o processo não é culpa dela. Diz que é obra de Kezia, mãe de Auma. Diz que aqueles que se dizem filhos de Obama não são filhos dele. Diz que tiraram tudo dele e deixaram seus parentes de verdade vivendo como mendigos."

Sarah assentiu e seus olhos começaram a arder.

"Sim, Barry", de repente disse ela em inglês. "Eu que cuido do seu pai quando ele é pequeno. A minha mãe, Akumu, também é mãe do seu pai. Akumu é sua verdadeira avó, não essa que você chama de avó. Akumu, a mulher que dá vida ao seu pai, você devia ajudar ela. E eu, a irmã do seu pai. Veja como vivo. Por que não ajuda nós, em vez de ajudar esses outros?"

Antes que eu pudesse responder, Zeituni e Sarah começaram a discutir em luo. Por fim, Zeituni se levantou e ajeitou a saia.

"Vamos, Barry."

Comecei a me levantar da cadeira, mas Sarah pegou a minha mão entre as suas e falou com voz mais branda:

"Você vai dar alguma coisa para mim? Para a sua avó?"

Peguei a carteira e senti os olhos das duas tias em mim enquanto contava o dinheiro que tinha — talvez o equivalente a uns trinta dólares. Coloquei nas mãos secas e rachadas de Sarah, e ela enfiou depressa o dinheiro dentro da blusa antes de agarrar outra vez minha mão.

"Fique aqui, Barry", disse Sarah. "Você precisa conhecer..."

"Você pode voltar mais tarde, Barry", interrompeu Zeituni. "Vamos embora."

Lá fora, uma luz fosca e amarela banhava a rua; naquele calor parado a roupa grudara no meu corpo. Zeituni estava quieta, visivelmente transtornada. Era uma mulher orgulhosa, essa minha tia; deve ter se sentido envergonhada pela cena com Sarah. Além disso, aqueles trinta dólares — sabe Deus se ela mesma não precisava deles…

Depois de andarmos uns dez minutos, perguntei a Zeituni qual tinha sido o motivo da discussão entre ela e Sarah.

"Ah, não é nada, Barry. É isso que acontece com as velhas que não têm marido." Zeituni tentou sorrir, mas os cantos da boca estavam marcados de tensão.

"Vamos, tia. Diga a verdade."

Zeituni balançou a cabeça.

"Não *sei* a verdade. Não toda ela, pelo menos. Sei que, mesmo quando menina, Sarah sempre foi mais próxima da mãe dela de verdade, Akumu. Barack só se interessava pela minha mãe, a vó, que cuidou deles depois que Akumu foi embora."

"Por que Akumu foi embora?"

"Não sei bem. Você terá de perguntar à nossa avó."

Zeituni fez sinal para atravessarmos a rua e então retomou a conversa.

"Sabe, o seu pai e Sarah eram de fato muito parecidos, mesmo que nem sempre se dessem bem. Ela era inteligente como ele. E independente. Quando éramos pequenas, ela sempre me dizia que queria ter instrução para não ter de depender de homem nenhum. Foi por isso que acabou se casando com quatro maridos diferentes. Nenhum deles durou. O primeiro morreu, mas os outros ela largou, porque eram preguiçosos ou tentavam abusar dela. Admiro-a por causa disso. A maioria das mulheres no Quênia aguenta de tudo. Eu mesma aguentei, por muito tempo. Mas Sarah teve de pagar um preço pela sua independência."

Zeituni enxugou o suor da testa com as costas da mão.

"Em todo caso, depois que o primeiro marido morreu, Sarah decidiu que o seu pai devia dar sustento a ela e ao filho, pois foi ele que recebeu toda a educação. É por isso que ela não gostava de Kezia e dos filhos. Achava que Kezia era só uma moça bonita que queria ficar com tudo. Entenda, Barry: no costume luo, o filho varão herda tudo. O medo de Sarah era de que, quando o seu avô morresse, tudo ficasse para Barack e esposas, e ela não ficaria com nada."

Balancei a cabeça.

"Isso não é desculpa para mentir sobre quem é ou não é filho do meu pai."

"Tem razão. Mas..."

"Mas o quê?"

Zeituni parou e se virou para mim. Disse:

"Depois que o seu pai foi viver com a esposa americana, Ruth... bom, às vezes ele ficava com Kezia. Você precisa lembrar que, na teoria, ela ainda era mulher dele. Foi numa visita dessas que Kezia ficou grávida de Abo, o irmão que você não conhece. O problema é que, nessa mesma época, Kezia também ficou algum tempo com outro homem. Assim, quando ela tornou a engravidar, agora de Bernard, ninguém sabia direito quem..." Zeituni parou, deixando que a frase se concluísse sozinha.

"Bernard sabe disso?"

"Sabe. Entenda: essas coisas não faziam nenhuma diferença para o seu pai. Barack dizia que todos eram filhos dele. Tocou pra fora esse outro homem e, sempre que podia, dava dinheiro a Kezia para ajudar as crianças. Mas, depois que morreu, não havia nada que provasse que ele os aceitara como filhos."

Viramos a esquina e saímos numa rua mais movimentada. Na nossa frente, uma cabra prenha berrava enquanto se afastava num trote miúdo de um *matatu* que se aproximava. Do outro lado, duas menininhas com uniforme de escola vermelho e empoeirado, de cabelo quase raspado, iam de mãos dadas, cantando, e saltaram por cima de um esgoto. Uma senhora de idade, com um xale desbotado cobrindo a cabeça, fez sinal para irmos ver os artigos que vendia: duas latas de margarina com feijões secos, uma pilha arrumada de tomates, um fio de arame com peixes secos pendurados como uma corrente de moedas de prata. Fitei o rosto da mulher, oculto entre as sombras. Quem era ela?, perguntei-me. Minha avó? Uma desconhecida? E Bernard? Meus sentimentos por ele tinham mudado? Olhei adiante, para um ônibus parado no ponto, e dele descia uma torrente de jovens, todos altos, negros, magros, os ossos aparecendo sob a camisa. De repente vi em todos eles o rosto de Bernard, multiplicado na paisagem, nos continentes. Homens com fome, lutando, desesperados, todos eles irmãos meus...

"Agora você vê o que o seu pai sofreu."

"O quê?", esfreguei os olhos e ergui a vista para a minha tia, que me fitava.

"É, Barry, o seu pai sofreu", ela repetiu. "Estou lhe dizendo, o problema dele era ter um coração grande demais. Em vida, ele dava a todos tudo o que lhe pediam. E todos pediam. Sabe, ele foi um dos primeiros do distrito inteiro a ir estudar no estrangeiro. O pessoal aqui nunca tinha visto ninguém que tivesse andado de avião. Então esperavam tudo dele. 'Ah, Barack, agora você é um cara importante. Devia me dar alguma coisa. Devia me ajudar.' Sempre essas pressões da família. E ele não conseguia recusar, era generoso demais. Sabe, até de mim ele precisou cuidar quando fiquei grávida; ele ficou muito decepcionado comigo. Queria que eu fosse para a faculdade. Mas não dei ouvidos e fui viver com o meu marido. Apesar disso, quando o meu marido ficou violento e tive de ir embora, sem dinheiro, sem trabalho, quem você acha que me recebeu? Pois é, foi ele. É por isso que os outros podem dizer o que quiserem, mas eu vou ser sempre grata a ele."

Aproximávamo-nos da oficina; logo acima, vimos Auma conversando com o mecânico e ouvimos os gemidos do motor do

Fusca velho. Ao nosso lado, um menino pelado, talvez com uns três anos de idade, saiu de trás de uma fila de tambores de gasolina, os pés recobertos com algo que parecia ser piche. Zeituni parou de novo, dessa vez como se passasse mal, e cuspiu no chão.

"Quando a sorte do seu pai mudou", disse ela, "as mesmas pessoas que ele tinha ajudado nem ligaram. Riram dele. Nem os parentes quiseram recebê-lo em casa. É, Barry! Se recusaram! Diziam a Barack que era perigoso demais. Eu sabia que ele ficava chateado, mas não criticava. O seu pai nunca guardou mágoa. Na verdade, quando conseguiu se recuperar e voltou a prosperar, descobri que estava ajudando aquelas mesmas pessoas que tinham dado as costas pra ele. Ah, eu não conseguia entender isso. E dizia: 'Barack, você devia cuidar só de si e dos seus filhos! Os outros te trataram mal. São preguiçosos demais para trabalhar para eles mesmos'. Sabe o que ele me dizia? Dizia: 'Como você sabe que esse homem não precisa mais dessa coisinha do que eu?'"

Minha tia se virou e, esforçando-se em sorrir, acenou para Auma. E, quando voltamos a andar, ela acrescentou:

"Eu lhe conto isso para que você saiba as pressões que o seu pai sofreu aqui. Assim não fará um juízo muito severo sobre ele. E você precisa aprender com a vida dele. Se você tem alguma coisa, todo mundo vai querer uma parte daquilo. Então você precisa traçar uma linha em algum lugar. Se todos são família, ninguém é família. Acho que o seu pai nunca entendeu isso."

Lembro-me de uma conversa que tive certa vez em Chicago, quando ainda era líder comunitário. Foi com uma mulher que crescera numa família numerosa na zona rural da Geórgia. Cinco irmãos e três irmãs, disse-me ela, todos amontoados sob o mesmo teto. Ela me falou da labuta do pai em cultivar o pedacinho de terra que tinham, o que no final se mostrava inútil; me falou da horta da mãe, dos dois porcos que mantinham presos no quintal, dos peixes que ia pescar com os irmãos nas águas lamacentas de um rio próximo. Ao ouvi-la, comecei a entender que, das três irmãs que ela mencionara, duas tinham morrido ao nascer, mas no íntimo sempre haviam permanecido com ela, espíritos com nomes, idades, identidades, duas irmãs que a acompanhavam quando ia para a escola ou fazia os serviços de casa, que a consolavam quando chorava e acalmavam seus medos. Para essa mulher, a família nunca foi um espaço só dos vivos. Os mortos também tinham presença e suas vozes moldavam o curso dos sonhos dela.

Era o que estava acontecendo comigo. Lembro que, poucos dias depois de visitar Sarah, por acaso topamos, Auma e eu, com um conhecido do nosso pai, do Barclay no exterior. Notei que Auma não se lembrava do nome dele, então estendi a mão e me apresentei. O homem sorriu e disse:

"Ora, ora... Como você cresceu! Como vai a sua mãe? E o seu irmão Mark? Já se formou na universidade?"

No começo, fiquei confuso. Eu conhecia aquele homem? Auma explicou em voz baixa que eu era outro irmão, Barack, criado nos Estados Unidos, filho de outra mãe. David tinha morrido. Ficou um clima de embaraço geral: o homem assentindo com a cabeça ("Desculpe, eu não sabia"), mas me olhando outra vez, como que para se certificar de que era verdade; Auma tentando assumir um ar de que a situação, embora triste, fazia parte da tragédia; eu de lado, pensando como devia me sentir depois de ter sido confundido com um fantasma.

Mais tarde, no apartamento de Auma, perguntei-lhe quando tinha visto Mark e Ruth pela última vez. Ela apoiou a cabeça no meu ombro e olhou para o teto.

"No enterro de David", respondeu. "Se bem que, naquela altura, já fazia muito tempo que eles não falavam mais conosco."

"Por quê?"

"Te contei que o divórcio de Ruth e do nosso pai foi muito complicado. Depois da separação, ela se casou com um tanzaniano e fez com que Mark e David assumissem o sobrenome dele. Enviou-os para uma escola internacional e foram criados como estrangeiros. Disse a eles que não tivessem nenhum contato com o nosso lado da família."

Auma suspirou:

"Não sei. Talvez por ser mais velho, Mark adotou a atitude de Ruth e não teve mais contato conosco depois disso. Mas David, quando chegou à adolescência, por alguma razão se rebelou contra Ruth. Disse-lhe que era africano e começou a se referir a si mesmo como Obama. Às vezes saía escondido da escola para ir visitar o nosso pai e o resto da família, e foi assim que viemos a conhecê-lo. Virou o queridinho de todo mundo. Era muito meigo, sabe, e engraçado, mesmo que às vezes impetuoso demais."

E prosseguiu:

"Ruth tentou matriculá-lo num internato, na esperança de que ele se assentasse. Só que, em vez disso, David acabou fugindo. Ninguém o viu durante meses. Então Roy o encontrou por acaso numa partida de rúgbi, do lado de fora. Estava sujo, magro, pedindo esmola aos estrangeiros. Riu ao ver Roy e se vangloriou da sua vida nas ruas, fumando com os amigos. Roy falou que fosse para casa, mas ele não quis. Roy o levou para o próprio apartamento e mandou um recado a Ruth avisando que o filho estava bem, hospedado com ele. Quando soube disso, Ruth ficou aliviada, mas também furiosa. Pediu que David voltasse, porém, quando ele negou outra vez, ela aceitou tacitamente o arranjo com Roy, na esperança de que David alguma hora mudasse de ideia."

Auma tomou um gole de chá.

"Foi aí que David morreu. Quando estava morando com Roy. A morte dele deixou todo mundo devastado, principalmente Roy. Os dois eram muito próximos mesmo, sabe? Mas Ruth nunca entendeu isso. Achava que nós tínhamos corrompido David. Roubado o seu menino. E creio que ela nunca nos perdoou por isso."

Depois disso, resolvi não falar mais sobre David; notava-se que as lembranças eram dolorosas demais para Auma. No entanto, poucos dias depois, Auma e eu chegamos em casa e vimos um carro nos esperando na frente do prédio. O motorista, sujeito de pele morena e um pomo de adão bem saliente, entregou um bilhete para Auma.

"O que é?", perguntei.

"Um convite de Ruth", ela respondeu. "Mark veio dos Estados Unidos passar o verão. Ela está nos chamando para almoçar."

"Você quer ir?"

Auma meneou a cabeça, com ar de desagrado.

"Ruth sabe que já faz quase seis meses que estou aqui. Ela não está nem aí comigo. Só está nos convidando porque tem curiosidade de conhecer você. Quer compará-lo com Mark."

"Talvez eu deva ir", falei com calma.

Auma olhou o bilhete outra vez, então o devolveu para o motorista e lhe disse alguma coisa em suaíli.

"Vamos nós dois", disse ela, e entrou no prédio.

Ruth morava em Westlands, um enclave de residências caras cercado e protegido por alamedas largas e sebes bem cuidadas, cada residência com guarita na entrada e guardas de uniforme marrom. Chovia enquanto seguíamos para a casa dela, e pelas árvores grandes e frondosas descia uma garoa suave e delicada. A serenidade me fez lembrar das ruas em volta de Punahou, Manoa, Tantalus, onde moravam alguns dos meus colegas mais ricos no Havaí. Olhando pela janela do carro de Auma, relembrei a inveja que eu sentia daqueles colegas, sempre que me convidavam para jogar nos amplos quintais de suas casas ou para nadar em suas piscinas. E, com aquela inveja, outra impressão — a sensação de desespero calado que parecia existir naquelas casas grandes e bonitas. O som da irmã de alguém chorando mansinho atrás da porta. A vista de uma mãe tomando escondido um copo de gim no meio da tarde. A expressão no rosto de um pai sentado sozinho no seu canto, os traços contraídos enquanto passeava pela TV entre uma partida e outra de futebol universitário. Uma impressão de solidão que talvez não fosse real, apenas uma projeção interna da minha parte, mas que, de qualquer forma, sempre me dava vontade de sair correndo, assim como David, do outro lado do oceano, saíra correndo, de volta para a praça do mercado e para as ruas barulhentas, de volta para a desordem e as risadas que a desordem gerava, de volta para o tipo de dor que um garoto podia entender.

Chegamos a uma das casas mais modestas do quarteirão e estacionamos na curva de uma entrada de carros sinuosa. Uma mulher branca de queixo comprido e cabelo grisalho saiu da casa para nos receber. Atrás dela estava um negro da minha altura e da minha cor, com o cabelo num volumoso penteado afro e óculos com armação de chifre.

"Entrem, entrem", disse Ruth.

Nós quatro trocamos um aperto de mão formal e entramos numa ampla sala de estar, onde um negro mais velho e com início de calvície, numa jaqueta de safári, brincava de cavalinho com um menino no colo.

"Este é o meu marido", disse Ruth "e este é Joey, o irmãozinho de Mark."

"Olá, Joey", disse eu, me curvando para lhe dar a mão.

Era um garoto muito bonito, com pele cor de mel e com os dois dentes da frente faltando. Ruth fez um carinho nos cachos do menino, olhou o marido e disse:

"Vocês dois não estavam indo para o clube?"

"Já, já", disse o homem se levantando. "Vamos, Joey… Prazer em conhecê-los."

O menino ficou parado imóvel, erguendo os olhos para Auma e para mim com um sorriso radiante e curioso, até que o pai finalmente o pegou no colo e saíram pela porta.

"Bem, aqui estamos", disse Ruth, levando-nos ao sofá e servindo limonada. "Devo dizer que foi uma grande surpresa saber que você estava aqui, Barry. Falei ao Mark que tínhamos de ver como saiu esse outro filho de Obama. O seu sobrenome é Obama, não é? Mas a sua mãe se casou outra vez. Por que ela fez você manter o seu sobrenome?"

Sorri como se não tivesse entendido a pergunta.

"Então, Mark", disse, virando-me para o meu irmão, "soube que você está em Berkeley."

"Stanford", corrigiu ele. Tinha uma voz grave e sotaque totalmente americano. "Estou no último ano do curso de física de lá."

"Deve ser puxado", comentou Auma.

Mark deu de ombros.

"Não muito."

"Não seja tão modesto, querido", disse Ruth. "As coisas que Mark estuda são tão complicadas que só meia dúzia de pessoas consegue realmente entender."

Deu um tapinha carinhoso na mão de Mark e se virou para mim:

"E você, Barry, eu soube que você vai para Harvard. Igual ao Obama. Deve ter puxado um pouco a inteligência dele. Mas espero que não ao resto. Você sabe que Obama era bem doido, não é? Com a bebida piorou ainda mais. Chegou a conhecê-lo? Digo, Obama?"

"Só uma vez. Quando tinha dez anos."

"Bem, sorte a sua. Provavelmente é por isso que você está indo tão bem."

Foi assim que passamos a hora seguinte, Ruth alternando entre histórias dos fracassos do meu pai e histórias das realizações de Mark. Fazia todas as perguntas exclusivamente a mim, enquanto Auma ficava em silêncio, remexendo a lasanha com o garfo. Eu queria ir embora logo depois da refeição, no entanto Ruth sugeriu que Mark nos mostrasse o álbum de família enquanto ela trazia a sobremesa.

"Tenho certeza de que não estão interessados, mãe", disse Mark.

"Claro que estão interessados", respondeu Ruth.

Então, com a voz estranhamente distante, falou:

"Tem fotos do Obama. De quando era jovem…"

Fomos com Mark até a estante e ele tirou um álbum grande de fotos. Sentamos juntos no sofá, folheando devagar as páginas laminadas. Auma e Roy, escuros, magros e altos, só pernas e olhos, segurando nos braços os dois menores em atitude protetora. Meu pai e Ruth fitando a paisagem em alguma praia. A família toda vestida para uma noitada na cidade. Eram cenas felizes, todas elas, e todas estranhamente familiares, como se eu visse de relance um universo alternativo se desenrolando às minhas costas. Eram reflexos, entendi, das fantasias que alimentei por tanto tempo, que mantive secretas até para mim mesmo. A fantasia de que o Velho tivesse voltado para o Quênia trazendo minha mãe e eu. O desejo de que minha mãe, meu pai, minhas irmãs e meus irmãos vivessem todos sob o mesmo teto. E pensei: era assim que poderia ter sido. E o reconhecimento de que tudo saíra errado, a dura comprovação de como realmente tinha sido a vida, me deixou tão triste que, depois de poucos minutos, tive de desviar os olhos.

No caminho de volta, pedi desculpas a Auma pelo suplício que a fiz passar. Com um gesto de mão, ela dispensou as desculpas.

"Podia ter sido pior", disse ela. "Mas tenho pena de Mark. Parece tão solitário. Não é fácil ser mestiço no Quênia, sabe…"

Olhei pela janela, pensando na minha mãe, na Toot e no meu avô, e como era grato a eles — por serem quem eram, pelas histórias que me contaram. Virei de novo para Auma e perguntei:

"Ela ainda não superou, não é?"

"Quem?"

"Ruth. Ela não superou o nosso pai."

Auma pensou durante um instante e disse:

"Não, Barack. Acho que não. Como todos nós."

Na semana seguinte, liguei para Mark e propus que saíssemos para almoçar. Ele pareceu hesitar um pouco, mas depois concordou em me encontrar num restaurante indiano no centro da cidade. Estava mais à vontade do que no nosso primeiro encontro; fez algumas piadas ironizando a si mesmo, comentou sobre a Califórnia e as disputas acadêmicas internas. Aproximando-se o fim do almoço, perguntei como ele se sentia passando o verão em casa.

"Bem", disse ele. "É bom ver meus pais, claro. E Joey: é realmente um ótimo garoto."

Cortou um pedaço da samosa e pôs na boca, dizendo:

"Quanto ao resto do Quênia, não tenho muito apego. É só mais um país africano pobre."

"Você não pensa em ficar por aqui?"

Tomando um gole de coca-cola, ele respondeu:

"Não. Quer dizer, num país onde a média das pessoas nem tem telefone, não há muito trabalho para um físico, não é?"

Eu devia ter parado por aí, mas alguma coisa — a segurança na voz desse irmão, talvez, ou a nossa vaga semelhança, como que olhando um espelho embaçado — me fez prosseguir. Perguntei:

"Você nunca tem a sensação de que está perdendo alguma coisa?"

Mark pousou o garfo e a faca e, pela primeira vez naquela tarde, me fitou diretamente nos olhos.

"Entendo aonde você quer chegar", disse sem rodeios. "Você acha que estou de alguma maneira separado das minhas raízes, esse tipo de coisa."

Limpou a boca e largou o guardanapo em cima do prato, continuando:

"Bem, você tem razão. A certa altura, decidi não pensar quem era o meu pai de verdade. Mesmo quando vivo, ele estava morto para mim. Sabia que era um bêbado e não mostrava nenhum interesse pela mulher nem pelos filhos. Era o bastante."

"Isso te deixou furioso."

"Furioso, não. Só insensível."

"E isso não te incomoda? Ficar insensível?"

"Em relação a ele, não. Outras coisas me sensibilizam. As sinfonias de Beethoven. Os sonetos de Shakespeare. Eu sei: não é isso que devia importar a um africano. Mas quem vai me dizer com o que devo ou não me importar? Veja bem, não sinto vergonha por ser meio queniano. Só não me pergunto muito o que tudo isso significa. Quem *realmente* sou." Deu de ombros. "Não sei. Talvez devesse. Posso admitir que, se eu me analisasse com mais cuidado, talvez…"

Por uma fração de segundo senti a hesitação dele, como um alpinista perdendo o pé. E aí, quase no mesmo instante, ele se recompôs e fez sinal para trazerem a conta.

"Quem sabe?", prosseguiu. "O que sei é que não preciso da tensão. A vida já tem problemas demais."

Levantamos para ir embora e insisti em pagar a conta. Na rua trocamos endereços e prometemos nos escrever, com uma insinceridade de doer. Quando cheguei em casa, contei a Auma como tinha sido o encontro. Por um momento ela ficou com o olhar distante e então soltou uma risada curta e mordaz.

"Qual é a graça?"

"Estava pensando como a vida é estranha. Logo que o nosso pai morreu, os advogados entraram em contato com todos os que podiam pretender direito à herança. Ao contrário da minha mãe, Ruth tem todos os documentos necessários para provar quem era o pai de Mark. Então, de todos os filhos do Velho, Mark é o único com pretensão inconteste."

Auma riu de novo, e olhei a foto pendurada na parede, a mesma foto colada no álbum de Ruth, de três irmãos e uma irmã, sorrindo meigamente para a câmera.

17.

Depois de quase duas semanas no Quênia, fui com Auma a um safári.

Ela não se empolgou muito com a ideia. Quando lhe mostrei o folheto, minha irmã fez uma careta e balançou a cabeça. Como a maioria dos quenianos, ela traçava uma linha reta entre as reservas de caça e o colonialismo.

"Quantos quenianos você acha que podem se dar ao luxo de ir a um safári?", perguntou. "Por que reservar toda aquela área para os turistas, quando podia ser usada para a agricultura? Esses *wazungu* se importam mais com um elefante morto do que com cem crianças negras."

Ficamos vários dias discutindo. Eu dizia que ela estava deixando que as atitudes dos outros a impedissem de ver o próprio país. Ela respondia que não queria jogar dinheiro fora. Por fim cedeu, não por causa das minhas habilidades de persuasão, mas porque ficou com pena de mim.

"Se algum bicho te devorar por lá", disse ela, "nunca vou me perdoar."

Assim, às sete da manhã de uma terça-feira, ficamos observando enquanto um motorista quicuio robusto, chamado Francis, colocava nossas malas no bagageiro por cima de uma minivan branca. Conosco havia um cozinheiro delgado chamado Rafael, um italiano de cabelo escuro chamado Mauro e um casal inglês no começo dos quarenta, os Wilkerson.

Saímos de Nairóbi numa velocidade moderada, e logo chegamos ao campo, com colinas, prados verdes, trilhas de terra e pequenos *shambas* cercados de leiras de pés de milho mirrados e muito espaçados. Todos quietos, um silêncio desanimador que me fazia lembrar de ocasiões parecidas nos Estados Unidos, aquela pausa que às vezes acompanhava o meu entrosamento pessoal num bar ou num hotel. Me fez pensar em Auma e em Mark, nos meus avós no Havaí, na minha mãe ainda na Indonésia e nas coisas que Zeituni havia me contado.

Se todos são família, ninguém é família.

Zeituni estava certa? Eu tinha vindo ao Quênia pensando que conseguiria de alguma maneira reunir meus vários mundos em algo uno e harmonioso. Em vez disso, as divisões pareciam ter se multiplicado ainda mais, pululando entre as tarefas mais simples. Pensei na manhã anterior, quando fomos, Auma e eu, reservar nossos bilhetes. Os donos da agência de viagens eram asiáticos; a maioria das pequenas empresas em Nairóbi pertencia a asiáticos. Na mesma hora Auma ficou tensa.

"Você viu como eles são arrogantes?", cochichou para mim enquanto olhávamos uma jovem indiana dando ordens aqui e ali aos funcionários negros. "Eles se dizem quenianos, mas não querem nada com a gente. Quando recebem, na mesma hora enviam o dinheiro para Londres ou Bombaim."

A atitude dela tocou num ponto sensível.

"Como você pode criticar os asiáticos por mandarem o dinheiro para fora do país", perguntei a ela, "depois do que aconteceu em Uganda?"

E lhe contei sobre os grandes amigos indianos e paquistaneses que eu tinha nos Estados Unidos, amigos que haviam apoiado causas negras, amigos que me emprestavam dinheiro quando eu estava no vermelho e que me levavam para a casa deles quando eu não tinha onde ficar. Auma não se abalou nem um pouco.

"Ah, Barack", disse ela. "Às vezes você é tão ingênuo…"

Fixei meu olhar em Auma, cujo rosto estava voltado para a vitrine. O que eu esperava conseguir com aquele pequeno sermão? Minhas fórmulas singelas para a solidariedade em relação ao Terceiro Mundo tinham pouca aplicação no Quênia. Aqui, as pessoas de origem indiana eram como os chineses na Indonésia, os coreanos no South Side de Chicago, forasteiros que sabiam negociar e se fechavam entre eles, operando nas margens de um sistema racial de castas, mais visíveis e, portanto, mais vulneráveis ao ressentimento. Não era necessariamente culpa de ninguém. Era só uma questão histórica, um fato infeliz da vida.

Em todo caso, as divisões no Quênia não se encerravam por aí; havia linhas sempre mais tênues a traçar. Entre as quarenta tribos negras do país, por exemplo. Estas também eram um fato da vida. Não se notava tanto o tribalismo entre os amigos de Auma, quenianos mais jovens com educação universitária que haviam se formado com a ideia de nação e raça; para eles, a tribo só entrava em questão quando avaliavam um possível companheiro ou, já com mais idade, pesavam se ajudava ou atrapalhava a carreira. Mas eram exceção. A maioria dos quenianos ainda operava com mapas de identidade mais velhos, com lealdades mais antigas. Mesmo Jane e Zeituni às vezes diziam coisas que me surpreendiam. "Os luos são inteligentes, mas preguiçosos", por exemplo. Ou: "Os quicuios são interesseiros, mas trabalhadores". Ou ainda: "Os calenjins, bom, dá pra ver o que aconteceu com o país desde que eles assumiram".

Ouvindo minhas tias usarem tais estereótipos, eu tentava explicar a elas que isso era um equívoco. "É pensar assim que atrasa a gente", dizia eu. "Somos todos de uma tribo só. A tribo negra. A tribo humana. Vejam o que o tribalismo fez em lugares como a Nigéria e a Libéria."

Jane respondia: "Ah, aqueles africanos ocidentais são todos loucos mesmo. Você sabe que eram canibais, não sabe?".

Zeituni respondia: "Você parece o seu pai, Barry. Ele também tinha essas ideias sobre as pessoas".

Querendo dizer: ele também era ingênuo; ele também gostava de discutir com a história. Veja o que aconteceu com ele...

A van parou de repente, me arrancando do devaneio. Estávamos na frente de um pequeno *shamba*, e o motorista, Francis, disse para esperarmos. Dali a alguns minutos, ele saiu da casa com uma menina africana, de uns doze ou treze anos, com jeans e uma blusa bem passada, carregando uma pequena mochila. Francis ajudou a menina a entrar na traseira e apontou o assento ao lado de Auma.

"É sua filha?", perguntou Auma, movendo-se para abrir espaço para a menina.

"Não", respondeu Francis. "É minha irmã. Ela gosta de ver os animais e sempre me pede para ir junto. Espero que ninguém se importe."

Todos assentiram e sorriram para a menina, que enfrentou bravamente toda aquela atenção.

"Como você se chama?", perguntou a mulher inglesa, a sra. Wilkerson.

"Elizabeth", murmurou a menina.

"Bem, Elizabeth, se você quiser, pode ficar na minha barraca", disse Auma. "Acho que o meu irmão ronca."

Fiz cara feia.

"Não acredite nela", disse eu e estendi um pacote de bolacha.

Elizabeth pegou uma e ficou mordiscando pelas beiradas. Auma pegou o pacote e se virou para Mauro.

"Aceita?", perguntou.

O italiano sorriu e pegou uma, e Auma ofereceu aos outros.

Seguimos a estrada para uma região mais fresca, de colinas, por onde andavam mulheres descalças carregando lenha e água e meninos pequenos em carroças raquíticas fustigavam burricos. Aos poucos diminuiu a quantidade de *shambas*, substituídos por matas e moitas emaranhadas, até que as árvores à nossa esquerda sumiram de repente e víamos apenas o amplo céu aberto.

"O Grande Vale do Rift", anunciou Francis.

Descemos da van e ficamos na borda da escarpa dando para o horizonte ocidental. A algumas centenas de metros abaixo, estendiam-se pedras e uma vegetação de savana por uma planície sem-fim até encontrar o céu, onde nosso olhar subia para uma série de nuvens brancas. À direita, erguia-se uma montanha solitária como uma ilha num mar silencioso; para além dela, via-se uma sucessão de cumes denteados e sombreados. Havia apenas dois sinais visíveis de presença humana: um caminho estreito para o oeste e uma estação de satélite, com seu enorme disco branco voltado para o céu.

Alguns quilômetros ao norte, saímos da estrada principal e entramos numa estrada de macadame asfáltico. Íamos devagar: em certos pontos, os buracos ocupavam toda a largura da estrada, e volta e meia vinham caminhões do outro lado, obrigando Francis a sair para o acostamento. Finalmente chegamos à estrada que tínhamos visto do alto e começamos a atravessar o vale. Era uma paisagem árida, composta na maioria de tufos de capim e espinheiros desgrenhados, com cascalho e trechos de pedras escuras. Passamos por pequenos bandos de gazelas; um gnu sozinho pastando ao pé de uma árvore; zebras e uma girafa, que mal se viam à distância. Não vimos ninguém durante quase uma hora, até que um pastor massai solitário surgiu ao longe, magro e espigado como a vara que trazia na mão, conduzindo uma manada de bois de chifre comprido em meio a uma planície vazia.

Eu não vira muitos massais em Nairóbi, embora tivesse lido bastante sobre eles. Sabia que seus hábitos pastoris e a ferocidade que demonstravam na guerra lhes haviam valido um respeito relutante por parte dos britânicos, de forma que, mesmo quando houve o rompimento dos tratados e os massais ficaram restritos às reservas, a tribo ganhara uma aura mitológica na derrota, como os cherokees ou os apaches, a figura do nobre selvagem dos cartões-postais e dos livros de fotos decorativas. Também sabia que essa paixão ocidental pelos massais enfurecia outros quenianos, que consideravam seus hábitos constrangedores e desejavam ardentemente as terras desse povo. O governo tentara impor o ensino obrigatório às crianças massais e implantar um sistema de registro da terra entre os adultos. O fardo do homem negro, dizia o governo: civilizar nossos irmãos menos afortunados.

À medida que avançávamos no território dos massais, eu me perguntava por quanto tempo eles resistiriam. Em Narok, um pequeno povoado comercial onde paramos para abastecer e comer alguma coisa, um grupo de crianças com calções cáqui e camisetas velhas cercou nossa van com o agressivo entusiasmo dos seus análogos de Nairóbi, vendendo salgadinhos e bijuterias baratas. Duas horas depois, quando chegamos ao portão de barro na entrada da reserva, um massai alto com um boné dos Yankees e cheirando a cerveja se inclinou à janela da nossa van e propôs que visitássemos um *boma* massai tradicional.

"Só quarenta xelins", disse o homem sorrindo. "Fotos à parte."

Enquanto Francis resolvia alguma questão no escritório do guarda da reserva, saímos da van e seguimos o massai até um grande conjunto circular cercado por espinheiros. Ao longo do perímetro havia pequenos casebres de barro e esterco; no centro do conjunto, vários bois e algumas criancinhas nuas estavam lado a lado no chão de terra. Um grupo de mulheres acenou para nós e nos convidou a olhar suas cuias cheias de contas; uma delas, uma jovem mãe encantadora com um bebê às costas, mostrou-me uma moeda de 25 centavos de dólar que alguém lhe impingira. Concordei em trocar por xelins quenianos e, em retribuição, ela me convidou a entrar no seu casebre. Era um espaço totalmente escuro e atravancado, com 1,5 metro de altura. A mulher me disse que a família cozinhava, dormia e abrigava ali os bezerrinhos recém-nascidos. A fumaça cegava os olhos e, depois de um minuto, tive de sair, contendo-me para não espanar as moscas que formavam dois círculos densos em volta dos olhos inchados do bebê.

Ao voltarmos à van, Francis estava à nossa espera. Saímos pelo portão e subimos um leve aclive árido da estrada. E lá, do outro lado, vi a terra mais linda com que já tinha deparado na vida. Alongava-se em uma vastidão, as planícies se estendendo em suaves ondulações, ocres, maleáveis como o dorso de um leão, atravessadas por longas galerias de florestas e pontilhadas com árvores espinhosas. À nossa esquerda, um imenso rebanho de zebras, com suas listras absurdamente simétricas, pastava o capim cor de trigo; à nossa direita, um bando de gazelas saltava para dentro das moitas. E, no centro, milhares de gnus, de cabeça baixa e espáduas encurvadas que pareciam excessivamente pesadas por cima dos membros esguios. Francis começou a avançar bem devagar em meio à manada, centímetro a centímetro, e os animais abriam caminho à nossa frente e depois se juntavam por trás de nós como um cardume, os cascos batendo na terra como ondas na praia.

Dei uma olhada em Auma. Estava abraçada com Elizabeth e as duas tinham o mesmo sorriso silencioso.

Montamos o acampamento às margens de um riacho cor de barro sinuoso, sob uma grande figueira cheia de estorninhos azuis barulhentos. Estava ficando tarde, mas, depois de montar as barracas e juntar lenha, deu tempo para irmos até uma fonte próxima, onde gazelas e topis haviam se reunido para beber água. Quando voltamos, a fogueira estava acesa e, ao sentarmos para comer o ensopado de Rafael, Francis começou a nos falar um pouco a respeito de sua vida. Tinha mulher e seis filhos, disse, que moravam no sítio dele em Kikuyuland. Tinham um acre de café e milho; nos dias de folga, ele fazia o trabalho mais pesado de carpir e plantar. Falou que gostava do serviço na agência de viagens, mas não gostava de ficar longe da família.

"Se eu pudesse", disse ele, "preferia cuidar do sítio em tempo integral, mas o scq não deixa."

"O que é o scq?", perguntei.

"O Sindicato Cafeeiro do Quênia. São uns ladrões. Regulam o quê e quando a gente pode plantar. Só posso vender o meu café para eles, e eles vendem no estrangeiro. O que eles nos dizem é que os preços estão caindo, mas sei que, mesmo assim, eles recebem cem vezes mais do que me pagam. Para onde vai o resto?" Francis balançou a cabeça, desgostoso. "É uma coisa horrível quando o governo rouba do próprio povo."

"Você fala com muita franqueza", disse Auma.

Francis deu de ombros.

"Se mais gente falasse, talvez as coisas mudassem. Vejam a estrada por onde viemos hoje de manhã até o vale. Não faz nem um ano que aquela estrada foi supostamente consertada. Mas só usaram cascalho solto, entendem, que foi embora logo nas primeiras chuvas. O dinheiro que economizaram provavelmente foi usado para construir a casa de algum figurão."

Francis olhou o fogo, alisando o bigode.

"Imagino que não seja culpa só do governo", disse depois de um momento. "Mesmo quando fazemos as coisas direito, nós quenianos não gostamos de pagar imposto. Não confiamos na ideia de entregar o nosso dinheiro para outros. O pobre tem boas razões para desconfiar. Mas os endinheirados, que são donos dos caminhões que usam as estradas, eles também não querem pagar a parte deles. Preferem que seus equipamentos sofram danos o tempo todo a abrir mão de uma parte dos lucros. É assim que a gente pensa, entendem? O problema é sempre dos outros."

Atirei um graveto na fogueira.

"Nos Estados Unidos a atitude não é muito diferente", falei a Francis.

"Provavelmente você tem razão", disse ele. "Mas, veja, um país rico como os Estados Unidos talvez possa se permitir ser idiota."

Naquele instante, dois massais se aproximaram do fogo. Francis lhes deu as boas-vindas e, enquanto se sentavam num dos bancos, ele nos explicou que iam fazer a segurança durante a noite. Eram calmos e bonitos, com os zigomas altos acentuados pela luz do fogo, os membros esguios se destacando dos *shukas* vermelho-sangue, as lanças cravadas no chão à sua frente, projetando longas sombras na direção das árvores. Um deles, que se apresentou como Wilson, falava suaíli e nos disse que morava num *boma* a alguns quilômetros a leste. O companheiro calado começou a percorrer a escuridão com o facho da lanterna, e Auma perguntou se alguma vez o acampamento já tinha sido atacado por animais. Wilson deu um sorriso maroto.

"Nada muito grave", respondeu. "Mas, se precisar ir ao banheiro de noite, melhor chamar um de nós para ir junto."

Francis começou a lhes perguntar sobre os movimentos de vários animais, e me afastei da fogueira para ir ver as estrelas. Fazia anos que eu não via um céu assim; longe das luzes da cidade, as estrelas eram graúdas, redondas e brilhantes como pedras preciosas. Notei uma faixa levemente espessa no céu que, afora isso, estava totalmente límpido e me afastei ainda mais da fogueira, achando que talvez fosse a fumaça, mas concluí que devia ser uma nuvem. Estava me perguntando por que a nuvem não se movia quando ouvi passos atrás de mim.

"Creio que é a Via Láctea", disse o sr. Wilkerson, olhando o céu.

"Sério?"

Ele ergueu a mão e desenhou o contorno das constelações para mim, os pontos do Cruzeiro do Sul. Era magro, de fala mansa, com óculos redondos e cabelo loiro descorado. No começo, imaginei que devia passar a vida em ambiente fechado, como contador ou professor. Porém, no decorrer do dia, notei que ele tinha os mais variados conhecimentos práticos; sabia coisas que eu nunca soube, mas gostaria de saber. Conversou longamente com Francis sobre os motores da Land Rover, montou sua barraca antes que eu conseguisse fincar a primeira estaca da minha, parecia conhecer os nomes de todas as aves e de todas as árvores que víamos.

Assim, não me surpreendi quando ele me disse que tinha passado a infância no Quênia, numa fazenda de chá nos Planaltos Brancos. A impressão era de que ele não queria falar muito sobre o passado; disse apenas que a família tinha vendido a terra depois da independência e voltara para a Inglaterra, instalando-se num subúrbio tranquilo de Londres. Formara-se em medicina e trabalhara no Serviço Nacional de Saúde em Liverpool, onde conheceu a esposa, uma psiquiatra. Depois de alguns anos, convenceu-a a voltar com ele para a África. Não escolheram o Quênia porque o país contava com uma proporção de médicos maior do que no resto do continente, por isso se estabeleceram no Maláui, onde tinham passado os últimos cinco anos trabalhando em contrato com o governo.

"Supervisiono oito médicos para uma região com meio milhão de habitantes", dizia-me. "Nunca temos suprimentos suficientes: pelo menos metade das compras do governo vai para o mercado ilícito. Então só conseguimos nos concentrar no básico, que na África, em todo caso, é o que é necessário. As pessoas morrem de todos os tipos de doenças que podem ser prevenidas. Disenteria. Varicela. E agora a aids: o índice de contaminação em algumas aldeias chega a 50%. É de enlouquecer."

Eram histórias terríveis, mas, enquanto o sr. Wilkerson continuava a me falar de suas tarefas — abrir poços, treinar agentes comunitários para vacinar as crianças, distribuir preservativos —, não parecia cético nem sentimental. Perguntei por que tinha voltado para a África, e ele respondeu sem hesitar, como se muitas vezes ouvisse aquela pergunta.

"É o meu lar, imagino. O povo, a terra…"

Tirou os óculos e limpou com um lenço, retomando:

"É engraçado, sabe? Depois que você mora aqui por algum tempo, a vida na Inglaterra fica parecendo tremendamente limitada. Os ingleses têm muito mais, porém parecem aproveitar menos as coisas. Lá eu me sentia um estrangeiro."

Recolocou os óculos e levantou os ombros:

"Sei, claro, que mais tarde vou ser substituído. Faz parte do meu trabalho: me tornar desnecessário. Os médicos maláuis com quem trabalho são realmente excelentes. Competentes. Dedicados. Se conseguíssemos construir um bom hospital, algumas instalações decentes, poderíamos triplicar o número de médicos num instante. E aí…"

"E aí?"

Ele se virou para a fogueira e tive a impressão de que sua voz começou a fraquejar.

"Talvez eu nunca possa chamar aqui de lar", disse. "Pagando os pecados paternos, sabe? Aprendi a aceitar isso."

Fez uma pausa e então me olhou.

"Mas gosto mesmo daqui", disse e voltou para a sua barraca.

* * *

O amanhecer. A leste, o céu clareia por sobre um bosque negro, primeiro com um azul carregado, depois alaranjado, e então um amarelo cremoso. Aos poucos as nuvens perdem o tom arroxeado, em seguida se dissipam, deixando apenas uma estrela. Ao sairmos do acampamento, vemos uma caravana de girafas, os pescoços compridos inclinados num mesmo ângulo, negras contra o sol nascente vermelho, estranhas marcas num céu antigo.

Foi assim pelo resto do dia, como se eu voltasse a ter olhos de criança; o mundo, um livro de figuras, uma fábula, um quadro de Rousseau. Um bando de leões, bocejando no capim amarfanhado. Búfalos nos pântanos, os chifres como perucas baratas, os pica-bois bicando e se alimentando das crostas de lama no dorso deles. Hipopótamos nos leitos rasos dos rios, narinas e olhos rosados como bolinhas de gude na superfície da água. Elefantes abanando as orelhas enormes.

E, acima de tudo, a tranquilidade, um silêncio combinando com os elementos. No crepúsculo, não longe do acampamento, encontramos um bando de hienas comendo a carcaça de um gnu. Na luz alaranjada do final do dia, pareciam uns cães demoníacos, os olhos como carvões em brasa, a mandíbula pingando sangue. Ao lado deles, uma fila de abutres aguardava com olhar firme e paciente, saltando de lado como corcundas sempre que uma das hienas se aproximava demais. Era uma cena selvagem, e ficamos ali um bom tempo, vendo a vida se alimentar de si mesma, o silêncio interrompido apenas pelo estalido de um osso, por uma lufada de vento ou pelo baque pesado das asas de um abutre tentando subir e pegar a corrente de ar, até que chegava à parte de cima e aquelas asas longas e elegantes ficavam imóveis e serenas como todo o resto. E pensei comigo mesmo: É assim que era a Criação. A mesma serenidade, o mesmo mascar de ossos. Lá no lusco-fusco, além daquele morro, imaginei o primeiro homem avançando, nu, de epiderme grossa, segurando uma pederneira na mão desajeitada, ainda sem palavras para o medo, a expectativa, o temor e a reverência que sente pelo céu, a centelha de percepção de sua própria morte. Se ao menos pudéssemos lembrar aquele primeiro passo comum, aquela primeira palavra comum — aquele tempo antes de Babel.

À noite, depois do jantar, conversamos mais com nossas sentinelas massais. Wilson nos contou que ele e o colega eram até recentemente *moran*, membros da classe celibatária de jovens guerreiros que ocupavam o centro da lenda massai. Cada um deles tinha matado um leão para provar sua masculinidade e participado de vários ataques a manadas de gado. Mas não havia mais guerras e mesmo aqueles ataques tinham se complicado — no ano anterior, um amigo fora atingido pelos disparos de um sitiante quicuio. Wilson por fim decidiu que ser *moran* era perda de tempo. Foi para Nairóbi procurar trabalho, no entanto tinha pouca instrução e acabou se tornando segurança de um banco. Quase louco de tédio, por fim voltou para o vale, para se casar e criar gado. Pouco tempo antes, uma rês tinha sido morta por um leão e, ainda que fosse um ato ilegal, ele e outros quatro entraram na reserva para caçar o leão.

"Como vocês matam um leão?", perguntei.

"Cinco homens cercam o leão e atiram as lanças", disse Wilson. "O leão vai escolher um para atacar. Esse homem se protege debaixo do escudo enquanto os outros quatro terminam a tarefa."

"Parece perigoso", disse eu tolamente.

Wilson deu de ombros:

"Geralmente ficam só uns arranhões. Mas às vezes apenas quatro voltam."

Wilson não estava se vangloriando; parecia mais um mecânico tentando explicar um conserto complicado. Talvez tenha sido essa displicência que levou Auma a lhe perguntar para onde os massais achavam que uma pessoa ia depois de morrer. De início, Wilson fez um ar de quem não entendia a pergunta, mas depois sorriu e começou a balançar a cabeça.

"Os massais não acreditam nisso", disse quase rindo, "nessa vida depois que a gente morre. Depois de morrer, você não é nada. Volta para o solo. Só isso."

"E você, Francis, o que acha?", perguntou Mauro.

Francis estava lendo uma Bíblia pequena encadernada de vermelho. Levantou os olhos e sorriu.

"Esses massais são homens corajosos", disse ele.

"Você foi criado como cristão?", perguntou Auma a Francis.

Ele assentiu:

"Os meus pais se converteram antes que eu nascesse."

Mauro falou, fitando o fogo.

"Eu, por mim, deixo a Igreja. São muitas regras. Francis, às vezes você não acha que o cristianismo não é tão bom assim? Para a África, o missionário muda tudo, não é? Ele traz... como vocês dizem?"

"Colonialismo", sugeri.

"Isso, colonialismo. Religião de branco, não?"

Francis pousou a Bíblia no colo.

"Essas coisas me incomodavam quando eu era novo. Os missionários eram homens e erravam como homens. Agora que estou mais velho, entendo que também posso falhar. Não é falha de Deus. Também lembro que alguns missionários alimentavam as pessoas durante a seca. Alguns ensinavam as crianças a ler. Nisso, acredito que faziam a obra de Deus. A única coisa que podemos fazer é aspirar a viver como Deus, mas sempre ficaremos aquém."

Mauro foi para sua barraca e Francis voltou para sua Bíblia. Auma, ao lado, começou a ler uma história com Elizabeth. O dr. Wilkerson sentou de joelhos juntos, consertando a calça, enquanto a esposa fitava o fogo ao seu lado. Olhei os massais, atentos e silenciosos, e fiquei imaginando o que eles pensavam a nosso respeito. Deviam nos achar divertidos, concluí. Eu sabia que a coragem, a firmeza deles me levavam a questionar meu espírito irrequieto. Mesmo assim, enquanto olhava em torno da fogueira, pensei que também via uma coragem igualmente admirável em Francis, em Auma, nos Wilkerson. Era dessa coragem, pensei, que a África talvez mais precisasse. Pessoas honestas e decentes, com metas factíveis e a determinação de alcançá-las.

O fogo começou a se extinguir, e cada qual, um por um, foi se deitar, até ficarmos apenas Francis, os massais e eu. Quando me levantei, Francis começou a entoar em voz grave um cântico em quicuio, com uma melodia que reconheci vagamente. Ouvi por algum tempo, perdido em pensamentos. Indo para a barraca, senti que entendia o canto de lamento de Francis, imaginando-o subir ao alto, pela noite límpida e escura, até alcançar Deus.

No dia em que voltamos de Mara, Auma e eu recebemos o recado de que Roy chegara, uma semana antes do previsto. Aparecera de surpresa em Kariakor, de maleta na mão, dizendo que ficara aflito de esperar em Washington e conseguira antecipar o voo. A família ficou emocionada com a chegada e aguardou nossa volta para fazer uma grande festa. Bernard, que nos trouxe a notícia, falou que nos esperavam em breve; remexia-se enquanto falava, como se cada minuto longe do nosso irmão mais velho fosse uma traição ao dever. Mas Auma, ainda com o corpo duro de dormir em uma barraca nos dois últimos dias, insistiu em tomar um banho.

"Não se preocupe", disse ela a Bernard. "Roy é dramático com relação a tudo."

Quando chegamos, o apartamento de Jane estava no maior

rebuliço. Na cozinha, as mulheres limpavam couves e inhames, picavam frango e mexiam *ugali*. Na sala de estar, as crianças arrumavam a mesa e serviam refrigerante aos adultos. E, no centro daquela movimentação toda, estava Roy sentado, com as pernas abertas estendidas, os braços apoiados no encosto do sofá, meneando a cabeça com ar aprovador. Chamou-nos com um aceno e nos deu um abraço. Auma, que não via Roy desde que ele tinha ido para os Estados Unidos, recuou para vê-lo melhor.

"Como você está gordo!", ela exclamou.

"Gordo, hein?", Roy riu. "Um homem tem de ter apetite de homem."

Ele se virou para a cozinha:

"E isso me faz lembrar... onde está aquela outra cerveja?"

Mal acabou de falar e Kezia veio com uma cerveja na mão, sorrindo, feliz.

"Barry", disse ela em inglês, "este é o filho mais velho. Chefe da família."

Outra mulher, que eu nunca tinha visto antes, roliça e de seios fartos, com batom vermelho-vivo, aproximou-se de Roy e passou o braço em volta dele. O sorriso de Kezia sumiu e ela voltou para a cozinha.

"Querido", disse a mulher a Roy, "os cigarros estão com você?"

"Estão, espere um pouquinho." Roy apalpou cuidadosamente os bolsos da camisa. "Conhece o meu irmão, Barack? Barack, esta é Amy. E da Auma você se lembra."

Roy encontrou o maço de cigarros e acendeu um para Amy. Ela deu uma longa tragada e se inclinou na direção de Auma, soltando anéis de fumaça enquanto falava.

"*Claro* que me lembro da Auma. Como vai? Nossa, você está linda! E gostei do que fez no cabelo. Está realmente tão... natural!"

Amy pegou a garrafa de Roy, e Roy foi até a mesa de jantar, pegando um prato e se curvando para cheirar as travessas fumegantes. "*Chapos!*", exclamou, pondo três chapatis no prato. "*Suku-ma-wiki!*", gritou diante da couve e amontoou uma porção no prato. "*Ugali!*", bradou, partindo dois pedaços grandes de angu. Bernard e as crianças seguiam cada passo seu, tentando repetir as palavras de Roy no mesmo volume de voz. Em volta da mesa, nossas tias e Kezia estavam radiantes de alegria. Desde que eu chegara, nunca as vira tão felizes.

Depois do jantar, enquanto Amy ajudava as tias a lavar a lou-ça, Roy se sentou entre mim e Auma e anunciou que voltara com grandes planos. Ia criar uma empresa de exportação, disse ele, vendendo curiosidades quenianas nos Estados Unidos.

"*Chondos*. Tecidos. Estatuetas de madeira. *Adoram* essas coi-sas por lá! Dá para vender em festivais, shows, lojas de itens diver-sos. Já comprei algumas amostras para levar."

"É uma ótima ideia", disse Auma. "Me mostre o que você escolheu."

Roy disse a Bernard que fosse pegar as várias sacolas de plás-tico cor-de-rosa num dos quartos. Dentro das sacolas havia diver-sas estatuetas de madeira, aquelas peças bonitinhas produzidas em série vendidas com grande rotatividade para os turistas no centro da cidade. Auma virou as peças na mão com ar de dúvida no rosto.

"Quanto você pagou por elas?"

"Só quatrocentos xelins cada."

"Tudo isso! Mano, acho que te enganaram. Bernard, por que você deixou que ele fosse explorado?"

Bernard deu de ombros. Roy parecia um pouco magoado.

"Já falei, são só umas amostras", disse ele enquanto embru-lhava as peças de volta. "Um investimento, assim posso saber o que o mercado quer. Para faturar, precisa gastar, não é, Barack?"

"É o que dizem."

Roy recuperou depressa o entusiasmo.

"Estão vendo? Quando eu conhecer o mercado, vou mandar os pedidos para cá, para Zeituni. Vamos montar o negócio devagar, entendem? *De-va-gar.* E aí, quando a coisa estiver funcionando, Bernard e Abo podem trabalhar na empresa. Hein, Bernard? Você pode trabalhar para mim."

Bernard assentiu vagamente. Auma observou o irmão mais novo e se virou para Roy:

"E qual é o outro grande plano?"

Roy sorriu e disse:

"Amy."

"Amy?"

"Amy. Vou me casar com ela."

"*O quê?* Quando foi a última vez que vocês se viram?"

"Faz dois anos. Três. E o que é que tem?"

"Você não teve muito tempo para pensar nisso."

"É uma africana. *Isso* eu sei. Ela me *entende.* Não feito aquelas europeias, sempre discutindo com os homens delas."

Roy assentiu enfaticamente e então, como se fosse puxado por um fio invisível, se ergueu de um salto e se dirigiu à cozinha. Pegando Amy por um braço, ele ergueu a garrafa de cerveja para o teto.

"Ouçam todos! Agora que estamos todos aqui, vamos fazer um brinde! Aos que não estão conosco! E a um final feliz!"

Num gesto lento e solene, começou a despejar a cerveja no chão. Pelo menos metade da cerveja espirrou nos sapatos de Auma.

"Argh!", gritou Auma, dando um pulo para trás. "O que você está fazendo?"

"É para os antepassados", disse Roy alegremente. "É o estilo africano."

Auma pegou um guardanapo para enxugar as pernas.

"Isso se faz lá fora, Roy! Não dentro da casa dos outros! Juro, às vezes você é tão desleixado! Agora quem vai limpar tudo isso? Você?"

Roy estava para responder quando Jane apareceu correndo com um trapo na mão.

"Não se incomode, não se incomode!", disse ela, enxugando o chão. "Já somos muito felizes por ter este lar."

Havíamos combinado que, depois do jantar, iríamos todos dançar num clube ali perto. Enquanto Auma e eu descíamos a escada na frente dos outros, ela ficou resmungando no escuro.

"Vocês, os homens Obama!", disse Auma. "Se safam de tudo! Você viu como tratam Roy? Para elas, ele está sempre certo. Como essa coisa com Amy. Ele teve essa ideia só porque está sozinho. Não tenho nada contra Amy, mas ela é tão irresponsável quanto ele. Juntos, um só piora o outro. A minha mãe, Jane, Zeituni, todas sabem disso. Mas vão comentar alguma coisa com ele? Não. Porque têm o maior medo de ofendê-lo, mesmo que seja para o bem dele."

Auma abriu a porta do carro e olhou para trás, para o restante da família. Acabavam de sair das sombras do prédio, a figura de Roy encimando as outras como uma árvore, os braços abertos como galhos sobre os ombros das tias. Ao vê-lo, a expressão de Auma se suavizou um pouco.

"É, não é culpa dele, imagino", disse ela, ligando o carro. "Você vê como Roy se comporta com elas. Ele sempre foi mais ligado à família do que eu. Não se sentem julgadas por ele."

O clube, Garden Square, tinha teto baixo e era fracamente iluminado. Já estava lotado quando chegamos, o ar denso de fumaça de cigarro. A clientela era quase toda africana, um pessoal de mais idade, escriturários, secretárias, funcionários públicos que tinham terminado o expediente e estavam todos reunidos em volta de mesas bambas de fórmica. Juntamos duas mesas vazias, afastadas do palco pequeno, e o garçom tirou nossos pedidos. Auma se sentou ao lado de Amy.

"E aí, Amy? Roy me falou que vocês dois estão pensando em se casar."

"Pois é! Não é maravilhoso? Ele é tão divertido! Roy disse que, quando se assentar, posso ir ficar com ele nos Estados Unidos."

"Você não se preocupa em ficarem longe um do outro? Quer dizer…"

"Outras mulheres?" Amy riu e piscou para Roy. "Para ser sincera, não me incomodo com isso."

Passou o braço roliço pelo ombro de Roy e disse:

"Desde que me trate bem, ele pode fazer o que quiser. Certo, querido?"

Roy se manteve impassível, como se a conversa não lhe dissesse respeito. Ele e Amy estavam com aquela cara reluzente de quem havia bebido cerveja demais, e vi o olhar ansioso que Jane lançou de esguelha para Kezia. Resolvi mudar de assunto e perguntei a Zeituni se já tinha estado no Garden Square.

"Eu?", Zeituni ergueu as sobrancelhas diante da minha impertinência. "Vou lhe dizer uma coisa, Barry: se estão dançando em algum lugar, pode crer que já estive lá. O pessoal aqui vai lhe dizer que sou a grande campeã de dança. Não é, Auma?"

"Zeituni é a melhor."

Zeituni inclinou a cabeça e disse orgulhosa:

"Viu? A sua tia sabe mesmo dançar, Barry! E quer saber quem sempre foi o meu melhor parceiro? O seu pai! Aquele cara gostava mesmo de dançar. Participamos de muitos concursos na juventude. Aliás, vou lhe contar uma história. Foi quando ele voltou uma vez para Alego, para visitar o pai. Tinha prometido ao velho que faria naquela noite algum serviço para ele. Não lembro o que era, mas, em vez disso, ele saiu e foi encontrar Kezia para irem dançar. Lembra, Kezia? Foi antes de se casarem. Eu queria ir junto, mas Barack falou que eu era muito nova.

"Bom, naquela noite chegaram tarde em casa, e Barack tinha exagerado na cerveja. Tentou levar Kezia para a cabana dele, mas o velho ainda estava acordado e ouviu os passos dos dois lá fora. Apesar da idade, ele tinha um ouvido muito bom. Então grita chamando Barack. Quando Barack entra, o velho não diz uma única palavra. Só olha para ele e bufa feito um touro bravo. Hummmmf! Hummmmf! E esse tempo todo eu fico espiando pela janela da casa do velho, pois tenho certeza de que ele vai dar uma surra em Barack e ainda estou brava com Barack porque não me deixou ir ao baile.

"Não dava para acreditar no que aconteceu depois. Em vez de se desculpar por ter chegado tarde, Barack foi até o fonógrafo do velho e pôs um disco pra tocar! Dapi se virou e gritou para Kezia, escondida lá fora. 'Mulher!', Barack gritou. 'Venha cá!' Kezia entrou imediatamente na casa, assustada demais para desobedecer, e Barack tomou Kezia nos braços e começou a dançar com ela, rodopiando pela casa do velho como se dançasse no salão de baile de um palácio."

Zeituni balançou a cabeça, deu risada e continuou:

"Bom, Barry... ninguém tratava o seu avô desse modo, nem mesmo Barack. Na hora, achei que Barack ia levar uma baita surra. O seu avô ficou um tempão sem dizer nada, só sentado ali, olhando o filho. Aí, mais parecendo um elefante, ele gritou ainda mais alto do que Barack: 'Mulher! Venha cá!'. E a minha mãe, essa que você chama de vó, veio correndo lá da cabana dela, onde estava remendando umas roupas. Perguntou por que aquele berreiro todo, e o seu avô se levantou e estendeu a mão. A minha mãe balançou a cabeça e falou que o seu avô estava fazendo ela de palhaça, mas o velho estava tão decidido que logo os quatro estavam dançando na cabana, os dois homens com ar muito sério, as mulheres se olhando convictas de que os respectivos maridos eram uns loucos."

Rimos com a história, e Roy pediu outra rodada de bebidas para todos. Eu ia perguntar a Zeituni mais sobre o nosso avô, mas então a banda entrou no palco. O grupo no começo parecia meio desconjuntado, mas na hora em que tocaram a primeira nota, o lugar todo se transformou. O povo começou a encher a pista de dança, acompanhando a batida do *soukous*. Zeituni pegou a minha mão, Roy a de Auma, e Amy a de Bernard, e logo estávamos todos dançando pra valer, braços, quadris, nádegas ondulando suavemente; luos altos e retintos, quicuios baixos e morenos, acambas, merus, calenjins, todos sorrindo, gritando, se divertindo. Roy ergueu os braços e deu uma volta lenta e de ritmo marcado em torno de Auma, que ria da brincadeira do irmão, e naquele momento vi no rosto dele o mesmo ar que testemunhara anos atrás, no apartamento dos meus avós no Havaí, quando meu pai me ensinou pela primeira vez a dançar — o mesmo ar de inconteste liberdade.

Depois de três ou quatro músicas, Roy e eu deixamos nossas parceiras e fomos com a cerveja para o pátio dos fundos, a céu aberto. O ar fresco fazia cócegas no meu nariz e me senti um pouco bêbado.

"É bom estar aqui", falei.

"Parece um poeta", Roy riu, sorvendo a cerveja.

"Não, estou falando sério. É bom estar aqui, com você, com Auma, com todo mundo. É como se a gente…"

Antes que pudesse concluir a frase, ouvimos atrás de nós o barulho de uma garrafa se quebrando no chão. Virei e vi dois sujeitos no outro lado do pátio empurrando e derrubando um sujeito menor. Com uma das mãos, o cara no chão parecia encobrir um corte na cabeça; com o outro braço, tentava se proteger de um cassetete girando por cima dele. Avancei um passo, porém Roy me puxou e cochichou:

"Cuide da sua vida, mano."

"Mas..."

"Podem ser policiais. Uma coisa eu lhe digo, Barack, você não sabe o que é passar uma noite numa prisão em Nairóbi."

A essa altura, o sujeito no chão tinha se contorcido feito uma bola, tentando se proteger dos golpes a torto e a direito. Então, como um animal preso numa armadilha que vê uma escapatória, ele se levantou num salto e subiu numa das mesas para alcançar a cerca de madeira. Dava a impressão que os atacantes iam persegui-lo, entretanto pareciam ter concluído que não valia a pena. Um deles nos viu, mas não disse nada, e os dois voltaram saracoteando para o salão. De repente me senti muito sóbrio.

"Aquilo foi terrível", comentei.

"Bom... em primeiro lugar, você não sabe o que o outro cara fez."

Esfreguei a nuca e perguntei:

"Aliás, quando foi que você esteve na cadeia?"

Roy tomou outro gole de cerveja e se deixou cair numa das cadeiras de metal.

"Na noite em que David morreu."

Sentei ao seu lado e ele me contou a história. Tinham saído para beber, procurando uma festa. Foram na moto de Roy até um clube próximo, e lá Roy conheceu uma mulher. Gostou do jeito dela e começaram a conversar. Comprou-lhe uma cerveja, mas não demorou muito e apareceu outro homem, que se pôs a discutir com ele. Falou que era o marido e agarrou a mulher pelo braço. A mulher se debateu e caiu, e Roy disse ao sujeito para deixá-la em paz. Aí estourou uma briga. A polícia chegou, porém Roy estava sem os documentos de identidade e então os policiais o levaram para a delegacia. Jogaram-no numa cela e ali ele ficou por várias horas, até que David finalmente conseguiu entrar para vê-lo.

Me dê as chaves da moto, disse David, *e vou pegar os documentos pra você.*

Não. Vá pra casa.

Você não pode passar a noite toda aqui, mano. Me dê as chaves...

Roy parou de falar. Ficamos sentados, olhando as sombras indistintas e agigantadas do outro lado da cerca de treliça. Por fim, falei:

"Foi um acidente, Roy. Não foi culpa sua. Você precisa superar isso."

Antes de dizer qualquer outra coisa, ouvi Amy exclamando atrás de nós, com a voz mal abafada pela música.

"Ei, vocês dois! Procuramos vocês por toda parte!"

Comecei a lhe acenar para ir embora, mas Roy saltou da cadeira, que caiu no chão.

"Venha, mulher", disse ele, pegando Amy pela cintura. "Vamos dançar."

18.

Às cinco e meia da tarde, nosso trem saiu ruidoso da ferroviária velha de Nairóbi com destino a Kisumu, a oeste. Jane tinha decidido ficar, mas o restante da família estava ali — Kezia, Zeituni e Auma num compartimento; Roy, Bernard e eu no compartimento vizinho. Enquanto todos arrumavam a bagagem, chacoalhei uma janela até conseguir abri-la e olhei a curva dos trilhos atrás de nós, uma linha que ajudara a prenunciar a história colonial do Quênia.

Na época em que foi construída, a ferrovia tinha sido o maior empreendimento de engenharia na história do Império Britânico até então: quase mil quilômetros de extensão, de Mombaça, no oceano Índico, até as margens orientais do lago Vitória. O projeto levou cinco anos para ser concluído, além de ter custado a vida de muitas centenas de trabalhadores indianos. Quando ficou pronto, os britânicos perceberam que não havia passageiros para ajudar a cobrir os custos daquela pretensiosa extravagância. Daí a busca de colonos brancos, a consolidação de terras para atrair novos assentamentos, o plantio de produtos de exportação, como chá e café, a necessidade de um aparato administrativo abrangendo a área da ferrovia até o coração de um continente desconhecido. E missões e igrejas para vencer o medo gerado por uma terra ignota.

Parecia história antiga. Porém eu sabia que o ano em que foram postos os primeiros dormentes, 1895, era também o ano de nascimento do meu avô. Era pelas terras desse mesmo homem, Hussein Onyango, que passávamos agora. Ao pensar nisso, a história do trem ganhou vida para mim e tentei imaginar as sensações de um funcionário britânico anônimo na viagem inaugural do trem, sentado no compartimento com lampião de querosene, olhando os quilômetros e quilômetros da savana que se afastava. Teria tido uma sensação de vitória? De confiança de que a luz da civilização ocidental finalmente penetrara na escuridão africana? Ou teria tido um presságio, uma percepção súbita de que todo aquele empreendimento era uma louca extravagância, que esta terra e seu povo sobreviveriam aos sonhos imperiais? Tentei imaginar o africano no outro lado do vidro da janela, olhando essa serpente de aço e fumo negro atravessando sua aldeia pela primeira vez. Teria olhado o trem com inveja, imaginando-se algum dia sentado na cabine onde estava o inglês, o peso dos dias agora um pouco mais leve? Ou teria estremecido à visão da ruína e da guerra?

Faltou-me imaginação e voltei à paisagem do presente, não mais com a savana, mas com os telhados de Mathare se estendendo até o sopé dos montes adiante. Passando por um dos mercados a céu aberto daquele imenso cortiço, vi uma fila de meninos acenando para o trem. Acenei de volta e ouvi a voz de Kezia, falando em luo, atrás de mim. Bernard me puxou pela camisa.

"Ela disse para você recolher a cabeça. Os meninos vão atirar pedras em você."

Um funcionário do trem veio pegar nossa reserva da cabine--leito e avisar que as refeições já estavam sendo servidas; assim, todos nós fomos para o vagão-restaurante e escolhemos uma mesa. O vagão era um retrato de elegância decadente — os painéis originais de madeira continuavam intactos, mas foscos, os talheres eram de prata de verdade, mas desparceirados. Porém a comida era boa e a cerveja estava gelada, e no final da refeição eu me sentia muito contente.

"Quanto tempo até chegarmos a Home Square?", perguntei, limpando o restinho de molho no prato.

"A noite toda até Kisumu", respondeu Auma. "Lá pegamos um ônibus ou *matatu*, e mais umas cinco horas de viagem, talvez."

"Aliás", disse-me Roy, acendendo um cigarro, "não é Home *Square*. É Home *Squared* [ao quadrado]."

"E o que isso significa?"

"É o que a meninada em Nairóbi costumava dizer", explicou Auma. "Você tem a sua casa normal em Nairóbi. E tem a sua casa no campo, de onde vem a família. O lar ancestral. Mesmo o maior ministro ou empresário pensa assim. Ele pode ter uma mansão em Nairóbi, mas nas suas terras na zona rural constrói uma cabaninha. Pode ir até lá só uma ou duas vezes por ano. Mas, se você perguntar de onde ele é, ele vai dizer que aquela cabana é seu verdadeiro lar. Assim, quando estávamos na escola e queríamos comentar com alguém que estávamos indo para Alego, era a casa ao quadrado. Home Squared."

Roy tomou mais um gole de cerveja:

"Para você, Barack, podemos dizer Casa ao Cubo. Home Cubed."

Auma sorriu e se reclinou no assento, ouvindo o ritmo do trem nos trilhos.

"Este trem traz tantas lembranças... Lembra, Roy, como a gente ficava na expectativa de ir para casa? É tão bonito, Barack! Nada a ver com Nairóbi. E a nossa avó! Ela é tão engraçada! Ah, você vai gostar dela, Barack. Tem um grande senso de humor."

"E tinha mesmo de ter um grande senso de humor", disse Roy, "vivendo tanto tempo com o Terror."

"Quem é o Terror?"

Auma respondeu:

"Era como a gente chamava o nosso avô. Porque ele era muito malvado."

Roy balançou a cabeça e riu:

"Uau, aquele cara era *malvado* mesmo! Ele fazia a gente se sentar à mesa para jantar e servia a comida em pratos de porcelana, como um inglês. Se a gente dissesse alguma coisa errada ou usasse o garfo errado... Crau!, levava uma bengalada dele. Às vezes, quando ele batia, a gente nem sabia o porquê, só ia descobrir no dia seguinte."

Zeituni fez um gesto com a mão, desconsiderando os dois:

"Ah, vocês só o conheceram quando ele já estava velho e fraco. Quando era mais novo, ui! Eu era a favorita dele, sabe? A queridinha. Mas, ainda assim, se eu fizesse algo de errado, passava o dia escondida, morrendo de medo! Até com os convidados ele era muito rigoroso. Se iam visitá-lo, mandava matar muitas galinhas em homenagem a eles. Só que, se transgredissem os costumes, como lavar a mão antes de alguém mais velho, ele não hesitava em dar umas bengaladas, mesmo nos adultos."

"Pelo jeito ele não era muito querido", comentei.

Zeituni balançou a cabeça:

"Na verdade, ele era muito respeitado porque era ótimo agricultor. A sua área em Alego era uma das maiores na região. Tinha mão muito boa; qualquer coisa que plantasse ia bem. Tinha aprendido essas técnicas com os britânicos, entende? Quando trabalhava de cozinheiro para eles."

"Não sabia que tinha sido cozinheiro."

"Ele tinha as suas terras, mas por muito tempo foi cozinheiro dos *wazungu* em Nairóbi. Na guerra, serviu um capitão no Exército britânico."

Roy pediu outra cerveja.

"Vai ver que foi por isso que ele ficou tão malvado."

"Sei lá", respondeu Zeituni. "Acho que o meu pai sempre foi assim. Muito severo. Mas justo. Vou contar uma história que lembro de quando era menina. Um dia, um homem chegou à divisa da nossa área com um bode pela correia. Ele queria passar pela nossa terra porque morava do outro lado e não queria dar a volta toda. Então o seu avô disse ao homem: 'Estando sozinho, você sempre pode atravessar a minha terra. Mas hoje não, porque o seu bode vai comer minhas plantas'. Bom, o homem não quis saber. Ficou discutindo um tempão com o seu avô, dizendo que teria cuidado e que o bode não ia fazer nenhum estrago. O homem falou tanto que o seu avô finalmente me chamou e disse: 'Vá buscar o Alego para mim'. Veja, era como ele chamava a sua *panga*…"

"O facão."

"Isso, o facão. Ele tinha dois, que estavam sempre muito, muito afiados. Passava o dia afiando na pedra. Uma *panga* ele chamava de Alego, a outra de Kogelo. Então fui correndo até a cabana dele e peguei a que chamava de Alego. E então o seu avô diz ao homem: 'Olhe aqui. Já lhe falei que você não vai passar, mas você é teimoso demais para ouvir. Então vamos fazer um trato. Pode passar com o seu bode. Mas, se ele estragar nem que seja uma única folha, nem que seja *metade* de uma única folha das minhas plantas, vou abater o bicho'."

Zeituni prosseguiu:

"Bom, eu era muito nova na época, mas sabia que aquele homem devia ser muito burro porque aceitou a proposta do meu pai. Começamos a andar, o homem e o bode na frente, eu e o velho logo atrás. Tínhamos dado uns vinte passos quando o bode estendeu o pescoço e começou a mordiscar uma folha. E aí, zupt!, o meu pai passou o facão num dos lados da cabeça do bode. O dono do animal ficou estarrecido e começou a gritar: 'Aaaai! Aaaai! O que você fez, Hussein Onyango?'. O seu avô só limpou a *panga* e falou: 'Se eu digo que vou fazer alguma coisa, tenho de fazer. Senão, como as pessoas vão saber que tenho palavra?'. Mais tarde, o dono do bode tentou processar o seu avô perante o conselho de anciãos. Todos os anciãos ficaram com pena do homem, pois a morte de um bode não era coisa pouca. Mas, quando ouviram o caso, tiveram de mandá-lo embora. Sabiam que o seu avô tinha razão, uma vez que o homem tinha sido avisado."

Auma balançou a cabeça.

"Você consegue imaginar, Barack?", perguntou, olhando para mim. "Juro, às vezes acho que todos os problemas desta família começaram com ele. Creio que ele foi a única pessoa cuja opinião tinha alguma importância para o nosso pai. A única pessoa que ele temia."

Àquela altura, o vagão-restaurante tinha se esvaziado e o garçom andava impaciente de um lado para o outro, por isso resolvemos nos recolher. Os beliches eram estreitos, mas os lençóis eram frescos e convidativos, e fiquei até tarde ouvindo o ritmo chacoalhante do trem e a respiração regular dos meus irmãos, pensando sobre os casos do nosso avô. Auma tinha dito que tudo começara com ele. Em certo sentido, parecia mesmo verdade. Se eu conseguisse juntar a sua história, pensei, talvez todo o resto se encaixasse no devido lugar.

Por fim adormeci e sonhei que andava pela rua de uma aldeia. Crianças, usando apenas colares de contas, brincavam na frente das cabanas circulares, e vários velhos me acenavam enquanto eu passava. No entanto, conforme avançava, comecei a notar que, quando eu passava, as pessoas me olhavam por trás temerosas, correndo para suas cabanas. Ouvi o rugido de um leopardo e corri para a floresta, tropeçando em raízes, tocos e trepadeiras, até que não consegui mais correr e caí de joelhos no meio de uma clareira luminosa. Arfando, olhei ao redor e vi que o dia se transformara em noite, e, da altura das árvores, surgiu uma figura gigantesca usando apenas um pano na cintura e uma máscara espectral. Os olhos sem vida me perfuraram e ouvi uma voz trovejante dizendo apenas que era hora; o meu corpo todo tremia com violência àquele som, como se eu me despedaçasse...

Acordei sobressaltado, suando, batendo a cabeça contra a lâmpada instalada por cima do beliche. No escuro, meu coração se acalmou aos poucos, mas não consegui voltar a dormir.

Chegamos a Kisumu ao amanhecer e percorremos a pé os oitocentos metros até a estação rodoviária. Estava lotada de ônibus e *matatus* buzinando e manobrando para conseguir vaga na área empoeirada a céu aberto, os para-lamas pintados com nomes como "Bandoleiro do Amor" e "Galago". Vimos um veículo de aparência tosca, com pneus carecas e rachados, vindo na nossa direção. Auma foi a primeira a subir, depois saiu, com cara aborrecida.

"Não tem lugar pra sentar", disse ela.

"Não se preocupe", disse Roy enquanto várias mãos alçavam a nossa bagagem para o alto do ônibus. "Aqui é a África, Auma, não a Europa."

Ele se virou, sorriu para o rapaz que estava cobrando as passagens e disse:

"Você consegue alguns assentos pra gente, não é, mano?"

O rapaz assentiu:

"Numa boa. Esse ônibus é de primeira classe."

Uma hora depois, Auma estava sentada no meu colo, com um cesto de inhames e o bebê de alguém.

442

"Fico imaginando como é a terceira classe", falei, enxugando um fio de baba da minha mão.

Auma empurrou um cotovelo alheio que lhe estorvava o rosto.

"Quando cairmos no primeiro buraco, você vai parar de fazer graça."

Felizmente, a estrada estava boa, a paisagem formada basicamente por arbustos secos e colinas baixas, a ocasional casa de laje logo substituída por palhoças de barro com telhado de sapê em formato cônico. Descemos em Ndori e passamos as duas horas seguintes tomando refrigerante morno e olhando uns vira-latas que brigavam em meio à poeira, até que finalmente apareceu um *matatu* para nos levar pela estrada de terra na direção do norte. Enquanto subíamos a encosta rochosa, algumas crianças descalças acenaram, mas sem sorrir, e um bando de bodes correu à nossa frente para beber água num riacho estreito. Então a estrada se alargou e finalmente paramos numa clareira. Havia dois jovens sentados ali, à sombra de uma árvore, que abriram um sorriso ao nos ver. Roy saltou do *matatu* para abraçar os dois.

"Barack", disse ele, feliz, "estes são os nossos tios. Este é Yusuf", disse apontando o rapaz esguio de bigode, "e este é Sayid, o irmão mais novo do nosso pai", completou, indicando o homem mais robusto, de rosto barbeado.

"Ah, ouvimos muitas coisas ótimas sobre esse aí", disse Sayid, sorrindo para mim. "Bem-vindo, Barry. Bem-vindo. Venha, deixe eu pegar suas malas."

Seguimos Yusuf e Sayid por uma trilha perpendicular à estrada principal, atravessamos um muro de sebes altas e entramos numa área ampla, no meio da qual havia uma casa baixa retangular, coberta por uma chapa de ferro corrugado e com paredes de concreto com uma das laterais esfareladas, deixando à vista o alicerce de barro marrom. Num dos lados estendiam-se primaveras de flores vermelhas, rosadas e amarelas, na direção de um grande tanque de água, feito de concreto; mais adiante havia uma pequena cabana redonda, cercada por vasos de argila onde ciscavam algumas galinhas em ritmo alternado. Dava para ver mais duas cabanas no amplo gramado que se estendia atrás da casa. Debaixo de uma mangueira de grande altura, duas vacas arruivadas ergueram os olhos para nós e voltaram a pastar.

Casa ao Quadrado.

"Ei, Obama!"

Uma mulher corpulenta, de lenço na cabeça, saiu da casa principal secando as mãos nas laterais da saia floreada. Era parecida de rosto com Sayid, de pele lisa e ossos grandes, com olhos risonhos e cintilantes. Deu um abraço em Auma e em Roy que quase os derrubou no chão, então se virou para mim e me deu um vigoroso aperto de mão.

"*Halo!*", disse, tentando falar em inglês.

"*Musawa!*", disse eu em luo.

Ela riu e comentou algo com Auma.

"Ela diz que sonhava com este dia, em que finalmente conheceria esse filho do filho dela. Diz que você lhe traz grande felicidade. Diz que agora finalmente você chegou em casa."

Minha avó assentiu e me deu um forte abraço antes de nos fazer entrar. Pelas janelas pequenas entrava um pouco da luz da tarde e a casa tinha poucos móveis — algumas cadeiras de madeira, uma mesinha de café, um sofá surrado. Nas paredes havia vários objetos da família: o diploma de Harvard do meu pai; fotos dele e de Omar, o tio que fora para os Estados Unidos 25 anos atrás e nunca mais voltara. Ao lado dessas fotos havia outras mais antigas, amareladas, a primeira com uma jovem alta de olhos ardentes, um bebê gorducho no colo, uma menina junto a ela; a segunda com um homem de idade numa cadeira de espaldar alto. Ele usava uma camisa engomada e uma *kanga*; estava de pernas cruzadas como um inglês, mas trazia no regaço uma espécie de bastão, com a empunhadura pesada envolta numa pele de animal. Os zigomas altos e os olhos estreitos davam um ar quase oriental ao rosto. Auma se aproximou.

"É ele. O nosso avô. A mulher na foto é a nossa outra avó, Akumu. A menina é Sarah. E o bebê... é o Velho."

Estudei as fotos por algum tempo até notar uma última na parede. Era uma reprodução antiga, como aquelas que enfeitavam os velhos anúncios da Coca-Cola, de uma mulher branca com cabelo escuro encorpado e olhos levemente sonhadores. Perguntei o que aquela reprodução estava fazendo ali, e Auma recorreu à avó, que respondeu em luo.

"Ela diz que é um retrato de uma das mulheres do nosso avô. Ele dizia que tinha se casado com ela em Burma, quando estava na guerra."

Roy deu risada:

"Ela não parece muito birmanesa, hein, Barack?"

Balancei a cabeça. Parecia a minha mãe.

Sentamos na sala de estar e minha avó preparou chá para nós. Falou que as coisas iam bem, mesmo tendo cedido parte da terra aos parentes, visto que ela e Yusuf não davam conta de tudo sozinhos. Compensava a renda que perdera vendendo lanches para as crianças da escola ali perto e levando produtos de Kisumu ao mercado local, sempre que dispunha de alguns trocados. Seus únicos problemas de verdade eram dois: o telhado da casa — e apontou alguns filetes de luz do sol descendo pelo forro até o chão — e o fato de que não tinha notícias do filho Omar fazia mais de um ano. Perguntou se eu o vira, e tive de responder que não. Ela resmungou alguma coisa em luo e começou a recolher nossas xícaras.

"Ela disse que, quando você o vir, diga que ela não quer nada dele", sussurrou Auma. "Só que venha visitar a mãe."

Fitei minha avó e, pela primeira vez desde que chegamos ali, o rosto mostrava a idade que tinha.

Depois de desfazermos as malas, Roy fez um gesto para segui-lo até o quintal. Na ponta de um milharal vizinho, ao pé de uma mangueira, vi dois retângulos compridos, feitos de cimento, que sobressaíam da terra como um par de caixões exumados. Havia uma plaqueta num dos túmulos: HUSSEIN ONYANGO OBAMA, NASC. 1895. FAL. 1979. O outro estava revestido de azulejos amarelos, com um espaço vazio na lápide onde ficaria a plaqueta. Roy se inclinou e afastou com a mão uma fileira de formigas que marchavam ao longo do túmulo.

"Seis anos", disse Roy. "Seis anos, e ainda não tem nada dizendo quem está enterrado aqui. Uma coisa eu lhe digo, Barack: quando eu morrer, garanta que o túmulo traga o meu nome."

E balançou devagar a cabeça antes de tomarmos o caminho de volta para casa.

Como explicar as emoções daquele dia? Consigo invocar mentalmente as imagens, uma por uma, de quase todos os momentos. Lembro quando Auma e eu encontramos nossa avó na feira da tarde, a mesma clareira onde o *matatu* nos deixara, agora cheia de mulheres sentadas em esteiras de palha, com as pernas lisas e morenas estendidas, apontando por debaixo das saias largas; suas risadas enquanto me observavam ajudando minha avó a tirar os talos das folhas de couve que ela tinha trazido de Kisumu; o sabor resinoso e adocicado do pedaço de cana-de-açúcar que uma delas pôs na minha mão. Lembro do farfalhar das folhas das espigas de milho, o ar concentrado no rosto dos meus tios, o cheiro do nosso suor enquanto consertávamos um buraco na cerca da divisa oeste da propriedade. Lembro de um garoto chamado Godfrey aparecendo à tarde no terreno, que, segundo Auma, estava hospedado na casa de nossa avó porque a família dele morava numa aldeia que não tinha escola; lembro da correria frenética de

Godfrey atrás de um grande galo preto entre os mamoeiros e as bananeiras, o cenho franzido enquanto o galo continuava esvoaçando e escapando, o seu olhar quando finalmente nossa avó agarrou o galo por trás, com uma mão só, e sem a menor cerimônia passou a faca pelo pescoço dele — o mesmo olhar que reconheci em mim.

Não era só alegria que eu sentia em cada momento desses. Era a sensação de que tudo o que eu fazia, cada toque, cada expiração, cada palavra trazia o peso inteiro da minha vida; de que um círculo começava a se fechar e finalmente eu poderia me reconhecer como era, aqui, agora, num único lugar. Essa sensação só se rompeu uma vez naquela tarde, e foi quando, voltando do mercado, Auma correu na frente para pegar a máquina fotográfica, deixando-nos, minha avó e a mim, sozinhos no meio da estrada. Depois de uma longa pausa, ela me olhou e sorriu. "*Halo!*", disse; "*Musawa!*", respondi. Esgotado nosso mútuo vocabulário, ficamos olhando tristonhos o caminho de terra até Auma voltar. E nossa avó então se virou para Auma e disse, num tom que fui capaz de entender, que ficava triste por não conseguir falar com o filho do seu filho.

"Diga a ela que eu queria aprender luo, mas é difícil ter tempo nos Estados Unidos", falei. "Diga a ela que sou muito ocupado."

"Ela entende", respondeu Auma. "Mas também diz que um homem nunca deve ser ocupado demais para conhecer o seu povo."

Olhei para minha avó, que assentiu, e então percebi que a alegria que eu estava sentindo também passaria e que isto também fazia parte do círculo da vida: o fato de que a minha vida não era metódica nem estática e que, mesmo depois dessa viagem, as escolhas difíceis continuariam a existir.

Anoiteceu depressa, o vento em lufadas rápidas na escuridão. Bernard, Roy e eu fomos até o tanque de água e nos banhamos ao ar livre, o nosso corpo ensaboado cintilando à lua quase cheia. Quando voltamos para a casa, havia comida à nossa espera e comemos muito concentrados, sem dizer uma palavra. Depois do jantar Roy saiu, murmurando que ia visitar algumas pessoas. Yusuf foi para a sua cabana e trouxe um transístor velho que, disse ele, havia pertencido ao nosso avô. Ele mexeu no botão e conseguiu sintonizar um noticiário da BBC, cheio de interferência, que sumia e voltava, as vozes como fragmentos alucinatórios de outro mundo. Um pouco mais tarde, ouvimos na distância um gemido estranho, em tom grave.

"Os corredores da noite devem estar lá fora hoje", disse Auma.

"O que são os corredores da noite?"

"São como feiticeiros", respondeu Auma. "Homens-espírito. Quando éramos crianças, estas aqui", e apontou para nossa avó e Zeituni, "nos contavam histórias sobre eles para nos comportarmos direito. Diziam que, durante o dia, os corredores noturnos parecem homens normais. A gente podia cruzar com eles no mercado ou até comer à mesma mesa, e nunca conhecia a natureza verdadeira deles. Mas, à noite, eles assumem a forma de leopardo e falam com todos os animais. Os corredores noturnos mais poderosos conseguem sair do corpo e voar para lugares distantes. Ou enfeitiçar os outros com um simples olhar. Se você perguntar aos nossos vizinhos, eles vão dizer que ainda existem muitos corredores da noite por aqui."

"Auma, você fala como se não fosse verdade!"

À luz bruxuleante do lampião de querosene, não dava para saber se Zeituni estava de brincadeira.

"Vou lhe dizer uma coisa, Barry", disse Zeituni. "Quando eu era moça, os corredores noturnos causavam muitos problemas para as pessoas. Roubavam nossos bodes. Às vezes pegavam até o nosso gado. Só o seu avô não tinha medo deles. Lembro uma vez em que ele ouviu os bodes berrando no cercado e, quando foi ver o que era, encontrou o que parecia ser um leopardo enorme, de pé nas patas traseiras, como um homem. Estava com um cabritinho entre as presas e, quando viu o seu avô, gritou em luo e entrou correndo na floresta. O seu avô foi atrás dele, se embrenhando nos montes, mas, bem na hora em que ia atingi-lo com a *panga*, o corredor noturno saltou para o alto das árvores. Por sorte, na hora do salto, ele deixou cair o cabrito, que ficou apenas com uma perna quebrada. O seu avô trouxe o cabrito de volta e me mostrou como se fazia uma tala. Fiquei cuidando do cabrito até ele sarar."

Ficamos quietos outra vez; a luz do lampião foi diminuindo e as pessoas começaram a se recolher. Nossa avó trouxe mantas e um leito de lona portátil, tamanho duplo, para Bernard e para mim; nos ajeitamos na cama estreita e apagamos o lampião com um sopro. Eu sentia o corpo doendo de cansaço; do quarto de minha avó chegavam murmúrios de conversa com Auma. Fiquei imaginando aonde Roy teria ido e pensei nos azulejos amarelos no túmulo do meu pai.

"Barry", sussurrou Bernard. "Você está acordado?"

"Estou."

"Você acredita no que Zeituni contou? Sobre os corredores noturnos?"

"Não sei."

"Quanto a mim, acho que não existem. Provavelmente são apenas ladrões, que usam essas histórias para assustar as pessoas."

"Talvez você tenha razão."

Houve uma longa pausa.

"Barry?"

"Diga."

"O que finalmente o trouxe para casa?"

"Não sei bem, Bernard. Algo me disse que era hora."

Bernard se virou para o outro lado, sem responder. Um pouco depois, ele começou a ressonar de leve e fiquei de olhos abertos no escuro, aguardando a volta de Roy.

* * *

De manhã, Sayid e Yusuf sugeriram a Auma e a mim que fôssemos passear pela área. Seguimos os dois pelo quintal, tomamos uma trilha de terra entre as plantações de painço e milho, então Yusuf se virou para mim e disse:

"Deve parecer muito primitivo para você, em comparação com as fazendas dos Estados Unidos."

Respondi que não entendia muito de agricultura, mas que, pelo que estava vendo, a terra ali parecia muito fértil.

"É, é sim", respondeu ele, concordando com a cabeça. "A terra é boa. O problema é que as pessoas aqui não são instruídas. Não entendem muito de desenvolvimento. De técnicas agrícolas adequadas e assim por diante. Tento lhes falar de irrigação, de melhorias importantes, mas não querem nem ouvir. Os luos são muito cabeçudos nesse aspecto."

Notei que Sayid franzia a testa para o irmão, porém não falou nada. Depois de alguns minutos, chegamos a um pequeno riacho de águas castanhas. Sayid deu um grito de aviso, e duas jovens saíram na margem oposta, envoltas nas suas *kangas*, o cabelo ainda brilhando com a água do banho matinal. Sorriram tímidas e foram para trás de uma moita, e Sayid apontou as sebes que seguiam ao longo do córrego.

"É aqui que a terra termina", disse ele. "Antes, quando o meu pai estava vivo, os campos eram muito maiores. Mas, como disse a minha mãe, uma grande parte da terra foi cedida."

Yusuf resolveu voltar dali, porém Auma e eu seguimos Sayid, que nos levou por mais um trecho ao longo do riacho e depois por outros campos, passando por uma ou outra área cercada. Vimos na frente de algumas cabanas mulheres fazendo triagem do painço estendido em panos de formato quadrado e paramos para falar com uma delas, uma mulher de meia-idade com um vestido vermelho desbotado e tênis da mesma cor sem cadarço. Ela interrompeu o trabalho para nos cumprimentar e falou que se lembrava do nosso pai: disse que, quando crianças, tinham pastoreado juntos os bodes e as cabras. Quando Auma perguntou como estava a vida, ela balançou devagar a cabeça.

"As coisas mudaram", disse em voz inexpressiva. "Os jovens vão embora para a cidade. Só ficam os velhos, as mulheres e as crianças. Toda a riqueza nos deixou."

Enquanto ela falava, apareceu ao nosso lado um velho numa bicicleta escangalhada, seguido de um homem espigado com o hálito cheirando a álcool. Logo engataram no refrão da mulher sobre as dificuldades da vida em Alego e os filhos que os deixaram para trás. Perguntaram se podíamos lhes dar alguma coisa para ajudar, e Auma pôs alguns xelins na mão de cada um deles; depois disso, pedimos licença e tomamos o caminho de volta para casa.

"O que anda acontecendo por aqui, Sayid?", perguntou Auma assim que nos afastamos um pouco, fora do alcance dos ouvidos deles. "Nunca houve o costume de pedir esmolas."

Sayid se inclinou e retirou alguns gravetos caídos entre as leiras de milho.

"Tem razão", disse ele. "Creio que aprenderam isso com o povo da cidade. As pessoas voltam de Nairóbi ou de Kisumu e dizem "Vocês são pobres". Então agora temos essa ideia de pobreza. Antes não tínhamos essa ideia. Veja a minha mãe. Ela nunca vai pedir nada. Sempre está fazendo uma coisa ou outra. Nenhuma lhe rende muito dinheiro, mas já é alguma coisa, entende? E lhe dá orgulho. Qualquer um podia fazer o mesmo, só que muita gente aqui prefere desistir."

"E Yusuf?", perguntou Auma. "Ele não podia fazer mais?"

Sayid meneou a cabeça.

"O meu irmão parece um livro quando fala, mas acho que, infelizmente, não gosta de dar o exemplo."

Auma se virou para mim.

"Yusuf se saiu muito bem por algum tempo. Ia bem na escola, não é, Sayid? Recebeu várias propostas boas de emprego. E aí, não sei o que aconteceu. Simplesmente largou tudo. Agora ele fica aqui com a mãe, fazendo pequenos serviços para ela. É como se tivesse medo de tentar."

Sayid assentiu:

"Creio que a educação não nos faz muito bem, a não ser que venha misturada com o suor."

Fiquei pensando nessas palavras de Sayid enquanto continuávamos a andar. Talvez ele tivesse razão; talvez a ideia de pobreza tivesse sido trazida para cá, um novo padrão de desejos e necessidades que se alastrava feito sarampo, através de mim, de Auma, do rádio arcaico de Yusuf. Dizer que a pobreza era apenas uma ideia não significava dizer que não era real; as pessoas que acabáramos de encontrar não podiam ignorar que alguns tinham banheiro dentro de casa ou comiam todos os dias, assim como as crianças de Altgeld não podiam ignorar os carros velozes e as casas luxuosas que apareciam na televisão.

Mas talvez pudessem combater a ideia de desamparo. Sayid nos falava da sua vida atual: a decepção por nunca ter frequentado a universidade, como os irmãos mais velhos, por falta de recursos; o trabalho no National Youth Corps, dedicado a projetos de desenvolvimento do país, por um prazo de três anos que agora chegava ao fim. Ele passara as duas últimas folgas batendo à porta de várias empresas em Nairóbi, porém sem sucesso. Mesmo assim, parecia não se abalar, certo de que a perseverança acabaria compensando.

"Hoje em dia, para conseguir emprego, mesmo como escrevente, você precisa conhecer alguém", disse ele enquanto nos aproximávamos da área da minha avó. "Ou precisa engraxar muito bem a mão de alguém. É por isso que eu queria ter um negócio próprio. Pequeno. Mas meu. Creio que foi esse o erro do seu pai. Apesar de toda a inteligência dele, nunca teve nada que fosse dele."

Parou, pensou por um instante e retomou:

"Claro que não adianta ficar pensando nos erros do passado, não é? Como essa disputa pela herança do seu pai. Falei desde o começo para as minhas irmãs que esquecessem isso. Temos de levar a nossa vida. Mas não me dão ouvidos. E, enquanto isso, para onde vai o dinheiro que estão disputando? Para os advogados. Os advogados estão faturando muito com esse caso, imagino. Como é o ditado? Quando dois gafanhotos brigam, é sempre o corvo que sai ganhando."

"Esse é um ditado luo?", perguntei.

"Temos ditados parecidos em luo", disse ele, "mas devo reconhecer que este em particular li num livro de Chinua Achebe. O escritor nigeriano. Gosto muito dos livros dele. Fala a verdade sobre a dura situação da África. Nigerianos, quenianos: é a mesma coisa. Temos mais semelhanças do que diferenças."

Quando voltamos, minha avó e Roy estavam sentados do lado de fora da casa, conversando com um homem de terno pesado. Era o diretor da escola local e tinha parado para contar as novidades da cidade e aproveitar o ensopado de frango que sobrara da noite anterior. Vi que Roy estava de mala feita e perguntei para onde ia.

"Para a baía de Kendu", disse ele. "O diretor aqui está indo para aqueles lados. Eu, Bernard e a minha mãe vamos pegar uma carona com ele e trazer Abo de volta. Você devia vir junto e prestar os respeitos à família lá."

Auma resolveu ficar com a nossa avó, mas Sayid e eu pegamos uma muda de roupa e nos amontoamos no calhambeque velho do diretor. No fim, o trajeto até Kendu levava muitas horas pela estrada principal; a oeste, de vez em quando víamos o lago Vitória, com suas águas prateadas se afunilando num pântano raso e verde. No final da tarde paramos na via principal da baía de Kendu, uma rua larga, empoeirada, com lojas cor de areia de ambos os lados. Depois de agradecermos o diretor, pegamos um *matatu* e seguimos por um labirinto de ruelas secundárias, até desaparecerem todos os sinais da cidade e a paisagem voltar a ter milharais e pastos abertos. Numa bifurcação da estrada, Kezia fez sinal para descermos e começamos a andar perto de uma vala funda, cor de giz, por onde corria um rio largo, cor de chocolate. Nas ribanceiras, mulheres batiam a roupa molhada nas pedras nuas; num platô mais acima, um bando de caprinos pastava a grama amarela, com as manchas brancas, pretas e ruças parecendo liquens no solo. Viramos e descemos uma trilha mais estreita, e chegamos à entrada de uma área cercada por sebes. Kezia parou e apontou para o que parecia ser um amontoado aleatório de pedras e gravetos, dizendo algo em luo a Roy.

"É o túmulo de Obama", explicou Roy. "O nosso bisavô. Toda a terra aqui em volta é chamada de *K'Obama*, 'Terra do Obama'. Nós somos *Jok'Obama*, 'o povo de Obama'. O nosso tataravô foi criado em Alego, mas se mudou para cá ainda jovem. Foi aqui onde Obama ficou e onde nasceram todos os seus filhos."

"Então por que o nosso avô voltou para Alego?"

Roy se virou para Kezia, que balançou a cabeça.

"Isso você vai ter de perguntar para a nossa avó", disse Roy. "A minha mãe acha que ele não se dava bem com os irmãos. Na verdade, um dos irmãos dele ainda mora aqui. Está velho, mas talvez a gente consiga vê-lo."

Chegamos a uma casinha de madeira onde uma mulher alta e bonita varria o pátio. Atrás dela havia um rapaz sentado na varanda. A mulher pôs o braço de anteparo sobre os olhos, para fazer sombra, e começou a acenar; o rapaz se virou devagar para o nosso lado. Roy foi dar a mão para a mulher, que se chamava Salina, e o rapaz se levantou para nos cumprimentar.

"Ei, finalmente vieram me ver", disse Abo, abraçando-nos um por vez. Ajeitou a camisa. "Já faz um tempão que eu soube que viriam com Barry!"

"É, você sabe como são as coisas", disse Roy. "Demorou um pouco para nos organizarmos."

"Fico contente que tenham vindo. Sério, preciso voltar para Nairóbi."

"Não gosta daqui, hein?"

"É um tédio, cara, não dá para acreditar. Não tem televisão. Não tem clube. Esse povo daqui do interior, acho que são muito paradões. Se Billy não tivesse aparecido, eu teria enlouquecido, com certeza."

"Billy está aqui?"

"Está, sim, em algum lugar por aí." Abo acenou a mão num gesto vago, então se virou para mim e sorriu. "E aí, Barry? O que você me traz dos Estados Unidos?"

Procurei na maleta e tirei um dos gravadores de fita cassete, que tinha comprado para ele e para Bernard. Abo revirou o gravador nas mãos, mal disfarçando a decepção.

"Não é da Sony, é?", disse ele.

Então, erguendo a vista, logo se recompôs e me deu um tapa nas costas:

"Tudo bem, Barry. Obrigado! Obrigado."

Assenti, tentando não me zangar. Ele estava ao lado de Bernard, e a semelhança entre os dois era impressionante: a mesma altura, o mesmo físico esguio, os mesmos traços lisos e regulares. Se Abo tirasse o bigode, pensei comigo mesmo, os dois podiam quase passar por gêmeos. Exceto... exceto o quê? A expressão do olhar de Abo. Era isso. Não só o vermelho revelando que estava chapado, mas algo mais profundo, que me fez lembrar os rapazes em Chicago. Um elemento de reserva, talvez, e de calculismo. O olhar de alguém que desde cedo na vida percebe que foi enganado. Entramos na casa seguindo Salina, que nos trouxe uma bandeja com refrigerantes e biscoitos. Enquanto ela pousava a bandeja, um rapaz robusto, de bigode, bonito como Salina e alto como Roy, atravessou a porta e soltou um grito.

"Roy! O que você está fazendo aqui?"

Roy se levantou e os dois se abraçaram.

"Você me conhece. Vim atrás de uma refeição. Eu podia lhe perguntar a mesma coisa."

"Estou só visitando a minha mãe. Se demoro pra vir, ela começa a reclamar."

Beijou Salina na face e me deu um vigoroso aperto de mão, prosseguindo:

"Estou vendo que você trouxe o meu primo americano! Ouvi tanto sobre você, Barry, que nem acredito que está aqui agora." Virou-se para Salina. "Deu de comer a ele?"

"Logo mais, Billy. Logo mais."

Salina pegou a mão de Kezia e se virou para Roy:

"Você vê o que as mães têm de aguentar? Aliás, como vai a sua avó?"

"Na mesma."

Ela assentiu pensativa e respondeu:

"Não é tão mau assim."

Saiu da sala com Kezia, e Billy se atirou no sofá ao lado de Roy.

"E aí, ainda doidão, *bwana*? Olhe só como está! Fortão, feito um touro campeão. Deve andar se divertindo nos Estados Unidos."

"Normal", respondeu Roy. "E Mombaça? Soube que você está trabalhando nos correios."

Billy deu de ombros.

"O salário é bom. Não é grande coisa, mas é constante, sabe?"

Virou-se para mim:

"Vou lhe dizer, Barry, esse seu irmão era doidão! Na verdade, todos nós éramos doidões naquela época. A gente passava a maior parte do tempo caçando animal selvagem." Deu um tapa na coxa de Roy e riu. "E aí, me conte, como são as americanas?"

Roy riu também, mas pareceu aliviado quando Salina e Kezia entraram trazendo comida.

"Veja, Barry", disse Billy, pousando o prato na mesinha baixa diante dele, "o seu pai e o meu pai eram da mesma idade. Muito chegados. Roy e eu, quando crianças, também éramos da mesma idade, e assim ficamos muito chegados. Uma coisa eu lhe digo: o seu pai, ah, ele era um grande homem. Eu era mais chegado nele do que no meu próprio pai. Se eu estava com algum problema, ia procurar em primeiro lugar o meu tio Barack. E você, Roy, acho que ia procurar o meu pai."

"Os homens da nossa família eram muito bons com os filhos dos outros", disse Roy calmamente. "Com os filhos deles, não queriam aparentar fraqueza."

Billy assentiu e lambeu os dedos.

"Roy, acho que é verdade isso que você diz. Eu, pessoalmente, não quero cometer os mesmos erros. Não quero tratar mal a minha família."

Com a mão limpa, Billy tirou a carteira do bolso e me mostrou uma foto da esposa e dos dois filhos pequenos.

"Juro, *bwana*, o casamento *pega* a gente! Devia me ver agora, Roy. Fiquei supercalmo. Homem de família. Claro que há limites para o que um homem deve aceitar. A minha mulher, ela sabe que não pode brigar muito comigo. O que você acha, Sayid?"

Percebi que Sayid não tinha falado muito desde que chegáramos lá. Ele lavou as mãos antes de se virar para Billy.

"Ainda não me casei, então talvez não possa falar. Mas reconheço que ando pensando nisso. Cheguei à conclusão de que o problema mais sério na África é... o quê?" Parou e olhou em torno da sala. "Essa coisa entre homem e mulher. Nós, os nossos homens tentamos ser fortes, mas muitas vezes aplicamos essa nossa força de um jeito errado. Como a história de ter mais que uma mulher. Os nossos pais tinham muitas esposas, assim também devemos ter muitas mulheres. Mas não paramos para pensar nas consequências. O que acontece com todas essas mulheres? Ficam com ciúmes. Os filhos, eles não são chegados aos pais. É..."

Sayid se deu conta de repente e sorriu:

"Não tenho nem uma esposa, então é claro que não devo continuar. Onde não há experiência, creio que o sábio silencia."

"Achebe?", perguntei.

Sayid riu e pegou a minha mão:

"Não, Barry. Essa é minha mesmo."

Quando acabamos de comer, já estava escuro e, depois de agradecer Salina e Kezia pela refeição, saímos e seguimos Billy numa trilha estreita. Andando sob a lua cheia, logo chegamos a uma casa menor, com sombras de mariposas esvoaçando contra uma janela amarela. Billy bateu à porta, e atendeu um homem baixo, com uma cicatriz atravessando a testa, um sorriso nos lábios, mas os olhos dardejando em volta como um homem prestes a levar uma pancada. Atrás dele estava sentado outro homem, alto, muito magro, vestido de branco, com cavanhaque e bigode finos que lhe davam a aparência de um *sadhu* indiano. Os dois começaram a apertar febrilmente as nossas mãos, falando num inglês estropiado.

"O seu sobrinho!", disse o homem de cabelo branco, apontando para si mesmo.

O baixote riu e disse:

"O cabelo dele é branco, mas chama você de tio! Rá rá rá! Que tal esse inglês? Venham."

Levaram-nos para uma mesa de madeira, com uma garrafa sem rótulo contendo um líquido claro e três copos. O homem de cabelo branco pegou a garrafa e serviu cuidadosamente em cada copo o equivalente a umas duas doses.

"Isso é melhor do que uísque, Barry", disse Billy erguendo o copo. "Deixa o sujeito muito potente."

Ele virou a bebida num trago só, e Roy e eu seguimos seu exemplo. Senti o meu peito explodir, despejando fragmentos de granada no meu estômago. Os copos foram reabastecidos, mas Sayid passou, e o baixote pôs a bebida na minha frente, o rosto aparecendo distorcido através do vidro.

"Mais?"

"Agora não, obrigado", respondi abafando uma tosse.

"Será que você tem algo para mim?", perguntou o homem de cabelo branco. "Uma camiseta, talvez? Sapatos?"

"Ah, me desculpe... Deixei tudo em Alego."

O baixote continuava sorrindo como se não tivesse entendido e me ofereceu de novo o copo. Dessa vez, Billy afastou a mão do homem.

"Deixe ele em paz!", exclamou Billy. "Depois a gente pode beber mais. Primeiro vamos ver o nosso avô."

Os dois nos levaram a um quartinho nos fundos. Ali, diante de um lampião de querosene, estava sentado um homem que me pareceu o sujeito mais velho que eu tinha visto em toda a minha vida. O cabelo era branco feito neve, a pele parecia pergaminho. Estava imóvel, os olhos fechados, os braços descarnados apoiados nos braços da poltrona. Achei que talvez estivesse dormindo, mas, quando Billy avançou, o velho inclinou a cabeça na nossa direção, e vi uma imagem idêntica ao rosto que tinha visto no dia anterior em Alego, na foto desbotada na parede da casa da minha avó.

Billy explicou quem estava ali; o velho assentiu e começou a falar numa voz baixa e rachada que parecia provir de uma câmara subterrânea.

"Ele diz que está contente com a sua vinda", traduziu Roy. "Ele era irmão do seu avô. Deseja-lhe tudo de bom."

Falei que estava feliz em vê-lo, e o ancião assentiu outra vez.

"Ele diz que muitos jovens se perderam para... o país do homem branco. Ele diz que o próprio filho dele está nos Estados Unidos e faz muitos anos que não vem para casa. Esses homens são como fantasmas, diz ele. Quando morrem, não haverá ninguém lá para chorar sua morte. Não haverá nenhum ancestral para recebê-los. Então... ele diz que é bom que você tenha voltado."

O velho ergueu a mão, que apertei suavemente. Quando nos levantávamos para sair, o velho disse mais alguma coisa, e Roy concordou com a cabeça antes de fechar a porta.

"Ele disse que, se você souber do filho dele", explicou Roy, "diga-lhe que volte para casa."

Talvez fosse o efeito da bebida ou o fato de que as pessoas ao redor falavam uma língua que eu não entendia. Mas, quando tento relembrar o resto daquela noite, é como se eu me movesse num sonho. A lua está baixa no céu, enquanto as figuras de Roy e dos demais se fundem com as sombras do milharal. Entramos em outra casinha e encontramos mais homens, talvez uns seis, talvez uns dez, a quantidade variando sem cessar conforme avança a noite. No centro de uma mesa rústica de madeira há mais três garrafas, e os homens começam a servir a bebida nos copos, de início cerimoniosamente, então mais depressa, com menos cuidado, a garrafa fosca sem rótulo passando de mão em mão. Paro de beber depois de duas doses mais, porém ninguém parece reparar. Todos os rostos, velhos e jovens, brilham como fogos-fátuos à luz bruxuleante do lampião, rindo, gritando, largados em algum canto escuro ou com gestos agitados em busca de cigarro ou de outra dose, a raiva ou a alegria atingindo o auge da estridência, logo desaparecendo, palavras em luo, em suaíli, em inglês correndo juntas em rodopios irreconhecíveis, as vozes regateando aduladoras algum dinheiro, ou camisas, ou a garrafa, as vozes rindo e soluçando, as mãos estendidas, as vozes raivosas e balbuciantes da minha própria juventude bêbada, do Harlem e do South Side, as vozes do meu pai.

Não sei bem quanto tempo ficamos ali. Sei que, em certo momento, Sayid se aproximou e me sacudiu pelo braço.

"Barry, estamos indo", disse ele. "Bernard não está passando bem."

Falei que ia junto, mas, quando me levantei, Abo se inclinou sobre mim e me agarrou pelos ombros.

"Barry! Aonde você vai?"

"Vou dormir, Abo."

"Você tem de ficar aqui com a gente! Comigo! E com Roy!"

Olhei e vi Roy jogado no sofá. Os nossos olhos se cruzaram e fiz um sinal com a cabeça na direção da porta. Então foi como se toda a sala caísse no silêncio, como se assistisse à cena pela televisão, com o som desligado. Vi o homem de cabelo branco encher o copo de Roy e pensei em arrastá-lo para fora da sala. Mas Roy desviou os olhos de mim; riu e emborcou a bebida entre muitos aplausos e aclamações, as quais continuei a ouvir mesmo depois que começamos, Sayid, Bernard e eu, a voltar para a casa de Salina.

"Aquele pessoal estava bêbado demais", disse Bernard com a voz fraca ao atravessarmos o campo.

Sayid assentiu e se virou para mim.

"Infelizmente, acho que Roy é parecido demais com o meu irmão mais velho. O seu pai era muito querido por estas bandas. Em Alego também. Sempre que voltava para casa, pagava bebida para todo mundo e ficava fora até muito tarde. O povo daqui gostava disso. Diziam a ele: 'Você agora é importante, mas não se esqueceu de nós'. Ele ficava contente com isso, creio. Lembro uma vez: ele me levou a Kisumu na sua Mercedes. No caminho, ele viu um *matatu* recolhendo passageiros e me disse: 'Sayid, hoje à noite vamos ser motoristas de *matatu*!'. Na parada seguinte, ele pegou os que haviam restado e me disse para cobrar a passagem normal. Acho que conseguimos espremer oito pessoas dentro do carro. Ele levou os passageiros não só até Kisumu, mas à casa de cada um ou ao lugar aonde precisavam ir. E, a cada vez que um descia, ele devolvia o dinheiro. As pessoas não entendiam a razão daquilo, e na época eu também não entendi. Depois de terminarmos, fomos até o bar, e ele contou a todos os amigos o que tínhamos feito. Riu muito naquela noite."

Sayid parou e escolheu cuidadosamente as palavras.

"Foi isso que tornou o meu irmão um homem tão bom, essas coisas. Mas acho também que, quando você é uma coisa, não pode fingir que é outra. Como ele podia ser motorista de *matatu* ou passar a noite toda fora, bebendo, e ao mesmo tempo elaborar o plano econômico do Quênia? Um homem presta serviço ao seu povo fazendo o que considera certo, não é assim? E não fazendo o que os outros acham que ele deve fazer. Mas o meu irmão, embora se orgulhasse da sua independência, acho também que tinha medo de algumas coisas. Medo do que as pessoas diriam se ele saísse muito cedo do bar. Que talvez não fizesse mais parte do grupo com que tinha crescido."

"Não quero ser assim."

Sayid olhou o sobrinho com uma espécie de pesar.

"Eu não pretendia falar com tanta franqueza, Bernard. Você deve respeitar os mais velhos. Eles preparam o terreno para você, para que o seu caminho seja mais fácil. Mas, se você vê quando caem num poço, o que você aprende com isso?"

"A contornar", respondeu Bernard.

"Isso mesmo. Se afaste daquele caminho e faça o seu próprio caminho."

Sayid passou o braço pelos ombros do jovem. Ao nos aproximarmos da casa de Salina, olhei para trás. Ainda dava para ver a luz fraca da janela do velho, e senti seus olhos cegos fitando a escuridão.

19.

Roy e Abo acordaram com uma tremenda dor de cabeça e ficaram com Kezia mais um dia em Kendu. Como estava me sentindo um pouco melhor do que eles, resolvi voltar à Casa ao Quadrado com Sayid e Bernard, de ônibus, decisão da qual logo me arrependi. Tivemos de ficar de pé durante a maior parte do trajeto, mantendo a cabeça abaixada por causa do teto baixo do ônibus. Para piorar as coisas, tive diarreia. O estômago revirava a cada solavanco. A cabeça latejava a cada curva. Assim, foi controlando cuidadosamente o intestino que apareci diante de minha avó e de Auma, fazendo um breve aceno e saindo em disparada para o quintal, contornando uma vaca errante e entrando no banheiro lá fora.

Apareci vinte minutos depois, piscando feito um prisioneiro à luz das primeiras horas da tarde. As mulheres estavam reunidas em esteiras de palha à sombra de uma mangueira, minha avó trançando o cabelo de Auma e Zeituni fazendo o mesmo na filha de uma vizinha.

"Divertiu-se?", perguntou Auma, tentando não sorrir.

"Muitíssimo."

Sentei ao lado delas e fiquei olhando enquanto uma velha muito magra saía da casa e ocupava um lugar junto à minha avó. Devia ter uns setenta e poucos anos, imaginei, mas usava um suéter rosa-choque e dobrou as pernas de lado como uma tímida colegial. Deu uma espiada em mim e falou com Auma em luo.

"Ela diz que você não parece estar muito bem."

A velha sorriu para mim, mostrando a ausência de dois dentes da frente.

"Esta é a irmã do nosso avô, Dorsila", continuou Auma. "A última filha do nosso bisavô Obama. Ela mora em outra aldeia, mas quando soube... Ufa! Barack, sorte sua não ter tranças para desmanchar. O que eu estava falando? Ah, sim... Dorsila diz que, quando ela soube que estávamos aqui, andou até aqui para nos ver. Traz saudações de todas as pessoas da aldeia."

Dorsila e eu trocamos um aperto de mãos e comentei que tinha conhecido o irmão mais velho dela na baía de Kendu. Ela assentiu e falou outra vez.

"Ela diz que o irmão é muito velho", traduziu Auma. "Quando era mais novo, era igual ao nosso avô. Às vezes nem ela conseguia diferenciar."

Assenti e tirei o isqueiro. Ao acendê-lo, a nossa tia-avó soltou um grito e falou rapidamente com Auma.

"Ela quer saber de onde vem o fogo."

Estendi o isqueiro a Dorsila e mostrei como funcionava, enquanto ela continuava a falar. Auma explicou:

"Ela diz que as coisas estão mudando tão depressa que sente a cabeça girar. Diz que, na primeira vez que assistiu televisão, imaginou que as pessoas dentro do aparelho também podiam vê-la. Achou que eram muito mal-educadas porque, quando falava com elas, nunca respondiam."

Dorsila riu alegremente de si mesma, e Zeituni foi para a cabana que servia de cozinha. Alguns minutos depois, voltou com uma caneca na mão. Perguntei o que tinha acontecido com Sayid e Bernard.

"Estão dormindo", respondeu e me estendeu a caneca. "Pegue. Beba isso."

Dei uma cheirada no líquido verde fumegante. Cheirava a pântano.

"O que é isso?"

"É feito de uma planta que dá aqui. Confie em mim... vai firmar o seu estômago num instante."

Dei um primeiro gole. O gosto da infusão era tão ruim quanto prometia, mas Zeituni ficou em cima de mim até que engolisse a última gota.

"É uma receita do seu avô", disse ela. "Já lhe contei que ele era herbalista."

Dei outra tragada no cigarro, virei para Auma e disse:

"Peça à nossa avó para me contar mais sobre ele. Sobre o nosso avô. Roy diz que, na verdade, ele se criou em Kendu e depois se mudou sozinho para Alego."

Nossa avó assentiu à tradução de Auma. Indaguei:

"Ela sabe por que ele saiu de Kendu?"

Minha avó deu de ombros.

"Ela diz que, originalmente, o povo dele era daqui", disse Auma.

Pedi a ela que iniciasse pelo começo. Como nosso bisavô Obama foi morar em Kendu? Onde nosso avô trabalhava? Por que a mãe do meu pai foi embora? Enquanto ela começava a responder, senti o vento se erguer e depois cessar. Uma fila de nuvens lá no alto passou por sobre os morros. E à sombra arejada da mangueira, enquanto as mãos trançavam os cachos negros em fileiras parelhas, ouvi todas as nossas vozes correndo em conjunto, o som de três gerações se atropelando e se sobrepondo como

466

as correntes de um rio vagaroso, as minhas perguntas como pedras perturbando a água, as falhas da memória separando as correntes, mas as vozes sempre retomando aquele mesmo curso, aquela mesma história…

Primeiro foi Miwiru. Não se sabe quem veio antes. Miwiru gerou Sigoma, Sigoma gerou Owiny, Owiny gerou Kisodhi, Kisodhi gerou Ogelo, Ogelo gerou Otondi, Otondi gerou Obongo, Obongo gerou Okoth e Okoth gerou Opiyo. As mulheres que os conceberam, seus nomes foram esquecidos, pois assim era o costume do nosso povo.

Okoth vivia em Alego. Antes disso, sabe-se apenas que as famílias percorreram uma longa distância, vindo de onde agora é Uganda, e que éramos como os massais, nômades em busca de água e pastagem para grandes manadas de gado. As pessoas se assentaram em Alego, onde começaram a cultivar a terra. Outros luos se estabeleceram junto ao lago e aprenderam a pescar. Havia outras tribos, que falavam bantu, já vivendo em Alego quando os luos chegaram, e ocorreram grandes guerras. O nosso ancestral Owiny era conhecido como grande guerreiro e líder do seu povo. Ajudou a derrotar os exércitos bantus, mas os bantus foram autorizados a ficar e a se casar com luos, e nos ensinaram muitas coisas sobre agricultura e a nova terra.

Depois que o povo começou a se assentar e a cultivar, a terra em Alego ficou lotada. Opiyo, filho de Okoth, era um irmão mais novo, e foi por isso, talvez, que ele resolveu se mudar para a baía de Kendu. Quando se mudou para lá, ele não tinha terra, mas, pelo costume do nosso povo, um homem podia fazer uso de qualquer terra sem uso. O restante era revertido para a tribo. Assim, não havia vergonha nenhuma na situação de Opiyo. Ele trabalhou nas terras de outros homens e limpou a área para a própria fazenda. Porém morreu muito jovem, antes que pudesse prosperar,

467

deixando duas esposas e vários filhos. Uma esposa foi acolhida pelo irmão de Opiyo, como era o costume na época — ela se tornou a esposa do irmão, os filhos dela se tornaram filhos dele. Mas então a outra esposa morreu, e o filho mais velho dela, Obama, ficou órfão quando ainda era menino. Ele também foi morar com o tio, mas os recursos da família eram parcos, por isso Obama, ao crescer, começou a trabalhar para outros homens, como o pai fizera antes dele.

Ele trabalhava para uma família rica, com muito gado. Passaram a admirar Obama porque ele era empreendedor e um ótimo agricultor. Quando quis se casar com a filha mais velha, permitiram, e os tios dessa família providenciaram o dote necessário. E, quando essa filha mais velha morreu, permitiram que Obama se casasse com a irmã mais nova, que se chamava Nyaoke. Obama teve quatro esposas, que lhe deram muitos filhos. Ele limpou a própria terra e prosperou, com uma grande área e com muitos bois e cabras. E, por causa de suas maneiras polidas e responsáveis, integrou o conselho de anciãos em Kendu. Muitos iam lhe pedir conselho.

O avô de vocês, Onyango, era o quinto filho de Nyaoke. Dorsila, que está aqui, é a última filha da última esposa de Obama.

Isso foi antes que o homem branco chegasse. Cada família tinha a sua terra, mas todos viviam segundo as leis dos anciãos. Os homens tinham suas cabanas e eram responsáveis por limpar e cultivar suas terras, e também por proteger o gado contra os animais selvagens e os ataques de outras tribos. Cada esposa tinha a sua horta, que somente ela e as filhas cultivavam. Ela preparava a comida do homem, buscava água e cuidava das cabanas. Os anciãos regulamentavam todos os plantios e as colheitas. Organizavam as famílias para trabalhar em rodízio, de modo que cada família ajudava a outra a fazer essas coisas. Os anciãos distribuíam alimento para as viúvas ou para os que estavam passando dificuldades, forneciam reses como dote para os homens que não tinham gado próprio e resolviam todos os conflitos. As palavras dos anciãos eram lei, e estritamente obedecidas — os que desobedeciam tinham de ir embora e recomeçar a vida em outra aldeia.

As crianças não iam à escola, mas aprendiam com os pais. As meninas acompanhavam as mães e aprendiam a moer painço para fazer angu, a plantar verduras e legumes e a compactar barro para as cabanas. Os meninos aprendiam com os pais a cuidar do gado, a lidar com *pangas* e a atirar lanças. Quando morria uma mãe, outra acolhia a criança, que criava como se fosse sua. À noite, as filhas comiam com as mães, enquanto os filhos ficavam com o pai na cabana dele, ouvindo histórias e aprendendo os costumes do nosso povo. Às vezes aparecia um harpista e toda a aldeia ia ouvir suas canções. Os harpistas cantavam as grandes proezas do passado, os grandes guerreiros e os sábios anciãos. Louvavam os homens que eram bons agricultores e as mulheres que eram bonitas e censuravam os preguiçosos ou cruéis. Todos eram reconhecidos nessas canções pelas contribuições, boas e más, que davam à aldeia, e assim as tradições dos ancestrais permaneciam vivas em todos os ouvintes. Depois que as crianças e as mulheres se retiravam, os homens da aldeia se reuniam e decidiam sobre os assuntos locais.

Desde pequeno, o avô de vocês, Onyango, era estranho. Diziam que tinha formiga no rabo, pois não conseguia parar quieto. Vagueava sozinho por dias e dias e, quando voltava, nunca dizia onde tinha estado. Era sempre muito sério — nunca ria nem brincava com as outras crianças, nunca fazia graça. Era sempre curioso sobre o que os outros faziam, e foi assim que aprendeu a ser herbalista. Vocês devem saber que o herbalista é diferente do xamã — o que o homem branco chama de feiticeiro. O xamã lança feitiços e fala com o mundo dos espíritos. O herbalista conhece várias plantas que curam certas feridas ou doenças, sabe preparar uma lama especial que cicatriza os cortes. Quando menino, o avô de vocês se sentava na cabana do herbalista da aldeia, observando e ouvindo atentamente enquanto os outros meninos brincavam, e foi assim que ele foi aprendendo.

Quando o avô de vocês ainda era menino, começamos a ouvir que o homem branco tinha chegado a Kisumu. Diziam que esses brancos tinham uma pele macia como de criança, mas que andavam num navio que rugia feito trovão e tinham varas que explodiam em fogo. Antes disso, ninguém na nossa aldeia tinha visto um branco — só mercadores árabes que às vezes vinham nos vender açúcar e tecidos. Mas mesmo isso era raro, pois o nosso povo não usava muito açúcar e não usávamos roupa, somente uma pele de cabra cobrindo os órgãos genitais. Quando os anciãos ouviram essas histórias, discutiram o assunto entre eles e recomendaram que os homens ficassem longe de Kisumu até que se entendesse melhor esse tal homem branco.

Apesar da recomendação, Onyango ficou curioso e resolveu ir ver esses brancos com os próprios olhos. Um dia ele sumiu, e ninguém sabia aonde tinha ido. Muitos meses depois, enquanto os outros filhos de Obama trabalhavam a terra, Onyango voltou à aldeia. Vestia calças como um branco e uma camisa como um branco, e tinha sapatos nos pés. As crianças pequenas ficaram com medo e os irmãos dele não sabiam como lidar com aquela mudança. Chamaram Obama, que saiu da sua cabana, e a família se reuniu para olhar a estranha aparência de Onyango.

"O que aconteceu com você?", perguntou Obama. "Por que está usando essas peles esquisitas?" Onyango não disse nada, e Obama concluiu que Onyango devia estar de calças para esconder a circuncisão, que ia contra o costume luo. Achou que a camisa de Onyango devia estar encobrindo alguma borbulha ou ferida. Obama se virou para os outros filhos e disse: "Não cheguem perto desse irmão de vocês. Está impuro". Então voltou para a sua cabana, os outros riram e se esquivaram de Onyango. Por causa disso,

Onyango voltou para Kisumu e se manteve afastado do pai pelo resto da vida.

Na época, ninguém percebeu que o homem branco pretendia ficar na terra. Pensávamos que tinham vindo apenas comerciar produtos. Logo adotamos alguns dos seus costumes, como tomar chá. Com o chá, descobrimos que precisávamos de açúcar, de bules, de xícaras. Comprávamos todas essas coisas em troca de couro, carne e vegetais. Depois aprendemos a aceitar a moeda do branco. Mas essas coisas não nos afetavam muito. Como os árabes, os brancos continuavam a ser poucos e imaginamos que logo voltariam para suas terras. Em Kisumu, alguns brancos ficaram e construíram uma missão. Esses homens falavam do deus deles, que diziam que era todo-poderoso. A maioria das pessoas não ouvia e achava bobagem essa conversa. Mesmo quando apareceram com rifles, ninguém resistiu porque a nossa vida ainda não era afetada pela morte que essas armas podiam trazer. Muitos de nós achavam que as armas eram só umas colheres grandes e bonitas para mexer o *ugali*.

As coisas começaram a mudar com a primeira guerra do branco. Chegaram mais armas, junto com um branco que se dizia comissário distrital. Chamávamos esse homem de *Bwana Ogalo*, que quer dizer "O Opressor". Ele impôs um imposto por cabana que tinha de ser pago na moeda do branco. Isso obrigou muitos homens a trabalhar por salário. Recrutou imediatamente muitos homens nossos para o exército dele, para carregar provisões e construir uma estrada para passarem automóveis. Cercou-se de luos que usavam roupas como o branco e que trabalhavam como coletores de impostos e agentes seus. Vimos que agora tínhamos chefes, homens que nem estavam no conselho de anciãos. Houve resistência a tudo isso, e muitos começaram a lutar. Mas esses que agiam assim eram espancados ou alvejados. Os que não pagavam os impostos tinham as cabanas incendiadas. Algumas famílias fugiram mais para o interior para formar novas aldeias. A maioria, porém, ficou e aprendeu a viver com essa nova situação, mesmo que todos nós víssemos que tinha sido uma bobagem ignorar a chegada do homem branco.

Nessa época, o avô de vocês trabalhava para o homem branco. Poucos falavam inglês ou suaíli naqueles dias — os homens não gostavam de mandar os filhos para a escola do branco, preferiam que trabalhassem com eles na terra. Mas Onyango tinha aprendido a ler e escrever, e entendia o sistema de registros e títulos da terra do homem branco. Com isso, ele tinha proveito para o homem branco e, durante a guerra, ficou encarregado das turmas das estradas. Depois foi enviado para Tanganica, e lá ficou por vários anos. Quando enfim voltou, limpou uma área de terra para si em Kendu, só que ficava longe da área do pai e era raro que falasse com os irmãos. Não construiu uma cabana propriamente dita, mas morava numa tenda. As pessoas nunca tinham visto aquilo e acharam que ele estava louco. Depois de demarcar a terra e fazer valer seus direitos, foi para Nairóbi, onde um branco tinha oferecido um emprego para ele.

Naqueles dias, poucos africanos podiam andar de trem; assim, Onyango fez a pé todo o percurso até Nairóbi. Levou mais de duas semanas. Mais tarde contou para nós as aventuras que teve durante a viagem. Muitas vezes espantou leopardos com a *panga*. Uma vez foi perseguido por um búfalo bravo, teve de subir numa árvore e dormiu ali durante dois dias. Uma vez encontrou um tambor no meio da trilha da floresta e, quando abriu, apareceu uma cobra que deslizou pelos pés dele entre os arbustos. Mas não aconteceu nada de grave e por fim chegou a Nairóbi para começar a trabalhar na casa do homem branco.

Não foi o único a se mudar para a cidade. Depois da guerra, muitos africanos começaram a trabalhar por salário, principalmente os que tinham sido recrutados, ou que moravam perto das cidades, ou que haviam ingressado nas missões dos brancos. Muita gente teve de se refugiar durante e logo após a guerra. A guerra trouxe atrás de si a fome e a doença e trouxe também muitos colonos brancos, que tinham autorização de confiscar as melhores terras.

Os quicuios foram os que mais sentiram essas mudanças, pois moravam nos planaltos em volta de Nairóbi, onde era maior o assentamento branco. Mas os luos também sentiram o domínio do homem branco. Todos tinham de se registrar na administração colonial, e os impostos por cabana aumentavam sem parar. Isso fazia com que uma quantidade sempre maior de homens fosse trabalhar como lavradores nas grandes fazendas brancas. Na nossa aldeia, mais famílias usavam roupas do homem branco e mais pais deixavam os filhos irem para a escola dos missionários. Claro que nem mesmo os que iam para a escola podiam fazer as coisas que o branco fazia. Só os brancos podiam comprar certas terras ou montar certos negócios. Outros empreendimentos eram reservados por lei aos hindus e aos árabes.

Alguns homens começaram a se organizar contra essas políticas, a fazer petições e montar manifestações. Mas eram em pequeno número, e a maioria das pessoas apenas lutava para conseguir sobreviver. Os africanos que não trabalhavam na lavoura ficavam nas suas aldeias, tentando manter os velhos costumes. No entanto, mesmo nas aldeias as atitudes mudaram. A terra ficou lotada, pois, com os novos sistemas de propriedade da terra, não havia mais espaço para os filhos criarem suas próprias áreas — tudo era de propriedade de alguém. O respeito pela tradição diminuiu, pois os jovens viam que os anciãos não tinham nenhum poder de verdade. A cerveja, que antes era feita de mel e que os homens bebiam com muita frugalidade, agora vinha em garrafas, e muitos homens viraram bêbados. Muitos de nós começamos a apreciar a vida do branco e concluímos que, em comparação a ele, a nossa vida era pobre.

Por esses critérios, o avô de vocês prosperou. No trabalho em Nairóbi, ele aprendeu a preparar a comida do branco e a organizar a casa do branco. Por causa disso, era estimado entre os patrões e trabalhou nas propriedades de alguns dos brancos mais importantes, até de lorde Delamere. Guardava o que recebia e comprou terra e gado em Kendu. Nessas terras, depois, construiu uma cabana sua. Mas a maneira como cuidava da cabana era diferente da dos outros. Ela era impecável e ele insistia que as pessoas lavassem os pés ou tirassem os sapatos antes de entrar. Dentro da cabana, ele fazia todas as suas refeições à mesa, sentado numa cadeira, sob um mosquiteiro, usando garfo e faca. Não tocava em comida que não fosse muito bem lavada e tampada logo depois de ficar pronta. Tomava banhos constantes e toda noite lavava a sua roupa. Ele continuou assim até o final da vida, muito asseado e higiênico, e ficava bravo se a gente pusesse algo no lugar errado ou não limpasse direito alguma coisa.

E era muito rigoroso em relação às suas propriedades. Se você pedisse, ele sempre lhe dava alguma coisa sua: comida, dinheiro, até roupa. Mas, se você tocasse nas coisas dele sem pedir, ficava furioso. Mesmo depois, quando os filhos nasceram, ele sempre lhes dizia para não tocarem nas coisas dos outros.

O povo de Kendu achava estranhas essas suas maneiras. Iam à casa dele porque era generoso com a comida e sempre havia algo para comer. Mas, entre si, caçoavam dele porque não tinha esposa nem filhos. Talvez Onyango tenha ouvido esses comentários, pois logo decidiu que precisava de uma esposa. O problema era que nenhuma mulher cuidava da casa do jeito que ele esperava. Pagou o dote de várias jovens, mas, sempre que se mostravam preguiçosas ou quebravam um prato, o avô de vocês batia nelas com muita severidade. Entre os luos, era normal que os homens batessem nas esposas se elas se comportassem mal, porém, mesmo entre os luos, o comportamento de Onyango era considerado bruto, e as mulheres que ele pegava para si acabavam fugindo de volta para a casa dos pais.

Por fim, ele encontrou uma esposa que conseguiu ficar. Chamava-se Helima. Não se sabe como ela se sentia em relação ao avô de vocês, mas era calma e educada — e, o mais importante, atendia aos exigentes critérios no cuidado doméstico. Ele construiu uma cabana para ela em Kendu, onde Helima passava a maior parte do tempo. Às vezes levava a esposa a Nairóbi para ficar na casa onde trabalhava. Depois de alguns anos, viu-se que Helima não podia ter filhos. Entre os luos, normalmente isso era razão suficiente para divórcio: um homem podia mandar a esposa estéril de volta para a sua família e pedir a devolução do dote. Mas o avô de vocês preferiu ficar com Helima e, nesse sentido, tratou-a bem.

Mesmo assim, devia ser uma vida solitária para Helima; o avô de vocês trabalhava o tempo todo e não tinha tempo para amizades e distrações. Não bebia com outros homens e não fumava. O seu único prazer era ir aos salões de dança de Nairóbi uma vez por mês, pois gostava de dançar. Mas não era grande dançarino: era pesadão, trombava com os outros e pisava nos pés das pessoas. Ninguém dizia nada, pois conheciam Onyango e o seu gênio esquentado. Uma noite, no entanto, um bêbado começou a reclamar do jeito desengonçado de Onyango. O homem engrossou e disse: "Onyango, você já tem idade. Tem muito gado, tem esposa, mas não tem filhos. Me diga: há algum problema aí entre as pernas?".

Os que entreouviram o comentário começaram a rir, e Onyango deu uma grande surra no homem. Mas o comentário do bêbado deve ter se gravado nele porque no mesmo mês começou a procurar outra esposa. Voltou a Kendu e se informou a respeito de todas as mulheres na aldeia. Por fim se decidiu por uma moça chamada Akumu, tida em alta conta pela sua beleza. Já estava prometida para outro homem, que pagara ao pai dela seis cabeças de gado como dote, prometendo entregar depois mais seis cabeças. Mas Onyango conhecia o pai da moça e o convenceu a devolver a primeira parte do dote. Em troca, Onyango lhe deu ali na hora quinze cabeças. No dia seguinte, os amigos do avô de vocês capturaram Akumu quando andava na floresta e a arrastaram para a cabana de Onyango.

O menino, Godfrey, apareceu com a bacia de água e todos nós lavamos as mãos antes de comer. Auma se levantou para esticar as costas, com o penteado ainda pela metade e uma expressão transtornada no rosto. Disse algo a Dorsila e à nossa avó e recebeu uma longa resposta das duas.

"Perguntei a elas se o nosso avô tomou Akumu à força", disse-me Auma, pondo uma colherada de carne no prato.

"O que elas disseram?"

"Que essa coisa de agarrar a mulher fazia parte do costume luo. Pela tradição, depois que o homem paga o dote, a mulher não pode se mostrar muito ansiosa em ficar com ele. Finge recusar, assim os amigos do homem precisam pegá-la e levá-la para a cabana dele. Só depois desse ritual é que fazem uma cerimônia de casamento propriamente dita."

Auma mordiscou a comida e retomou:

"Falei pra elas que, num costume assim, algumas mulheres talvez não estivessem fingindo."

Zeituni mergulhou seu *ugali* no ensopado.

"É, Auma, não era tão ruim quanto você diz. Se o marido se comportasse mal, a moça sempre podia largá-lo."

"Mas do que adiantava se o pai logo ia escolher outro para ela? Me diga, o que acontecia se a mulher recusasse o pretendente escolhido pelo pai?"

Zeituni deu de ombros:

"Ela trazia vergonha para si e para a família."

"Está vendo?"

Auma se virou para perguntar algo à nossa avó e a resposta que ela deu, qualquer que tenha sido, fez com que Auma desse um tapinha — não só de brincadeira — no braço dela.

"Perguntei se o homem obrigava a moça a dormir com ele na noite da captura", explicou Auma, "e ela me disse que ninguém sabia o que se passava na cabana de um homem. Mas também me perguntou como um homem ia saber se queria a tigela toda de sopa se não provasse antes."

Perguntei à minha avó que idade ela tinha quando se casou com o nosso avô. Ela achou tanta graça que repetiu a pergunta para Dorsila, que riu e deu um tapa na perna da velha.

"Ela disse a Dorsila que você queria saber quando Onyango a seduziu", disse Auma.

Minha avó me deu uma piscadela e então falou que tinha dezesseis anos quando se casou; acrescentou que o nosso avô era amigo do pai dela. Perguntei se aquilo a incomodara, e ela balançou a cabeça.

"Ela diz que era comum casar com um homem mais velho", disse Auma. "Diz que, naqueles tempos, o casamento envolvia mais do que duas pessoas. Juntava as famílias e afetava a aldeia inteira. Você não se queixava nem se incomodava com o amor. Se não aprendia a amar o marido, aprendia a obedecer."

Nessa altura, Auma e nossa avó entabularam uma longa conversa, e a mais velha falou algo que novamente despertou a risada dos outros. De todos, menos de Auma, que se levantou e começou a empilhar os pratos.

"Desisto", disse exasperada.

"O que ela falou?"

"Perguntei por que as nossas mulheres aguentam os casamentos arranjados. Que os homens tomem todas as decisões. O espancamento das esposas. Sabe o que ela respondeu? Respondeu que muitas vezes as mulheres precisavam ser espancadas, pois, do contrário, não fariam tudo o que se exigia delas. Está vendo como somos? A gente reclama, mas mesmo assim incentivamos os homens a nos tratarem feito lixo. Veja Godfrey ali. Você acha que, ouvindo a nossa avó e Dorsila dizerem essas coisas, isso não vai afetar o comportamento dele?"

Minha avó não entendia o significado exato das palavras de Auma, contudo deve ter captado o tom, pois de repente falou com voz muito séria:

"Muito do que você diz é verdade, Auma", disse ela em luo. "As nossas mulheres carregam um fardo pesado. O peixe não tenta voar; nada com os outros peixes. A pessoa só sabe o que sabe. Se hoje em dia eu fosse jovem, talvez não aceitasse essas coisas. Talvez só me preocupasse com os meus sentimentos e em me apaixonar. Mas não é esse o mundo em que fui criada. Só sei o que vi. O que não vi não me pesa no coração."

Eu me reclinei na esteira e pensei no que minha avó tinha acabado de dizer. Havia certa sabedoria naquilo, refleti; ela estava falando de outra época, de outro lugar. Mas entendia igualmente a frustração de Auma. Sabia que também me sentira traído enquanto ouvia a história da juventude do nosso avô. A imagem que eu tinha de Onyango, vaga como era, sempre fora a de um homem autocrático — de um homem cruel, talvez. No entanto, havia uma imagem dele como homem independente, homem de seu povo, opondo-se ao domínio branco. Agora percebia que não havia base real para essa imagem — apenas a carta que escrevera ao meu outro avô dizendo que não queria que seu filho se casasse com uma branca. Isso e a sua fé muçulmana, que, na minha cabeça, ficara associada à Nação do Islã nos Estados Unidos. O que minha avó nos contava agora tinha mudado totalmente essa imagem e evocava referências antipáticas. Pai Tomás. Colaboracionista. Preto servil.

Tentei expor uma parte disso à minha avó, perguntando se nosso avô alguma vez manifestou seus sentimentos sobre o homem branco. Mas, bem nesse instante, Sayid e Bernard saíram de dentro da casa, com os olhos ainda grogues, e Zeituni os encaminhou para os pratos de comida que estavam guardados para eles. Só depois de se sentarem para comer e depois que Auma e a filha da vizinha retomaram seus lugares na frente das mulheres mais idosas é que minha avó voltou a contar sua história.

Eu também nem sempre entendia o que o avô de vocês pensava. Era difícil, porque ele não gostava que os outros o conhecessem bem. Mesmo quando falava com a gente, desviava o olhar de medo que adivinhássemos o que estava pensando. E assim era a sua atitude em relação ao homem branco. Um dia dizia uma coisa, no dia seguinte parecia dizer outra. Sei que ele respeitava o homem branco por causa do poder, das máquinas e armas e da forma de organizar a vida. Dizia que o homem branco estava sempre se aperfeiçoando, enquanto o africano desconfiava de qualquer coisa nova. "O africano é obtuso", às vezes me dizia. "Para fazer qualquer coisa, precisa levar pancada."

Mas, apesar dessas palavras, não acho que ele pensasse que o branco era superior por nascimento ao africano. Na verdade, ele não respeitava muitos costumes ou hábitos do branco. Achava que muitas coisas que faziam eram sem sentido ou injustas. Ele mesmo nunca admitiria ser espancado por um branco. Foi por isso que perdeu muitos empregos. Se o branco para quem trabalhava usasse de violência com ele, mandava o sujeito ir para o inferno e ia embora, procurando outro trabalho. Uma vez, um patrão tentou lhe dar uma bastonada, e o avô de vocês agarrou o bastão do homem e bateu nele. Foi detido por causa disso, só que, quando explicou o que havia acontecido, as autoridades o liberaram com uma multa e uma advertência.

O que o avô de vocês respeitava era a força. A disciplina. Foi por isso que, mesmo tendo aprendido muitos hábitos do homem branco, ele sempre se manteve bastante rigoroso quanto às tradições do povo luo. Respeito pelos mais velhos. Respeito pela autoridade. Ordem e costumes em todas as suas atividades. Foi por isso também que, penso, ele rejeitou a religião cristã. Converteu-se por algum tempo e até mudou o nome para Johnson. Mas não conseguia entender ideias como a de clemência com os inimigos, ou que aquele homem Jesus pudesse perdoar os pecados de um homem. Para o seu avô, isso era sentimentalismo, algo para reconfortar as mulheres. E assim ele se converteu ao islamismo: pensava que essas práticas condiziam melhor com suas convicções.

De fato, foi essa sua posição intransigente que causou tantos problemas entre ele e Akumu. Quando fui viver com ele, Akumu já tinha dado dois filhos a Onyango. A primeira foi Sarah. Três anos depois, veio o seu pai, Barack. Não conheci muito bem Akumu, pois ela e os filhos viviam com Helima na área do avô de vocês em Kendu, enquanto eu ficava com ele em Nairóbi, para ajudá-lo no seu trabalho lá. Mas, sempre que ia com ele para Kendu, dava para ver que Akumu era infeliz. Tinha um espírito rebelde e achava Onyango exigente demais. Ele sempre reclamava que ela não cuidava direito da casa. Mesmo na criação dos filhos, ele era rigoroso com ela. Dizia para manter os bebês no berço e vesti-los com as roupinhas bonitas que ele comprava em Nairóbi. Qualquer coisa que os bebês tocassem, tinha de ficar mais limpa do que antes. Helima procurava ajudar Akumu e cuidava das crianças como se fossem filhos seus, porém não adiantava. Akumu tinha poucos anos mais do que eu, e a pressão sobre ela era grande. E talvez Auma tenha razão... talvez ainda amasse o homem com quem ia se casar antes que Onyango a tomasse para si.

Seja como for, mais de uma vez ela tentou deixar Onyango. Uma vez depois que Sarah nasceu e outra vez depois de Barack.

Apesar do orgulho, Onyango foi atrás dela nas duas vezes, pois acreditava que as crianças precisavam da mãe. Nas duas vezes, a família de Akumu tomou o lado dele e, assim, a mulher não teve escolha a não ser voltar. Por fim, aprendeu a fazer o que se esperava dela. Mas se manteve amargurada em silêncio.

A vida ficou mais fácil para ela quando veio a Segunda Guerra Mundial. O avô de vocês foi para o ultramar como cozinheiro do capitão britânico, e eu vim morar com Akumu e Helima, ajudando as duas com os filhos e a lavoura. Ficamos algum tempo sem ver Onyango. Ele viajava muito com os regimentos britânicos: para Burma e o Ceilão, para a Arábia e também para algum lugar da Europa. Quando voltou, três anos depois, veio com um gramofone e o retrato daquela mulher que disse ter desposado em Burma. As fotos que vocês veem na parede aqui de casa foram tiradas naquela época.

Onyango estava então com quase cinquenta anos. Pensava cada vez mais em deixar o serviço do homem branco e voltar a cultivar a terra. Mas viu que a terra em volta de Kendu estava lotada e quase nem tinha mais pasto. Assim, pensou em Alego, a terra que fora abandonada pelo avô dele. Um dia, veio até nós, as esposas, e nos falou que nos preparássemos para ir para Alego. Eu era jovem e adaptável, mas a notícia foi um choque para Helima e Akumu. As famílias das duas viviam em Kendu, e ambas tinham se acostumado a viver ali. Principalmente Helima tinha medo de ficar solitária naquele novo lugar, pois era quase da mesma idade de Onyango e não tinha filhos. Assim, resolveu que não iria. Akumu, de início, também se recusou a ir, contudo, mais uma vez, foi convencida pela família de que devia acompanhar o marido e cuidar dos filhos.

Quando chegamos a Alego, a maior parte da terra que vocês veem agora era mato, e a vida foi difícil para todos nós. Mas o seu avô tinha aprendido técnicas agrícolas modernas quando estava em Nairóbi e pôs suas ideias em prática. Tudo crescia na mão dele, e em menos de um ano tinha safras suficientes para vender no mercado. Aplainou a terra para fazer essa ampla clareira e limpou os campos onde as plantações cresciam viçosas e abundantes. Plantou as mangueiras, as bananeiras e os pés de papaia que vocês veem ainda hoje. Chegou a vender a maior parte do gado, pois dizia que pastar empobrecia o solo e enfraquecia a terra. Com o dinheiro, ele construiu cabanas grandes para Akumu e para mim, e uma cabana para si. Tinha comprado um jogo de cristais na Inglaterra, que expunha numa prateleira, e ficava até tarde da noite ouvindo músicas estranhas no gramofone que trouxera. Quando nasceram os meus primeiros filhos, Omar e Zeituni, ele comprou berços, camisolinhas e mosquiteiros próprios, assim como tinha feito com Barack e Sarah. Na cabana que servia de cozinha, construiu um forno onde assava pães e bolos como os que a gente compra em loja.

Os vizinhos em Alego nunca tinham visto essas coisas. No começo desconfiaram dele e achavam que era um toleirão — principalmente quando vendeu o gado. Mas logo vieram a respeitar a sua generosidade, bem como todos os seus ensinamentos sobre técnicas de plantio e remédios de ervas. Vieram até a gostar do temperamento dele, pois descobriram que podia protegê-los contra a feitiçaria. Naqueles tempos, os xamãs eram muito consultados e amplamente temidos. Dizia-se que podiam fornecer uma poção do amor para conquistar quem você quisesse e outras capazes de matar seus inimigos. Mas o avô de vocês, por ter viajado muito e lido muitos livros, não acreditava nessas coisas. Achava que eram charlatões que roubavam o dinheiro das pessoas.

Ainda hoje, muita gente em Alego pode relembrar o dia em que um xamã de outra província veio matar um dos nossos vizinhos. Esse vizinho tinha cortejado uma moça das proximidades, e as famílias tinham concordado com o casamento. Mas outro homem queria muito aquela moça e, com ciúmes, contratou um

482

xamã para matar o rival. O nosso vizinho, quando soube do plano, ficou com muito medo e foi se aconselhar com Onyango. O avô de vocês ouviu a história, então pegou a *panga* e um chicote de couro de hipopótamo e foi esperar o xamã na ponta da estrada.

Não demorou muito e Onyango viu o xamã se aproximar, carregando numa das mãos uma pequena maleta de poções. Quando o xamã chegou ao alcance da voz, o avô de vocês se postou no meio da estrada e disse: "Volte para o lugar de onde veio". O xamã não sabia quem era Onyango e fez menção de passar, mas Onyango bloqueou a passagem e disse: "Se você é tão poderoso quanto diz, me fulmine agora com um raio. Do contrário, saia correndo, porque, se não sair já desta aldeia, vou ter de espancá-lo". O xamã fez de novo menção de passar, porém, antes de dar mais um passo, Onyango o derrubou no chão, pegou a maleta e voltou com ela para a sua área.

Pois bem, era uma questão muito séria, ainda mais porque o avô de vocês se negou a devolver as poções do xamã. No dia seguinte, o conselho de anciãos se reuniu sob uma árvore para resolver a disputa, e Onyango e o xamã foram avisados de que deviam comparecer e expor o caso. Primeiro apresentou-se o xamã, dizendo aos anciãos que, se Onyango não devolvesse imediatamente a maleta, recairia uma maldição sobre a aldeia inteira. Então se apresentou Onyango e repetiu o que havia dito antes. "Se esse homem tem grande poder mágico, ele que lance uma maldição sobre mim e me fulmine com a morte." Os anciãos se inclinaram para se desviar de Onyango, temendo que os espíritos pudessem errar o alvo. Mas logo viram que não surgiu espírito nenhum. Onyango se virou para o homem que havia contratado o xamã e disse: "Vá procurar uma nova mulher e deixe que essa outra fique com o homem ao qual foi prometida". E para o xamã Onyango disse: "Volte para o lugar de onde veio, porque não haverá matança nenhuma aqui neste lugar".

Os anciãos concordaram com todas essas coisas. Mas insistiram que Onyango devolvesse a maleta ao xamã, pois não queriam correr riscos. Onyango também concordou e, terminada a reunião, levou o xamã à sua cabana. Mandou que eu matasse um frango para o xamã comer e até lhe deu dinheiro para que não perdesse a viagem até Alego. Mas, antes de deixar que o xamã partisse, o avô de vocês fez com que ele mostrasse o conteúdo da maleta e explicasse as propriedades de cada poção, para tomar conhecimento de todos os truques que o xamã praticava.

Mesmo que Onyango tivesse usado uma dessas poções com Akumu, duvido que ele conseguisse deixá-la feliz. Por mais que batesse em Akumu, ela discutia com ele. Também era orgulhosa e me desdenhava, e muitas vezes se recusava a ajudar nas tarefas domésticas. Ela tinha uma terceira filha — chamada Auma, como esta sentada aqui — e, enquanto amamentava a bebê, secretamente planejava fugir. Uma noite, quando Sarah tinha doze anos e Barack nove, ela agiu. Acordou Sarah e disse que estava fugindo para Kendu. Falou que era uma viagem difícil demais para ser feita por crianças, durante a noite, mas que a seguissem tão logo tivessem mais idade. E então desapareceu com a bebê na escuridão.

Quando Onyango descobriu o que havia acontecido, ficou em fúria. Primeiro, pensou que finalmente devia deixar Akumu ir embora, entretanto, quando viu que Barack e Sarah ainda eram novos e que mesmo eu, com duas crianças minhas, era pouco mais do que uma menina, foi novamente até a família de Akumu em Kendu e pediu que a devolvessem. Mas, dessa vez, a família recusou. Na verdade, já tinham aceitado o dote para o novo casamento de Akumu com outro homem, e ambos, Akumu e o novo marido, tinham ido para Tanganica. Não havia o que fazer, de modo que Onyango voltou para Alego. Disse a si mesmo: "Não tem importância", e me falou que agora eu era a mãe de todos os seus filhos.

Nem ele nem eu sabíamos da última visita de Akumu a Sarah. Mas Sarah não esquecera as instruções da mãe, e poucas semanas depois ela acordou Barack no meio da noite, assim como a mãe havia feito com ela. Pediu silêncio ao irmão, ajudou-o a se vestir e, juntos, começaram a percorrer a estrada até Kendu. Ainda me pergunto como sobreviveram. Fazia quase duas semanas que tinham ido embora, percorrendo muitos quilômetros por dia, se escondendo dos que passavam por eles na estrada, dormindo nos campos e pedindo comida. Já perto de Kendu os dois se perderam e, por fim, uma mulher os viu e ficou com pena deles, pois estavam imundos e quase mortos de fome. A mulher os recolheu, deu de comer e perguntou como se chamavam; quando ela entendeu quem eram, mandou recado para o avô de vocês. E, quando Onyango foi pegá-los e viu a triste condição em que estavam, foi a única vez que alguém o viu chorar.

Os dois nunca mais tentaram fugir. Mas creio que nunca esqueceram aquela viagem que fizeram. Sarah mantinha uma distância cuidadosa de Onyango e, dentro de si, continuou leal a Akumu, pois era mais velha e talvez tivesse visto o tratamento que o velho havia dado à sua mãe. Creio que ela também se ressentia de mim por ter ocupado o lugar da sua mãe. A reação de Barack foi diferente. Não perdoou o fato de ter sido abandonado e agia como se Akumu não existisse. Dizia a todos que eu era a mãe dele; e, embora enviasse dinheiro a Akumu quando ficou adulto, sempre agiu com frieza, até o final da vida, em relação a ela.

O estranho era que, em muitos aspectos, Sarah tinha uma personalidade muito parecida com a do pai. Muito rigorosa, trabalhadora, de pavio curto, ao passo que Barack era indômito e obstinado como Akumu. Mas essas coisas, claro, a pessoa não vê em si mesma.

Como seria de esperar, Onyango era muito severo com os filhos. Impunha disciplina rigorosa e não deixava que brincassem fora da sua área, pois dizia que as outras crianças eram sujas e malcriadas. Sempre que Onyango saía, eu ignorava essas suas instruções, pois as crianças precisam brincar com outras crianças, tanto quanto precisam comer e dormir. Mas nunca contei ao avô de vocês o que eu fazia, e tinha de lavá-las e esfregá-las muito bem antes que ele voltasse para casa.

Não era fácil, principalmente com Barack. Que menino mais espoleta! Na presença de Onyango, mostrava-se obediente e bem--educado, e nunca respondia quando o pai o mandava fazer alguma coisa. Só que, por trás do velho, Barack fazia o que bem queria. Quando Onyango estava fora a negócios, Barack tirava a roupa respeitável e saía com outros garotos para se engalfinhar ou nadar no rio, para roubar frutas das árvores dos vizinhos ou andar na garupa das suas vacas. Os vizinhos tinham medo de ir diretamente até Onyango, por isso vinham reclamar dessas coisas comigo. Mas eu não ficava brava com Barack e sempre escondia suas molecagens de Onyango, porque eu o amava como se fosse filho meu.

O avô de vocês, embora não gostasse de mostrar, também tinha muito amor por Barack, pois o menino era muito inteligente. Barack ainda era bebê, Onyango lhe ensinou o alfabeto e os números, e não demorou muito para que o filho superasse o pai nessas coisas. Onyango gostava disso, porque, para ele, o conhecimento era a fonte de todo o poder do homem branco, e queria assegurar que o filho fosse tão instruído quanto um branco. Interessava-se menos pela educação de Sarah, embora também fosse tão inteligente quanto Barack. Os homens em geral achavam que a educação das filhas era desperdício de dinheiro. Quando Sarah terminou o ensino fundamental, foi pedir a Onyango que pagasse a escola para poder continuar os estudos. Ele respondeu: "Por que vou pagar escola para você, se você vai morar na casa de outro homem? Vá ajudar a sua mãe e aprender a ser uma boa esposa".

Isso criou mais atritos entre Sarah e o irmão mais novo, principalmente porque ela sabia que Barack nem sempre levava os estudos a sério. Para ele, tudo vinha fácil demais. De início foi para a escola missionária próxima, mas voltou no primeiro dia dizendo ao pai que não podia estudar lá porque a professora da turma era uma mulher e ele já sabia tudo o que ela tinha a ensinar. Barack tinha aprendido essa atitude com o pai, então Onyango não teve o que dizer. A outra escola mais próxima ficava a dez quilômetros de distância, e passei a levá-lo a pé todo dia de manhã. O professor era homem, mas Barack descobriu que isso não resolvia seu problema. Sempre sabia as respostas e às vezes até corrigia os erros do professor na frente de toda a classe. O professor repreendia Barack pela sua insolência, no entanto Barack não abaixava a cabeça. Isso lhe valeu muitos golpes de palmatória do diretor. Mas talvez tenha aprendido alguma coisa, já que, no ano seguinte, quando passou para uma turma com professora mulher, percebi que não reclamou.

Em todo caso, ficava entediado na escola e, com mais idade, às vezes faltava a todas as aulas durante várias semanas. Dias antes das provas, encontrava um colega e lia as lições. Sentava-se e aprendia sozinho tudo aquilo e, quando chegavam as notas, ficava sempre em primeiro lugar. Nas poucas vezes em que não era o primeiro, vinha até mim aos prantos, pois estava acostumado a ser o melhor. Mas isso só aconteceu uma ou duas vezes; geralmente, chegava em casa rindo e se gabando da sua inteligência.

Essas suas gabolices não eram maldosas — era sempre cordial com os colegas e ajudava sempre que pediam. Eram mais como aquela presunção da criança que descobre que consegue correr depressa ou que sabe caçar bem. Ele não percebia que os outros podiam ficar ressentidos com aquela sua facilidade. Mesmo já adulto, não percebia essas coisas. Se encontrava num bar ou num restaurante antigos colegas que eram ministros ou empresários, dizia na frente de todos que as ideias deles eram bobagens. Comentava: "Ei, lembro que precisei lhe ensinar aritmética; então como é que agora você pode ser um cara importante?". Dava risada e lhes pagava cerveja, mas também gostava muito deles. Esses sujeitos, porém, lembravam a época da escola, sabiam que era verdade o que Barack tinha dito e, mesmo que não mostrassem, ficavam irritados com suas palavras.

Na adolescência dele, as coisas estavam mudando rápido no Quênia. Muitos africanos tinham combatido na Segunda Guerra Mundial. Haviam empunhado armas e se distinguiram como grandes combatentes em Burma e na Palestina. Tinham visto o homem branco lutar contra o seu próprio povo, morreram ao lado dos brancos e também mataram eles mesmos muitos brancos. Tinham visto que um africano era capaz de operar as máquinas do branco e conheceram negros dos Estados Unidos que pilotavam aviões e faziam cirurgias. De volta ao Quênia, estavam ansiosos em dividir esses novos conhecimentos e já não estavam mais satisfeitos com o domínio do homem branco.

Começou-se a falar em independência. Havia comícios e manifestações; encaminhavam-se petições ao governo reclamando contra o confisco de terras e o poder dos chefes de requisitar mão de obra gratuita para os projetos do governo. Mesmo africanos que tinham frequentado as escolas missionárias estavam se rebelando contra suas igrejas locais e acusavam os brancos de distorcer o cristianismo para rebaixar tudo o que era africano. Tal como antes, a maior parte dessa atividade se concentrava na região onde os quicuios moravam, pois eram eles que mais sofriam o jugo dos brancos. Mas os luos também eram oprimidos, constituindo a principal fonte para os trabalhos forçados. Homens da nossa área começaram a se somar aos quicuios nas manifestações. E mais tarde, quando os britânicos declararam estado de emergência por causa dos mau-maus, muitos foram detidos e alguns nunca mais foram vistos.

Como outros rapazes, o seu pai Barack foi influenciado pelos discursos em favor da independência, e chegava da escola falando sobre os comícios que presenciara. O avô de vocês concordava com muitas das reivindicações daqueles primeiros partidos como a Kanu [Unidade Nacional Africana do Quênia]. Mas duvidava que o movimento pela independência chegasse a algum lugar, pois achava que os africanos nunca conseguiriam vencer as forças militares do homem branco. "Como o africano vai derrotar o branco", dizia a Barack, "se não é capaz de fabricar nem a sua própria bicicleta?" E falava que o africano nunca venceria o branco porque o negro só queria trabalhar com a própria família ou o próprio clã, enquanto todos os brancos trabalhavam para aumentar o poder. "O homem branco sozinho é como uma formiga", dizia Onyango. "É fácil esmagá-lo. Mas, como as formigas, o homem branco trabalha junto. A sua nação, o seu negócio — essas coisas são para ele mais importantes do que ele mesmo. Segue o líder e não questiona as ordens. Os negros não são assim. Mesmo o negro mais tolo acha que sabe mais do que o sábio. É por isso que o homem negro sempre vai perder."

Apesar dessa sua posição, o avô de vocês chegou a ser detido. Um africano que trabalhava para o comissário distrital tinha inveja das terras dele. Numa ocasião, o avô de vocês tinha repreendido esse homem porque coletava impostos demais e embolsava o dinheiro. Durante o período do estado de emergência, ele colocou o nome de Onyango numa lista dos apoiadores da Kanu e disse ao homem branco que Onyango era subversivo. Certo dia, os *askaris* do homem branco pegaram e levaram Onyango embora, e ele foi posto num campo de detentos. Por fim, foi ouvido numa audiência e julgado inocente. Mas ele passara mais de seis meses no campo de detenção e voltou a Alego muito magro e sujo. Tinha dificuldade em andar e estava com a cabeça infestada de piolhos. Sentiu tanta vergonha que não quis entrar em casa nem nos contar o que havia acontecido. Em vez disso, disse-me para ferver água e lhe levar uma das suas navalhas. Raspou o cabelo, e precisei ajudá-lo a tomar um banho muito demorado, bem aí onde vocês estão sentados agora. E desde aquele dia vi que ele era um velho.

Nessa época, Barack estava fora e só mais tarde soube da detenção do pai. Tinha feito o exame distrital e fora aceito na Escola Missionária de Maseno, cerca de oitenta quilômetros ao sul, perto da linha do equador. Devia ser uma grande honra para Barack, pois poucos africanos eram autorizados a cursar o ensino médio e somente os melhores alunos entravam na Maseno, mas, com sua natureza rebelde, ele criou muitas encrencas na escola. Levava às escondidas mocinhas para o dormitório; ele sempre teve muita lábia com as moças e lhes prometia tudo o que sonhavam. Com os amigos, invadiam os sítios para roubar frangos e inhames, porque não gostavam da comida da escola. Os professores faziam vista grossa a muitas dessas infrações, pois viam como ele era esperto. Só que Barack acabou indo longe demais nas molecagens e finalmente foi expulso.

Onyango, quando soube, ficou tão furioso que espancou Barack com uma vara nas costas até começar a sangrar. Barack não tentou escapar, não gritou nem chorou, nem mesmo se explicou ao pai. Por fim, Onyango disse a ele: "Se você não é capaz de se comportar direito na minha área, não tem serventia para mim aqui!". Na semana seguinte, Onyango avisou Barack que havia providenciado a sua partida para a costa, onde iria trabalhar como escriturário. "Agora você vai aprender o valor da educação", disse o velho. "Vou ver como vai se divertir, tendo de ganhar a própria comida."

Barack não teve alternativa a não ser obedecer ao pai. Foi para Mombaça e começou a trabalhar no escritório de um comerciante árabe. Mas, depois de pouco tempo, teve uma discussão com o árabe e foi embora sem pegar o pagamento. Encontrou outro emprego de escriturário, porém o salário era muito menor. Barack era orgulhoso demais para pedir ajuda ao pai ou para reconhecer que tinha errado. Mesmo assim, a notícia chegou a Onyango e, quando Barack foi visitar a família, o pai gritou que ele não prestava para nada. Barack tentou dizer a Onyango que o novo serviço pagava muito melhor do que aquele arranjado por Onyango. Disse que estava recebendo 150 xelins por mês. Então Onyango falou: "Me mostre a sua caderneta salarial, se você é tão rico assim". Barack não disse nada, e Onyango se deu conta de que o filho estava mentindo. Foi para a sua cabana e mandou Barack embora por ter trazido vergonha ao pai.

Barack se mudou para Nairóbi e conseguiu emprego como escriturário da ferrovia. Mas se entediava e passou a se interessar pela política do país. Os quicuios haviam começado a guerrilha nas florestas. Havia comícios por toda parte reivindicando que libertassem Kenyatta da prisão. Barack começou a frequentar reuniões políticas depois do expediente e acabou conhecendo alguns líderes da Kanu. A polícia apareceu numa dessas reuniões, e Barack foi preso por violar a lei que proibia reuniões políticas. Da cadeia, enviou recado ao pai dizendo que precisava de dinheiro para pagar a fiança. Mas Onyango negou o dinheiro que Barack pedia e me falou que o filho precisava aprender bem a lição.

Barack, como não ocupava nenhum cargo na Kanu, foi liberado depois de alguns dias. Contudo, não sentiu nenhuma satisfação com isso, pois começara a pensar que talvez o pai tivesse razão — que ele não servia para nada. Estava com vinte anos, e qual era sua situação? Fora demitido do emprego na ferrovia. Estava afastado do pai, sem dinheiro nem perspectivas. E tinha esposa e filho. Conhecera Kezia aos dezoito anos. Naquela época, ela morava com a família em Kendu. Ele ficou impressionado com a beleza dela e, depois de um breve namoro, resolveu que ia se casar com ela. Sabia que, para isso, o pai precisaria ajudá-lo no dote e, assim, pediu a mim que intercedesse por ele. No começo Onyango resistiu, e Sarah, que voltara para Alego depois que o primeiro marido morreu, também foi contrária. Disse ao avô de vocês que Kezia só queria se aproveitar da riqueza da família. Então falei a Onyango que ficaria feio para ele se Barack fosse pedir dote aos outros parentes, tendo em vista que todos sabiam que o pai dele era um homem de posses. Onyango viu que eu tinha razão e cedeu. Barack e Kezia se casaram, e um ano depois nasceu Roy. Dois anos depois veio Auma.

Para sustentar essa família, Barack tinha de pegar qualquer serviço que conseguisse e acabou convencendo outro árabe, chamado Suleiman, a contratá-lo como escriturário. Mas Barack continuou profundamente deprimido, quase desesperado. Muitos colegas de Maseno, que não eram tão dotados quanto ele, já estavam indo para a Universidade de Makarere, em Uganda. Alguns tinham ido estudar até mesmo em Londres. Poderiam contar com ótimos empregos quando voltassem para o Quênia libertado. Barack percebeu que podia acabar trabalhando pelo resto da vida como escriturário de um deles.

Veio então um golpe de sorte, na forma de duas americanas. Professoras em Nairóbi, ligadas a uma entidade religiosa, creio, um dia elas entraram no escritório onde Barack trabalhava. Ele travou conversa com as duas e logo ficaram amigos. Emprestavam-lhe livros para ler, convidavam-no para visitá-las em casa e, quando viram como era inteligente, disseram-lhe que devia ir para uma universidade. Ele explicou que não tinha dinheiro nem diploma do ensino médio, mas aquelas mulheres disseram que conseguiriam um curso por correspondência que lhe daria o certificado exigido. Se ele fosse bem, disseram, elas o ajudariam a entrar numa universidade dos Estados Unidos.

Barack ficou muito empolgado e escreveu imediatamente para esse curso por correspondência. Pela primeira vez na vida foi muito diligente. Todas as noites e nos intervalos do almoço, estudava os livros e fazia as lições no caderno. Alguns meses depois, foi fazer o exame na embaixada americana. As notas do exame levaram vários meses para sair e, durante a espera, ele ficou tão nervoso que quase nem comia. Emagreceu tanto que achamos que ia morrer. Um dia a carta chegou. Eu não estava lá quando ele a recebeu. Sei que, quando me deu a notícia, ainda soltava gritos de alegria. E rimos juntos, pois era exatamente como antes, quando ele chegava em casa se gabando das notas na escola.

Entretanto, continuava sem dinheiro e ainda não fora aceito por nenhuma universidade. Onyango andava mais brando com o filho, pois viu que Barack estava ficando mais responsável, mas nem ele próprio tinha dinheiro suficiente para pagar as taxas da universidade e o transporte até lá. Alguns moradores da aldeia estavam dispostos a ajudar, porém muitos receavam que, se Barack viajasse com o dinheiro deles, nunca mais voltariam a vê-lo. Assim, Barack começou a escrever para as universidades americanas. Escrevia, escrevia e escrevia. Por fim, uma universidade do Havaí respondeu informando que lhe daria uma bolsa de estudos. Ninguém sabia onde ficava, mas Barack pouco se importou. Deixou a esposa grávida e o filho comigo e partiu em menos de um mês.

O que aconteceu nos Estados Unidos, eu não sei. O que sei é que, menos de dois anos depois, recebemos uma carta de Barack contando que tinha conhecido uma moça americana, Ann, e queria se casar com ela. Bom, Barry, você sabe que o seu avô não concordou com esse casamento. É verdade, mas não pelas razões que você falou. Veja, Onyango pensava que Barack não estava se comportando de maneira responsável. Escreveu em resposta: "Como você pode se casar com essa branca sabendo que tem responsabilidades em casa? Essa mulher voltará com você e viverá como uma luo? Aceitará que você já tem esposa e filhos? Nunca ouvi falar que os brancos sejam capazes de entender essas coisas. As mulheres deles são ciumentas e mimadas. Mas, se eu estiver enganado sobre esse assunto, que o pai da moça venha à minha cabana para conversarmos direito sobre a situação. Pois são assuntos de gente mais velha, não de crianças". Também escreveu para o seu avô Stanley e disse essas mesmas coisas.

Como você sabe, o seu pai foi avante com o casamento. Só contou a Onyango depois que você nasceu. Ficamos todos felizes com esse casamento, porque sem ele você não estaria aqui e agora conosco. Mas o seu avô ficou muito bravo na época e ameaçou pedir a revogação do visto de Barack. E, como tinha vivido com os brancos, Onyango talvez entendesse os costumes deles melhor do que Barack. Quando finalmente Barack voltou para o Quênia, descobrimos que você e a sua mãe tinham ficado para trás, exatamente como Onyango havia alertado.

Logo depois que Barack chegou, apareceu uma branca em Kisumu procurando por ele. No começo, pensamos que devia ser a sua mãe, Ann. Barack teve de explicar que essa era outra mulher, Ruth. Disse que a conhecera em Harvard e que ela tinha vindo para o Quênia atrás dele sem que ele soubesse. O seu avô não acreditou nessa história e achou que Barack havia desobedecido mais uma vez. Mas eu não tinha tanta certeza, porque, de fato, no começo, Barack parecia mesmo relutante em se casar com Ruth. Não sei bem o que finalmente fez com que mudasse de ideia. Talvez tenha achado que Ruth combinaria melhor com sua nova vida. Ou talvez tenha ouvido boatos de que Kezia se divertira muito durante a ausência dele, embora eu houvesse lhe dito que esses boatos eram falsos. Ou talvez simplesmente gostasse de Ruth mais do que se dispunha a admitir.

Por qualquer razão que fosse, sei que Ruth, depois que Barack concordou em se casar com ela, não aceitou a ideia de Kezia como sua segunda esposa. Foi assim que as crianças foram morar com o pai e a nova esposa em Nairóbi. Quando Barack vinha em visita e trazia Auma e Roy, Ruth se recusava a vir junto e não deixava que

Barack trouxesse David ou Mark. Onyango não discutiu a questão diretamente com Barack. Mas dizia aos amigos, de forma que Barack o ouvisse: "O meu filho é homem importante, porém, quando vem para casa, é a mãe e não a esposa que precisa cozinhar para ele".

Os outros já lhe contaram o que aconteceu com o seu pai em Nairóbi. Raramente o víamos, e em geral ele ficava pouco tempo conosco. Sempre que vinha, trazia dinheiro e presentes caros para nós, e todos se impressionavam com o carrão e as roupas elegantes dele. Mas o avô de vocês continuava a ser ríspido com ele, como se fosse um menino. Onyango estava muito velho. Andava de bengala e estava quase cego. Não conseguia nem tomar banho sem a minha ajuda, e acho que se envergonhava disso. Mas a idade não abrandou o gênio forte.

Mais tarde, quando Barack caiu do poder, tentou ocultar os seus problemas do velho. Continuava a trazer presentes que não podia mais comprar, embora notássemos que chegava de táxi em vez de vir com automóvel próprio. Só para mim ele contava suas tristezas e decepções. Eu lhe dizia que era teimoso demais nas negociações com o governo. Barack me falava sobre a questão de princípios e eu respondia que esses princípios pesavam muito sobre os filhos dele. Retrucava que eu não entendia, tal como o pai dele me havia dito. Então parei de dar conselhos e só ouvia.

Era disto que Barack mais precisava, penso: alguém que o ouvisse. Mesmo depois que as coisas voltaram a melhorar em sua vida e ele construiu esta casa para nós, continuou com o coração muito pesado. Com os filhos, agia exatamente como Onyango agira com ele. Via que, com isso, os filhos se afastavam, mas não havia nada que pudesse fazer. Ainda gostava de se gabar, de rir e beber com os homens. No entanto, era um riso vazio. Lembro a última vez em que veio visitar Onyango antes que morresse. Os dois se sentaram frente a frente, comendo, sem trocar uma palavra. Alguns meses depois, quando finalmente Onyango foi se reunir aos ancestrais, Barack veio para tomar as providências. Falou muito pouco, e somente quando estava mexendo em alguns pertences do velho é que vi que começou a chorar.

Minha avó se levantou e removeu da saia alguns fios de capim. O pátio estava quieto, o silêncio rompido apenas pelo trinado nervoso de um pássaro.

— Vai chover — disse ela.

Recolhemos as esteiras e xícaras e levamos para dentro de casa.

Lá dentro, perguntei à minha avó se ela tinha alguma coisa guardada do meu pai ou do nosso avô. Ela foi até o quarto e revirou o conteúdo de um velho baú de couro. Voltou alguns minutos depois com um livreto do tamanho de um passaporte, com alguns papéis de cores variadas, grampeados e gastos num dos lados.

— Infelizmente só consegui encontrar isto — disse ela a Auma. — Os ratos atacaram os papéis antes que eu conseguisse expulsá-los.

Auma e eu sentamos e pusemos o livreto e os papéis na mesinha baixa diante de nós. A encadernação do livrinho vermelho estava desfeita, mas a capa ainda trazia um título legível: *Carteira de Registro do Servidor Doméstico*, e, em letras menores, constava "Emitido sob a autoridade da Lei de Registro do Servidor Doméstico, 1928, Colônia e Protetorado do Quênia". Na página de rosto do livreto, vimos um selo de dois xelins sobre as digitais do polegar esquerdo e do polegar direito de Onyango. As curvas das impressões digitais ainda eram nítidas, como o desenho de um coral. O espaço onde antes ficava a foto estava vazio.

O preâmbulo explicava: "O objeto desta Lei é fornecer a todas as pessoas empregadas em função doméstica um registro desse emprego e salvaguardar seus interesses, bem como proteger os empregadores contra o emprego de pessoas que se mostraram inadequadas para tal serviço".

O termo *servidor* era especificado: "cozinheiro, empregado doméstico, garçom, mordomo, enfermeiro, valete, atendente de bebidas, lacaio, motorista ou lavador". As regras que regiam o porte dessas cadernetas de registro: servidores que trabalhassem sem o livreto ou o danificassem de alguma maneira "ficam sujeitos a uma multa não superior a cem xelins ou a um período de prisão não superior a seis meses ou a ambos". E então vinham os detalhes do dito servidor registrado, anotados na letra elegante e cuidadosa de um escrevente anônimo:

Nome: *Hussein II Onyango*.

Número legal de registro nativo: *Rwl A NBI 0976717*.

Raça ou tribo: *Ja'Luo*.

Local usual de residência quando não empregado: *Kisumu*.

Sexo: *M*.

Idade: *35*.

Altura e compleição: *1,82 m*. Média.

Pele: *Escura*.

Nariz: *Chato*.

Boca: *Grossa*.

Cabelo: *Crespo*.

Dentes: *Faltando seis*.

Cicatrizes, marcas tribais ou outras peculiaridades: *Nenhuma*.

Mais para o final da caderneta, encontramos os dados do emprego, assinados e atestados por vários empregadores. O cap. C. Harford, do Palácio do Governo de Nairóbi, declarou que Onyango "cumpriu seus deveres como auxiliar pessoal com admirável diligência". O sr. A. G. Dickson considerou a sua culinária excelente — "ele sabe ler e escrever inglês e segue toda e qualquer receita... afora outras coisas, suas massas de torta são excelentes". Não precisou mais dos serviços de Onyango porque "Não estou mais em safári". O dr. H. H. Sherry fez constar que Onyango "*é um cozinheiro competente, mas o emprego não é suficiente para ele*". Por outro lado, o sr. Arthur W. H. Cole, do Grupo de Topografia da África Oriental, declara que, após "uma semana" no serviço, Onyango foi "considerado inadequado e certamente não valia sessenta xelins por mês".

Passamos para o maço de cartas. Eram do nosso pai, endereçadas a várias universidades nos Estados Unidos. Havia mais de trinta, aos reitores do Morgan State, Santa Barbara Junior College, San Francisco State.

Uma delas começava: "Prezado sr. reitor Calhoun. Soube da sua faculdade por meio da sra. Helen Roberts de Palo Alto, Califórnia, que agora se encontra em Nairóbi. A sra. Roberts, sabendo que desejo muito avançar nos estudos nos Estados Unidos da América, pediu-me que solicitasse à sua conceituada faculdade o meu ingresso. Assim, eu ficaria muito agradecido se o senhor fizer a gentileza de me enviar o seu formulário de inscrição e informações referentes à possibilidade de bolsas de estudo que possam ser do seu conhecimento". Várias cartas traziam em anexo recomendações da srta. Elizabeth Mooney, uma especialista em alfabetização de Maryland. "Não é possível obter os registros escolares do sr. O'Bama", escrevia ela, "pois ele saiu da escola há alguns anos." Mas manifestava a sua confiança nos talentos do nosso pai, comentando tê-lo "observado utilizando álgebra e geometria". Acrescentava que o Quênia tinha grande necessidade de professores capazes e dedicados e que, "em vista do desejo do sr. O'Bama de servir ao seu país, deveria receber uma oportunidade, talvez pelo prazo de um ano".

Era isso, pensei comigo mesmo. Minha herança. Arrumei de novo o maço de cartas e coloquei sob a carteira de registro de trabalho. Então saí e fui para o quintal. Diante dos dois túmulos, senti tudo se fechar à minha volta — os milharais, a mangueira, o céu — até ficar apenas com uma série de imagens mentais, as histórias da minha avó ganhando vida.

Vejo o meu avô, de pé diante da cabana do pai dele, um garoto magro, rijo, de cara fechada, quase ridículo com as calças grandes demais e a camisa sem botão. Vejo o pai dele lhe dar as costas e se afastar; ouço os irmãos dando risada. Sinto seu suor descendo pela testa, as contrações nos membros, o salto súbito no coração. E, quando a sua figura se vira e começa a voltar pela estrada de terra vermelha, sei que, para ele, o rumo de sua vida se alterou total e irreversivelmente.

Ele terá de reinventar a si mesmo neste lugar árido e solitário. Com força de vontade, criará uma vida com os fragmentos de um mundo desconhecido e as memórias de um mundo que ficou obsoleto. No entanto, agora sentado sozinho, velho, com os olhos toldados por uma névoa leitosa, numa cabana recém-varrida, sei que ele ainda ouve o pai e os irmãos rindo às suas costas. Ainda ouve a voz rápida de um capitão inglês explicando pela terceira e última vez a proporção correta entre gim e tônica. Os nervos do pescoço do velho se enrijecem, a raiva toma conta — ele pega a vara para bater em alguma coisa, qualquer coisa. Por fim os dedos se afrouxam, ao entender que, apesar de todo o poder nas suas mãos e sua força de vontade, os risos e as reprimendas sobreviverao a ele. O corpo descai na cadeira. Sabe que não sobreviverá ao destino zombeteiro. Espera a morte, sozinho.

A imagem se desfaz, substituída pela figura de um menino de nove anos de idade — o meu pai. Com fome, cansado, segurando a mão da irmã, ele procura a mãe que perdeu. A fome é demasiada, o cansaço excessivo, até que finalmente a tênue linha que o prende à mãe se desfaz, e a imagem dela vai flutuando e descendo no vazio. O menino começa a chorar; larga a mão da irmã. E grita que quer ir para casa, de volta para a casa do pai. Encontrará uma nova mãe. Ele se perderá em caçadas e conhecerá seu poder mental.

Mas não esquecerá o desespero daquele dia. Doze anos mais tarde, à escrivaninha estreita, deslizará os olhos de uma pilha de formulários na direção do céu inquieto e sentirá o pânico voltar. Ele também terá de se inventar. O patrão não está no escritório; ele deixa os formulários de lado e retira uma lista de endereços de um velho arquivo. Puxa para si a máquina de escrever e começa a datilografar, carta após carta; datilografa os endereços nos envelopes, lacrando as cartas como mensagens em garrafas que, pela fenda da caixa dos correios, cairão num vasto oceano e talvez lhe permitam escapar à ilha da vergonha paterna.

Como deve ter se sentido afortunado quando o navio chegou! Quando veio a carta do Havaí, ele deve ter adivinhado que, afinal, fora escolhido, que possuía a graça do nome, a *baraka*, as bênçãos de Deus. Com o diploma, a echarpe, a esposa americana, o carro, as palavras, os números, a carteira, a proporção correta entre gim e tônica, o refinamento, a desenvoltura, a coisa toda completa e natural, sem o ar improvisado e acochambrado do passado — o que poderia se interpor em seu caminho?

Quase conseguira, de uma maneira que o seu próprio pai jamais teria imaginado. E então, depois de parecer que avançara tanto, que fora tão longe, descobrir que, afinal, não conseguira escapar! Descobrir que continuava preso na ilha paterna, com suas fissuras desprendendo raiva, dúvida, derrota, as emoções ainda visíveis sob a superfície, uma lava viva e fervilhante, como uma boca malévola escancarada, e a mãe que se fora...

Caí no chão e passei a mão pelos azulejos lisos amarelos. Oh, pai!, exclamei. Não há vergonha alguma no seu embaraço. Como não houve, antes de você, vergonha alguma no embaraço do seu pai. Nenhuma vergonha no seu medo ou, antes, no medo do seu pai. Vergonha havia apenas no silêncio gerado pelo medo. Era o silêncio que nos traía. Se não fosse aquele silêncio, o seu avô poderia ter dito ao seu pai que ele nunca conseguiria escapar a si mesmo nem se recriar sozinho. E você, o filho, poderia ter ensinado ao pai que esse novo mundo que acenava a todos vocês não se resumia a estradas de ferro, a banheiros dentro de casa, a valas de irrigação e a gramofones, instrumentos sem vida que podiam ser absorvidos nos velhos costumes. Você poderia ter dito a ele que esses instrumentos carregavam um perigoso poder, que exigiam outra maneira de ver o mundo. Que esse poder só poderia ser absorvido se conjugado a uma fé nascida das dificuldades, uma fé que não era nova, não era negra nem branca, não era cristã nem muçulmana, mas que pulsava no coração da primeira aldeia africana e no primeiro assentamento do Kansas — uma fé nas outras pessoas.

O silêncio matou a sua fé. E por falta de fé você se prendeu demais e, ao mesmo tempo, de menos ao seu passado. Demais à rigidez, às suspeitas, às crueldades masculinas desse passado. De menos ao riso na voz da minha avó, aos prazeres da companhia pastoreando as cabras, ao murmúrio do mercado, às histórias em volta do fogo. À lealdade que poderia compensar a falta de rifles e aeroplanos. Às palavras de incentivo. A um abraço. A um amor forte e verdadeiro. Apesar de todos os seus dotes — a mente ágil, a capacidade de concentração, o encanto pessoal —, você jamais conseguiria se fazer um homem completo deixando essas coisas para trás...

Fiquei por muito tempo sentado entre os dois túmulos, chorando. Quando finalmente as minhas lágrimas se acabaram, senti-me banhado de serenidade. Senti enfim o círculo se fechar. Entendi que quem eu era, o que eu estimava, não se resumia mais a uma questão de intelecto ou de obrigação, a uma construção verbal. Vi que a minha vida nos Estados Unidos — a vida negra, a vida branca, a sensação de abandono quando menino, a frustração e a esperança que vi em Chicago —, tudo isso estava ligado a este pequeno pedaço de terra no outro lado do oceano, ligado por coisas que iam além do acaso de um sobrenome ou da cor da pele. A dor que senti era a dor do meu pai. Minhas perguntas eram as perguntas dos meus irmãos. A luta deles era também minha de nascença.

Começou a cair uma garoa leve, as gotas batendo nas folhas. Estava para acender um cigarro quando senti uma mão pousando no meu braço. Virei e vi Bernard acocorado ao meu lado, tentando abrigar nós dois debaixo de um guarda-chuva amarelo.

"Elas pediram que eu viesse ver se você estava bem", disse ele.

Sorri:

"Estou bem, sim."

Ele assentiu, olhando as nuvens de lado. Virou-se para mim e disse:

"Me dê um cigarro, e fico aqui sentado fumando junto com você."

Olhei o seu rosto liso e escuro e guardei o cigarro de volta no maço.

"Preciso sair daqui", falei. "Vamos dar uma andada."

Nós nos levantamos e nos dirigimos para a entrada do sítio. Godfrey estava de pé ao lado da cabana que servia de cozinha, uma das pernas apoiadas à parede de barro, parecendo um grou. Olhou para nós e esboçou um sorriso.

"Venha", disse Bernard, acenando para o menino. "Venha passear junto com a gente."

E, assim, nós três fomos andando pela estrada de terra que se alargava, colhendo folhas que brotavam no caminho, olhando a chuva que caía nos vales.

Epílogo

Fiquei mais duas semanas no Quênia. Todos nós voltamos a Nairóbi, com mais jantares, mais discussões, mais histórias. Minha avó ficou no apartamento de Auma, e toda noite eu adormecia ao som de seus murmúrios. Um dia, posamos num estúdio fotográfico para um retrato de família: todas as mulheres usavam trajes africanos esvoaçantes de cores vivas, verde, amarelo, azul, e os homens, todos eles altos, estavam de barba feita e com as roupas bem passadas. O fotógrafo, um indiano esguio de sobrancelhas espessas, comentou que formávamos um belo quadro.

Logo depois disso, Roy voltou para Washington, D.C.; minha avó voltou para a Casa ao Quadrado. Os dias de repente ficaram muito calmos e um estado de melancolia baixou sobre Auma e sobre mim, como se tivéssemos saído de um sonho. Talvez tenha sido a percepção de que nós também logo voltaríamos à nossa outra vida, mais uma vez separados e apartados, o que, certo dia, fez com que decidíssemos visitar George, o filho mais novo do nosso pai.

Acabou sendo uma situação penosa, arranjada às pressas, sem

o conhecimento da mãe: simplesmente fomos com Zeituni até uma escola térrea bem ajeitada, com um grupo de alunos jogando bola em um gramado amplo. Depois de uma curta conversa com a professora que supervisionava o recreio, Zeituni trouxe até nós uma das crianças. Era um garoto bonito, de cabeça redonda e olhar atento. Zeituni se inclinou e apontou para Auma e para mim.

"Esta é a sua irmã", disse ao menino, "que brincava com você no colo. Este é o seu irmão, que veio lá dos Estados Unidos para ver você."

O menino apertou bravamente nossas mãos, mas ficava olhando sem parar o jogo que acabara de deixar. Então percebi que tínhamos cometido um erro. Logo a diretora da escola saiu do escritório para nos informar que, a menos que tivéssemos autorização da mãe, devíamos ir embora. Zeituni começou a discutir com a mulher, mas Auma disse:

"Não, tia, ela tem razão. Melhor irmos."

Pelo carro, vimos George voltando para os amigos, logo não se distinguindo mais dos outros de cabeça redonda e joelhos pontudos que perseguiam uma velha bola de futebol. De repente me flagrei lembrando o meu primeiro encontro com o meu pai, o medo e o desconforto que a sua presença me causara, obrigando-me pela primeira vez a avaliar o mistério da minha própria vida. Consolei-me pensando que quem sabe um dia, quando fosse mais velho, George talvez também quisesse saber quem fora seu pai, quem eram seus irmãos e irmãs, e que, se algum dia ele viesse até mim, eu estaria ali ao seu lado, para lhe contar a história que conhecia.

Naquela noite, perguntei a Auma se conhecia algum bom livro sobre os luos, e ela sugeriu que fôssemos visitar uma ex-professora sua de história, uma mulher alta e espigada chamada dra. Rukia Odero, que fora amiga do nosso pai. Quando chegamos à casa da dra. Odero, ela estava se sentando para jantar e fez questão que a acompanhássemos. Durante o jantar de tilápias e *ugali*, a professora insistiu que eu a chamasse de Rukia, e então me perguntou sobre minhas impressões do país. Ficara desapontado?, perguntou. Respondi que não, mas que estava indo embora com a mesma quantidade de perguntas e respostas.

"Isso é bom", disse Rukia, firmando os óculos no nariz. "É disso que nós historiadores vivemos, sabe? Passamos o dia tentando encontrar novas perguntas. Na verdade, pode ser bastante cansativo. Exige certo gosto por travessuras. O que acontece é que os jovens americanos negros têm a tendência de romantizar demais a África. Quando o seu pai e eu éramos jovens, era exatamente o contrário: achávamos que íamos encontrar todas as respostas nos Estados Unidos. No Harlem. Em Chicago. Em Langston Hughes e em James Baldwin. Era deles que tirávamos nossa inspiração. E os Kennedy: tinham grande popularidade. A chance de estudar nos Estados Unidos era uma coisa muito importante. Uma época de esperanças. Claro, quando voltamos, vimos que a nossa instrução nem sempre nos servia muito bem. Ou às pessoas que nos tinham mandado para lá. Tinha sempre essa história complicada com que lidar."

Perguntei por que ela achava que os americanos negros tendiam a se desapontar quando visitavam a África. Ela balançou a cabeça e sorriu.

"Porque vêm para cá esperando o autêntico", respondeu. "A África está fadada a desapontar as pessoas. Veja o que estamos comendo. Muita gente vai dizer que os luos são comedores de peixe. Mas não era o caso de todos os luos. Só dos que moravam nas margens do lago. E, mesmo para estes, nem sempre era o caso. Antes de se assentarem em volta do lago, eles eram pastores, como os massais. Agora, se você e a sua irmã se comportarem direitinho e comerem um bom prato desta refeição, vou lhes servir um chá. Notem que os quenianos se orgulham muito da qualidade do chá daqui. Mas é claro que assimilamos esse hábito dos ingleses. Nossos antepassados não tomavam uma coisa dessas. E aí tem as especiarias que usamos para preparar este peixe. Vinham originalmente da Índia ou da Indonésia. Então, mesmo neste prato simples, você vê que é muito difícil ser autêntico, embora certamente seja um prato africano."

Rukia enrolou na mão uma bola de *ugali* e mergulhou na sua porção de ensopado, retomando:

"Claro que não dá para criticar os americanos negros por quererem um passado intocado. Depois das crueldades que sofreram... que ainda sofrem, pelo que leio nos jornais. Não são os únicos nisso. Os europeus também querem o mesmo. Os alemães, os ingleses... todos reivindicam Atenas e Roma para si, quando, na verdade, os antepassados deles ajudaram a destruir a cultura clássica. Mas, como isso aconteceu muito tempo atrás, para eles fica mais fácil. Nas escolas, raramente falam sobre a miséria dos camponeses europeus durante a maior parte da história registrada. A corrupção e a exploração da Revolução Industrial, as guerras tribais insensatas... É uma vergonha como os europeus tratavam o próprio povo. Então essa ideia sobre uma idade de ouro na África, antes da chegada do homem branco, fica parecendo muito natural."

"Uma forma de retificação", disse Auma.

"A verdade é, geralmente, a melhor forma de retificação", disse Rukia sorrindo. "Sabe, às vezes penso que o pior legado do colonialismo foi ter toldado nossa visão do próprio passado. Sem o branco, poderíamos empregar melhor a nossa história. Poderíamos olhar algumas das nossas práticas antigas e concluir que valeria a pena preservá-las. Outras, poderíamos dispensar. Infelizmente, o branco nos tornou muito defensivos. Acabamos nos prendendo às mais variadas coisas que não têm mais utilidade. A poligamia. A propriedade coletiva da terra. Tudo isso funcionou bem na sua época, mas se transformou em instrumento de abusos na mão dos homens, na mão dos governos. Apesar disso, se a gente fala essas coisas, dizem que é porque estamos infectados pela ideologia ocidental."

"Então como a gente se adapta?", perguntou Auma.

Rukia deu de ombros:

"Deixo essas respostas aos políticos. Sou só uma historiadora. Mas desconfio que não podemos fingir que a nossa situação é isenta de contradições. A única coisa que podemos fazer é escolher. Por exemplo, a circuncisão feminina é um costume quicuio importante. E também é importante para os massais. Para uma sensibilidade moderna, é um costume bárbaro. Talvez fosse o caso de providenciar que todas essas operações fossem realizadas em hospitais, para diminuir o índice de mortes. Manter o sangramento num patamar mínimo. Porém não dá para ter meia circuncisão. Não satisfaz ninguém. Então precisamos escolher. O mesmo se aplica ao império da lei, à noção de um Judiciário independente. Essas coisas podem entrar em conflito com as lealdades tribais. Você não pode viver sob o império da lei e, aí, isentar alguns membros da sua tribo. O que fazer? Escolher, mais uma vez. Se fizer a escolha errada, vai aprender com os erros. Você vê o que funciona."

Lambi os dedos e lavei as mãos. Em seguida perguntei:

"Não sobrou nada autenticamente africano?"

"Ah, então é isso, não é?", respondeu Rukia. "Esse lugar realmente parece ter algo de diferente. Não sei o que é. Talvez o africano, tendo andado tão depressa, tenha uma perspectiva própria do tempo. Ou talvez a gente tenha sofrido mais do que a maioria. Talvez seja apenas a terra. Não sei. Talvez eu também seja uma romântica. Só sei que não consigo ficar muito tempo longe daqui. Aqui as pessoas ainda conversam umas com as outras. Quando vou aos Estados Unidos, o lugar me parece muito solitário..."

De repente todas as luzes da casa se apagaram. Rukia suspirou — os apagões vinham se multiplicando, disse ela — e lhe estendi o isqueiro para acender as velas que ela mantinha em cima da lareira. Sentado no escuro, lembrei as histórias que Zeituni nos contara e comentei que os corredores noturnos deviam estar lá fora. Rukia acendeu as velas, e à luz delas o seu rosto se tornou uma máscara gargalhante.

"Então você sabe a respeito dos corredores da noite! Pois é, eles são muito poderosos no escuro. Havia muitos na nossa área, lá em casa. Diziam que andavam à noite com os hipopótamos. Lembro uma vez..."

Igualmente de repente as luzes da casa se reacenderam. Rukia soprou, apagou as velas e balançou a cabeça:

"Na cidade, as luzes sempre acabam voltando. Para a minha filha, os corredores noturnos não servem para nada. A primeira língua dela não é o luo. Nem mesmo o suaíli. É o inglês. Quando ela fala com os amigos, fica para mim um palavrório sem sentido. Pegam um pouco de tudo: inglês, suaíli, alemão, luo. Às vezes fico cansada. Aprendam a falar direito uma língua, digo a eles."

Rukia riu consigo mesma e retomou:

"Mas estou começando a me resignar: não há nada que se possa fazer. Eles vivem num mundo todo misturado. Tudo bem, acho. No fundo, estou menos interessada numa filha que seja autenticamente africana do que numa filha que seja autenticamente ela mesma."

Estava ficando tarde; agradecemos Rukia pela hospitalidade e fomos embora. No entanto, as palavras dela ficaram comigo, pondo em foco minhas próprias lembranças, minhas próprias dúvidas persistentes. No último fim de semana da minha estada no Quênia, Auma e eu pegamos o trem até a costa e ficamos num velho hotel em Mombaça, de frente para o mar, um dos favoritos do nosso pai. Era um lugar simples e asseado, em agosto lotado basicamente de turistas alemães e de marinheiros americanos em licença para vir à terra firme. Não fizemos muita coisa; só lemos, nadamos, andamos à beira-mar, olhando os siris pálidos correndo feito fantasmas para suas tocas na areia. No dia seguinte, visitamos a Cidade Velha de Mombaça e subimos as escadas gastas do Forte Jesus, construído pelos portugueses para consolidar o controle das rotas comerciais no oceano Índico, mais tarde conquistado pelas frotas velozes de Omã, depois convertido numa cabeça de ponte para os britânicos que avançavam para o interior, em busca de ouro e marfim, e no presente uma caixa vazia de pedra, com as paredes maciças descascando como papel machê em tripas alaranjado-claro, verdes e cor-de-rosa, os canhões adormecidos apontando para um mar sereno onde um pescador solitário havia lançado sua rede.

Na volta para Nairóbi, Auma e eu resolvemos esbanjar e compramos passagens numa linha de ônibus que realmente tinha assentos marcados. A sensação de luxo foi efêmera; meus joelhos foram prensados por um passageiro disposto a compensar o preço da passagem usando ao máximo a poltrona reclinável. Além disso, vindo um temporal súbito, começou a vazar água pelas frestas no teto do ônibus, que tentamos — inutilmente — vedar com pano.

Por fim a chuva parou e nos vimos diante de uma paisagem árida, de cascalho, arbustos baixos e os ocasionais baobás, com os galhos nus espraiados e decorados com os ninhos redondos dos tecelões-de-bico-branco. Lembrei que tinha lido em algum lugar que o baobá podia passar anos sem florir, sobrevivendo a longas secas; ao ver as árvores ali entre o ar enevoado da tarde, entendi por que as pessoas acreditavam que essas árvores eram dotadas de um poder especial: abrigavam demônios e espíritos ancestrais, e foi sob um deles que a espécie humana surgiu. Não era apenas o formato estranho deles, com o contorno quase pré-histórico contra o céu limpo.

"É como se cada um deles tivesse uma história para contar", disse Auma.

E ela tinha razão: cada árvore parecia dotada de personalidade, uma personalidade nem benévola, nem cruel, simplesmente firme, resistente, com segredos cujas profundidades eu jamais sondaria, uma sabedoria que eu jamais penetraria. Elas me incomodavam e me reconfortavam, aquelas árvores que pareciam capazes de desprender as raízes do solo e sair andando, se não soubessem que, neste mundo, os lugares afinal não são muito diferentes uns dos outros: que cada momento traz em si tudo o que aconteceu antes.

Passaram-se seis anos desde essa primeira viagem ao Quênia, e muitas coisas mudaram no mundo.

Para mim, tem sido um período relativamente tranquilo, uma época mais de consolidação do que de descobertas, de fazer as coisas que dizemos a nós mesmos que precisamos fazer para crescer. Fui para a Escola de Direito de Harvard e passei grande parte daqueles três anos em bibliotecas mal iluminadas, examinando processos e estatutos. O estudo da lei pode ser decepcionante, uma questão de aplicar regras estritas e procedimentos misteriosos a uma realidade que não coopera muito; uma espécie de contabilidade glorificada que serve para regular os assuntos dos que têm poder — e que procura explicar aos que não o têm a sabedoria suprema e o caráter acertado da condição em que se encontram.

Mas a lei não se resume a isso. A lei também é memória; a lei também registra uma longa conversa constante, uma nação discutindo com sua consciência.

Consideramos estas verdades autoevidentes. Nessas palavras ouço o espírito não só de Jefferson e Lincoln, como também o de

Douglass e Delany; as lutas de Martin e Malcolm e dos manifestantes anônimos para dar vida a elas. Ouço as vozes das famílias japonesas nos campos de concentração por trás do arame farpado; dos jovens judeus russos cortando moldes no trabalho explorador das oficinas de Lower East Side; dos agricultores das terras esgotadas carregando nos seus caminhões os restos de vidas destroçadas. Ouço as vozes das pessoas nos Jardins Altgeld e as vozes dos que se amontoam do outro lado da fronteira, dos grupos famintos e cansados cruzando o rio Grande. Ouço todas essas vozes clamando por reconhecimento, todas elas fazendo as mesmas, as mesmíssimas perguntas que vieram a moldar a minha vida, as mesmas perguntas que me vejo, tarde da noite, fazendo ao meu pai. O que é a nossa comunidade e como essa comunidade pode se reconciliar com a nossa liberdade? Até onde vão as nossas obrigações? Como transformamos o mero poder em justiça, o mero sentimento em amor? As respostas que encontro nos livros de direito nem sempre me satisfazem: para cada *Brown* v. *Board of Education*, encontro dezenas de casos em que a consciência é sacrificada à conveniência ou à ganância. Ainda assim, pela conversa em si, na soma das vozes, sinto certo incentivo e acredito que, enquanto as perguntas continuarem a ser feitas, aquilo que nos une, no fim, poderá de alguma maneira prevalecer.

Essa fé, tão diferente da inocência, às vezes é difícil de sustentar. Voltando a Chicago, vi que os sinais de decadência tinham se acelerado em todo o South Side — os bairros mais abandonados, as crianças mais nervosas e menos contidas, mais famílias de classe média se mudando para os subúrbios, as cadeias lotadas de jovens carrancudos, os meus irmãos sem perspectivas. Muito raramente ouço alguém perguntar o que fizemos para endurecer o coração de tantas crianças, ou o que podemos fazer coletivamente para corrigir sua bússola moral: quais os valores que devem *nos* guiar. Vejo que estamos perpetuando aquilo que sempre fizemos: fingir que, de certa forma, essas crianças não são nossas.

Tento fazer a minha pequena parte para reverter esses rumos. No exercício da profissão, trabalho sobretudo com igrejas e grupos comunitários, homens e mulheres que, discretamente, montam mercearias e clínicas de saúde no centro da cidade e moradias para os pobres. Muitas vezes me pego trabalhando numa ação por discriminação, representando clientes que aparecem no meu escritório com histórias que preferiríamos que não existissem mais. Esses clientes, na maioria, se sentem levemente constrangidos com o que lhes aconteceu, assim como os colegas de trabalho brancos que aceitam testemunhar em favor deles; ninguém quer ser visto como encrenqueiro. Apesar disso, em algum momento, o reclamante e a testemunha concluem que o que está em jogo é um princípio; que, apesar de tudo o que aconteceu, aquelas palavras postas por escrito faz mais de duzentos anos afinal devem significar alguma coisa. Negros e brancos, o que reivindicam é essa comunidade que chamamos de Estados Unidos da América. Eles escolhem a melhor parte da nossa história.

Creio que, nesses últimos anos, aprendi a ter mais paciência com os outros e comigo mesmo. Se isso de fato ocorreu, é uma das várias mudanças para melhor que atribuo à minha esposa, Michelle. Ela é uma filha do South Side, criada numa daquelas casas em estilo bangalô que visitei tantas vezes e por tantas horas no meu primeiro ano em Chicago. Nem sempre ela sabe o que fazer comigo; fica preocupada, como acontecia com meu avô e meu pai, que eu seja um tanto sonhador. Na verdade, com o seu grande pragmatismo e atitudes próprias do Centro-Oeste, ela me faz lembrar muito de Toot. E recordo que, na primeira vez em que fui com ela ao Havaí, meu avô me cutucou e falou que Michelle era realmente "bonitona". Toot, por sua vez, disse que minha futura noiva era "uma moça muito sensata" — e Michelle entendeu que esse era o mais alto elogio da minha avó.

Depois do nosso noivado, levei Michelle ao Quênia para conhecer a outra metade da minha família. Ela fez sucesso imediato por lá também, em parte porque o seu vocabulário em luo logo ultrapassou o meu. Divertimo-nos muito em Alego, ajudando Auma no projeto de um filme, ouvindo mais histórias da minha avó, conhecendo parentes que eu não vira durante a primeira visita. Mas, fora da zona rural, a vida no Quênia parecia ter ficado ainda mais difícil. A economia piorara, com um aumento proporcional na corrupção e na criminalidade de rua. A ação sobre a herança do meu pai ainda estava em andamento, e Sarah e Kezia continuavam sem se falar. Bernard, Abo, Sayid, nenhum deles tinha encontrado emprego estável, mas conservavam as esperanças: estavam falando em aprender a dirigir e talvez comprar juntos um *matatu* usado. Tentamos novamente ver George, nosso irmão caçula, e novamente não conseguimos. E Billy, o primo robusto e sociável que eu conhecera na baía de Kendu, tinha contraído aids. Quando o vi, estava muito magro e às vezes cochilava no meio da conversa. Contudo, parecia tranquilo e contente em me ver e pediu que lhe enviasse uma fotografia nossa em dias melhores. Morreu durante o sono, antes que eu pudesse enviar a foto.

Houve outras mortes naquele ano. O pai de Michelle, o homem mais bondoso e decente que conheci na vida, morreu antes de levar a filha ao altar. Meu avô morreu poucos meses mais tarde, depois de um longo câncer de próstata. Como veterano da Segunda Guerra Mundial, tinha direito a ser sepultado no Cemitério Nacional de Punchbowl, numa colina com vista para Honolulu. Foi uma cerimônia pequena, com a presença de alguns dos seus parceiros de golfe e bridge, uma salva de três tiros e toque de clarineta.

Apesar dessas perdas dolorosas, Michelle e eu decidimos prosseguir com nossos planos de casamento. O reverendo Jeremiah A. Wright Jr. realizou a cerimônia no templo da Trinity, na

95th com a Parnell. Todos estavam muito elegantes na recepção, minhas novas tias admirando o bolo, meus novos tios admirando a si mesmos nos smokings alugados. Johnnie estava lá, rindo com Jeff e Scott, meus velhos amigos do Havaí, e Hasan, o colega de quarto da faculdade. Lá estavam também Angela, Shirley e Mona, que disseram à minha mãe que ela tinha feito um trabalho e tanto com minha criação ("Vocês não sabem nem da metade", respondeu ela, rindo). Maya se esquivava gentilmente aos avanços de alguns irmãos que se julgavam muito bacanas, mas que, na verdade, eram velhos demais para ela e deviam desconfiar que não estavam agradando, porém, quando comecei a resmungar, Michelle me disse para relaxar, pois ela sabia lidar com a situação. Michelle tinha razão, claro; olhei a minha irmã pequena e vi uma mulher adulta, muito bonita e sensata, parecendo uma condessa latina com a pele azeitonada, o longo cabelo preto e o vestido preto de dama de honra. Auma estava ao lado dela, igualmente encantadora, ainda que com os olhos um pouco inchados — para a minha surpresa, foi a única que chorou durante a cerimônia. Quando a banda começou a tocar, as duas foram procurar a proteção dos primos de Michelle, de cinco e seis anos de idade, que eram os garbosos portadores oficiais das nossas alianças. Vendo os meninos conduzirem solenemente minhas irmãs até a pista de dança, me dei conta de que pareciam dois jovens príncipes africanos, com os pequenos barretes de pano colorido e as faixas da cintura combinando com as gravatas-borboleta meio caídas.

Mas quem despertou mais orgulho em mim foi Roy. Na verdade, ele voltara a usar o seu nome luo, Abongo, pois dois anos antes resolveu reassumir sua herança africana. Converteu-se ao islamismo e abriu mão da carne de porco, do tabaco e do álcool. Ainda trabalha em seu escritório de contabilidade, no entanto fala em voltar para o Quênia assim que juntar dinheiro suficiente. De fato, quando nos vimos na Casa ao Quadrado, estava construindo uma cabana para ele e para a mãe, fora da área do nosso avô, em conformidade com a tradição luo. Contou que tinha levado em frente a firma de importação e esperava que logo rendesse o suficiente para contratar Bernard e Abo em tempo integral. E, quando fomos juntos ao túmulo do nosso pai, notei que finalmente havia uma plaqueta onde antes era apenas cimento.

Com o novo modo de vida, Abongo ficou esbelto e com os olhos límpidos; durante a cerimônia de casamento, tinha um ar tão digno com a túnica africana preta de bainha branca, com barrete combinando, que alguns convidados o confundiram com meu pai. Naquele dia, ele era sem dúvida o irmão mais velho, acalmando-me durante o nervosismo pré-nupcial, repetindo com toda a paciência, pela quinta ou sexta vez, que estava, sim, com a aliança, me empurrando para a porta com o comentário de que, se eu passasse mais tempo na frente do espelho, pouco ia interessar a minha aparência, pois certamente chegaríamos atrasados.

Não que tais mudanças não tragam alguns atritos. Ele gosta de discorrer longamente sobre a necessidade de que o homem negro se liberte das influências nefastas da cultura europeia e critica Auma pelo que considera serem atitudes europeias da parte dela. Usa palavras que nem sempre são suas e, nessa transição, às vezes parece empolado e dogmático. Mas ainda conserva a magia da sua risada, e podemos discordar sem rancores. Com a conversao, ele encontrou um solo firme onde pode se apoiar e se orgulhar do lugar que ocupa no mundo. Sobre essa base, vejo que a sua confiança aumenta; ele começa a se aventurar em perguntas mais difíceis; desdenha fórmulas e slogans, e avalia o que condiz melhor com ele. Nesse processo, não deixa de ser quem é, porque tem um coração generoso demais, transborda de bom humor, é excessivamente afável e clemente com as pessoas para encontrar soluções simples para o quebra-cabeça de ser um negro.

Quase no final da festa, vi que ele abria um largo sorriso para a câmera de vídeo, com os braços compridos enlaçando os ombros da minha mãe e de Toot, que mal chegavam à altura do peito dele.

"Ei, mano", disse-me quando me encaminhava ao trio. "Pelo jeito agora tenho duas novas mães."

Toot lhe deu um tapinha nas costas.

"E nós temos um novo filho", disse ela, embora, ao tentar dizer "Abongo", a sua língua de nativa do Kansas tenha bagunçado a pronúncia.

O queixo da minha mãe começou a estremecer outra vez, e Abongo ergueu a taça de ponche para um brinde.

"Aos que não estão aqui conosco", disse ele.

"E a um final feliz", disse eu.

Vertemos a bebida no piso azulejado xadrez. E me senti, pelo menos naquele momento, o homem mais sortudo na face da terra.

ESTA OBRA FOI COMPOSTA EM MINION PELO ACQUA ESTÚDIO E IMPRESSA
PELA LIS GRÁFICA EM OFSETE SOBRE PAPEL PÓLEN SOFT DA SUZANO S.A.
PARA A EDITORA SCHWARCZ EM JANEIRO DE 2021

A marca FSC® é a garantia de que a madeira utilizada na fabricação do papel deste livro provém de florestas que foram gerenciadas de maneira ambientalmente correta, socialmente justa e economicamente viável, além de outras fontes de origem controlada.